# CAT

## CJ그룹
### 온라인 인적성검사

**통합기본서**

시대에듀

2026 최신판 시대에듀 All-New
CJ그룹 CAT 온라인 인적성검사 통합기본서

## Always with you

사람의 인연은 길에서 우연하게 만나거나 함께 살아가는 것만을 의미하지는 않습니다.
책을 펴내는 출판사와 그 책을 읽는 독자의 만남도 소중한 인연입니다.
**시대에듀**는 항상 독자의 마음을 헤아리기 위해 노력하고 있습니다. 늘 독자와 함께하겠습니다.

자격증 · 공무원 · 금융/보험 · 면허증 · 언어/외국어 · 검정고시/독학사 · 기업체/취업
이 시대의 모든 합격! 시대에듀에서 합격하세요!
www.youtube.com ▶ 시대에듀 ▶ 구독

# 머리말 PREFACE

삼성그룹의 모태 기업으로 자리했던 CJ그룹은 창립기와 도약기를 거쳐 종합식품회사로 성장하고 이를 발판으로 첨단 기술 개발과 해외 진출을 시작했다. 1990년대 중반, 삼성그룹으로부터 독립한 이후에는 독자적인 사업 다각화를 통해 식품&식품서비스, 생명공학, 신유통, 엔터테인먼트&미디어의 4대 핵심 사업군을 구축, 현대 4대 핵심 사업군에서의 Leading Company로 성장했다.

이에 맞추어 CJ그룹은 채용절차에서 업무에 필요한 기초직무수행능력과 가치관을 알아봄으로써 지원자들이 CJ그룹 인재상에 부합하는 인재인지 객관적으로 검증하기 위해 적성검사(Cognitive Ability Test)와 인성검사(CJ Culture Fit Test)를 실시한다.

2018년 하반기와 2019년 하반기에 시행한 CAT에서 많은 변화를 선보였던 CJ그룹은 2020년부터 CAT와 CIT, 논술시험 등 계열사별로 별도의 시험을 치르기 시작했으며, 나아가 2021년 상반기부터는 새로운 유형이 반영된 온라인 CAT를 선보였다.

이에 시대에듀에서는 수험생들이 CJ그룹 CAT 온라인 인적성검사에 대한 철저한 준비가 가능하도록 다음과 같은 특징을 가진 도서를 출간하였다.

### 도서의 특징

❶ 2025년 하반기 기출복원문제를 수록하여 최근 출제경향을 한눈에 파악할 수 있도록 하였다.
❷ 영역별 대표기출유형과 기출응용문제를 수록하여 단계별로 학습이 가능하도록 하였다.
❸ 최종점검 모의고사 3회분과 도서 동형 온라인 실전연습 서비스를 제공하여 실전과 같은 연습이 가능하도록 하였다.
❹ 인성검사 모의연습과 실제 면접 기출 질문을 수록하여 한 권으로 CJ그룹 채용에 대비할 수 있도록 하였다.

끝으로 본서로 CJ그룹 입사를 준비하는 여러분 모두의 건강과 합격을 진심으로 기원한다.

SDC(Sidae Data Center) 씀

# CJ그룹 기업분석 INTRODUCE

## CJ는 ONLYONE 정신으로 세계인의 문화를 만들어 간다.

◆ **전략목표**

### CULTURE

문화를 만드는 일은 CJ가 가장 잘하는 일이다. CJ는 우리의 아름다운 문화를 전 세계인들에게 알리기 위해 가장 앞서 달리고 있다. 세계의 라이프스타일을 주도하는 한류의 중심에 CJ가 있다.

### GLOBAL

전 세계인이 일상생활 속에서 한국의 영화, 음식, 드라마, 음악을 마음껏 즐기며 일상의 행복을 누리게 되는 것 그리고 이를 가장 앞서서 이끄는 최고의 생활문화기업이 되는 것이 바로 CJ의 꿈이다.

### ONLYONE

ONLYONE 정신은 모든 면에서 최초, 최고, 차별화를 추구하는 CJ가 최우선으로 지향하는 가치다. 이를 바탕으로 CJ는 남들이 하지 않은 새로운 제품과 서비스, 시스템, 사업을 지속적으로 창출해 가고 있다.

합격의 공식 Formula of pass | 시대에듀 www.sdedu.co.kr

◇ **미션**

> ONLYONE 제품과 서비스로 최고의 가치를
> 창출하여 국가사회에 기여한다.

◇ **비전**

> 건강, 즐거움, 편리를 창조하는 글로벌 생활문화기업

◇ **핵심가치**

| 인재 | ONLYONE | 상생 |
|---|---|---|
| 일류인재, 강유문화 | 최초, 최고, 차별화 | 생태계 조성, 공유가치 |

◇ **행동원칙**

# 2025년 하반기 기출분석 ANALYSIS

**총평**

2025년 하반기 CJ그룹 CAT 온라인 인적성검사는 상반기와 동일한 문항 수, 영역으로 출제되었다. 4가지 영역 중 언어이해 영역의 지문이 짧고 선지가 명확하여 비교적 쉽게 느껴졌으며, 자료해석 영역에서 시간이 부족했다는 후기가 많았다. 전체적으로 평이한 수준의 시험이지만, 문제 수에 비해 시간이 부족하고, 온라인 시험 환경 등 애로사항이 있을 수 있으므로 평소에 실제 시험 환경을 최대한 비슷하게 조성하여 연습하고 준비해야 한다.

## ◆ 핵심전략

CJ그룹은 계열사마다 시험명, 시험방식에 차이가 있다. 따라서 인적성검사를 준비하기 전 지원하는 계열사의 공고와 후기를 꼼꼼히 살펴봐야 한다.

CAT는 영역별로 제한시간이 있고, 한 영역의 제한시간이 끝나면 자동으로 다음 영역으로 넘어간다. 영역 내에서 문항 이동은 앞뒤로 자유롭게 가능하다. 따라서 짧은 시간 안에 확실한 정답을 도출할 수 있는 문제를 먼저 풀고, 남는 시간에 어렵고 시간이 오래 걸리는 문제를 정확하게 푸는 데 집중한다.

적성검사 시 프로그램 내에서 계산기와 메모장이 제공되므로 본서의 온라인 모의고사를 풀 때 계산기와 메모장을 옆에 띄워놓고 활용하면서 푸는 연습을 하면 실전 감각을 키우는 데 도움이 될 것이다.

## ◆ 시험진행

| 구분 | 영역 | 문항 수 | 제한시간 |
| --- | --- | --- | --- |
| 적성검사 (CAT) | 언어이해 | 20문항 | 15분 |
| | 언어추리 | 20문항 | 15분 |
| | 자료해석 | 20문항 | 15분 |
| | 창의수리 | 20문항 | 15분 |
| 인성검사 (CFT) | PART 1 | 275문항 | 45분 |
| | PART 2 | 90문항 | 15분 |

합격의 공식 Formula of pass | 시대에듀 www.sdedu.co.kr

## ◆ 영역별 출제비중

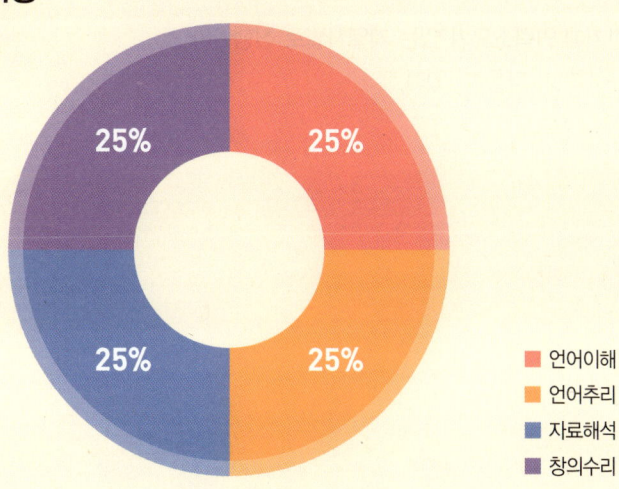

- 언어이해
- 언어추리
- 자료해석
- 창의수리

## ◆ 영역별 출제특징

| 구분 | 영역 | 출제특징 |
| --- | --- | --- |
| 적성검사<br>(CAT) | 언어이해 | • 지문의 주제를 찾는 문제<br>• 지문과 일치하는 내용을 찾는 문제<br>• 문단 순서를 바르게 나열하는 문제 |
| | 언어추리 | • 제시된 명제를 통해 참/거짓을 추론하는 문제<br>• 제시된 결론의 옳고 그름을 판단하는 문제<br>• 지문의 주장을 반박하는 내용을 찾는 문제 |
| | 자료해석 | • 표에 제시된 수치를 해석하는 문제<br>• 증감률, 이익률 등을 계산하는 문제 |
| | 창의수리 | • 거리 · 속력 · 시간, 농도 등 일차방정식을 활용하는 문제<br>• 직원 비율을 이용해 직원 수를 구하는 문제 |

# 신입사원 채용 안내 INFORMATION

◆ **모집시기**
① 상반기와 하반기에 인력소요가 있는 계열사별로 진행한다.
② 계열사별 채용 시기가 다를 수 있다.

◆ **지원방법**
① CJ그룹 채용 홈페이지(recruit.cj.net)에 로그인하여 원하는 공고를 클릭한다.
② 채용공고에 따라 지원서를 작성하고 접수기간 내에 제출한다.
③ 이후 해당 계열사의 전형 절차에 따라 응시한다.

◆ **채용절차**

지원서 작성 → 서류전형 → TEST 전형 → 면접전형 → 최종합격

❖ 채용절차는 채용유형 · 직무 · 시기 등에 따라 변동될 수 있으니 반드시 CJ에서 발표하는 채용공고를 확인하기 바랍니다.

# 온라인 시험 Tip  TEST TIP

◇ **필수 준비물**
  1. 타인과 접촉이 없으며 원활한 네트워크 환경이 조성된 응시 장소
  2. 권장 사양에 적합한 PC, 스마트폰 및 주변기기(웹캠, 마이크, 스피커, 키보드, 마우스 등)
  3. 신분증(주민등록증, 운전면허증, 여권, 외국인등록증 중 택 1)

◇ **온라인 인적성검사 프로세스**
  1. 전형 안내사항 확인
  2. 응시자 매뉴얼 숙지/검사 프로그램 다운로드 및 설치
  3. 지정 기한 내 사전점검 진행(해당 계열사 한정)
  4. 본 검사 응시

◇ **유의사항**
  1. 같은 계열사라도 직군에 따라 문제 유형이나 시험 방식에 차이가 있을 수 있다.
  2. 노트북 웹캠과 스마트폰으로 시험 감독이 진행되므로 행동에 유의한다.
  3. 프로그램 내 계산기, 메모장, 그림판만 사용 가능하며, 필기구는 일절 사용 불가하다.
  4. 실제 시험시간 이외에도 별도의 점검 시간이 소요되므로 시간 관리에 유의한다.
  5. 인성검사는 응시 중 이전 페이지로 이동이 불가하므로 정확히 체크했는지 확인한다.

◇ **알아두면 좋은 Tip**
  1. 원활한 시험 진행을 위해 책상 및 주변 정리가 필요하다.
  2. 개인용 핫스팟은 사용이 불가하며 네트워크 연결 이상 여부를 잘 확인해야 한다.
  3. PC 전원공급 상태를 확인하고, 배터리 충전기는 미리 꽂아두어야 한다.
  4. 시험에 응시하기 전 반드시 안내사항과 매뉴얼을 숙지한다.
  5. 적성검사의 경우 영역별 안내 시간이 있으며, 적성검사가 끝난 뒤 실시될 인성검사를 위해 평소 CJ그룹의 인재상에 대해 숙지해 둔다.

# 주요 대기업 적중 문제 TEST CHECK

## CJ

### 언어이해 ▶ 주제·제목 찾기

**15** 다음 글의 제목으로 가장 적절한 것은?

> 주어진 개념에 포섭시킬 수 없는 대상(의 표상)을 만난 경우, 상상력은 처음에는 기지의 보편에 포섭시킬 수 있도록 다양한 직관을 종합할 것이다. 말하자면 뉴턴의 절대 공간, 역학의 법칙 등의 개념(보편)과 자신이 가지고 있는 특수(빛의 휘어짐)가 일치하는가, 조화로운가를 비교할 것이다. 하지만 일치하는 것이 없으므로, 상상력은 또다시 여행을 떠난다. 즉 새로운 형태의 다양한 종합 활동을 수행해 볼 것이다. 이것은 미지의 세계로 향한 여행이다. 그리고 이 여행에는 주어진 목적지가 없기 때문에 자유롭다.
> 이런 자유로운 여행을 통해 예들 들어 상대 공간, 상대 시간, 공간의 만곡, 상대성 이론이라는 새로운 개념들을 가능하게 하는 새로운 도식들을 산출한다면, 그 여행은 종결될 것이다. 여기서 우리는 왜 칸트가 상상력의 자유로운 유희라는 표현을 사용하는지 이해할 수 있게 된다. '상상력의 자유로운 유희'란 이렇게 정해진 개념이나 목적이 없는 상황에서 상상력이 그 개념이나 목적을 찾는 과정을 의미한다고 볼 수 있다. 이는 게임이다. 그리고 그 게임에 있어서 반드시 성취해야 할 그 어떤 것이 없다면, 순수한 놀이(유희)가 성립할 수 있을 것이다.
>
> — 칸트, 『판단력비판』

### 자료해석 ▶ 자료해석

**15** 다음은 C기업의 신입사원 채용 현황에 대한 자료이다. 이에 대한 설명으로 옳지 않은 것은?

〈신입사원 채용 현황〉
(단위 : 명)

| 구분 | 입사지원자 수 | 합격자 수 |
|---|---|---|
| 남성 | 680 | 120 |
| 여성 | 320 | 80 |

① 남성 합격자 수는 여성 합격자 수의 1.5배이다.
② 총입사지원자 중 합격률은 20%이다.
③ 여성 입사지원자의 합격률은 25%이다.
④ 합격자 중 남성의 비율은 70% 이상이다.
⑤ 총입사지원자 중 여성 입사지원자의 비율은 30% 이상이다.

### 창의수리 ▶ 농도

**17** 농도가 다른 두 소금물 A와 B를 각각 100g씩 섞으면 농도 10%의 소금물이 되고, 소금물 A를 100g, 소금물 B를 300g 섞으면 농도 9%의 소금물이 된다. 소금물 A의 농도는?

① 10%  ② 12%
③ 14%  ④ 16%
⑤ 18%

## 삼성

### 수리 ▶ 경우의 수

**01** 남자 5명과 여자 4명이 함께 있는 모임이 있다. 모임에서 성별마다 대표, 부대표를 한 명씩 선출하려고 할 때, 선출 가능한 경우의 수는 총 몇 가지인가?

① 240가지  ② 120가지
③ 80가지   ④ 40가지
⑤ 20가지

### 수리 ▶ 자료계산

**18** 매년 8월 S전자상가의 에어컨 판매 수량이 다음과 같이 일정한 규칙으로 증가할 때 2025년 8월의 에어컨 판매량은?

〈연도별 8월 에어컨 판매량〉
(단위 : 대)

| 구분 | 2018년 8월 | 2019년 8월 | 2020년 8월 | 2021년 8월 | 2022년 8월 |
|---|---|---|---|---|---|
| 판매량 | 2 | 11 | 20 | 29 | 38 |

① 95대   ② 86대
③ 74대   ④ 65대
⑤ 56대

### 추리 ▶ 벤 다이어그램

**03**

전제1. 환율이 오르면 어떤 사람은 X주식을 매도한다.
전제2. X주식을 매도한 모든 사람은 Y주식을 매수한다.
결론. _____

① 환율이 오르면 모든 사람은 Y주식을 매수한다.
② 환율이 오르면 어떤 사람은 Y주식을 매수한다.
③ 모든 사람이 X주식을 매도하면 환율이 오른다.
④ 모든 사람이 Y주식을 매수하면 환율이 오른다.
⑤ Y주식을 매도한 모든 사람은 X주식을 매수한다.

# 주요 대기업 적중 문제 TEST CHECK

**SK**

### 언어이해 ▶ 나열하기

※ 다음 제시된 문장 또는 문단을 논리적 순서대로 바르게 나열한 것을 고르시오. [16~17]

**16**
(가) 르네상스와 종교개혁을 거치면서 성립된 근대 계몽주의는 중세를 지배했던 신(神) 중심의 사고에서 벗어나 합리적 사유에 근거한 인간 해방을 추구하였다.
(나) 하지만 이 같은 문명의 이면에는 환경 파괴와 물질만능주의, 인간소외와 같은 근대화의 병폐가 숨어 있었다.
(다) 또한 계몽주의의 합리적 사고는 자연과학의 성립으로 이어졌으며, 우주와 자연에서 신비로운 요소를 걷어낸 과학 기술의 발전은 인류에게 그 어느 때보다 풍요로운 물질적 부를 가져왔다.
(라) 인간의 무지로부터 비롯된 자연에 대한 공포가 종교적 세계관을 낳았지만, 계몽주의는 이성과 합리성을 통해 이를 극복하였다.

① (가) – (나) – (다) – (라)
② (가) – (다) – (나) – (라)
③ (라) – (가) – (다) – (나)
④ (라) – (나) – (다) – (가)
⑤ (라) – (다) – (가) – (나)

### 창의수리 ▶ 거리·속력·시간

**03** 누리와 수연이는 같이 운동을 하기로 했다. 누리는 걸어서, 수연이는 자전거를 타고 운동을 했으며, 운동을 시작한 위치는 같았다. 누리가 15km를 먼저 이동했고, 수연이는 자전거를 이용해서 누리보다 10km/h 빠르게 움직인다. 수연이가 자전거를 타고 40km를 이동해서 누리를 만났다면, 두 사람이 함께 운동한 시간은?

① 1시간
② 1시간 30분
③ 2시간
④ 2시간 30분
⑤ 3시간

### 수열추리 ▶ 수열

**10**
| 84 80 42 20 21 ( ) 10.5 1.25 |

① 3
② 4
③ 5
④ 6
⑤ 7

## LG

### 언어이해 ▶ 사실적 독해

**10** 다음 글의 내용으로 가장 적절한 것은?

> 1896년 『독립신문』 창간을 계기로 여러 가지의 애국가 가사가 신문에 게재되기 시작했는데, 어떤 곡조에 따라 이 가사들을 노래로 불렀는지는 명확하지 않다. 다만 대한제국이 서구식 군악대를 조직해 1902년 '대한제국 애국가'라는 이름의 국가(國歌)를 만들어 나라의 주요 행사에 사용했다는 기록은 남아 있다. 오늘날 우리가 부르는 애국가의 노랫말은 외세의 침략으로 나라가 위기에 처해있던 1907년을 전후하여 조국애와 충성심을 북돋우기 위하여 만들어졌다.
>
> 1935년 해외에서 활동 중이던 안익태는 오늘날 우리가 부르고 있는 국가를 작곡하였다. 대한민국 임시정부는 이 곡을 애국가로 채택해 사용했으나 이는 해외에서만 퍼져나갔을 뿐, 국내에서는 광복 이후 정부수립 무렵까지 애국가 노랫말을 스코틀랜드 민요에 맞춰 부르고 있었다. 그러다가 1948년 대한민국 정부가 수립된 이후 현재의 노랫말과 함께 안익태가 작곡한 곡조의 애국가가 정부의 공식 행사에 사용되고 각급 학교 교과서에도 실리면서 전국적으로 애창되기 시작하였다.
>
> 애국가가 국가로 공식화되면서 1950년대에는 대한뉴스 등을 통해 적극적으로 홍보가 이루어졌다. 그리고 「국기게양 및 애국가 제창 시의 예의에 관한 지시(1966)」 등에 의해 점차 국가의례의 하나로 간주되었다.
>
> 1970년대 초에는 공연장에서 본공연 전에 애국가가 상영되기 시작하였다. 이후 1980년대 중반까지

### 언어추리 ▶ 배열하기 · 묶기 · 연결하기

**16** 기말고사를 치르고 난 후 A~E 5명이 다음과 같이 성적에 대해 이야기를 나누었다. 이들 중 1명이 거짓을 말한다고 할 때, 항상 참인 것은?(단, 동점은 없으며 모든 사람은 진실 또는 거짓만 말한다)

> • A : E는 1등이고, D는 C보다 성적이 높아.
> • B : B는 E보다 성적이 낮고, C는 A보다 성적이 높아.
> • C : A는 B보다 성적이 낮아.
> • D : B는 C보다 성적이 높아.
> • E : D는 B보다, A는 C보다 성적이 높아.

① B가 1등이다.　　② A가 2등이다.
③ E가 2등이다.　　④ B는 3등이다.
⑤ D가 3등이다.

### 창의수리 ▶ 수열

**05** 일정한 규칙으로 수를 나열할 때, 빈칸에 들어갈 수로 알맞은 것은?

| 174 | 172 | 169 | 168 | 166 | 163 | 162 | 160 | ( ) | 156 |

① 157　　② 158
③ 159　　④ 160
⑤ 161

# 도서 200% 활용하기 STRUCTURES

**1** 최신 기출복원문제로 출제경향 파악

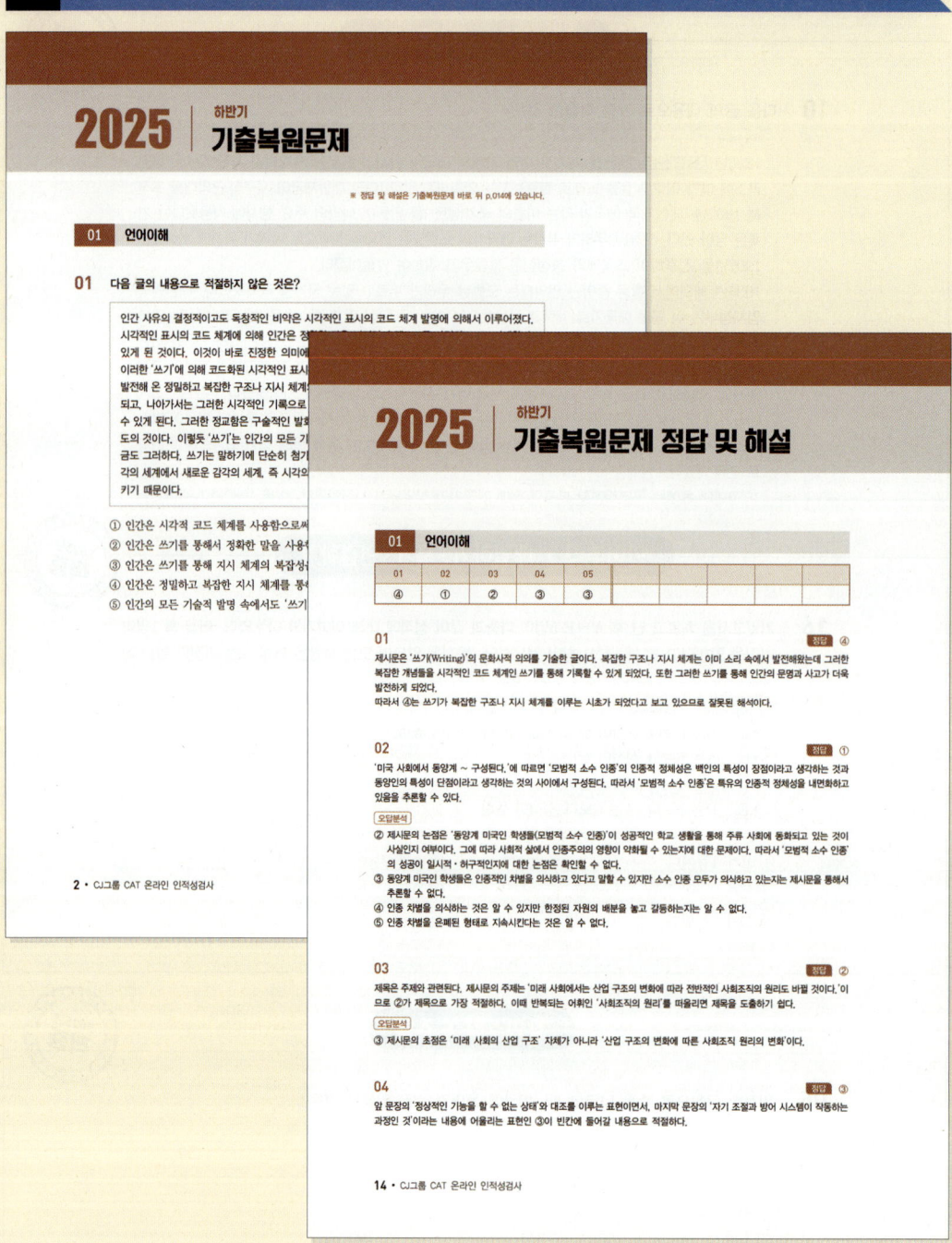

▶ 2025년 하반기 기출복원문제를 수록하여 최근 출제경향을 파악할 수 있도록 하였다.
▶ 기출복원문제를 바탕으로 학습을 시작하기 전에 자신의 실력을 판단할 수 있도록 하였다.

**2** 이론점검, 대표기출유형, 기출응용문제로 영역별 학습

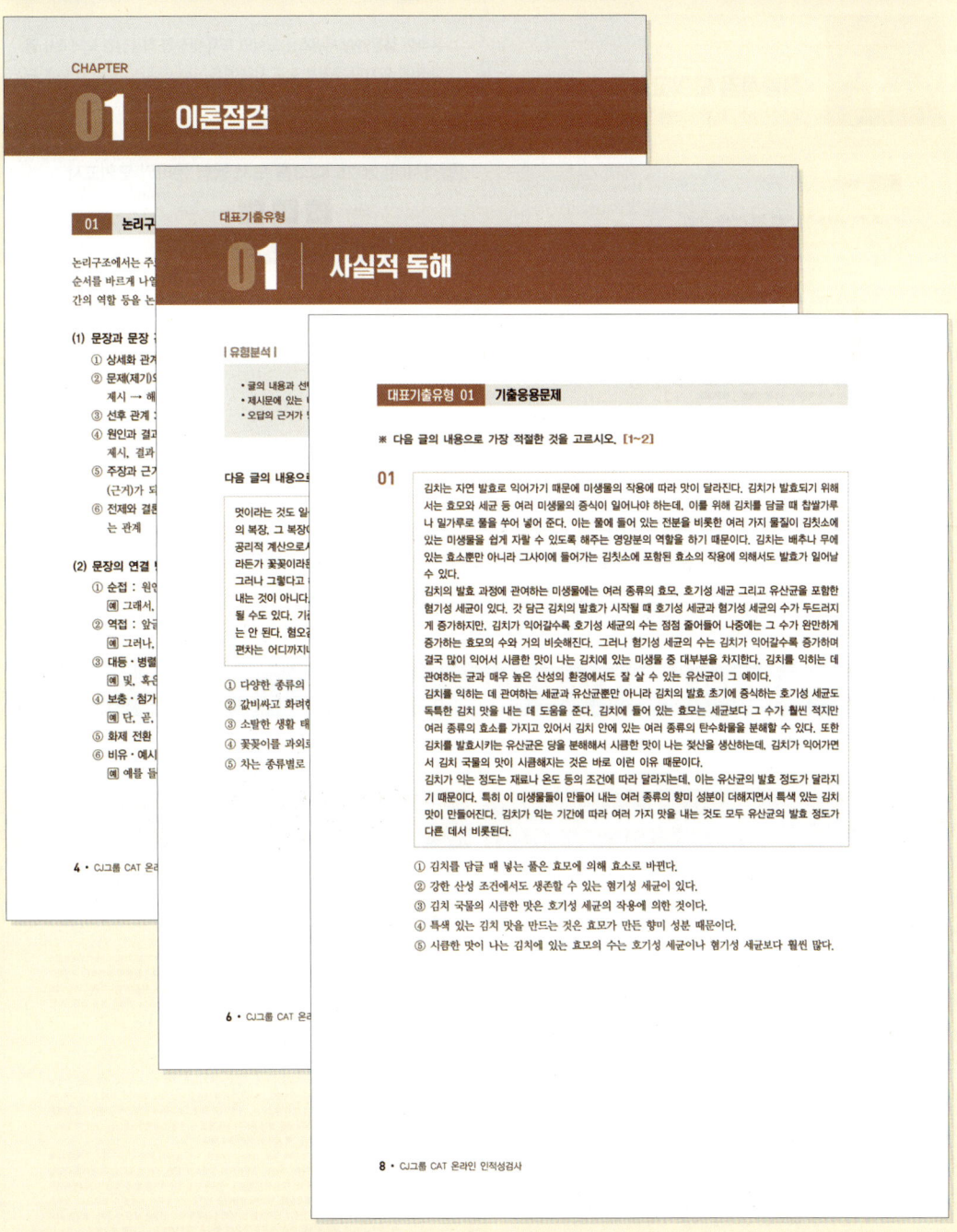

▶ 출제되는 영역에 대한 이론점검, 대표기출유형과 기출응용문제를 수록하였다.
▶ 최근 출제되는 유형을 체계적으로 학습하고 점검할 수 있도록 하였다.

# 도서 200% 활용하기 STRUCTURES

## 3  최종점검 모의고사 + 도서 동형 온라인 실전연습 서비스로 반복 학습

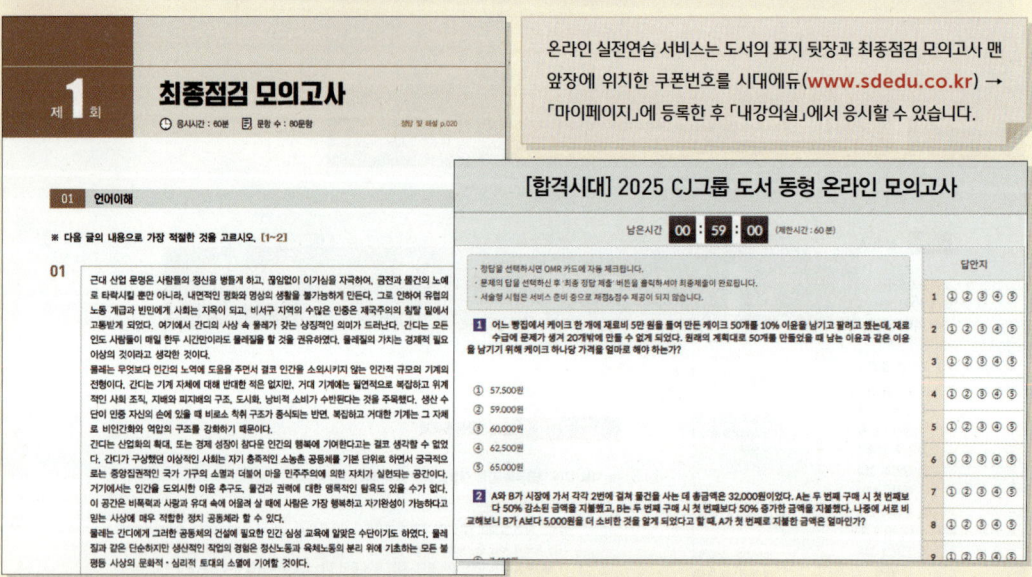

▶ 실제 시험과 유사하게 구성된 최종점검 모의고사 3회분을 통해 마무리를 하도록 하였다.
▶ 이와 동일하게 구성된 온라인 실전연습 서비스로 실제 시험처럼 연습하도록 하였다.

## 4  인성검사부터 면접까지 한 권으로 대비하기

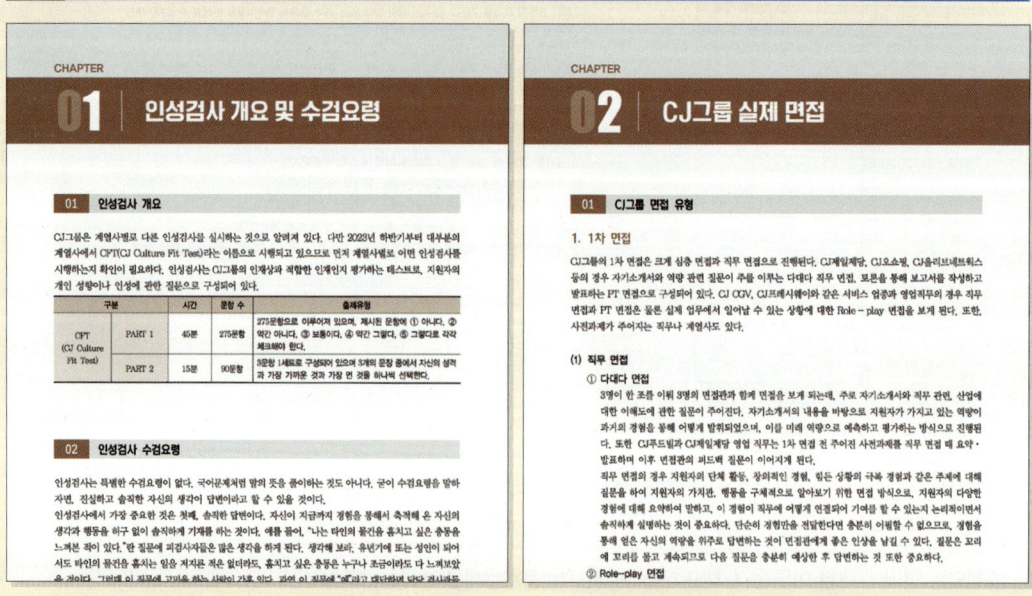

▶ 인성검사 모의연습을 통해 CJ그룹의 인재상에 부합하는지 판별할 수 있도록 하였다.
▶ 면접 기출 질문을 통해 실제 면접에서 나오는 질문에 미리 대비할 수 있도록 하였다.

## 5 Easy & Hard로 난이도별 시간 분배 연습

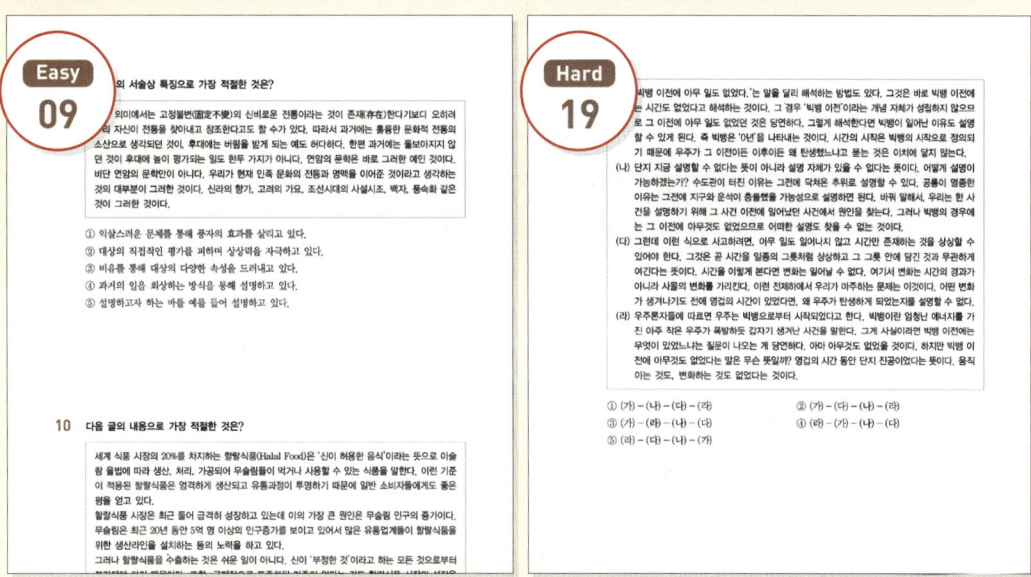

▶ Easy & Hard 표시로 문제별 난이도에 따라 시간을 적절하게 분배하여 풀이하는 연습이 가능하도록 하였다.

## 6 정답 및 오답분석으로 풀이까지 완벽 마무리

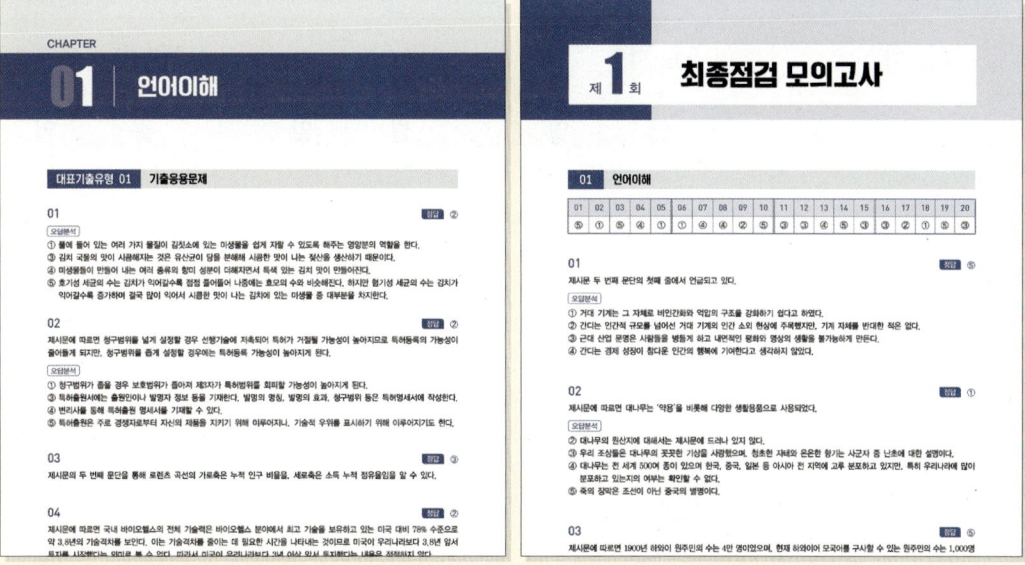

▶ 정답에 대한 상세한 해설과 오답분석을 통해 혼자서도 체계적인 학습이 가능하도록 하였다.

# 학습플랜 STUDY PLAN

### 1주 완성 학습플랜

본서에 수록된 전 영역을 단기간에 끝낼 수 있도록 구성한 학습플랜이다. 한 번에 전 영역을 공부하지 않고, 한 영역을 집중적으로 공부할 수 있도록 하였다. 인성검사 및 적성검사에 대한 기초 학습은 되어 있지만, 학습 계획 세우기에 자신이 없거나 미리 시험에 대비하지 못해 단시간에 많은 분량을 봐야 하는 수험생에게 추천한다.

| ONE WEEK STUDY PLAN | | | |
|---|---|---|---|
| **Start!** | 1일 차 ☐<br>____월 ____일 | 2일 차 ☐<br>____월 ____일 | 3일 차 ☐<br>____월 ____일 |
| 4일 차 ☐<br>____월 ____일 | 5일 차 ☐<br>____월 ____일 | 6일 차 ☐<br>____월 ____일 | 7일 차 ☐<br>____월 ____일 |

합격의 공식 **Formula of pass** | 시대에듀 www.sdedu.co.kr

## STUDY CHECK BOX

| 구분 | 1일 차 | 2일 차 | 3일 차 | 4일 차 | 5일 차 | 6일 차 | 7일 차 |
| --- | --- | --- | --- | --- | --- | --- | --- |
| 기출복원문제 | | | | | | | |
| PART 1 | | | | | | | |
| 제1회 최종점검 모의고사 | | | | | | | |
| 제2회 최종점검 모의고사 | | | | | | | |
| 제3회 최종점검 모의고사 | | | | | | | |
| 오답분석 | | | | | | | |

### 스터디 체크박스 활용법
1주 완성 학습플랜에서 계획한 학습량을 어느 정도 실천하였는지 표시하여 자신의 학습량을 효율적으로 관리한다.

| 구분 | 1일 차 | 2일 차 | 3일 차 | 4일 차 | 5일 차 | 6일 차 | 7일 차 |
| --- | --- | --- | --- | --- | --- | --- | --- |
| PART 1 | 언어이해 | × | × | 완료 | | | |

# 이 책의 차례 CONTENTS

## Add+ 2025년 하반기 기출복원문제    2

## PART 1 대표기출유형

**CHAPTER 01 언어이해**    4
대표기출유형 01 사실적 독해
대표기출유형 02 추론적 독해
대표기출유형 03 주제·제목 찾기
대표기출유형 04 빈칸추론
대표기출유형 05 문장·문단 나열
대표기출유형 06 문장·문단 삽입

**CHAPTER 02 언어추리**    38
대표기출유형 01 삼단논법
대표기출유형 02 배열하기·묶기·연결하기
대표기출유형 03 진실게임
대표기출유형 04 비판적 추론

**CHAPTER 03 자료해석**    60
대표기출유형 01 자료해석
대표기출유형 02 자료계산
대표기출유형 03 자료변환

**CHAPTER 04 창의수리**    80
대표기출유형 01 기초방정식
대표기출유형 02 비율
대표기출유형 03 거리·속력·시간
대표기출유형 04 농도
대표기출유형 05 개수
대표기출유형 06 금액
대표기출유형 07 경우의 수
대표기출유형 08 확률
대표기출유형 09 수열

## PART 2 최종점검 모의고사

제1회 최종점검 모의고사    108
제2회 최종점검 모의고사    151
제3회 최종점검 모의고사    195

## PART 3 인성검사

CHAPTER 01 인성검사 개요 및 수검요령    244
CHAPTER 02 인성검사 모의연습    246

## PART 4 면접

CHAPTER 01 면접 유형 및 실전 대책    270
CHAPTER 02 CJ그룹 실제 면접    281

## 별책 정답 및 해설

PART 1 대표기출유형    2
PART 2 최종점검 모의고사    20

# Add+

## 2025년 하반기 기출복원문제

※ 기출복원문제는 수험생들의 후기를 통해 시대에듀에서 복원한 문제로 실제 문제와 다소 차이가 있을 수 있으며, 본 저작물의 무단전재 및 복제를 금합니다.

# 2025 하반기 기출복원문제

※ 정답 및 해설은 기출복원문제 바로 뒤 p.014에 있습니다.

## 01 언어이해

**01** 다음 글의 내용으로 적절하지 않은 것은?

> 인간 사유의 결정적이고도 독창적인 비약은 시각적인 표시의 코드 체계 발명에 의해서 이루어졌다. 시각적인 표시의 코드 체계에 의해 인간은 정확한 말을 결정하여 텍스트를 마련하고, 또 이해할 수 있게 된 것이다. 이것이 바로 진정한 의미에서의 '쓰기(Writing)'이다.
> 이러한 쓰기에 의해 코드화된 시각적인 표시는 말을 사로잡게 되고, 그 결과 그때까지 소리 속에서 발전해 온 정밀하고 복잡한 구조나 지시 체계의 특수한 복잡성이 그대로 시각적으로 기록될 수 있게 되고, 나아가서는 그러한 시각적인 기록으로 인해 그보다 훨씬 정교한 구조나 지시 체계가 산출될 수 있게 된다. 그러한 정교함은 구술적인 발화가 지니는 잠재력으로써는 도저히 이룩할 수 없는 정도의 것이다. 이렇듯 쓰기는 인간의 모든 기술적 발명 속에서도 가장 영향력이 큰 것이었으며, 지금도 그러하다. 쓰기는 말하기에 단순히 첨가된 것이 아니다. 왜냐하면 쓰기는 말하기를 구술 – 청각의 세계에서 새로운 감각의 세계, 즉 시각의 세계로 이동시킴으로써 말하기와 사고를 함께 변화시키기 때문이다.

① 인간은 시각적 코드 체계를 사용함으로써 말하기를 한층 정교한 구조로 만들었다.
② 인간은 쓰기를 통해서 정확한 말을 사용한 텍스트의 생산과 소통이 가능하게 되었다.
③ 인간은 쓰기를 통해 지시 체계의 복잡성을 기록함으로써 말하기와 사고의 변화를 일으킨다.
④ 인간은 정밀하고 복잡한 지시 체계를 통해 시각적 코드를 발명하였다.
⑤ 인간의 모든 기술적 발명 속에서도 쓰기는 예전이나 지금이나 가장 영향력이 크다.

**02** 다음 글을 읽고 추론한 내용으로 가장 적절한 것은?

> 미국 사회에서 동양계 미국인 학생들은 '모범적 소수 인종(Model Minority)'으로, 즉 미국의 교육 체계 속에서 뚜렷하게 성공한 소수 인종의 전형으로 간주되어 왔다. 그리고 그들은 성공적인 학교생활을 통해 주류 사회에 동화되고 이것에 의해 사회적 삶에서 인종주의의 영향을 약화시킨다는 주장으로 이어졌다. 하지만 동양계 미국인 학생들이 이렇게 정형화된 이미지처럼 인종주의의 장벽을 넘어 미국 사회의 구성원으로 참여하고 있는가는 의문이다. 미국 사회에서 동양계 미국인 학생들의 인종적 정체성은 다수자인 '백인'의 특성이 장점이라고 생각하는 것과 소수자인 동양인의 특성이 단점이라고 생각하는 것의 사이에서 구성된다. 그리고 이것은 그들에게 두 가지 보이지 않는 결과를 제공한다. 하나는 대부분의 동양계 미국인 학생들이 인종적인 차이에 대한 그들의 불만을 해소하고 인종 차이에서 발생하는 차별을 피하고자 백인이 되기를 원하는 것이다. 다른 하나는 다른 사람들이 자신을 동양인으로 연상하지 않도록 자신 스스로 동양인들의 전형적인 모습에서 벗어나려고 하는 것이다. 그러므로 모범적 소수 인종으로서의 동양계 미국인 학생은 백인에 가까운 또는 동양인에서 먼 '미국인'으로 성장할 위험 속에 있다.

① '모범적 소수 인종'은 특유의 인종적 정체성을 내면화하고 있다.
② '동양계 미국인 학생들'의 성공은 일시적이고 허구적인 것이다.
③ 여러 소수 인종 집단은 인종 차이가 초래할 부정적인 효과에 대해 의식하고 있다.
④ 여러 집단의 인종은 사회에서 한정된 자원의 배분을 놓고 갈등하고 있다.
⑤ 다인종 사회에서 다수파 인종은 은폐된 형태로 인종 차별을 지속시키고 있다.

**03** 다음 글의 제목으로 가장 적절한 것은?

> 미래 사회에서는 산업 구조에 변화가 일어나고 대량 생산 방식에 변화가 일어나면서 전반적인 사회 조직의 원리도 크게 바뀔 것이다. 즉, 산업 사회에서는 대량 생산 체계를 발전시키기 위해 표준화·집중화·거대화 등의 원리에 의해 사회가 조직되었지만, 미래 사회에서는 그와는 반대로 다원화·분산화·소규모화 등이 사회조직의 원리가 된다는 것이다. 사실상 산업 사회에서 인간 소외 현상이 일어났던 것도 이러한 표준화·집중화·거대화 등의 조직 원리로 인한 것이었다면, 미래 사회의 조직 원리라고 할 수 있는 다원화·분산화·소규모화 등은 인간 소외와 비인간화 현상을 극복하는 데도 많은 도움을 줄 수 있을 것이다.

① 산업 사회와 대량 생산
② 미래 사회조직의 원리
③ 미래 사회의 산업 구조
④ 인간 소외와 비인간화 현상
⑤ 산업 사회의 미래

**04** 다음 글의 빈칸에 들어갈 내용으로 가장 적절한 것은?

> 질병(疾病)이란 유기체의 신체적, 정신적 기능이 비정상으로 된 상태를 일컫는다. 인간에게 있어 질병이란 넓은 의미에서는 극도의 고통을 비롯하여 스트레스, 사회적인 문제, 신체기관의 기능 장애와 죽음까지를 포괄하며, 넓게는 개인에서 벗어나 사회적으로 큰 맥락에서 이해되기도 한다.
> 하지만 다분히 진화 생물학적 관점에서, 질병은 인간의 몸 안에서 일어나는 정교하고도 합리적인 자기조절 과정이다. 질병은 정상적인 기능을 할 수 없는 상태임과 동시에, 진화의 역사 속에서 획득한 자기 치료 과정 _____ 이기도 하다. 가령, 기침을 하고, 열이 나고, 통증을 느끼고, 염증이 생기는 것 따위는 자기 조절과 방어 시스템이 작동하는 과정인 것이다.

① 문제를 일으킨 상태
② 비일상적인 특이 상태
③ 정상적으로 가동하고 있는 상태
④ 인구의 개체 변이를 도모하는 상태
⑤ 보다 새로운 정보를 습득하려는 상태

**05** 다음 문장을 논리적 순서대로 바르게 나열한 것은?

> (가) 르네상스와 종교개혁을 거치면서 성립된 근대 계몽주의는 중세를 지배했던 신(神) 중심의 사고에서 벗어나 합리적 사유에 근거한 인간 해방을 추구하였다.
> (나) 하지만 이 같은 문명의 이면에는 환경 파괴와 물질만능주의, 인간소외와 같은 근대화의 병폐가 숨어 있었다.
> (다) 또한 계몽주의의 합리적 사고는 자연과학의 성립으로 이어졌으며, 우주와 자연에서 신비로운 요소를 걷어낸 과학 기술의 발전은 인류에게 그 어느 때보다 풍요로운 물질적 부를 가져왔다.
> (라) 인간의 무지로부터 비롯된 자연에 대한 공포가 종교적 세계관을 낳았지만, 계몽주의는 이성과 합리성을 통해 이를 극복하였다.

① (가) - (나) - (다) - (라)
② (가) - (다) - (나) - (라)
③ (라) - (가) - (다) - (나)
④ (라) - (나) - (다) - (가)
⑤ (라) - (다) - (가) - (나)

## 02 언어추리

**01** 다음 명제가 모두 참일 때, 항상 참인 것은?

> - 창조적인 기업은 융통성이 있다.
> - 오래 가는 기업은 건실하다.
> - 오래 가는 기업이라고 해서 모두가 융통성이 있는 것은 아니다.

① 융통성이 있는 기업은 건실하다.
② 창조적인 기업이 오래 갈지 아닐지 알 수 없다.
③ 융통성이 있는 기업은 오래 간다.
④ 어떤 창조적인 기업은 건실하다.
⑤ 창조적인 기업은 오래 간다.

**02** 다음 명제가 모두 참일 때, 빈칸에 들어갈 명제는?

> - 모든 1과 사원은 가장 실적이 많은 2과 사원보다 실적이 많다.
> - 가장 실적이 많은 4과 사원은 모든 3과 사원보다 실적이 적다.
> - 3과 사원 중 일부는 가장 실적이 많은 2과 사원보다 실적이 적다.
> - 따라서 _____

① 1과 사원 중 가장 적은 실적을 올린 사원과 같은 실적을 올린 사원이 4과에 있다.
② 3과 사원 중 가장 적은 실적을 올린 사원과 같은 실적을 올린 사원이 4과에 있다.
③ 모든 2과 사원은 4과 사원 중 일부보다 실적이 적다.
④ 어떤 1과 사원은 가장 실적이 많은 3과 사원보다 실적이 적다.
⑤ 어떤 3과 사원은 가장 실적이 적은 1과 사원보다 실적이 적다.

**03** 다음 명제가 모두 참일 때, 참이 아닌 것은?

> • 많이 먹으면 살이 찐다.
> • 살이 찐 사람은 체내에 수분이 많다.
> • 체내에 수분이 많으면 술에 잘 취하지 않는다.

① 술에 잘 취하지 않는 사람은 체내에 수분이 많다.
② 많이 먹으면 체내에 수분이 많다.
③ 체내에 수분이 많지 않은 사람은 많이 먹지 않는다.
④ 살이 찌지 않은 사람은 많이 먹지 않는다.
⑤ 술에 잘 취하는 사람은 체내에 수분이 많지 않다.

**04** 다음은 서로 다른 밝기 등급(1~5등급)을 가진 A~E별의 밝기를 측정한 결과이다. 결과가 모두 참일 때, 반드시 참인 것은?

> • 1등급이 가장 밝은 밝기 등급이다.
> • A별은 가장 밝지도 않고, 두 번째로 밝지도 않다.
> • B별은 C별보다 밝고, E별보다 어둡다.
> • C별은 D별보다 밝고, A별보다 어둡다.
> • E별은 A별보다 밝다.

① A별의 밝기 등급은 4등급이다.
② A~E별 중 B별이 가장 밝다.
③ 어느 별이 가장 어두운지 확인할 수 없다.
④ 어느 별이 가장 밝은지 확인할 수 없다.
⑤ 별의 밝기 등급에 따라 순서대로 나열하면 'E-B-A-C-D'이다.

**05** 다음 글에 대한 반박으로 적절하지 않은 것은?

> 문화재 관리에서 중요한 개념이 복원과 보존이다. 복원은 훼손된 문화재를 원래대로 다시 만드는 것을, 보존은 더 이상 훼손되지 않도록 잘 간수하는 것을 의미한다. 이와 관련하여 훼손된 탑의 관리에 대한 논의가 한창이다.
> 나는 복원보다는 보존이 다음과 같은 근거에서 더 적절하다고 생각한다. 우선, 탑을 보존하면 탑에 담긴 역사적 의미를 온전하게 전달할 수 있어 진정한 역사 교육이 가능하다. 탑은 백성들의 평화로운 삶을 기원하기 위해 만들어졌고, 이후 역사의 흐름 속에서 전란을 겪으며 훼손된 흔적들이 더해져 지금 모습으로 남아 있다. 그런데 탑을 복원하면 이런 역사적 의미들이 사라져 그 의미를 온전하게 전달할 수 없다.
> 다음으로, 정확한 자료가 없이 탑을 복원하면 이는 결국 탑을 훼손하는 것이 될 수밖에 없다. 따라서 원래의 재료를 활용하지 못하고 과거의 건축 과정에 충실하게 탑을 복원하지 못하면 탑의 옛 모습을 온전하게 되살리는 것은 불가능하므로 탑을 보존하는 것이 더 바람직하다.
> 마지막으로, 탑을 보존하면 탑과 주변 공간의 조화가 유지된다. 전문가에 따르면 탑은 주변 산수는 물론 절 내부 건축물들과의 조화를 고려하여 세워졌다고 한다. 이런 점을 무시하고 탑을 복원한다면 탑과 기존 공간의 조화가 사라지기 때문에 보존하는 것이 적절하다.
> 따라서 탑은 보존하는 것이 복원하는 것보다 더 적절하다고 생각한다. 건축 문화재의 경우 복원보다는 보존을 중시하는 국제적인 흐름을 고려했을 때도, 탑이 더 훼손되지 않도록 지금의 모습을 유지하고 관리하는 것이 문화재로서의 가치를 지키고 계승할 수 있는 바람직한 방법이라고 생각한다.

① 탑을 복원하더라도 탑에 담긴 역사적 의미는 사라지지 않는다.
② 탑을 복원하면 형태가 훼손된 탑에서는 느낄 수 없었던 탑의 형태적 아름다움을 느낄 수 있다.
③ 탑 복원에 필요한 자료를 충분히 수집하여 탑을 복원하면 탑의 옛 모습을 되살릴 수 있다.
④ 주변 공간과의 조화를 유지하는 방법으로 탑을 복원할 수 있다.
⑤ 탑을 복원하는 비용보다 보존하는 비용이 더 많이 든다.

## 03 자료해석

**01** 다음은 2024년 공무원 징계 현황에 대한 자료이다. 이에 대한 설명으로 옳지 않은 것을 〈보기〉에서 모두 고르면?

〈공무원 징계 현황〉
(단위 : 건)

| 징계 사유 | 경징계 | 중징계 |
|---|---|---|
| A | 3 | 25 |
| B | 174 | 48 |
| C | 170 | 53 |
| D | 160 | 40 |
| 기타 | 6 | 5 |

**보기**
ㄱ. 경징계 총건수는 중징계 총건수의 3배이다.
ㄴ. 전체 징계 건수 중 경징계 총건수의 비율은 70% 미만이다.
ㄷ. 징계 사유 D로 인한 징계 건수 중 중징계의 비율은 20% 미만이다.
ㄹ. 전체 징계 사유 중 징계의 비율이 가장 높은 것은 C이다.

① ㄱ, ㄴ
② ㄱ, ㄷ
③ ㄴ, ㄷ
④ ㄴ, ㄹ
⑤ ㄷ, ㄹ

**02** S전자회사는 LED를 생산할 수 있는 기계 A, B, C 3대를 가지고 있다. 기계에 따른 하루 생산량과 불량률이 다음과 같을 때, 3대 전부를 하루 동안 가동할 경우 전체 불량률은?

〈기계별 하루 생산량 및 불량률〉

| 구분 | 하루 생산량 | 불량률 |
|---|---|---|
| A기계 | 500개 | 5% |
| B기계 | A기계보다 10% 더 생산 | 2% |
| C기계 | B기계보다 50개 더 생산 | 5% |

① 1%
② 2%
③ 3%
④ 4%
⑤ 5%

**03** 다음은 어느 지역의 주화 공급 현황에 대한 자료이다. 이에 대한 설명으로 옳은 것을 〈보기〉에서 모두 고르면?

〈주화 공급 현황〉

| 구분 | 액면가 | | | | 합계 |
|---|---|---|---|---|---|
| | 10원 | 50원 | 100원 | 500원 | |
| 공급량(십만 개) | 340 | 215 | 265 | 180 | 1,000 |
| 공급기관 수(개) | 170 | 90 | 150 | 120 | 530 |

※ (평균 주화 공급량) = $\frac{(주화 종류별 공급량의 합)}{(주화 종류 수)}$

※ (주화 공급액) = (주화 공급량) × (액면가)

**보기**

ㄱ. 주화 공급량이 주화 종류별로 각각 20십만 개씩 증가한다면, 이 지역의 평균 주화 공급량은 270 십만 개이다.
ㄴ. 주화 종류별 공급기관당 공급량은 10원 주화가 500원 주화보다 적다.
ㄷ. 10원과 500원 주화는 각각 10%씩, 50원과 100원 주화는 각각 20%씩 공급량이 증가한다면, 이 지역의 평균 주화 공급량의 증가율은 15% 이하이다.
ㄹ. 총 주화 공급액 규모가 12% 증가해도 주화 종류별 주화 공급량의 비율은 변하지 않는다.

① ㄱ, ㄴ
② ㄱ, ㄷ
③ ㄷ, ㄹ
④ ㄱ, ㄷ, ㄹ
⑤ ㄴ, ㄷ, ㄹ

**04** 다음은 청소년의 경제의식에 대한 설문조사 결과를 정리한 자료이다. 이에 대한 설명으로 옳은 것은?(단, 복수응답과 무응답은 없다)

〈경제의식에 대한 설문조사 결과〉

(단위 : %)

| 설문 내용 | 구분 | 전체 | 성별 | | 학교별 | |
|---|---|---|---|---|---|---|
| | | | 남 | 여 | 중학교 | 고등학교 |
| 용돈을 받는지 여부 | 예 | 84 | 83 | 86 | 88 | 80 |
| | 아니요 | 16 | 17 | 14 | 12 | 20 |
| 월간 용돈 금액 | 5만 원 미만 | 75 | 74 | 76 | 90 | 60 |
| | 5만 원 이상 | 25 | 26 | 24 | 10 | 40 |
| 금전출납부 기록 여부 | 기록한다 | 30 | 23 | 36 | 31 | 28 |
| | 기록 안 한다 | 70 | 77 | 64 | 69 | 72 |

① 용돈을 받는 남학생의 비율이 용돈을 받는 여학생의 비율보다 높다.
② 월간 용돈을 5만 원 미만으로 받는 비율은 중학생이 고등학생보다 높다.
③ 고등학생 전체 인원을 100명이라고 한다면, 월간 용돈을 5만 원 이상 받는 학생은 40명이다.
④ 금전출납부를 기록하는 청소년의 비율이 기록 안 하는 비율보다 높다.
⑤ 용돈을 받지 않는 중학생 비율이 용돈을 받지 않는 고등학생 비율보다 높다.

**05** 다음은 범죄유형별 범죄자 수를 나타낸 자료이다. 남성 범죄자 비율이 가장 높은 범죄는 무엇인가?

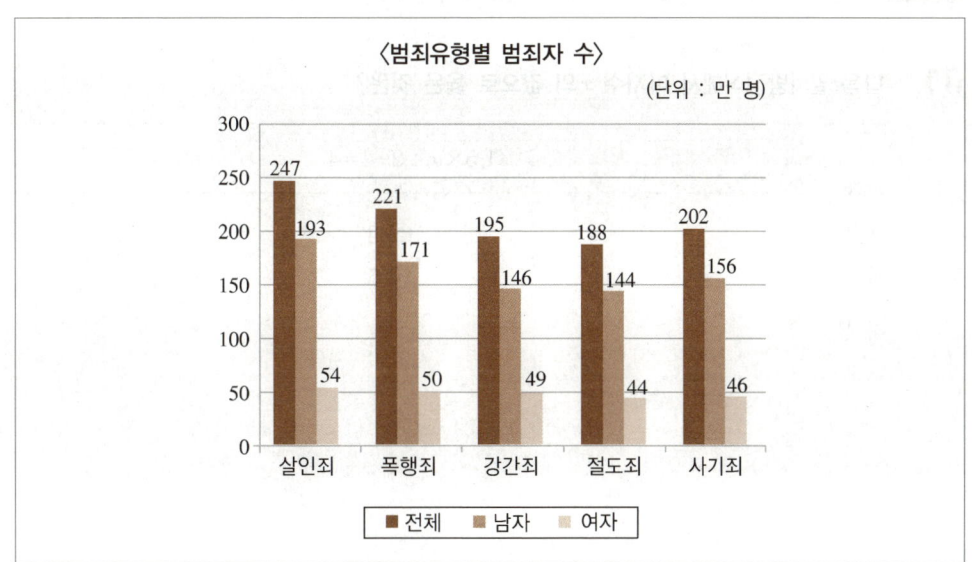

① 살인죄  ② 폭행죄
③ 강간죄  ④ 절도죄
⑤ 사기죄

## 04  창의수리

**01**  다음 일차방정식에서 미지수 $x$의 값으로 옳은 것은?

$$1.5 \times x \div 2 + 1 = 4$$

① 2　　　　　　　　　　② 3
③ 4　　　　　　　　　　④ 5
⑤ 6

**02**  아이들에게 초콜릿을 6개씩 나눠 주었더니 2명은 하나도 받지 못했고, 받은 아이 중 1명은 2개밖에 받지 못했다. 그래서 4개씩 주었더니 6개가 남았다. 5개씩 나눠 주면 몇 개가 부족하겠는가?

① 2개　　　　　　　　　② 3개
③ 4개　　　　　　　　　④ 5개
⑤ 6개

**03**  A사원은 업무 계약 건으로 출장을 가야 한다. 회사에서 출발하여 시속 80km로 이동하던 중 약속한 시간에 늦을 것 같아 회사로부터 20km 이동한 지점에서 시속 100km로 속력을 올려 이동하였더니 회사에서 출장지까지 총 2시간이 걸려 도착하였다. A사원의 회사에서 출장지까지의 거리는?

① 180km　　　　　　　② 185km
③ 190km　　　　　　　④ 195km
⑤ 200km

**04** 농도 9%의 소금물에 물을 200g 더 넣었더니 6%의 소금물이 되었다. 처음 농도 9%의 소금물의 양은?

① 250g
② 300g
③ 350g
④ 400g
⑤ 450g

**05** A, B주사위 2개를 동시에 던질 때, A주사위에서는 짝수의 눈이 나오고, B주사위에서는 5 이상의 눈이 나올 확률은?

① $\frac{1}{12}$
② $\frac{1}{8}$
③ $\frac{1}{6}$
④ $\frac{1}{4}$
⑤ $\frac{1}{2}$

**06** 서로 다른 주사위 3개를 동시에 던질 때, 적어도 주사위 1개가 홀수의 눈이 나오는 경우의 수는 모두 몇 가지인가?

① 181가지
② 183가지
③ 185가지
④ 187가지
⑤ 189가지

# 2025 하반기 기출복원문제 정답 및 해설

## 01 언어이해

| 01 | 02 | 03 | 04 | 05 |
| --- | --- | --- | --- | --- |
| ④ | ① | ② | ③ | ③ |

### 01
정답 ④

제시문은 '쓰기(Writing)'의 문화사적 의의를 기술한 글이다. 복잡한 구조나 지시 체계는 이미 소리 속에서 발전해왔는데 그러한 복잡한 개념들을 시각적인 코드 체계인 쓰기를 통해 기록할 수 있게 되었다. 또한 그러한 쓰기를 통해 인간의 문명과 사고가 더욱 발전하게 되었다.
따라서 ④는 쓰기가 복잡한 구조나 지시 체계를 이루는 시초가 되었다고 보고 있으므로 잘못된 해석이다.

### 02
정답 ①

'미국 사회에서 동양계 ~ 구성된다.'에 따르면 '모범적 소수 인종'의 인종적 정체성은 백인의 특성이 장점이라고 생각하는 것과 동양인의 특성이 단점이라고 생각하는 것의 사이에서 구성된다. 따라서 '모범적 소수 인종'은 특유의 인종적 정체성을 내면화하고 있음을 추론할 수 있다.

**오답분석**
② 제시문의 논점은 '동양계 미국인 학생들(모범적 소수 인종)'이 성공적인 학교 생활을 통해 주류 사회에 동화되고 있는 것이 사실인지 여부이다. 그에 따라 사회적 삶에서 인종주의의 영향이 약화될 수 있는지에 대한 문제이다. 따라서 '모범적 소수 인종'의 성공이 일시적·허구적인지에 대한 논점은 확인할 수 없다.
③ 동양계 미국인 학생들은 인종적인 차별을 의식하고 있다고 말할 수 있지만 소수 인종 모두가 의식하고 있는지는 제시문을 통해서 추론할 수 없다.
④ 인종 차별을 의식하는 것은 알 수 있지만 한정된 자원의 배분을 놓고 갈등하는지는 알 수 없다.
⑤ 인종 차별을 은폐된 형태로 지속시킨다는 것은 알 수 없다.

### 03
정답 ②

제목은 주제와 관련된다. 제시문의 주제는 '미래 사회에서는 산업 구조의 변화에 따라 전반적인 사회조직의 원리도 바뀔 것이다.'이므로 ②가 제목으로 가장 적절하다. 이때 반복되는 어휘인 '사회조직의 원리'를 떠올리면 제목을 도출하기 쉽다.

**오답분석**
③ 제시문의 초점은 '미래 사회의 산업 구조' 자체가 아니라 '산업 구조의 변화에 따른 사회조직 원리의 변화'이다.

### 04
정답 ③

앞 문장의 '정상적인 기능을 할 수 없는 상태'와 대조를 이루는 표현이면서, 마지막 문장의 '자기 조절과 방어 시스템이 작동하는 과정인 것'이라는 내용에 어울리는 표현인 ③이 빈칸에 들어갈 내용으로 적절하다.

## 05

정답 ③

제시문은 종교 해방을 위해 나타난 계몽주의의 발현 배경과 계몽주의가 추구한 방향에 대해 설명하고 그 결과 나타난 긍정적 요소와 부정적 요소를 설명하는 글이다. 따라서 (라) 인간의 종교와 이를 극복하게 한 계몽주의 - (가) 계몽주의의 추구 방향 - (다) 계몽주의의 결과로 나타난 효과 - (나) 계몽주의의 결과로 나타난 역효과 순서로 연결되어야 한다.

## 02  언어추리

| 01 | 02 | 03 | 04 | 05 |
|----|----|----|----|----|
| ② | ⑤ | ① | ⑤ | ⑤ |

## 01

정답 ②

창조적인 기업은 융통성이 있고, 융통성이 있는 기업 중의 일부는 오래간다. 즉, 창조적인 기업이 오래 갈지 아닐지 알 수 없다.

## 02

정답 ⑤

모든 1과 사원은 가장 실적이 많은 2과 사원보다 실적이 많고, 3과 사원 중 일부는 가장 실적이 많은 2과 사원보다 실적이 적다. 따라서 3과 사원 중 일부는 모든 1과 사원보다 실적이 적다.

## 03

정답 ①

체내에 수분이 많으면 술에 잘 취하지 않지만, 역의 성립 여부를 알 수 없다. 따라서 술에 잘 취하지 않는다고 해서 체내에 수분이 많은 것은 아니다.

**오답분석**
② 첫 번째 명제, 두 번째 명제를 통해 추론할 수 있다.
③ 두 번째 명제의 대우와 첫 번째 명제의 대우를 통해 추론할 수 있다.
④ 첫 번째 명제의 대우를 통해 추론할 수 있다.
⑤ 마지막 명제의 대우를 통해 추론할 수 있다.

## 04

정답 ⑤

측정 결과를 토대로 정리하면 A별의 밝기 등급은 3등급 이하이며, C별의 경우 A, B, E별보다 어둡고 D별보다는 밝으므로 C별의 밝기 등급은 4등급이다. 따라서 A별의 밝기 등급은 3등급이며, D별은 5등급, 나머지 E별과 B별은 각각 1등급, 2등급이 된다. 별의 밝기 등급에 따라 순서대로 나열하면 'E - B - A - C - D'의 순서가 된다.

## 05

정답 ⑤

제시문에서는 탑을 복원할 경우 탑에 담긴 역사적 의미와 함께 탑과 주변 공간의 조화가 사라지고, 정확한 자료 없이 탑을 복원한다면 탑을 온전하게 되살릴 수 없다는 점을 들어 탑을 복원하기보다는 보존해야 한다고 주장한다. 따라서 이러한 근거들과 관련이 없는 ⑤는 주장에 대한 반박으로 적절하지 않다.

# 03 자료해석

| 01 | 02 | 03 | 04 | 05 |
|---|---|---|---|---|
| ③ | ④ | ② | ② | ① |

## 01

**정답 ③**

ㄴ. 경징계 총건수는 3+174+170+160+6=513건이고, 중징계 총건수는 25+48+53+40+5=171건으로 전체 징계 건수는 513+171=684건이다. 따라서 전체 징계 건수 중 경징계 총건수의 비율은 $\frac{513}{684} \times 100 = 75\%$로 70% 이상이다.

ㄷ. 징계 사유 D로 인한 징계 건수 중 중징계 건수의 비율은 $\frac{40}{160+40} \times 100 = 20\%$이다.

**오답분석**

ㄱ. 경징계 총건수는 3+174+170+160+6=513건이고, 중징계 총건수는 25+48+53+40+5=171건으로 경징계 총건수는 중징계 총건수의 $\frac{513}{171} = 3$배이다.

ㄹ. 전체 징계 사유 중 C가 총 170+53=223건으로 가장 많다.

## 02

**정답 ④**

A, B, C기계 전부를 하루 동안 가동시켰을 때 전체 불량률은 $\frac{(전체\ 불량품\ 수)}{(전체\ 생산량)} \times 100$이다.

기계에 따른 하루 생산량과 불량품 수를 구하면 다음과 같다.

(단위 : 개)

| 구분 | 하루 생산량 | 불량품 수 |
|---|---|---|
| A기계 | 500 | 500×0.05=25 |
| B기계 | 500×1.1=550 | 550×0.02=11 |
| C기계 | 550+50=600 | 600×0.05=30 |
| 합계 | 1,650 | 66 |

따라서 전체 불량률은 $\frac{66}{1,650} \times 100 = 4\%$이다.

## 03

**정답 ②**

ㄱ. 주화 공급량이 주화 종류별로 각각 20십만 개씩 증가한다면, 이 지역의 평균 주화 공급량은 $\frac{1,000+20\times4}{4} = \frac{1,080}{4} = 270$십만 개이다.

ㄷ. • 평균 주화 공급량 : $\frac{1,000}{4} = 250$십만 개

• 주화 공급량 증가량 : 340×0.1+215×0.2+265×0.2+180×0.1=148십만 개

• 증가한 평균 주화 공급량 : $\frac{1,000+148}{4} = 287$십만 개

따라서 250×1.15>287이므로, 증가율은 15% 이하이다.

**오답분석**

ㄴ. • 10원 주화의 공급기관당 공급량 : $\frac{340}{170} = 2$십만 개

• 500원 주화의 공급기관당 공급량 : $\frac{180}{120}=1.5$십만 개

따라서 주화 종류별 공급기관당 공급량은 10원 주화가 500원 주화보다 많다.
ㄹ. 총 주화 공급액 규모가 변하면 주화 종류별 공급량 비율도 당연히 변한다.

## 04

정답 ②

월간 용돈을 5만 원 미만으로 받는 비율은 중학생 90%, 고등학생 60%로, 중학생이 고등학생보다 높다.

**오답분석**
① 용돈을 받는 남학생과 여학생의 비율은 각각 83%, 86%로, 여학생의 비율이 남학생의 비율보다 높다.
③ 고등학생 전체 인원을 100명이라고 한다면, 그중에 용돈을 받는 학생은 80명이다. 80명 중에 월간 용돈을 5만 원 이상 받는 학생의 비율은 40%이므로 80×0.4=32명이다.
④ 전체에서 금전출납부의 기록, 미기록 비율은 각각 30%, 70%로, 기록 안 하는 비율이 기록하는 비율보다 높다.
⑤ 용돈을 받지 않는 중학생과 고등학생의 비율은 각각 12%와 20%로, 고등학생의 비율이 중학생의 비율보다 높다.

## 05

정답 ①

범죄유형별 남성 범죄자 비율을 정리하면 다음과 같다.
• 살인죄 : 193÷247×100≒78.14%
• 폭행죄 : 171÷221×100≒77.38%
• 강간죄 : 146÷195×100≒74.87%
• 절도죄 : 144÷188×100≒76.60%
• 사기죄 : 156÷202×100≒77.23%
따라서 남성 범죄자 비율이 가장 높은 범죄는 살인죄이다.

## 04 창의수리

| 01 | 02 | 03 | 04 | 05 | 06 | | | | |
|---|---|---|---|---|---|---|---|---|---|
| ③ | ④ | ④ | ④ | ③ | ⑤ | | | | |

## 01

정답 ③

$1.5 \times x \div 2 = 4-1$
→ $1.5 \times x \div 2 = 3$
→ $1.5 \times x = 3 \times 2 = 6$
→ $x = 6 \div 1.5$
∴ $x = 4$

## 02

정답 ④

아이들을 $x$명이라고 하면 다음 식이 성립한다.
$6(x-3)+2=4x+6$
∴ $x=11$
즉, 아이들은 11명이므로, 초콜릿의 개수는 50개이다.
따라서 11명의 아이들에게 50개의 초콜릿을 5개씩 나눠주면 5개가 부족하게 된다.

## 03

정답 ④

회사에서 출장지까지의 거리를 $x$km라고 하면 다음 식이 성립한다.

$\frac{20}{80} + \frac{x-20}{100} = 2$

→ $\frac{1}{4} + \frac{x-20}{100} = 2$

→ $25 + x - 20 = 200$

→ $5 + x = 200$

∴ $x = 195$

따라서 A사원의 회사에서 출장지까지의 거리는 195km이다.

## 04

정답 ④

처음 농도 9%의 소금물의 양을 $x$g이라고 하면 다음 식이 성립한다.

$x \times \frac{9}{100} = (x+200) \times \frac{6}{100}$

→ $9x = 6x + 1,200$

→ $3x = 1,200$

∴ $x = 400$

따라서 처음 농도 9%의 소금물의 양은 400g이다.

## 05

정답 ③

• A, B주사위 2개를 동시에 던질 때 나오는 모든 경우의 수 : 6×6=36가지
• A주사위에서 나오는 눈이 짝수인 경우의 수 : 2, 4, 6 → 3가지
• B주사위에서 나오는 눈이 5 이상인 경우의 수 : 5, 6 → 2가지

그러므로 A주사위에서 짝수의 눈이 나오고, B주사위에서 5 이상의 눈이 나오는 경우의 수는 3×2=6가지이다.

따라서 구하고자 하는 확률은 $\frac{6}{36} = \frac{1}{6}$ 이다.

## 06

정답 ⑤

• 서로 다른 주사위 3개를 동시에 던질 때 나오는 모든 경우의 수 : 6×6×6=216
• 3개의 주사위 모두 짝수의 눈이 나오는 경우의 수 : 3×3×3=27

따라서 구하고자 하는 경우의 수는 216-27=189가지이다.

# PART 1

# 대표기출유형

**CHAPTER 01** 언어이해
**CHAPTER 02** 언어추리
**CHAPTER 03** 자료해석
**CHAPTER 04** 창의수리

# CHAPTER 01

# 언어이해

## 합격 Cheat Key

언어이해 영역은 주로 독해, 빈칸추론과 같은 유형의 문제들이 출제된다. 글에 대한 독해능력과 추론능력 그리고 논리적 사고력을 평가하며, 총 80문항 중 20문항이 출제된다.

### 1 독해

글에 대한 이해력과 분석력을 평가하는 유형으로, 제시문과의 내용 일치 여부나 주제/제목 찾기, 추론하기 등의 문제가 출제되며, 글의 흐름 및 내용을 파악하고 제시되지 않은 부분을 추론하는 능력 등을 평가한다.

> **학습 포인트**
> - 경제·경영·철학·역사·예술·과학 등 다양한 분야와 관련된 글이 제시된다.
> - 독해의 경우 단기간의 공부로 성적을 올릴 수 있는 부분이 아니므로 평소에 꾸준히 연습해야 한다.
> - 추론하기의 경우 제시문을 바탕으로 정확한 근거를 판단하여 풀이하면 오답을 피할 수 있다.

## 2 문장 · 문단 나열

문장 · 문단 나열에는 주어진 문장 · 문단을 논리적 순서에 맞게 나열하는 문제, 〈보기〉에 주어진 문장 · 문단을 제시문 안에 적절하게 배치하는 문제 유형 등이 있다.

> **학습 포인트**
> - 인적성검사 언어 유형에서 꾸준히 출제되고 있는 문제이다.
> - 문장과 문장을 연결하는 접속어의 쓰임에 대해 알고 있으면 빠른 시간 내에 문제를 풀 수 있다.
> - 문장 속에 나타나는 지시어는 해당 문장의 앞에 어떤 내용이 오는지에 대한 힌트가 되므로 이에 집중한다.

## 3 빈칸추론

빈칸추론은 주로 문맥의 흐름에 맞는 적절한 문장을 찾는 유형이다. 앞뒤 문장으로 추론하거나 글의 전체적인 맥락을 알지 못하면 풀 수 없는 등 문제별로 난이도가 다른 유형이므로 글의 중심내용을 빠르게 이해해야 한다.

> **학습 포인트**
> - 제시문을 처음부터 끝까지 다 읽지 않고도 빈칸의 앞뒤 문장만으로 그 사이에 들어갈 내용을 유추하는 연습을 해야 한다.
> - 선택지를 읽으며 빈칸에 들어갈 답을 고른 후 해설과 비교한다. 확실하게 정답을 선택한 경우를 제외하고, 왜 틀렸는지 파악하고 놓친 부분을 반드시 체크하는 습관을 들인다.

# CHAPTER 01 | 이론점검

## 01 논리구조

논리구조에서는 주로 단락과 문장 간의 관계나 글 전체의 논리적 구조를 정확히 파악했는지를 묻는다. 글의 순서를 바르게 나열하는 유형이 출제되고 있다. 제시문의 전체적인 흐름을 바탕으로 각 문단의 특징, 단락 간의 역할 등을 논리적으로 구조화할 수 있는 능력을 길러야 한다.

### (1) 문장과 문장 간의 관계
① 상세화 관계 : 주지 → 구체적 설명(비교, 대조, 유추, 분류, 분석, 인용, 예시, 비유, 부연, 상술 등)
② 문제(제기)와 해결 관계 : 한 문장이 문제를 제기하고, 다른 문장이 그 해결책을 제시하는 관계(과제 제시 → 해결 방안, 문제 제기 → 해답 제시)
③ 선후 관계 : 한 문장이 먼저 발생한 내용을 담고, 다음 문장이 나중에 발생한 내용을 담고 있는 관계
④ 원인과 결과 관계 : 한 문장이 원인이 되고, 다른 문장이 그 결과가 되는 관계(원인 제시 → 결과 제시, 결과 제시 → 원인 제시)
⑤ 주장과 근거 관계 : 한 문장이 필자가 말하고자 하는 바(주지)가 되고, 다른 문장이 그 문장의 증거(근거)가 되는 관계(주장 제시 → 근거 제시, 의견 제안 → 의견 설명)
⑥ 전제와 결론 관계 : 앞 문장에서 조건이나 가정을 제시하고, 뒤 문장에서 이에 따른 결론을 제시하는 관계

### (2) 문장의 연결 방식
① 순접 : 원인과 결과, 부연 설명 등의 문장 연결에 쓰임
  예 그래서, 그리고, 그러므로 등
② 역접 : 앞글의 내용을 전면적 또는 부분적으로 부정
  예 그러나, 그렇지만, 그래도, 하지만 등
③ 대등·병렬 : 앞뒤 문장의 대비와 반복에 의한 접속
  예 및, 혹은, 또는, 이에 반하여 등
④ 보충·첨가 : 앞글의 내용을 보다 강조하거나 부족한 부분을 보충하기 위해 다른 말을 덧붙이는 문맥
  예 단, 곧, 즉, 더욱이, 게다가, 왜냐하면 등
⑤ 화제 전환 : 앞글과는 다른 새로운 내용을 이야기하기 위한 문맥
⑥ 비유·예시 : 앞글에 대해 비유적으로 다시 말하거나 구체적인 예를 보임
  예 예를 들면, 예컨대, 마치 등

### (3) 원리 접근법

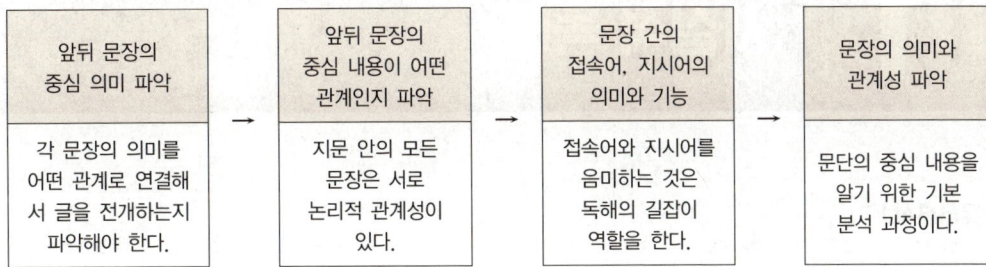

## 02 논리적 이해

### (1) 전제의 추론
전제의 추론은 원칙적으로 주어진 내용의 이면에 내포되어 있는 이미 옳다고 인정된 사실을 유추하는 유형이다.
① 먼저 주장이 무엇인지 명확하게 파악해야 한다.
② 주장이 성립하기 위해서 논리적으로 필요한 요건이 무엇인지 생각해 본다.
③ 선택지 중 주장과 논리적으로 인과 관계를 형성할 수 있는 조건을 찾아낸다.

### (2) 결론의 추론
주어진 내용을 명확히 이해한 다음, 이를 근거로 이끌어 낼 수 있는 올바른 결론이나 관련 사항을 논리적인 관점에서 찾는 문제 유형이다. 이와 같은 문제는 평상시 비판적이고 논리적인 관점으로 글을 읽는 연습을 충분히 해두어야 유리하다고 볼 수 있다.

### (3) 주제의 추론
주제와 관련된 추론 문제는 적성검사에서 자주 출제되는 유형으로서, 글의 표제, 부제, 주제, 주장, 의도를 파악하는 형태의 문제와 같은 유형이다. 이러한 유형의 문제는 주제를 글의 첫 문단이나 마지막 문단을 통해서 찾을 수 있으며, 그렇지 않더라도 문단의 병렬·대등 관계를 파악하면 쉽게 찾을 수 있다. 여러 문단에서 공통된 주제를 추론할 때는 각각의 제시문을 먼저 요약한 뒤, 핵심 키워드를 찾은 다음 이를 토대로 주제문을 가려내어 하나의 주제를 유추하면 된다. 따라서 평소에 글을 읽고, 핵심 키워드를 찾아 문장을 구성하는 연습을 많이 해두어야 한다. 또한 겉으로 드러난 주제나 정보를 찾는 데 그치지 않고 글 속에 숨겨진 의도나 정보를 찾기 위해 꼼꼼히 관찰하는 태도가 필요하다.

## 대표기출유형

# 01 | 사실적 독해

**|유형분석|**

- 글의 내용과 선택지가 일치·불일치하는지를 묻는 유형이다.
- 제시문에 있는 내용을 그대로 선택지에 제시하거나 다른 표현으로 돌려서 제시한다.
- 오답의 근거가 명확한 선택지를 답으로 고른다.

**다음 글의 내용으로 가장 적절한 것은?**

> 멋이라는 것도 일상생활의 단조로움이나 생활의 압박에서 해방되려는 노력의 하나일 것이다. 끊임없이 일상의 복장, 그 복장이 주는 압박감에서 벗어나기 위해 옷을 잘 차려입는 사람은 그래서 멋쟁이이다. 또는 삶을 공리적 계산으로서가 아니라 즐김의 대상으로 볼 수 있게 해 주는 활동, 가령 서도(書道)라든가 다도(茶道)라든가 꽃꽂이라든가 하는 일을 과외로 즐길 줄 아는 사람을 우리는 생활의 멋을 아는 사람이라고 말한다. 그러나 그렇다고 해서 값비싸고 화려한 복장, 어떠한 종류의 스타일과 수련을 전제하는 활동만이 멋을 나타내는 것이 아니다. 때에 따라서는 털털한 옷차림, 겉으로 내세울 것이 없는 소탈한 생활 태도가 멋있게 생각될 수도 있다. 기준적인 것에 변화를 더하는 것이 중요한 것이다. 그러나 기준으로부터의 편차가 너무 커서는 안 된다. 혐오감을 불러일으킬 정도의 몸가짐, 몸짓 또는 생활 태도는 멋이 있는 것으로 생각되지 않는다. 편차는 어디까지나 기준에 의해서만 존재하는 것이다.

① 다양한 종류의 옷을 가지고 있는 사람은 멋쟁이이다.
② 값비싸고 화려한 복장을 하는 사람은 공리적 계산을 하는 사람이다.
③ 소탈한 생활 태도를 보이는 것이 가장 중요하다.
④ 꽃꽂이를 과외로 즐길 줄 아는 사람은 생활의 멋을 아는 사람이다.
⑤ 차는 종류별로 즐길 줄 알아야 진정한 멋을 아는 사람이다.

정답 ④

제시문의 '서도(書道)라든가 다도(茶道)라든가 꽃꽂이라든가 하는 일을 과외로 즐길 줄 아는 사람을 우리는 생활의 멋을 아는 사람이라고 말한다.'라는 문장을 통해 알 수 있다.

오답분석

① · ⑤ 언급되지 않은 내용이다.
② 값비싸고 화려한 복장을 한 사람이라고 해서 공리적 계산을 하는 사람은 아니다.
③ 소탈한 생활 태도는 경우에 따라 멋있게 보일 수 있을 뿐, 가장 중요한 것은 아니다.

### 30초 컷 풀이 Tip

주어진 글의 내용으로 적절한 것 또는 적절하지 않은 것을 고르는 문제의 경우, 지문을 읽기 전에 문제와 선택지를 먼저 읽어보는 것이 좋다. 이를 통해 지문 속에서 알아내야 할 정보가 무엇인지를 먼저 인지한 후 글을 읽어야 문제 푸는 시간을 단축할 수 있다.

### 온라인 풀이 Tip

선택지를 읽고 전체적인 내용을 대략적으로 이해한 후 제시문을 읽는다. 온라인 인적성검사는 짧은 시간 내에 많은 문제를 풀어야 하므로, 두세 번을 읽으면 그만큼 다른 문제의 풀이시간에 손해가 생긴다. 때문에 시험 시작 전에 화면으로 텍스트를 읽으면서 워밍업을 하는 것도 좋은 방법이다.

## 대표기출유형 01  기출응용문제

※ 다음 글의 내용으로 가장 적절한 것을 고르시오. [1~2]

**01**

김치는 자연 발효로 익어가기 때문에 미생물의 작용에 따라 맛이 달라진다. 김치가 발효되기 위해서는 효모와 세균 등 여러 미생물의 증식이 일어나야 하는데, 이를 위해 김치를 담글 때 찹쌀가루나 밀가루로 풀을 쑤어 넣어 준다. 이는 풀에 들어 있는 전분을 비롯한 여러 가지 물질이 김칫소에 있는 미생물을 쉽게 자랄 수 있도록 해주는 영양분의 역할을 하기 때문이다. 김치는 배추나 무에 있는 효소뿐만 아니라 그사이에 들어가는 김칫소에 포함된 효소의 작용에 의해서도 발효가 일어날 수 있다.

김치의 발효 과정에 관여하는 미생물에는 여러 종류의 효모, 호기성 세균 그리고 유산균을 포함한 혐기성 세균이 있다. 갓 담근 김치의 발효가 시작될 때 호기성 세균과 혐기성 세균의 수가 두드러지게 증가하지만, 김치가 익어갈수록 호기성 세균의 수는 점점 줄어들어 나중에는 그 수가 완만하게 증가하는 효모의 수와 거의 비슷해진다. 그러나 혐기성 세균의 수는 김치가 익어갈수록 증가하며 결국 많이 익어서 시큼한 맛이 나는 김치에 있는 미생물 중 대부분을 차지한다. 김치를 익히는 데 관여하는 균과 매우 높은 산성의 환경에서도 잘 살 수 있는 유산균이 그 예이다.

김치를 익히는 데 관여하는 세균과 유산균뿐만 아니라 김치의 발효 초기에 증식하는 호기성 세균도 독특한 김치 맛을 내는 데 도움을 준다. 김치에 들어 있는 효모는 세균보다 그 수가 훨씬 적지만 여러 종류의 효소를 가지고 있어서 김치 안에 있는 여러 종류의 탄수화물을 분해할 수 있다. 또한 김치를 발효시키는 유산균은 당을 분해해서 시큼한 맛이 나는 젖산을 생산하는데, 김치가 익어가면서 김치 국물의 맛이 시큼해지는 것은 바로 이런 이유 때문이다.

김치가 익는 정도는 재료나 온도 등의 조건에 따라 달라지는데, 이는 유산균의 발효 정도가 달라지기 때문이다. 특히 이 미생물들이 만들어 내는 여러 종류의 향미 성분이 더해지면서 특색 있는 김치 맛이 만들어진다. 김치가 익는 기간에 따라 여러 가지 맛을 내는 것도 모두 유산균의 발효 정도가 다른 데서 비롯된다.

① 김치를 담글 때 넣는 풀은 효모에 의해 효소로 바뀐다.
② 강한 산성 조건에서도 생존할 수 있는 혐기성 세균이 있다.
③ 김치 국물의 시큼한 맛은 호기성 세균의 작용에 의한 것이다.
④ 특색 있는 김치 맛을 만드는 것은 효모가 만든 향미 성분 때문이다.
⑤ 시큼한 맛이 나는 김치에 있는 효모의 수는 호기성 세균이나 혐기성 세균보다 훨씬 많다.

**Hard**

**02**

특허출원이란 발명자가 자신의 발명을 개인 또는 변리사를 통해 특허출원 명세서에 기재한 후 특허청에 등록 여부 판단을 받기 위해 신청하는 행위의 전반을 의미한다. 특허출원은 주로 경쟁자로부터 자신의 제품이나 서비스를 지키기 위해 이루어진다. 그러나 선발업체로 기술적 우위를 표시하기 위해 또는 벤처기업 등의 인증을 받기 위해 이루어지기도 한다. 단순하게 발명의 보호를 받아 타인의 도용을 막는 것뿐만 아니라 다양한 이유로 진행되고 있는 것이다.

특허출원 시에는 특허출원서와 특허명세서를 제출해야 한다. 특허출원서는 출원인 정보, 발명자 정보 등의 서지사항을 기재하는 문서이며, 특허명세서는 발명의 구체적인 내용을 기재하는 문서이다. 특허명세서에는 발명의 명칭, 발명의 효과, 발명의 실시를 위한 구체적인 내용, 청구범위, 도면 등의 항목들을 작성하는데, 이때 권리로 보호받고자 하는 사항을 기재하는 청구범위가 명세서의 가장 핵심적인 부분이 된다. 청구범위를 별도로 구분하는 이유는 특허등록 후 권리범위가 어디까지인지 명확히 구분하기 위한 것이다. 청구범위가 존재하지 않는다면 상세한 설명으로 권리범위를 판단해야 하는데, 권리범위가 다양하게 해석된다면 분쟁의 원인이 될 수 있다.

특허를 출원할 때 많은 부분을 보호받고 싶은 마음에 청구범위를 넓게 설정하는 경우가 있다. 그러나 이는 다른 선행기술에 저촉되는 일이 발생하게 되므로 특허가 거절될 가능성이 매우 높아진다. 그렇다고 특허등록 가능성을 높이기 위해 청구범위를 너무 좁게 설정해서도 안 된다. 청구범위가 좁을 경우 특허등록 가능성은 높아지지만, 보호범위가 좁아져 제3자가 특허범위를 회피할 가능성이 높아지게 된다. 따라서 기존에 존재하는 선행기술에 저촉되지 않는 범위 내에서 청구범위를 설정하는 것이 중요하다.

① 청구범위가 넓을 경우 제3자가 특허 범위를 회피할 가능성이 높아지게 된다.
② 청구범위가 넓으면 특허등록의 가능성이 줄어들고, 좁으면 특허등록 가능성이 커진다.
③ 특허출원서에는 발명의 명칭, 발명의 효과, 청구범위 등의 항목을 모두 작성하여야 한다.
④ 자신의 발명을 특허청에 등록하기 위해서는 반드시 본인이 특허출원 명세서를 기재해야 한다.
⑤ 기업체의 특허출원은 타사로부터의 기술 도용을 방지하기 위한 것일 뿐, 이를 통해 기술적 우위를 나타낼 순 없다.

※ 다음 글의 내용으로 적절하지 않은 것을 고르시오. [3~4]

**03**

> 한 사회의 소득 분배가 얼마나 불평등한지는 일반적으로 '10분위 분배율'과 '로렌츠 곡선' 등의 척도로 측정된다. 10분위 분배율이란 하위 소득 계층 40%의 소득 점유율을 상위 소득 계층 20%의 소득 점유율로 나눈 비율을 말한다. 이 값은 한 사회의 소득 분배가 얼마나 불평등한지를 나타내는 지표가 되는데, 10분위 분배율의 값이 낮을수록 분배가 불평등함을 의미한다.
>
> 계층별 소득 분배를 측정하는 다른 지표로는 로렌츠 곡선을 들 수 있다. 로렌츠 곡선은 정사각형의 상자 안에 가로축에는 저소득 계층부터 고소득 계층까지를 차례대로 누적한 인구 비율을, 세로축에는 해당 계층 소득의 누적 점유율을 나타낸 그림이다. 만약 모든 사람들이 똑같은 소득을 얻고 있다면 로렌츠 곡선은 대각선과 일치하게 된다. 그러나 대부분의 경우 로렌츠 곡선은 대각선보다 오른쪽 아래에 있는 것이 보통이다. 일반적으로 로렌츠 곡선이 평평하여 대각선에 가까울수록 평등한 소득 분배를, 그리고 많이 구부러져 직각에 가까울수록 불평등한 소득 분배를 나타낸다.

① 10분위 분배율은 하위 소득 계층 40%와 상위 소득 계층 20%의 소득 점유율을 알아야 계산할 수 있다.
② 하위 소득 계층 40%의 소득 점유율이 작을수록, 상위 소득 계층 20%의 소득 점유율이 클수록 분배가 불평등하다.
③ 로렌츠 곡선의 가로축을 보면 소득 누적 점유율을, 세로축을 보면 누적 인구 비율을 알 수 있다.
④ 로렌츠 곡선과 대각선의 관계를 통해 소득 분배를 알 수 있다.
⑤ 로렌츠 곡선이 많이 구부러져 직각에 가까울수록 불평등한 소득 분배를 나타낸다.

**04**

스마트팜은 사물인터넷이나 빅데이터 등의 정보통신기술을 활용해 농업시설의 생육환경을 원격 또는 자동으로 제어할 수 있는 농장으로, 노동력과 생산비 절감 효과가 커 네덜란드와 같은 농업 선진국에서도 적극적으로 활용되고 있다. 관련 핵심 직업으로는 농장의 설계·구축·운영 등을 조언하고 지도하는 '스마트팜 컨설턴트'와 농업인을 대상으로 스마트팜을 설치하고 소프트웨어를 개발하는 '스마트팜 구축가'가 있다.

바이오헬스는 바이오기술과 정보를 활용해 질병 예방·진단·치료·건강증진에 필요한 제품과 서비스를 생산하는 의약·의료산업이다. 국내 바이오헬스의 전체 기술력은 최고 기술국인 미국 대비 78% 수준으로 약 3.8년의 기술격차가 있다. 해외에서는 미국뿐만 아니라 영국·중국·일본 등이 글로벌 시장 선점을 위해 경쟁적으로 투자를 늘리고 있다. 관련 핵심 직업으로는 생물학·의약 등의 이론 연구로 다양한 생명현상을 탐구하는 '생명과학연구원', IT 건강관리 서비스를 기획하는 '스마트헬스케어 전문가' 등이 있다. 자연·의약학 계열의 전문 지식이 필요한 생명과학연구원은 향후 10년간 고용이 증가할 것으로 예측되고, 의료·IT·빅데이터의 지식이 필요한 스마트헬스케어 전문가도 연평균 20%씩 증가할 것으로 전망되며 시장 규모에 따라 성장 가능성이 높을 것으로 보인다.

한편, 스마트시티는 건설과 정보통신 신기술을 활용해 다양한 서비스를 제공하는 도시로, 국내에서는 15개 지자체를 대상으로 U-City 사업이 추진되는 등 민간과 지자체의 아이디어를 도입하고 있다. 관련 직업으로는 토지 이용 계획을 수립하고 설계하는 '도시계획가', 교통상황 및 영향요인을 분석하는 '교통전문가' 등이 있으며, 도시공학·교통공학 등의 지식이 필요하다.

① 현재 국내 15개 지자체에서 U-City 사업이 추진되고 있다.
② 미국은 우리나라보다 3년 이상 앞서 바이오헬스 산업에 투자하기 시작했다.
③ 정보통신기술을 활용한 스마트팜을 통해 노동력과 생산비를 절감할 수 있다.
④ 스마트시티와 관련된 직업을 갖기 위해서는 도시공학·교통공학 등의 지식이 필요하다.
⑤ 바이오헬스 관련 직업인 생명과학연구원이 되려면 자연·의약학 계열의 전문 지식이 필요하다.

## 대표기출유형

# 02 | 추론적 독해

### 유형분석

- 글의 내용을 바탕으로 논리적으로 추론할 수 있는지를 묻는 유형이다.
- 글의 전체적인 내용과 세부적인 내용을 정확하게 알고 있어야 풀 수 있는 유형이다.
- 독해 유형 중 난도가 높은 편에 속한다.
- 오답의 근거가 명확한 선택지부터 소거한다.

**다음 글의 집필 의도로 가장 적절한 것은?**

미술가가 얻어내려고 하는 효과가 어떤 것인지는 결코 예견할 수 없기 때문에 이러한 종류의 규칙을 설정하기는 불가능하며, 또한 이것이 진리이다. 미술가는 일단 옳다는 생각이 들면 전혀 조화롭지 않은 것까지 시도하기를 원할지 모른다. 하나의 그림이나 조각이 어떻게 되어 있어야 제대로 된 것인지 말해 줄 수 있는 규칙이 없기 때문에 우리가 어떤 작품을 걸작품이라고 느끼더라도 그 이유를 정확한 말로 표현한다는 것은 거의 불가능하다. 그러나 그렇다고 어느 작품이나 다 마찬가지라거나, 사람들이 취미에 대해 논할 수 없다는 뜻은 아니다. 만일 그러한 논의가 별 의미가 없는 것이라 하더라도 그러한 논의들은 우리에게 그림을 더 보도록 만들고, 우리가 그림을 더 많이 볼수록 전에는 발견하지 못했던 점들을 깨달을 수 있게 된다. 그림을 보면서 각 시대의 미술가들이 이룩하려 했던 조화에 대한 감각을 발전시키고, 이러한 조화들로 우리의 느낌이 풍부해질수록 우리는 더욱 그림 감상을 즐기게 될 것이다. 취미에 관한 문제는 논의의 여지가 없다는 오래된 경구는 진실이겠지만, 이로 인해 '취미는 개발될 수 있다.'는 사실이 숨겨져서는 안 된다. 예컨대 차를 마셔 버릇하지 않은 사람들은, 여러 가지 차를 혼합해서 만드는 차와 다른 종류의 차가 똑같은 맛을 낸다고 느낄지 모른다. 그러나 만일 그들이 여가(餘暇)와 기회가 있어 그러한 맛의 차이를 찾아내려 한다면 그들은 자기가 좋아하는 혼합된 차의 종류를 정확하게 식별해 낼 수 있는 진정한 감식가가 될 수 있을 것이다.

① 미의 표현 방식을 설명하기 위해
② 미술에 대한 관심을 불러일으키기 위해
③ 미술 교육이 나아갈 방향을 제시하기 위해
④ 미술 작품 감상의 올바른 태도를 제시하기 위해
⑤ 미술을 통해 얻는 효과를 이해시키기 위해

정답 ④

제시문은 미술 작품을 적절하게 감상하기 위해 우리가 지녀야 할 태도에 대해 언급하고 있다. 글쓴이는 작품을 적절하게 이해하기 위해서는 기존의 편협한 사고방식이나 태도에 얽매이지 말고 나름대로의 날카로운 안목과 감수성을 길러야 함을 강조하고 있다.

### 30초 컷 풀이 Tip

문제에서 제시하는 추론 유형이 어떤 형태인지 파악한다.
- 글쓴이의 주장/의도를 추론하는 유형 : 글에 나타난 주장, 근거, 논증 방식을 파악하는 유형으로, 주장의 타당성을 평가하여 글쓴이의 관점을 이해하며 읽는다.
- 세부적인 내용을 추론하는 유형 : 주어진 선택지를 먼저 읽고 지문을 읽으면서 답이 아닌 선택지를 지워나가는 방법이 효율적이다.

## 대표기출유형 02 기출응용문제

**Easy**

**01** 다음 글을 읽고 추론한 내용으로 가장 적절한 것은?

> 미적인 것이란 내재적이고 선험적인 예술 작품의 특성을 밝히는 데서 더 나아가 삶의 풍부하고 생동적인 양상과 가치, 목표를 예술 형식으로 변환한 것이다. 미(美)는 어떤 맥락으로부터도 자율적이기도 하지만 타율적이다. 미에 대한 자율적 견해를 지닌 칸트도 일견 타당하지만, 미를 도덕이나 목적론과 연관시킨 톨스토이나 마르크스도 타당하다. 우리가 길을 지나다 이름 모를 곡을 듣고서 아름답다고 느끼는 것처럼 순수미의 영역이 없는 것은 아니다. 하지만 그 곡이 독재자를 열렬히 지지하기 위한 선전곡이었음을 안 다음부터 그 곡을 혐오하듯 미(美) 또한 사회 경제적, 문화적 맥락의 영향을 받기도 한다.

① 작품 자체에 주목하여 작품을 감상해야 한다는 절대주의적 관점은 칸트의 견해와 유사하다.
② 칸트는 현실과 동떨어진 작품보다 부조리한 사회 현실을 고발하는 작품의 가치를 더 높게 평가하였을 것이다.
③ 칸트의 견해에 따르면 예술 작품이 독자에게 어떠한 영향을 미치느냐에 따라 작품의 가치가 달라질 수 있다.
④ 톨스토이의 견해에 따라 시를 감상한다면 운율과 이미지, 시상 전개 등을 중심으로 감상해야 한다.
⑤ 톨스토이와 마르크스는 예술 작품에 내재한 고유한 특성이 감상에 중요하지 않다고 주장했다.

## 02 다음 글에 대한 반응으로 적절하지 않은 것은?

> 최근 각종 전자 감시 기술은 프라이버시에 근본적인 위협으로 대두되고 있다. '감시'는 거대한 성장 산업으로 비약적인 발전을 거듭하고 있다. '노동자 감시 근절을 위한 연대모임'이 조사한 바에 따르면, 한국에서 전체 사업장의 90%가 한 가지 이상의 방법으로 노동자 감시를 하고 있는 것으로 밝혀졌다. "24시간 감시에 숨이 막힌다."라는 말까지 나오고 있다.
> 최근 러시아에서는 공무원들의 근무태만을 감시하기 위해 공무원들에게 감지기를 부착시켜 놓고 인공위성 추적 시스템을 도입하는 방안을 둘러싸고 논란이 벌어지고 있다. 전자 감시 기술은 인간의 신체 속까지 파고 들어갈 만반의 준비를 갖추고 있다.
> 어린아이의 몸에 감시 장치를 내장하면 아이의 안전을 염려할 필요는 없겠지만, 그게 과연 좋기만 한 것인지, 또 그 기술이 다른 좋지 않은 목적에 사용될 위험은 없는 것인지 따져볼 일이다. 감시를 위한 것이 아니라 하더라도 전자 기술에 의한 정보의 집적은 언제든 개인의 프라이버시를 위협할 수 있다.

① 전자 기술의 발전이 순기능만을 가지는 것은 아니다.
② 전자 감시 기술의 발달은 필연적이므로 프라이버시를 위협할 수도 있다.
③ 전자 기술 사용의 일상화는 의도하지 않은 프라이버시 침해를 야기할 수도 있다.
④ 감시를 당하는 사람은 언제나 감시당하고 있다는 생각 때문에 자기 검열을 강화하게 될 것이다.
⑤ 직장은 개인의 생활공간이라기보다 공공장소로 보아야 하므로 프라이버시의 보호를 바라는 것은 지나친 요구인 것 같다.

**03** 다음 글의 집필 의도로 가장 적절한 것은?

> 한글 맞춤법의 원리는 '한글 맞춤법은 표준어를 소리대로 적되, 어법에 맞도록 함을 원칙으로 한다.'라는 「한글 맞춤법」 총칙 제1항에 나타나 있다. 이 조항은 한글 맞춤법을 적용하여 표기하는 대상이 표준어임을 분명히 하고 있다. 따라서 표준어가 정해지면 맞춤법은 이를 어떻게 적을지 결정하는 구실을 한다.
> 그런데 표준어를 글자로 적는 방식에는 두 가지가 있을 수 있다. 하나는 '소리 나는 대로' 적는 방식이요, 또 하나는 소리 나는 것과는 다소 멀어지더라도 눈으로 보아 '의미가 잘 드러나도록' 적는 방식이다. '소리대로 적되, 어법에 맞도록'이라는 제1항의 구절은 바로 이 두 방식의 절충을 의미하는 것이다.
> 그렇다면 어법에 맞게 적는다는 것은 무슨 뜻인가? 뜻을 파악하기 쉽도록 적는다는 것이다. 그런데 어떻게 적는 것이 뜻을 파악하기 쉽도록 적는 것인가? 그것은 문장에서 뜻을 담당하는 실사(實辭)를 밝혀 적는 방식일 것이다. 예컨대 '꼬치, 꼬츨, 꼰또'처럼 적기보다는 실사인 '꽃'을 밝혀 '꽃이, 꽃을, 꽃도'처럼 적는 것이다. '꼬치'와 같이 적는 방식은 소리 나는 대로 적어서 글자로 적기에는 편할 수 있다. 그러나 뜻을 담당하는 실사가 드러나지 않아 눈으로 뜻을 파악하기에는 큰 불편이 따른다. 실사를 밝혀 뜻을 파악하기 쉽도록 적는다는 것은 체언과 조사를 구별해서 적고 용언의 어간과 어미를 구별해서 적는다는 것이다. 바로 이러한 내용을 포괄하는 내용을 담고 있는 것이 '어법에 맞게' 적는다는 것이다.
> 정리하면, 제1항의 '소리대로 적되, 어법에 맞도록'이란 구절을 바르게 적용하는 방법은 다음과 같다. 첫째, 어느 쪽으로 적는 것이 뜻을 파악하기 쉬운지 살펴 그에 따라 적고, 둘째, 어느 쪽으로 적든지 뜻을 파악하는 데에 별 차이가 없을 때에는 소리대로 적는다. 예컨대 '붙이다(우표를~)'와 '부치다(힘이~)'에서 전자는 동사 어간 '붙-'과 의미상의 연관성이 뚜렷하여 '붙이-'처럼 적어 줄 때 그 뜻을 파악하기 쉬운 이점이 있으므로 소리와 달리 '붙이다'로 적고, 후자는 전자와 달리, 굳이 소리와 다르게 적을 필요가 없으므로 '소리대로'의 원칙에 따라 '부치다'로 적는 것이다.

① 한글 맞춤법의 문제점을 구체적으로 비판하고자 한다.
② 한글 맞춤법의 제정 배경을 역사적으로 살펴보고자 한다.
③ 한글 맞춤법 규정에 대한 다양한 평가를 소개하고자 한다.
④ 한글 맞춤법 규정을 바탕으로 맞춤법의 원리를 설명하고자 한다.
⑤ 한글 맞춤법 규정을 해설하면서 우리말의 우수성을 드러내고자 한다.

**Easy**

**04** (가)의 입장에서 (나)의 문제점을 해결하기 위해 제시할 수 있는 자세를 〈보기〉에서 모두 고르면?

(가) 모든 사회구성원이 공정하게 대우받는 정의로운 공동체를 만들기 위해서는 부패 행위를 방지해야 한다. 우리 조상들은 전통적으로 청렴 의식을 중요하게 여겨, 청렴 의식을 강조하는 전통 윤리를 지켜왔다.

(나) 부패 인식 지수는 공무원과 정치인이 얼마나 부패해 있는지에 대한 정도를 비교하여 국가별로 순위를 매긴 것이다. 100점 만점을 기준으로 점수가 높을수록 청렴하다. 2014년 조사한 결과 우리나라의 부패 인식 지수는 55로 조사대상국 175개국 중 43위를 기록했다.

**보기**

ㄱ. 공동체와 국가의 공사(公事)를 넘어서 개인의 일을 우선하는 정신을 기른다.
ㄴ. 공직자들은 개인적 이익과 출세만을 추구하지 않고 바른 마음과 정성을 가진다.
ㄷ. 부당한 방법으로 공익을 추구하려 하지 않고 개인의 이익을 가장 중요하게 여긴다.
ㄹ. 공직자들은 청빈한 생활 태도를 유지하면서 국가의 일에 충심을 다하려는 정신을 지닌다.

① ㄱ, ㄴ
② ㄱ, ㄷ
③ ㄴ, ㄷ
④ ㄴ, ㄹ
⑤ ㄷ, ㄹ

대표기출유형

# 03 주제·제목 찾기

## 유형분석

- 글을 읽고 말하고자 하는 주제를 파악할 수 있는지를 평가하는 유형이다.
- 단순한 설명문부터 주장, 반박문까지 다양한 성격의 지문이 제시되므로 글의 성격별 특징을 알아두는 것이 좋다.

**다음 글의 제목으로 가장 적절한 것은?**

> 반대는 필수불가결하다. 지각 있는 대부분의 사람이 그러하듯 훌륭한 정치가는 항상 열렬한 지지자보다는 반대자로부터 더 많은 것을 배운다. 만약 반대자들이 위험이 있는 곳을 지적해 주지 않는다면, 그는 지지자들에 떠밀려 파멸의 길을 걷게 될 수 있기 때문이다. 따라서 현명한 정치가라면 그는 종종 친구들로부터 벗어나기를 기도할 것이다. 친구들이 자신을 파멸시킬 수도 있다는 것을 알기 때문이다. 그리고 비록 고통스럽다 할지라도 결코 반대자 없이 홀로 남겨지는 일이 일어나지 않기를 기도할 것이다. 반대자들이 자신을 이성과 양식의 길에서 멀리 벗어나지 않도록 해준다는 사실을 알기 때문이다. 자유의지를 가진 국민의 범국가적 화합은 정부의 독단과 반대당의 혁명적 비타협성을 무력화시키는 정치권력의 충분한 균형에 의존하고 있다. 그 균형이 어떤 상황 때문에 강제로 타협하게 되지 않는 한, 그리고 모든 시민이 어떤 정책에 영향을 미칠 수는 있으나 누구도 혼자 정책을 지배할 수 없다는 것을 느끼게 되지 않는 한, 그리고 습관과 필요에 의해서 서로 조금씩 양보하지 않는 한, 자유는 유지될 수 없기 때문이다.

① 혁명의 정의
② 민주주의와 사회주의
③ 반대의 필요성과 민주주의
④ 민주주의와 일방적인 의사소통
⑤ 권력을 가진 자와 혁명을 꿈꾸는 집단

정답 ③

제시문의 핵심 내용을 '반대는 필수불가결하다.', '자유의지를 가진 국민의 범국가적 화합은 정부의 독단과 반대당의 혁명적 비타협성을 무력화시키는 정치권력의 충분한 균형에 의존하고 있다.', '그 균형이 더 이상 존재하지 않는다면 민주주의는 사라지고 만다.'로 요약할 수 있다. 이 내용을 토대로 제목을 찾는다면 ③과 같은 의미가 전체 내용의 핵심이라는 것을 알 수 있다.

### 30초 컷 풀이 Tip

- 주제가 되는 글 또는 문단의 앞과 뒤에 핵심어가 오는 경우가 있으므로 먼저 글을 읽어 핵심어를 잡아낸 뒤 중심 내용을 파악할 수 있도록 한다. 또한 선택지 중 세부적인 내용을 다루고 있는 것은 정답에서 제외시킨다.
- 글의 전체적인 진행 중에 반전이 되는 내용이나 접속어가 나온다면 그 다음 내용이 중심 내용인 경우가 많다. 따라서 글의 분위기가 반전되는 경우 이에 집중하여 독해한다.

### 온라인 풀이 Tip

- 스마트폰에서 뉴스를 볼 때도 그냥 스크롤을 내리지 말고, 텍스트를 읽는 연습을 해야 한다. 만약 상황이 여의치 않다면 독서대에 책을 세워놓고 글을 읽는 연습을 한다.
- 시간을 단축할 수 있는 효자 유형이다. 집중력을 잃어서 문제를 2번씩 보는 일이 없도록 하고, 메모장 없이 30초 안에 문제를 풀 수 있도록 연습한다.

### 대표기출유형 03 | 기출응용문제

**Easy**

**01** 다음 글의 주제로 가장 적절한 것은?

> 반사회적 인격장애(Antisocial Personality Disorder), 일명 사이코패스(Psychopath)는 타인의 권리를 대수롭지 않게 여기고 침해하며, 반복적인 범법행위나 거짓말·공격성·무책임함 등을 보이는 인격장애이다. 사이코패스는 1920년대 독일의 쿠르트 슈나이더(Kurt Schneider)가 처음 소개한 개념으로 이들은 타인의 권리를 무시하는 무책임한 행동을 반복적·지속적으로 보이며 다른 사람의 감정에 관심이나 걱정이 없고, 죄책감을 느끼지 못한다. 따라서 정직, 성실, 신뢰와 거리가 멀다. 반사회적인 사람들 중 일부는 달변가인 경우도 있다. 다른 사람을 꾀어내기도 하고 착취하기도 한다. 타인의 고통에서 즐거움을 얻는 가학적인 성향의 사람들도 있다.

① 사이코패스의 원인
② 사이코패스의 예방법
③ 사이코패스의 진단법
④ 사이코패스의 정의와 특성
⑤ 사이코패스 범죄자의 유형

**02** 다음 글의 주장으로 가장 적절한 것은?

> 신문이 진실을 보도해야 한다는 것은 새삼스러운 설명이 필요 없는 당연한 이야기이다. 정확한 보도를 하기 위해서는 문제를 전체적으로 보아야 하고, 역사적으로 새로운 가치의 편에서 봐야 하며, 무엇이 근거이고, 무엇이 조건인가를 명확히 해야 한다. 그런데 이러한 준칙을 강조하는 것은 기자들의 기사 작성 기술이 미숙하기 때문이 아니라, 이해관계에 따라 특정 보도의 내용이 달라지기 때문이다. 자신들에게 유리하도록 기사가 보도되게 하려는 외부 세력이 있으므로 진실 보도는 일반적으로 수난의 길을 걷게 마련이다. 신문은 스스로 자신들의 임무가 '사실 보도'라고 말한다. 그 임무를 다하기 위해 신문은 자신들의 이해관계에 따라 진실을 왜곡하려는 권력과 이익 집단, 그 구속과 억압의 논리로부터 자유로워야 한다.

① 정확한 보도를 하기 위하여 전체적 시각을 가져야 한다.
② 자신들에게 유리하도록 기사가 보도되게 하는 외부 세력이 있다.
③ 진실 보도를 위해 구속과 억압의 논리로부터 자유로워야 한다.
④ 신문의 임무는 '사실 보도'이나, 진실 보도는 수난의 길을 걷는다.
⑤ 신문 보도에 있어 준칙을 강조하는 것은, 기자들의 기사 작성 기술이 미숙하기 때문이다.

**03** 다음 글의 중심 내용으로 가장 적절한 것은?

> 발전된 산업 사회는 인간을 단순한 수단으로 지배하기 위해 새로운 수단을 발전시키고 있다. 여러 사회 과학과 심층 심리학이 이를 위해 동원되고 있다. 목적이나 이념의 문제를 배제하고 가치 판단으로부터의 중립을 표방하는 사회 과학들은 인간 조종을 위한 기술적·합리적인 수단을 개발해 대중 지배에 이바지한다. 마르쿠제는 이런 발전된 산업 사회에서의 도구화된 지성을 비판하면서 이것을 '현대인의 일차원적 사유'라고 불렀다. 비판과 초월을 모르는 도구화된 사유라는 것이다.
> 발전된 산업 사회는 이처럼 사회 과학과 도구화된 지성을 동원해 인간을 조종하고 대중을 지배할 뿐만 아니라 향상된 생산력을 통해 인간을 매우 효율적으로 거의 완전하게 지배한다. 즉 발전된 산업 사회는 높은 생산력을 통해 늘 새로운 수요들을 창조하고, 모든 선전 수단을 동원하여 이러한 새로운 수요들을 인간의 삶을 위해 불가결한 것으로 만든다. 그리하여 인간이 새로운 수요들을 지향하지 않을 수 없게 한다. 이렇게 산업 사회는 늘 새로운 수요의 창조와 공급을 통해 인간의 삶을 지배하고 그의 인격을 사로잡아 버리는 것이다.

① 산업 사회에서 도구화된 지성의 문제점
② 산업 사회의 발전과 경제력 향상
③ 산업 사회의 특징과 문제점
④ 산업 사회의 대중 지배 양상
⑤ 산업 사회의 새로운 수요의 창조와 공급

## 대표기출유형

# 04 | 빈칸추론

| 유형분석 |

- 제시문을 읽고 빈칸에 들어갈 알맞은 선택지를 찾는 유형이다.
- 빈칸의 앞뒤 문장을 통해 추론하는 것이 빠르게 푸는 방법이라고 알려져 있지만, 최근 타기업에서는 제시문 전체의 내용을 모르면 풀이하기 어려운 문제 또한 출제되고 있다.

다음 글의 빈칸에 들어갈 내용으로 가장 적절한 것은?

> 일반적으로 물체, 객체를 의미하는 프랑스어 '오브제'는 라틴어에서 유래된 단어로, 어원적으로는 '앞으로 던져진 것'을 의미한다. 미술에서 대개 인간이라는 '주체'와 대조적인 '객체'로서의 대상을 지칭할 때 사용되는 오브제가 미술사 전면에 나타나게 된 것은 입체주의 이후이다.
> 20세기 초 입체파 화가들이 화면에 나타나는 공간을 자연의 모방이 아닌 독립된 공간으로 인식하기 시작하면서 회화는 재현미술로서의 단순한 성격을 벗어나기 시작한다. 즉, '미술은 그 자체가 실재이다. 또한 그것은 객관세계의 계시 혹은 창조이지 그것의 반영이 아니다.'라는 세잔의 사고에 의하여 공간의 개방화가 시작된 것이다. 이는 평면에 실제 사물이 부착되는 콜라주 양식의 탄생과 함께 일상의 평범한 재료들이 회화와 자연스레 연결되는 예술과 비예술의 결합으로 차츰 변화하게 된다.
> 이러한 오브제의 변화는 다다이즘과 쉬르리얼리즘에서 '일용의 기성품과 자연물 등을 원래의 그 기능이나 있어야 할 장소에서 분리하고, 그대로 독립된 작품으로서 제시하여 일상적 의미와는 다른 상징적·환상적인 의미를 부여하는' 것으로 일반화된다. 그리고 동시에, 기존 입체주의에서 단순한 보조수단에 머물렀던 오브제를 캔버스와 대리석을 대체하는 확실한 표현방법으로 완성시켰다.
> 이후 오브제는 그저 예술가가 지칭하는 것만으로도 우리의 일상생활과 환경 그 자체가 곧 작품이 될 수 있음을 주장한다. _____ 거기에서 더 나아가 오브제는 일상의 오브제를 다양하게 전환해 다양성과 대중성을 내포하고, 오브제의 진정성과 상징성을 제거하는 팝아트에서 다시 한번 새롭게 변화하기에 이른다.

① 화려하게 채색된 소변기를 통해 일상성에 환상적인 의미를 부여한 것이다.
② 무너진 베를린 장벽의 조각을 시내 한복판에 장식함으로써 예술과 비예술이 결합한 것이다.
③ 폐타이어나 망가진 금관악기 등으로 제작된 자동차를 통해 일상의 비일상화를 나타낸 것이다.
④ 평범한 세면대일지라도 예술가에 의해 오브제로 정해진다면 일상성을 간직한 미술과 일치되는 것이다.
⑤ 기존의 수프 통조림을 실크 스크린으로 동일하게 인쇄하여 손쉽게 대량생산되는 일상성을 풍자하는 것이다.

정답 ④

제시문은 오브제의 정의와 변화 과정에 대한 글이다. 네 번째 문단의 빈칸 앞에서는 예술가의 선택에 의해 기성품 그 본연의 모습으로 예술작품이 되는 오브제를, 빈칸 이후에는 나아가 진정성과 상징성이 제거된 팝아트에서의 오브제 기법에 대하여 서술하고 있다. 즉, 빈칸에는 예술가의 선택에 의해 기성품 본연의 모습으로 오브제가 되는 ④의 사례가 오는 것이 가장 적절하다.

### 30초 컷 풀이 Tip

- 제시문의 전체적인 내용을 우선적으로 판단하고 글의 흐름과 맞지 않는 선택지를 먼저 제거한다.
- 빈칸의 앞뒤 문장에 있는 키워드와 지시어, 접속어 사이의 관계를 판단한다.

## 대표기출유형 04　기출응용문제

※ 다음 글의 빈칸에 들어갈 내용으로 가장 적절한 것을 고르시오. [1~3]

**Easy**

**01**

> 19세기 중반 화학자 분젠은 불꽃 반응에서 나타나는 물질 고유의 불꽃색에 대한 연구를 진행하고 있었다. 그는 버너 불꽃의 색을 제거한 개선된 버너를 고안함으로써 물질의 불꽃색을 더 잘 구별할 수 있도록 하였다. ＿＿＿＿＿＿＿이에 물리학자 키르히호프는 프리즘을 통한 분석을 제안했고 둘은 협력하여 불꽃의 색을 분리시키는 분광 분석법을 창안했다. 이것은 과학사에 길이 남을 업적으로 이어졌다.

① 이를 통해 잘못 알려져 있었던 물질 고유의 불꽃색을 정확히 판별할 수 있었다.
② 하지만 두 종류 이상의 금속이 섞인 물질의 불꽃은 색깔이 겹쳐서 분간이 어려웠다.
③ 그러나 불꽃색은 물질의 성분뿐만 아니라 대기의 상태에 따라 큰 차이를 보였다.
④ 이 버너는 현재에도 실험실에서 널리 이용되고 있다.
⑤ 그러나 이들의 연구 결과는 당시 과학계에서 큰 주목을 받지 못했다.

**02**

> 아리스토텔레스는 인간은 그 스스로 결정하는 일에 참여할 뿐만 아니라 그런 기회를 실제로 가짐으로써 비로소 결정하는 법을 배우게 되는 사회적 동물이라고 했다. 따라서 도덕적 결정을 어떻게 하는지 알기 위해서는 ＿＿＿＿＿＿＿＿＿＿＿＿＿ 훌륭한 시민은 태어나는 것이 아니다. 사회 교육적으로 만들어지는 것이다. 그리스 도시는 그리스 청소년에게 전인격적 인간을 만들어 주는 사회 교육의 장이었으며, 문명의 장이었던 것이다. 물론 도시를 학교화시키는 그리스의 사회 교육적 노력은 궁극적으로는 소수 시민이나 정치적 지배자를 양성하기 위한 정치 교육적 노력이었다는 점은 비판되어야 하지만, 사회가 교실이라는 논리만큼은 현대의 산업 사회에서도 적용될 수 있다고 판단된다.

① 그와 관계되는 교육적 프로그램을 다양하게 개발해야 한다.
② 그런 일에 직접 참여해 보는 경험보다 더 중요한 것은 없다.
③ 그 분야의 권위자의 견해를 학습하는 것이 선행되어야 한다.
④ 그와 관계되는 적절한 학습 동기를 부여하는 것이 중요하다.
⑤ 우선 사회와 개인에 대한 깊은 이해가 선행되어야 할 것이다.

**03**

무엇보다도 전통은 문화적 개념이다. 문화는 복합 생성을 그 본질로 한다. 그 복합은 질적으로 유사한 것끼리는 짧은 시간에 무리 없이 융합되지만, 이질적일수록 그 혼융의 역사적 기간과 길항이 오래 걸리는 것은 사실이다. 그러나 전통이 그 주류에 있어서 이질적인 것은 교체가 더디다 해서 전통을 단절된 것으로 볼 수는 없는 것이다. 오늘은 이미 하나의 문화적 전통을 이룬 서구의 전통도, 희랍·로마 이래 장구한 역사로써 헬레니즘과 히브리즘의 이질적 전통이 융합된 것임은 이미 다 아는 상식 아닌가.

지금은 끊어졌다는 우리의 고대 이래의 전통도 알고 보면 샤머니즘에, 선교에, 불교에, 도교에, 유교에 실학파를 통해 받아들인 천주교적 전통까지 혼합된 것이고, 그것들 사이에는 유사한 것도 있었지만 상당히 이질적인 것이 교차하여 겯고 튼 끝에 이루어진 전통이요, 그것은 어느 것이나 '우리화'시켜 받아들임으로써 우리의 전통이 되었던 것이다. 이런 의미에서 보자면 오늘날 일시적 전통의 혼미를 전통의 단절로 속단하고 이를 전통 부정의 논거로 삼는 것은 허망된 논리이다. _____ 그러므로 전통의 혼미란 곧 주체 의식의 혼미란 뜻에 지나지 않는다. 전통 탐구의 현대적 의의는 바로 문화의 기본적 주체 의식의 각성과 시대적 가치관의 검토, 이 양자의 관계에 대한 탐구의 요구와 다름없다.

① 전통은 우리의 현실에 작용하는 경우가 있다.
② 전통은 물론 과거로부터 이어 온 것을 말한다.
③ 우리 민족 문화의 전통은 부단한 창조 활동 속에서 이어 온 것이다.
④ 전통은 대체로 그 사회와 그 구성원의 몸에 배어 있는 것이다.
⑤ 끊어지고 바뀌고 붙고 녹는 것을 계속하면서 그것을 일관하는 것이 전통이란 것이다.

## 대표기출유형

# 05 문장·문단 나열

**| 유형분석 |**

- 문장 및 문단의 전체적인 흐름을 파악하고 이에 맞춰 순서대로 나열하는 유형이다.
- 각 문장의 지시어나 접속어에 주의해야 한다.

**다음 문단을 논리적 순서대로 바르게 나열한 것은?**

(가) 본성 대 양육 논쟁은 앞으로 치열하게 전개될 소지가 많다. 하지만 유전과 환경이 인간의 행동에 어느 정도 영향을 미치는가를 따지는 일은 멀리서 들려오는 북소리가 북에 의한 것인지, 아니면 연주자에 의한 것인지를 분석하는 것처럼 부질없는 것인지 모른다. 본성과 양육 다 인간 행동에 필수적인 요인이므로.

(나) 20세기 들어 공산주의와 나치주의의 출현으로 본성 대 양육 논쟁이 극단으로 치달았다. 공산주의의 사회 개조론은 양육을, 나치즘의 생물학적 결정론은 본성을 옹호하는 이데올로기이기 때문이다. 히틀러의 유대인 대량 학살에 충격을 받은 과학자들은 환경결정론에 손을 들어 줄 수밖에 없었다. 본성과 양육 논쟁에서 양육 쪽이 일방적인 승리를 거두게 된 것이다.

(다) 이러한 추세는 1958년 미국 언어학자 노엄 촘스키에 의해 극적으로 반전되기 시작했다. 촘스키가 치켜든 선천론의 깃발은 진화 심리학자들이 승계했다. 진화 심리학은 사람의 마음을 생물학적 적응의 산물로 간주한다. 1992년 심리학자인 레다 코스미데스와 인류학자인 존 투비 부부가 함께 저술한 『적응하는 마음』이 출간된 것을 계기로 진화 심리학은 하나의 독립된 연구 분야가 됐다. 말하자면 윌리엄 제임스의 본능에 대한 개념이 1세기 만에 새 모습으로 부활한 셈이다.

(라) 더욱이 1990년부터 인간 게놈 프로젝트가 시작됨에 따라 본성과 양육 논쟁에서 저울추가 본성 쪽으로 기울면서 생물학적 결정론이 더욱 강화되었다. 그러나 2001년 유전자 수가 예상보다 적은 3만여 개로 밝혀지면서 본성보다는 양육이 중요하다는 목소리가 커지기 시작했다. 이를 계기로 본성 대 양육 논쟁이 재현되기에 이르렀다.

① (가) - (나) - (다) - (라)
② (가) - (나) - (라) - (다)
③ (가) - (다) - (나) - (라)
④ (나) - (다) - (가) - (라)
⑤ (나) - (다) - (라) - (가)

정답  ⑤

'본성 대 양육 논쟁'이라는 화제를 제기하는 (나) 문단이 첫 번째에 배치되어야 하며, (다) 문단의 '이러한 추세'가 가리키는 것이 (나) 문단에서 언급한 '양육 쪽이 일방적인 승리를 거두게 된 것'이므로, (나) – (다) 순서대로 이어지는 것이 자연스럽다. 또한 (라) 문단의 첫 번째 문장, '더욱이'는 앞 내용과 연결되는 내용을 덧붙여 앞뒤 문장을 이어주는 말이므로 (다)의 뒤에 이어져야 하며, 본성과 양육 논쟁의 가열을 전망하면서 본성과 양육 모두 인간 행동에 필수적인 요인임을 밝히고 있는 (가) 문단이 가장 마지막에 배치되는 것이 적절하다.

### 30초 컷 풀이 Tip

- 각 문단에 위치한 지시어와 접속어를 살펴본다. 문두에 접속어가 오거나 문장 중간에 지시어가 나오는 경우 글의 첫 번째 문단이 될 수 없다.
- 각 문단의 첫 문장과 마지막 문장에 집중하면서 글의 순서를 하나씩 맞춰 나간다.
- 선택지를 참고하여 문단의 순서를 생각해 보는 것도 시간을 단축하는 좋은 방법이 될 수 있다.

## 대표기출유형 05  기출응용문제

※ 다음 글을 논리적 순서대로 바르게 나열한 것을 고르시오. [1~3]

**01**

(가) 또한 내과 교수팀은 "이번에 발표된 치료성적은 치료 중인 많은 난치성 결핵환자들에게 큰 희망을 줄 수 있을 것"이라며 덧붙였다.
(나) A병원 내과 교수팀은 지난 결핵 및 호흡기 학회에서 그동안 치료가 매우 어려운 것으로 알려진 난치성 결핵의 치료 성공률을 세계 최고 수준인 80%로 높였다고 발표했다.
(다) 완치가 거의 불가능한 난치성 결핵균에 대한 치료성적이 우리나라가 세계 최고 수준인 것으로 발표되어 치료 중인 환자와 가족들에게 희소식이 되고 있다.
(라) 내과 교수팀은 지난 10년간 A병원에서 새로운 치료법을 적용한 결핵 환자 155명의 치료성적을 분석한 결과, 치료 성공률이 49%에서 현재는 80%에 이르렀다고 설명했다.

① (가) – (나) – (다) – (라)
② (가) – (라) – (다) – (나)
③ (다) – (가) – (라) – (나)
④ (다) – (나) – (가) – (라)
⑤ (다) – (나) – (라) – (가)

**02**

(가) 초연결사회란 사람, 사물, 공간 등 모든 것들이 인터넷으로 서로 연결돼, 모든 것에 대한 정보가 생성 및 수집되고 공유·활용되는 것을 말한다. 즉, 모든 사물과 공간에 새로운 생명이 부여되고 이들의 소통으로 새로운 사회가 열리고 있는 것이다.
(나) 최근 '초연결사회(Hyper Connected Society)'란 말을 주위에서 심심치 않게 들을 수 있다. 인터넷을 통해 사람 간의 연결은 물론 사람과 사물, 심지어 사물 간의 연결 등 말 그대로 '연결의 영역 초월'이 이뤄지고 있다.
(다) 나아가 초연결사회는 단지 기존의 인터넷과 모바일 발전의 맥락이 아닌 우리가 살아가는 방식 전체, 즉 사회의 관점에서 미래사회의 새로운 패러다임으로 큰 변화를 불러올 전망이다.
(라) 초연결사회에서는 인간 대 인간은 물론, 기기와 사물 같은 무생물 객체끼리도 네트워크를 바탕으로 상호 유기적인 소통이 가능해진다. 컴퓨터, 스마트폰으로 소통하던 과거와 달리 초연결 네트워크로 긴밀히 연결되어 오프라인과 온라인이 융합되고, 이를 통해 새로운 성장과 가치 창출의 기회가 증가할 것이다.

① (가) – (나) – (다) – (라)
② (가) – (나) – (라) – (다)
③ (나) – (가) – (다) – (라)
④ (나) – (가) – (라) – (다)
⑤ (다) – (나) – (가) – (라)

**03**

(가) 세종대왕은 백성들이 어려운 한자를 익히지 못해 글을 읽고 쓰지 못하는 것을 안타깝게 여겼다. 당시에는 오직 사대부들만 한자를 배워 지식을 독점했기 때문에 권력 역시 이들의 것이었다. 세종대왕은 이를 가엾게 여기다가, 온 국민이 쉽게 깨우칠 수 있는 문자를 만들었다.

(나) 훈민정음을 세상에 설명하기 위해 1446년(세종 28년) 정인지 등의 학자가 세종대왕의 명령을 받고 한문으로 편찬한 해설서인『훈민정음해례본』을 편찬하고, 정인지·안지·권제 등을 명해 조선 왕조 창업을 노래한『용비어천가』를 펴냈다.

(다) 이러한 반대를 물리치고, 세종대왕은 1446년 훈민정음을 세상에 알리게 된다. 실제로 '백성을 가르치는 바른 소리'라는 뜻의 훈민정음의 서문을 보면 평생 글을 모른 채 살아가는 사람들에 대한 애민정신이 명확히 드러난다.

(라) 각고의 노력 끝에 훈민정음을 만들었지만, 대신들은 물론 집현전 학자들까지도 한글 창제에 대해 거세게 반발했다. 최만리, 정찬손 등의 학자들이 반대 상소를 올리자 세종대왕이 "이두를 제작한 뜻이 백성을 편리하게 하려 함이라면, 지금의 언문(한글)도 백성을 편리하게 하려 하는 것이다."라고 질타한 일화가『세종실록』에 남아 있을 정도다.

① (가) – (나) – (라) – (다)  ② (가) – (라) – (다) – (나)
③ (나) – (다) – (라) – (가)  ④ (나) – (라) – (다) – (가)
⑤ (다) – (나) – (라) – (가)

## 대표기출유형

# 06 | 문장·문단 삽입

### | 유형분석 |

- 주어진 문장을 제시문의 적절한 위치에 배치하는 유형이다.
- 글을 배치했을 때, 흐름이 어색하지 않은지를 확인해야 한다.

**다음 글의 빈칸에 들어갈 말을 〈보기〉에서 골라 순서대로 바르게 나열한 것은?**

언젠가부터 우리 바닷속에 해파리나 불가사리와 같이 특정한 종만이 크게 번창하고 있다는 우려의 말이 들린다. 한마디로 다양성이 크게 줄었다는 이야기다. 척박한 환경에서는 몇몇 특별한 종만이 득세한다는 점에서 자연 생태계와 우리 사회는 닮은 것 같다. 어떤 특정 집단이나 개인들에게 앞으로 어려워질 경제 상황은 새로운 기회가 될지도 모른다. _____ 왜냐하면 자원과 에너지 측면에서 보더라도 이들 몇몇 집단들만 존재하는 세계에서는 이들이 쓰다 남은 물자와 이용하지 못한 에너지는 고스란히 버려질 수밖에 없고 따라서 효율성이 극히 낮기 때문이다.
다양성 확보는 사회 집단의 생존과도 무관하지 않다. 조류인플루엔자가 발생할 때마다 해당 양계장은 물론 그 주변 양계장의 닭까지 모조리 폐사시켜야 하는 참혹한 현실을 본다. 단 한 마리의 닭이 조류인플루엔자에 걸려도 그렇게 많은 닭들을 죽여야 하는 이유는 인공적인 교배로 인해 이들 모두가 똑같은 유전자를 가졌기 때문이다. _____
이처럼 다양성의 확보는 자원의 효율적 사용과 사회 안정에 중요하지만 많은 비용이 들기도 한다. 예를 들어 출산 휴가를 주고, 노약자를 배려하고, 장애인에게 보조 공학 기기와 접근성을 제공하는 것을 비롯해 다문화 가정, 외국인 노동자를 위한 행정 제도 개선 등은 결코 공짜가 아니다. _____

### 보기

ㄱ. 따라서 다양한 유전 형질을 확보하는 길만이 재앙의 확산을 막고 피해를 줄이는 길이다.
ㄴ. 하지만 이는 사회 전체로 볼 때 그다지 바람직한 현상이 아니다.
ㄷ. 그럼에도 불구하고 다양성 확보가 중요한 이유는 우리가 미처 깨닫고 있지 못하는 넓은 이해와 사랑에 대한 기회를 사회 구성원 모두에게 제공하기 때문이다.

① ㄱ, ㄴ, ㄷ
② ㄱ, ㄷ, ㄴ
③ ㄴ, ㄱ, ㄷ
④ ㄴ, ㄷ, ㄱ
⑤ ㄷ, ㄱ, ㄴ

**정답** ③

- 첫 번째 빈칸 : 빈칸 앞 문장은 어려워질 경제 상황이 특정인들에게는 새로운 기회가 될 수도 있다는 내용, 뒤 문장은 특정인에게만 유리한 상황이 비효율적이라는 부정적인 내용이 위치하고 있다. 따라서 ㄴ이 가장 적절하다.
- 두 번째 빈칸 : 빈칸을 제외한 문단의 내용이 집단 차원에서의 다양성 확보의 중요성을 주장하고, 그 근거로 반대 경우의 피해 사례를 제시하고 있으므로 ㄱ이 가장 적절하다.
- 세 번째 빈칸 : 빈칸을 제외한 문단의 내용이 유전자 다양성 확보 시의 단점에 대한 내용이므로, '그럼에도 불구하고 다양성 확보가 중요한 이유'로 글을 마무리 하는 ㄷ이 가장 적절하다.

### 30초 컷 풀이 Tip

- 이미 제시문이 나열되어 있는 상태이므로 오히려 난이도는 쉬운 편에 속하는 문제이다. 전체 글의 핵심 내용을 찾도록 한다.
- 〈보기〉의 제시된 내용을 먼저 읽고, 빈칸 앞뒤 문장의 핵심 키워드와 접속어를 찾는다.

## 대표기출유형 06 기출응용문제

※ 다음 글에서 〈보기〉의 문장이 들어갈 위치로 가장 적절한 곳을 고르시오. [1~3]

**01**

(가) 우리는 보통 공간을 배경으로 사물을 본다. 그리고 시간이나 사유를 비롯한 여러 개념을 공간적 용어로 표현한다. 이처럼 공간에 대한 용어가 중의적으로 쓰이는 과정에서, 일상적으로 쓰는 용법과 달라 혼란을 겪기도 한다. (나) 공간에 대한 용어인 '차원' 역시 다양하게 쓰인다. 차원의 수는 공간 내에 정확하게 점을 찍기 위해 알아야 하는 수의 개수이다. (다) 특정 차원의 공간은 한 점을 표시하기 위해 특정한 수가 필요한 공간을 의미한다. (라) 따라서 다차원 공간은 집을 살 때 고려해야 하는 사항들의 공간처럼 추상적일 수도 있고, 실제의 물리 공간처럼 구체적일 수도 있다. 이러한 맥락에서 어떤 사람을 1차원적 인간이라고 표현했다면 그것은 그 사람의 관심사가 하나밖에 없다는 것을 의미한다. (마)

보기
집에 틀어박혀 스포츠만 관람하는 인간은 오로지 스포츠라는 하나의 정보로 기술될 수 있고, 그 정보를 직선 위에 점을 찍은 1차원 그래프로 표시할 수 있는 것이다.

① (가)  ② (나)
③ (다)  ④ (라)
⑤ (마)

Easy
**02**

유기농 농법으로 키운 작물보다 유전자 변형 식품이 더 안전할 수 있다. 사람들은 식품에 '자연산'이라는 표시가 있으면 무조건 안전하려니 믿는 경향이 있다. (가) 특히 유기농 식품이라면 무조건 좋다고 생각하는 사람이 많다. (나) 하지만 유기농 식품이 더 위험할 수 있다. (다) 이렇게 보면 자연식품이 안전하고 더 몸에 좋을 것이라는 생각은 편견일 가능성이 많다. (라) 자연 또는 천연이라는 말이 반드시 안전을 의미하지는 않는 것이다. (마)

보기
세균 오염으로 인한 치명적인 결과를 초래할 수 있기 때문이다.

① (가)  ② (나)
③ (다)  ④ (라)
⑤ (마)

**03**

휴대폰은 어린이들이 자신의 속마음을 고백하기도 하고, 그가 하는 말을 들어주기도 하며, 또 자신의 호주머니나 입속에 다 쑤셔 넣기도 하는 곰인형과 유사하다. 다른 점이 있다면, 곰인형은 휴대폰과는 달리 말하는 사람에게 주의 깊게 귀를 기울여 준다는 것이다. (가)

휴대폰이 제기하는 핵심 문제는 바로 이러한 모순 가운데 있다. 곰인형과 달리 휴대폰을 통해 듣는 목소리는 우리가 듣기를 바라는 것과는 다른 대답을 자주 한다. 그것은 특히 우리가 대화 상대와 다른 시간과 다른 장소 그리고 다른 정신상태에 처해 있기 때문이다. (나)

그리 오래 전 일도 아니지만, 우리가 시·공간적으로 떨어져 있는 상대와 대화를 나누고 싶을 때 할 수 있는 일이란 기껏해야 독백을 하거나 글을 쓰는 것밖에 없었다. 하지만 글을 써본 사람이라면 펜을 가지고 구어(口語)적 사고를 진행한다는 것이 얼마나 어려운 일인지 잘 안다. (다)

반면 우리가 머릿속에 떠오르는 말들에 따라, 그때그때 우리가 취하는 어조와 몸짓들은 얼마나 다양한가! 휴대폰으로 우리는 혼자 말하는 행복을 되찾게 되었다. 더 이상 독백의 기쁨을 만끽하기 위해서 혼자 숨어들 필요가 없는 것이다. (라)

어린이에게 자신이 보호받고 있다는 느낌을 주기 위해 발명된 곰인형을 어린이는 가장 좋은 대화 상대로 이용한다. 마찬가지로 통신수단으로 발명된 휴대폰은 고독 속에서 우리를 안심시키는 절대적 수단이 될 것이다. (마)

**보기**

곰인형에게 이야기하는 어린이가 곰인형이 자기 말을 듣고 있다고 믿는 이유는 곰인형이 결코 대답하는 법이 없기 때문이다. 만일 곰인형이 대답을 한다면 그것은 어린이가 자신의 마음속에서 듣는 말일 것이다.

① (가)  ② (나)
③ (다)  ④ (라)
⑤ (마)

**Hard**
**04** 다음 글에서 〈보기〉의 문장이 들어갈 위치를 순서대로 바르게 연결한 것은?

현대 사회가 다원화되고 복잡해지면서 중앙 정부는 물론, 지방 자치 단체 또한 정책 결정 과정에서 능률성과 효과성을 우선시하는 경향이 커져 왔다. 이에 따라 전문적인 행정 담당자를 중심으로 한 정책 결정이 빈번해지고 있다. 그러나 지방 자치 단체의 정책 결정은 지역 주민의 의사와 무관하거나 배치되어서는 안 된다는 점에서 이러한 정책 결정은 지역 주민의 의사에 보다 부합하는 방향으로 보완될 필요가 있다. (가)
행정 담당자 주도로 이루어지는 정책 결정의 문제점을 극복하기 위해 그동안 지방 자치 단체의 자체 개선 노력이 없었던 것은 아니다. (나) 이 둘은 모두 행정 담당자 주도의 정책 결정을 보완하기 위해 시장 경제의 원리를 부분적으로 받아들였다는 점에서는 공통되지만, 운영 방식에는 차이가 있다. 민간화는 지방 자치 단체가 담당하는 특정 업무의 운영권을 민간 기업에 위탁하는 것으로, 기업 선정을 위한 공청회에 주민들이 참여하는 등의 방식으로 주민들의 요구를 반영하는 것이다. (다) 하지만 민간화를 통해 수용되는 주민들의 요구는 제한적이므로 전체 주민의 이익이 반영되지 못하는 경우가 많고, 민간 기업의 특성상 공익의 추구보다는 기업의 이익을 우선한다는 한계가 있다. 경영화는 민간화와는 달리, 지방 자치 단체가 자체적으로 민간 기업의 운영 방식을 도입하는 것을 말한다. 주민들을 고객으로 대하며 주민들의 요구를 충족하고자 하는 것이다. (라)
이러한 한계를 해소하고 지방 자치 단체의 정책 결정 과정에서 지역 주민 전체의 의견을 보다 적극적으로 반영하기 위해서는 주민 참여 제도의 활성화가 요구된다. (마) 현재 우리나라의 지방 자치 단체가 채택하고 있는 간담회, 설명회 등의 주민 참여 제도는 주민들의 의사를 간접적으로 수렴하여 정책에 반영하는 방식인데, 주민들의 의사를 더욱 직접적으로 반영하기 위해서는 주민 투표, 주민 소환, 주민 발안 등의 직접 민주주의 제도를 활성화하는 방향으로 주민 참여 제도가 전환될 필요가 있다.

**보기**
ㄱ. 지역 주민의 요구를 수용하기 위해 도입한 '민간화'와 '경영화'가 대표적인 사례이다.
ㄴ. 그러나 주민 감시나 주민자치위원회 등을 통한 외부의 적극적인 견제가 없으면 행정 담당자들이 기존의 관행에 따라 업무를 처리하는 경향이 나타나기도 한다.

|   | ㄱ | ㄴ |
|---|---|---|
| ① | (가) | (다) |
| ② | (나) | (다) |
| ③ | (나) | (라) |
| ④ | (다) | (라) |
| ⑤ | (마) | (라) |

**05** 다음 글의 빈칸 (가) ~ (다)는 앞의 문장을 뒷받침하는 사례이다. 빈칸과 〈보기〉의 사례가 바르게 연결된 것은?

아파트 주거환경은 일반적으로 공동체적 연대를 약화하는 것으로 인식됐다. 그러나 오늘날 한국 사회에서 보편화되어 있는 아파트 단지에는 도시화의 진전에 따른 공동체적 연대의 약화를 예방하거나 치유하는 집단적 노력이 존재한다. _____(가)_____ 물론 아파트의 위치나 평형, 단지의 크기 등에 따라 공동체 형성의 정도가 서로 다른 것은 사실이다. _____(나)_____
더 심각한 문제는 사회문화적 동질성에 입각한 아파트 근린관계가 점차 폐쇄적이고 배타적인 공동체로 변하고 있다는 것이다. 이에 대한 대책이 '소셜 믹스(Social Mix)'이다. 이는 동일 지역에 다양한 계층이 더불어 살도록 함으로써 계층 간 갈등을 줄이려는 정책이다.
그러나 이 정책의 실제 효과에 대해서는 회의적 시각이 많다. 대형 아파트 주민들도 소형 아파트 주민들과 이웃이 되기를 싫어하지만, 저소득층이 대부분인 소형 아파트 주민들 역시 부자들에게 위화감을 느끼면서 굳이 같은 공간에서 살려고 하지 않기 때문이다. 그럼에도 불구하고 우리나라에서는 사회 통합적 주거환경을 규범적 가치로 인식하여, 아파트 단지 구성에 있어 대형과 소형, 분양과 임대가 공존하는 수평적 공간 통합을 지향한다. 부자 동네와 가난한 동네가 뚜렷이 구분되지 않는 주거환경을 우리 사회가 규범적으로는 지향한다는 것이다. _____(다)_____
아파트를 둘러싼 계층 간의 공간 통합 혹은 공간 분리 문제를 단순히 주거환경의 문제로만 보면 근본적인 해결이 어려울 수도 있다. 지금의 한국인에게 아파트는 주거공간으로서의 의미를 넘어 부의 축적 수단이라는 의미를 담고 있기 때문이다.

**보기**
ㄱ. 아파트 부녀회의 자원 봉사자들이 단지 내의 경로당과 공부방을 중심으로 다양한 프로그램을 운영하여 주민들 사이의 교류를 활성화한 사례
ㄴ. 대규모 아파트 단지를 조성할 때 소형 및 임대 아파트를 포함해야 한다는 법령과 정책 사례
ㄷ. 대형 고급 아파트 단지에서는 이웃에 누가 사는지도 잘 모르지만 중소형 서민 아파트 단지에서는 학부모 모임이 활발한 사례

|     | (가) | (나) | (다) |
| --- | --- | --- | --- |
| ① | ㄱ | ㄴ | ㄷ |
| ② | ㄱ | ㄷ | ㄴ |
| ③ | ㄴ | ㄱ | ㄷ |
| ④ | ㄴ | ㄷ | ㄱ |
| ⑤ | ㄷ | ㄴ | ㄱ |

# CHAPTER 02

# 언어추리

## 합격 Cheat Key

언어추리 영역은 크게 명제 및 삼단논법, 나열하기나 진실게임 등을 주로 다루는 논리추리 유형으로 나눌 수 있다.

이 영역을 통해 평가하고자 하는 바는 '실제 업무를 행하는 데 필요한 논리적 사고력을 갖추고 있는가?', '신속하고 올바른 판단을 내릴 수 있는가?', '현재의 과정을 통해 미래를 추론할 수 있는가?'이다. 이러한 세 가지 능력을 평가하기 위해 총 80문항 중 20문항이 출제된다.

## 논리추리

지원자의 논리력, 사고력 그리고 추리력을 평가하는 유형으로 크게 명제, 조건추리, 진실게임 등으로 구분할 수 있다.

---
**학습 포인트**

- 삼단논법 유형의 명제 문제에서는 대우 명제를, '어떤'을 포함하는 명제 문제에서는 벤 다이어그램을 활용한다.
- 조건추리 유형에서는 주어진 규칙과 조건을 파악한 후 이를 도식화(표, 기호 등으로 정리)하여 문제에 접근해야 한다.

# CHAPTER 02 이론점검

## 1. 연역 추론

이미 알고 있는 판단(전제)을 근거로 새로운 판단(결론)을 유도하는 추론이다. 연역 추론은 진리일 가능성을 따지는 귀납 추론과는 달리, 명제 간의 관계와 논리적 타당성을 따진다. 즉, 연역 추론은 전제들로부터 절대적인 필연성을 가진 결론을 이끌어내는 추론이다.

### (1) 직접 추론

한 개의 전제로부터 중간적 매개 없이 새로운 결론을 이끌어내는 추론이며, 대우 명제가 그 대표적인 예이다.

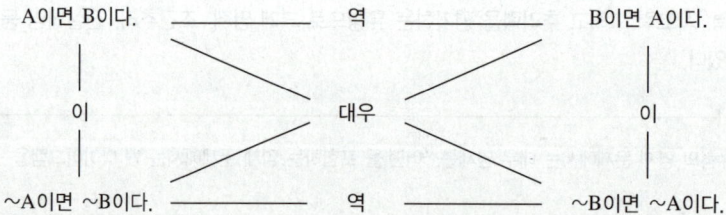

- 한국인은 모두 황인종이다. (전제)
- 그러므로 황인종이 아닌 사람은 모두 한국인이 아니다. (결론 1)
- 그러므로 황인종 중에는 한국인이 아닌 사람도 있다. (결론 2)

### (2) 간접 추론

둘 이상의 전제로부터 새로운 결론을 이끌어내는 추론이다. 삼단논법이 가장 대표적인 예이다.
① 정언 삼단논법 : 세 개의 정언명제로 구성된 간접추론 방식이다. 세 개의 명제 가운데 두 개의 명제는 전제이고, 나머지 한 개의 명제는 결론이다. 세 명제의 주어와 술어는 세 개의 서로 다른 개념을 표현한다.
② 가언 삼단논법 : 가언명제로 이루어진 삼단논법을 말한다. 가언명제란 두 개의 정언명제가 '만일 ~이라면'이라는 접속어에 의해 결합된 복합명제이다. 여기서 '만일'에 의해 이끌리는 명제를 전건이라고 하고, 그 뒤의 명제를 후건이라고 한다. 가언 삼단논법의 종류로는 혼합가언 삼단논법과 순수가언 삼단논법이 있다.

㉠ 혼합가언 삼단논법 : 대전제만 가언명제로 구성된 삼단논법이다. 긍정식과 부정식 두 가지가 있으며, 긍정식은 'A면 B이다. A이다. 그러므로 B이다.'이고, 부정식은 'A면 B이다. B가 아니다. 그러므로 A가 아니다.'이다.

- 만약 A라면 B이다.
- B가 아니다.
- 그러므로 A가 아니다.

㉡ 순수가언 삼단논법 : 대전제와 소전제 및 결론까지 모두 가언명제들로 구성된 삼단논법이다.

- 만약 A라면 B이다.
- 만약 B라면 C이다.
- 그러므로 만약 A라면 C이다.

③ 선언 삼단논법 : '~이거나 ~이다.'의 형식으로 표현되며 전제 속에 선언명제를 포함하고 있는 삼단논법이다.

- 내일은 비가 오거나 눈이 온다(A 또는 B이다).
- 내일은 비가 오지 않는다(A가 아니다).
- 그러므로 내일은 눈이 온다(그러므로 B이다).

④ 딜레마 논법 : 대전제는 두 개의 가언명제로, 소전제는 하나의 선언명제로 이루어진 삼단논법으로, 양도추론이라고도 한다.

- 만일 네가 거짓말을 하면, 신이 미워할 것이다. (대전제)
- 만일 네가 거짓말을 하지 않으면, 사람들이 미워할 것이다. (대전제)
- 너는 거짓말을 하거나, 거짓말을 하지 않을 것이다. (소전제)
- 그러므로 너는 미움을 받게 될 것이다. (결론)

## 2. 귀납 추론

특수한 또는 개별적인 사실로부터 일반적인 결론을 이끌어내는 추론을 말한다. 귀납 추론은 구체적 사실들을 기반으로 하여 결론을 이끌어내기 때문에 필연성을 따지기보다는 개연성과 유관성, 표본성 등을 중시하게 된다. 여기서 개연성이란, 관찰된 어떤 사실이 같은 조건하에서 앞으로도 관찰될 수 있는가 하는 가능성을 말하고, 유관성은 추론에 사용된 자료가 관찰하려는 사실과 관련되어야 하는 것을 일컬으며, 표본성은 추론을 위한 자료의 표본 추출이 공정하게 이루어져야 하는 것을 가리킨다. 이러한 귀납 추론은 일상생활 속에서 많이 사용하고, 우리가 알고 있는 과학적 사실도 이와 같은 방법으로 밝혀졌다.
그러나 전제들이 참이어도 결론이 항상 참인 것은 아니다. 단 하나의 예외로 인하여 결론이 거짓이 될 수 있다.

- 성냥불은 뜨겁다.
- 연탄불도 뜨겁다.
- 그러므로 모든 불은 뜨겁다.

위 예문에서 '성냥불이나 연탄불이 뜨거우므로 모든 불은 뜨겁다.'라는 결론이 나왔는데, 반딧불은 뜨겁지 않으므로 '모든 불이 뜨겁다.'라는 결론은 거짓이 된다.

### (1) 완전 귀납 추론

관찰하고자 하는 집합의 전체를 다 검증함으로써 대상의 공통 특질을 밝혀내는 방법이다. 이는 예외 없는 진실을 발견할 수 있다는 장점은 있으나, 집합의 규모가 크고 속성의 변화가 다양할 경우에는 적용하기 어려운 단점이 있다.
예 1부터 10까지의 수를 다 더하여 그 합이 55임을 밝혀내는 방법

### (2) 통계적 귀납 추론

통계적 귀납 추론은 관찰하고자 하는 집합의 일부에서 발견한 몇 가지 사실을 열거함으로써 그 공통점을 결론으로 이끌어내려는 방식을 가리킨다. 관찰하려는 집합의 규모가 클 때 그 일부를 표본으로 추출하여 조사하는 방식이 이에 해당하며, 표본 추출의 기준이 얼마나 적합하고 공정한가에 따라 그 결과에 대한 신뢰도가 달라진다는 단점이 있다.
예 여론조사에서 일부의 국민에 대한 설문 내용을 바탕으로, 이를 전체 국민의 여론으로 제시하는 것

### (3) 인과적 귀납 추론

관찰하고자 하는 집합의 일부 원소들이 지닌 인과 관계를 인식하여 그 원인이나 결과를 이끌어내려는 방식을 말한다.
① 일치법 : 공통적인 현상을 지닌 몇 가지 사실 중에서 각기 지닌 요소 중 어느 한 가지만 일치한다면 이 요소가 공통 현상의 원인이라고 판단
② 차이법 : 어떤 현상이 나타나는 경우와 나타나지 않은 경우를 놓고 보았을 때, 각 경우의 여러 조건 중 단 하나만이 차이를 보인다면 그 차이를 보이는 조건이 원인이 된다고 판단
예 현수와 승재는 둘 다 지능이나 학습 시간, 학습 환경 등이 비슷한데 공부하는 태도에는 약간의 차이가 있다. 따라서 두 사람이 성적이 차이를 보이는 것은 학습 태도의 차이 때문으로 생각된다.

③ **일치·차이 병용법** : 몇 개의 공통 현상이 나타나는 경우와 몇 개의 그렇지 않은 경우를 놓고 일치법과 차이법을 병용하여 적용함으로써 그 원인을 판단

  예 학업 능력 정도가 비슷한 두 아동 집단에 대해 처음에는 같은 분량의 과제를 부여하고 나중에는 각기 다른 분량의 과제를 부여한 결과, 많이 부여한 집단의 성적이 훨씬 높게 나타났다. 이로 보아, 과제를 많이 부여하는 것이 적게 부여하는 것보다 학생의 학업 성적 향상에 도움이 된다고 판단할 수 있다.

④ **공변법** : 관찰하는 어떤 사실의 변화에 따라 현상의 변화가 일어날 때 그 변화의 원인이 무엇인지 판단

  예 담배를 피우는 양이 각기 다른 사람들의 집단을 조사한 결과, 담배를 많이 피울수록 폐암에 걸릴 확률이 높다는 사실이 발견되었다.

⑤ **잉여법** : 앞의 몇 가지 현상이 뒤의 몇 가지 현상의 원인이며, 선행 현상의 일부분이 후행 현상의 일부분이라면, 선행 현상의 나머지 부분이 후행 현상의 나머지 부분의 원인임을 판단

  예 어젯밤 일어난 사건의 혐의자는 정은이와 규민이 두 사람인데, 정은이는 알리바이가 성립되어 혐의 사실이 없는 것으로 밝혀졌다. 따라서 그 사건의 범인은 규민이일 가능성이 높다.

## 3. 유비 추론

두 개의 대상 사이에 일련의 속성이 동일하다는 사실에 근거하여 그것들의 나머지 속성도 동일하리라는 결론을 이끌어내는 추론, 즉 이미 알고 있는 것에서 다른 유사한 점을 찾아내는 추론을 말한다. 그렇기 때문에 유비 추론은 잣대(기준)가 되는 사물이나 현상이 있어야 한다. 유비 추론은 가설을 세우는 데 유용하다. 이미 알고 있는 사례로부터 아직 알지 못하는 것을 생각해 봄으로써 쉽게 가설을 세울 수 있다. 이때 유의할 점은 이미 알고 있는 사례와 이제 알고자 하는 사례가 매우 유사하다는 확신과 증거가 있어야 한다. 그렇지 않은 상태에서 유비 추론에 의해 결론을 이끌어내면, 그것은 개연성이 거의 없고 잘못된 결론이 될 수도 있다.

- 지구에는 공기, 물, 흙, 햇빛이 있다(A는 a, b, c, d의 속성을 가지고 있다).
- 화성에는 공기, 물, 흙, 햇빛이 있다(B는 a, b, c, d의 속성을 가지고 있다).
- 지구에 생물이 살고 있다(A는 e의 속성을 가지고 있다).
- 그러므로 화성에도 생물이 살고 있을 것이다(그러므로 B도 e의 속성을 가지고 있을 것이다).

대표기출유형

# 01 | 삼단논법

| 유형분석 |

- '$p \to q$, $q \to r$이면 $p \to r$이다.' 형식의 삼단논법과 명제의 대우를 활용하여 푸는 유형이다.
- 전제를 추리하거나 결론을 추리하는 유형이 출제된다.
- 'AO → B×' 또는 '$p \to \sim q$'와 같이 명제를 단순화하여 정리하면서 풀어야 한다.

제시된 명제가 모두 참일 때, 빈칸에 들어갈 명제로 옳은 것은?

- 공부를 하지 않으면 시험을 못 본다.
- _____
- 공부를 하지 않으면 성적이 나쁘게 나온다.

① 공부를 한다면 시험을 잘 본다.
② 시험을 잘 본다면 공부를 한 것이다.
③ 성적이 좋다면 공부를 한 것이다.
④ 시험을 잘 본다면 성적이 좋은 것이다.
⑤ 성적이 좋다면 시험을 잘 본 것이다.

정답 ⑤

'공부를 함'을 $p$, '시험을 잘 봄'을 $q$, '성적이 좋게 나옴'을 $r$이라 하면 첫 번째 명제는 $\sim p \to \sim q$, 마지막 명제는 $\sim p \to \sim r$이다. 따라서 $\sim q \to \sim r$이 빈칸에 들어가야 $\sim p \to \sim q \to \sim r$이 되어 $\sim p \to \sim r$이 성립한다. 참인 명제의 대우도 역시 참이므로 $\sim q \to \sim r$의 대우인 '성적이 좋다면 시험을 잘 본 것이다.'가 답이 된다.

| 30초 컷 풀이 Tip |

| 전제 추리 방법 | 결론 추리 방법 |
| --- | --- |
| 첫 번째 명제가 $p \to q$일 때 마지막 명제가 $p \to r$이라면, 각 명제의 앞부분이 같으므로 뒷부분을 $q \to r$로 이어준다. 만일 형태가 이와 맞지 않는다면 대우 명제를 이용한다. | 대우 명제를 활용하여 첫 번째 명제와 두 번째 명제가 $p \to q$, $q \to r$의 형태로 만들어진다면 마지막 명제는 $p \to r$이다. |

## 대표기출유형 01  기출응용문제

※ 제시된 명제가 모두 참일 때, 빈칸에 들어갈 명제로 옳은 것을 고르시오. [1~3]

**Easy**

**01**
- 겨울이 오면 곰은 잔다.
- 곰이 자면 까치가 날아온다.
- _____

① 까치가 날아오면 곰이 자지 않는다.
② 곰이 자면 겨울이 온다.
③ 까치가 날아오면 겨울이 온다.
④ 겨울이 오면 까치가 날아온다.
⑤ 까치가 날지 않으면 곰이 잔다.

**02**
- 땅이 산성이면 빨간 꽃이 핀다.
- 땅이 산성이 아니면 하얀 꽃이 핀다.
- _____

① 하얀 꽃이 피지 않으면 땅이 산성이 아니다.
② 땅이 산성이면 하얀 꽃이 핀다.
③ 하얀 꽃이 피지 않으면 빨간 꽃이 핀다.
④ 빨간 꽃이 피면 땅이 산성이 아니다.
⑤ 하얀 꽃이 피면 땅이 산성이다.

**03**
- 철수네 아파트는 교회보다 낮다.
- 교회는 은행보다 낮다.
- _____

① 교회가 가장 높다.
② 교회는 은행보다 높다.
③ 철수네 아파트는 은행보다 높다.
④ 은행은 철수네 아파트보다 높다.
⑤ 철수네 아파트가 가장 높다.

대표기출유형

# 02 배열하기・묶기・연결하기

| 유형분석 |

- 주어진 조건에 따라 한 줄로 세우거나 자리를 배치하는 유형이다.
- 평소 충분한 연습이 되어있지 않으면 풀기 어려운 유형이므로, 최대한 다양한 유형을 접해 보고 패턴을 익히는 것이 좋다.

J그룹 마케팅팀에는 부장 A, 과장 B・C, 대리 D・E, 신입사원 F・G 총 7명이 근무하고 있다. A부장은 신입사원 입사 기념으로 팀원을 데리고 영화관에 갔다. 영화를 보기 위해 다음 〈조건〉에 따라 자리에 앉는 다고 할 때, 항상 참인 것은?

조건
- 7명은 7자리가 일렬로 붙어 있는 좌석에 앉는다.
- 양 끝자리 옆에는 비상구가 있다.
- D와 F는 인접한 자리에 앉는다.
- A와 B 사이에는 1명이 앉아 있다.
- C와 G 사이에는 1명이 앉아 있다.
- G는 왼쪽 비상구 옆 자리에 앉아 있다.

① E는 D와 B 사이에 앉는다.
② C 양옆에는 A와 B가 앉는다.
③ 가운데 자리에는 항상 B가 앉는다.
④ D는 비상구와 붙어 있는 자리에 앉는다.
⑤ G와 가장 멀리 떨어진 자리에 앉는 사람은 D이다.

**정답** ②

여섯 번째 조건에 의해 G는 첫 번째 자리에 앉고, 다섯 번째 조건에 의해 C는 세 번째 자리에 앉는다.
A와 B가 네 번째·여섯 번째 또는 다섯 번째·일곱 번째 자리에 앉으면 D와 F가 나란히 앉을 수 없다. 따라서 A와 B는 두 번째, 네 번째 자리에 앉는다. 그러면 남은 자리는 다섯·여섯·일곱 번째 자리이므로 D와 F는 다섯·여섯 번째 또는 여섯·일곱 번째 자리에 앉게 되고, 나머지 한 자리에 E가 앉는다. 이를 정리하면 다음과 같다.

| 구분 | 1 | 2 | 3 | 4 | 5 | 6 | 7 |
|---|---|---|---|---|---|---|---|
| 경우 1 | G | A | C | B | D | F | E |
| 경우 2 | G | A | C | B | F | D | E |
| 경우 3 | G | A | C | B | E | D | F |
| 경우 4 | G | A | C | B | E | F | D |
| 경우 5 | G | B | C | A | D | F | E |
| 경우 6 | G | B | C | A | F | D | E |
| 경우 7 | G | B | C | A | E | D | F |
| 경우 8 | G | B | C | A | E | F | D |

C의 양옆에는 항상 A와 B가 앉으므로 ②은 항상 옳다.

**오답분석**
① 경우 3, 경우 4, 경우 7, 경우 8에서만 가능하며, 나머지 경우에는 성립하지 않는다.
③ B는 두 번째 자리에 앉을 수도 있다.
④·⑤ 경우 4와 경우 8에서만 가능하며, 나머지 경우에는 성립하지 않는다.

**30초 컷 풀이 Tip**

이 유형에서 가장 먼저 해야 할 일은 고정된 조건을 찾는 것이다. 고정된 조건을 찾아 그 부분을 정해 놓으면 경우의 수가 훨씬 줄어든다.

**온라인 풀이 Tip**

- 명제와 마찬가지로 간소화시키는 것이 가장 중요하다. 때문에 메모장에 확정적인 조건과 그에 따라 같이 확정적이게 되는 나머지 조건을 정리하고, 문제를 풀이한다. 만약 순서 맞추기나 점수를 구하는 문제의 경우 1층, 2층, 3층 등의 표현을 다 연습장에 쓸 필요는 없다. 자신만 알아보면 되므로 띄어쓰기나 '-' 등의 표현을 활용한다. 핵심은 시간단축이다.
- 만약 문제를 풀이하다가 헷갈리거나 어렵다고 느껴지면 과감하게 해당 문제를 포기하고 넘어간다. 각 영역은 15분에 20문제를 풀어야 하고, 다른 문제를 다 풀었다면 돌아가서 다시 풀 수 있다. 한 문제에 집착해서 다른 문제까지 모두 망치는 일은 한 번뿐인 시험에 큰 손해이다.

## 대표기출유형 02 기출응용문제

※ 제시된 명제가 모두 참일 때, 항상 참인 것을 고르시오. [1~2]

**01**
- 영서, 연수, 수희, 주림 4명은 서로의 키를 비교해보았다.
- 영서는 연수보다 크다.
- 연수는 수희보다 작다.
- 주림이는 가장 작지는 않지만, 수희보다는 작다.
- 수희는 두 번째로 크다.
- 키가 같은 사람은 아무도 없다.

① 수희가 제일 크다.
② 연수가 세 번째로 크다.
③ 연수는 주림이보다 크다.
④ 영서는 주림이보다 작다.
⑤ 연수가 가장 작다.

**Easy**
**02**
- 영희, 상욱, 수현이는 영어, 수학, 국어 시험을 보았다.
- 영희는 영어 2등, 수학 2등, 국어 2등을 하였다.
- 상욱이는 영어 1등, 수학 3등, 국어 1등을 하였다.
- 수현이는 수학만 1등을 하였다.
- 전체 평균 1등을 한 사람은 영희이다.

① 총점이 가장 높은 사람은 영희이다.
② 상욱이의 영어 점수는 영희의 수학 점수보다 높다.
③ 상욱이의 국어 점수는 수현이의 수학 점수보다 낮다.
④ 수현이의 수학 점수는 상욱이의 영어 점수보다 높다.
⑤ 영어와 수학 점수만을 봤을 때, 상욱이가 1등일 것이다.

**03** 테니스공, 축구공, 농구공, 배구공, 야구공, 럭비공을 각각 A, B, C상자에 넣으려고 한다. 한 상자에 공을 두 개까지 넣을 수 있고, 〈조건〉이 다음과 같을 때, 항상 참이 될 수 없는 것은?

> **조건**
> - 테니스공과 축구공은 같은 상자에 넣는다.
> - 럭비공은 B상자에 넣는다.
> - 야구공은 C상자에 넣는다.

① 농구공을 C상자에 넣으면 배구공은 B상자에 들어가게 된다.
② 테니스공과 축구공은 반드시 A상자에 들어간다.
③ 배구공과 농구공은 같은 상자에 들어갈 수 없다.
④ B상자에 배구공을 넣으면 농구공은 야구공과 같은 상자에 들어가게 된다.
⑤ 럭비공은 반드시 배구공과 같은 상자에 들어간다.

**04** 정수, 영수, 영호, 재호, 경호 5명이 시력검사를 받았다. 다음 결과가 모두 참일 때, 항상 참인 것은?

> - 정수의 시력은 1.2이다.
> - 정수의 시력은 영수의 시력보다 0.5 높다.
> - 영호의 시력은 정수보다 낮고 영수보다 높다.
> - 영호의 시력보다 낮은 재호의 시력은 0.6 ~ 0.8이다.
> - 경호의 시력은 0.6 미만으로 안경을 새로 맞춰야 한다.

① 정수의 시력이 가장 높다.
② 영호의 시력은 1.0 이상이다.
③ 재호의 시력은 영수의 시력보다 높다.
④ 경호의 시력이 가장 낮은 것은 아니다.
⑤ 시력이 높은 순으로 나열하면 '정수 – 영호 – 영수 – 재호 – 경호'이다.

## 대표기출유형

# 03 | 진실게임

**| 유형분석 |**

- 일반적으로 4~5명의 진술이 제시되며, 각 진술의 진실 및 거짓 여부를 확인하여 범인을 찾는 유형이다.
- 추리영역 중에서도 체감 난도가 상대적으로 높은 유형으로 알려져 있으나, 문제풀이 패턴을 익히면 시간을 절약할 수 있는 문제이다.
- 각 진술 사이의 모순을 찾아 성립하지 않는 경우의 수를 제거하거나, 경우의 수를 나누어 모든 조건이 들어맞는지를 확인해야 한다.

5명의 취업준비생 갑~무가 C그룹에 지원하여 1명이 합격하였다. 취업준비생들은 다음과 같이 이야기하였고, 그중 1명이 거짓말을 하였다. 합격한 취업준비생은?

- 갑 : 을은 합격하지 않았다.
- 을 : 합격한 사람은 정이다.
- 병 : 내가 합격하였다.
- 정 : 을의 말은 거짓말이다.
- 무 : 나는 합격하지 않았다.

① 갑
② 을
③ 병
④ 정
⑤ 무

정답 ③

을과 정은 상반된 이야기를 하고 있으므로 2명 중 1명은 진실, 다른 1명은 거짓을 말하고 있다.
ⅰ) 을이 진실, 정이 거짓인 경우 : 정을 제외한 4명의 말은 모두 참이므로 합격자는 병, 정이 되는데, 합격자는 1명이어야 하므로 모순이다. 따라서 을은 거짓, 정은 진실을 말한다.
ⅱ) 을이 거짓, 정이 진실인 경우 : 을을 제외한 4명의 말은 모두 참이므로 합격자는 병이다.
따라서 합격자는 병이 된다.

### 30초 컷 풀이 Tip

진실게임 유형 중 90% 이상은 다음 두 가지 방법으로 풀 수 있다. 주어진 진술을 빠르게 훑으며 다음 두 가지 중 어떤 경우에 해당되는지 확인한 후 문제를 풀어나간다.

**두 명 이상의 발언 중 한쪽이 진실이면 다른 한쪽이 거짓인 경우**
1) A가 진실이고 B가 거짓인 경우, B가 진실이고 A가 거짓인 경우 두 가지로 나눌 수 있다.
2) 두 가지 경우에서 각 발언의 진위 여부를 판단한다.
3) 주어진 조건과 비교한다(범인의 숫자가 맞는지, 진실 또는 거짓을 말한 인원수가 조건과 맞는지 등).

**두 명 이상의 발언 중 한쪽이 진실이면 다른 한쪽도 진실인 경우**
1) A와 B가 모두 진실인 경우, A와 B가 모두 거짓인 경우 두 가지로 나눌 수 있다.
2) 두 가지 경우에서 각 발언의 진위 여부를 판단한다.
3) 주어진 조건과 비교한다(범인의 숫자가 맞는지, 진실 또는 거짓을 말한 인원수가 조건과 맞는지 등).

## 대표기출유형 03  기출응용문제

**01** 다음 명제가 모두 참일 때, 참인지 거짓인지 알 수 없는 것은?

- 월계 빌라의 주민들은 모두 A의 친척이다.
- B는 자식이 없다.
- C는 A의 오빠이다.
- D는 월계 빌라의 주민이다.
- A의 아들은 미국에 산다.

① A의 아들은 C와 친척이다.
② D는 A와 친척 간이다.
③ B는 월계 빌라의 주민이다.
④ A와 D는 둘 다 남자이다.
⑤ C는 A의 아들의 이모이다.

**02** 민지, 아름, 진희, 희정, 세영은 함께 15시에 상영하는 영화를 예매하였고, 상영시간에 맞춰 영화관에 도착하는 순서대로 각자 상영관으로 입장하였다. 다음 대화에서 1명이 거짓말을 하고 있을 때, 가장 마지막으로 영화관에 도착한 사람은?(단, 5명 모두 다른 시간에 도착하였다)

- 민지 : 내가 마지막에 도착하지 않았어. 다음에 분명 누군가가 왔어.
- 아름 : 내가 가장 먼저 영화관에 도착했어. 진희의 말은 사실이야.
- 진희 : 나는 두 번째로 영화관에 도착했어.
- 희정 : 나는 세 번째로 도착했고, 진희는 내가 도착한 다음에서야 왔어.
- 세영 : 내가 영화가 시작한 뒤에야 도착했어. 내가 마지막으로 도착했어.

① 민지　　　　　　　　　　② 아름
③ 진희　　　　　　　　　　④ 희정
⑤ 세영

**03** 4개의 상자 A~D 중 어느 하나에 2개의 진짜 열쇠가 들어 있고, 다른 어느 한 상자는 2개의 가짜 열쇠가 들어 있다. 또한 각 상자에는 다음과 같이 2개의 안내문이 쓰여 있는데, 각 상자의 안내문 중 하나는 참이고 다른 하나는 거짓이다. 다음 중 항상 참인 것은?

> • A상자 - 어떤 진짜 열쇠도 순금으로 되어 있지 않다.
>         - C상자에 진짜 열쇠가 들어 있다.
> • B상자 - 가짜 열쇠는 이 상자에 들어 있지 않다.
>         - A상자에는 진짜 열쇠가 들어 있다.
> • C상자 - 이 상자에 진짜 열쇠가 들어 있다.
>         - 어떤 가짜 열쇠도 구리로 되어 있지 않다.
> • D상자 - 이 상자에 진짜 열쇠가 들어 있다.
>         - 가짜 열쇠 중 어떤 것은 구리로 되어 있다.

① B상자에 가짜 열쇠가 들어 있지 않다.
② C상자에 진짜 열쇠가 들어 있지 않다.
③ D상자의 첫 번째 안내문은 거짓이다.
④ 모든 가짜 열쇠는 구리로 되어 있다.
⑤ 어떤 진짜 열쇠는 순금으로 되어 있다.

**Easy**
**04** C사에 근무하고 있는 A~E 5명의 직원 중 1명이 오늘 지각하였고, 이들은 다음과 같이 진술하였다. 이들 중 1명의 진술이 거짓일 때, 지각한 사람은?

> • A : 지각한 사람은 E이다.
> • B : 나는 지각하지 않았다.
> • C : B는 지각하지 않았다.
> • D : 내가 지각했다.
> • E : A의 말은 거짓말이다.

① A                    ② B
③ C                    ④ D
⑤ E

대표기출유형

# 04 | 비판적 추론

| 유형분석 |

- 어떠한 견해에 대하여 적절한 반응을 보이거나 타당한 비판을 하는 유형이다.
- 글의 전체적인 주제를 정확히 이해하는 것이 중요하다.
- 특정한 문장에 의해 한쪽으로 치우친 판단을 하지 않는 것이 중요하다.

**다음 글의 주장에 대한 비판으로 적절하지 않은 것은?**

> 동물실험이란 교육, 시험, 연구 및 생물학적 제제의 생산 등 과학적 목적을 위해 동물을 대상으로 실시하는 실험 또는 그 과학적 절차를 말한다. 전 세계적으로 매년 약 6억 마리의 동물들이 실험에 쓰이고 있다고 추정되며, 대부분의 동물들은 실험이 끝난 뒤 안락사를 시킨다.
> 동물실험은 대개 인체실험의 전 단계로 이루어지는데, 검증되지 않은 물질을 바로 사람에게 주입하여 발생하는 위험을 줄일 수 있다는 점에서 필수적인 실험이라고 말할 수 있다. 물론 살아있는 생물을 대상으로 하는 실험이기 때문에 대체(Replacement), 감소(Reduction), 개선(Refinement)으로 요약되는 3R 원칙에 입각하여 실험하는 것이 당연하다. 굳이 다른 방법이 있다면 그 방법을 채택할 것이며, 희생이 되는 동물의 수를 최대한 줄이고, 필수적인 실험 조건 외에는 자극을 주지 않아야 한다.
> 하지만 그럼에도 보다 안전한 결과를 도출해내기 위한 동물실험은 필요악이며, 이러한 필수적인 의약실험조차 금지하려 한다는 것은 기술 발전 속도를 늦춰 약이 필요한 누군가의 고통을 감수하자는 이기적인 주장과 같다고 할 수 있다.

① 동물실험에서 안전성을 검증받은 이후 인체에 피해를 준 약물의 사례가 존재한다.
② 화장품 업체들의 동물실험과 같은 사례를 통해, 생명과 큰 연관이 없는 실험은 필요악이라고 주장할 수 없다.
③ 3R 원칙과 같은 윤리적 강령이 법적인 통제력을 지니지 않은 이상 실제로 얼마나 엄격하게 지켜질 것인지는 알 수 없다.
④ 과거와 달리 현대에서는 인공 조직을 배양하여 실험의 대상으로 삼을 수 있으므로 동물실험 자체를 대체하는 것이 가능하다.
⑤ 아무리 엄격하게 통제된 실험이라고 해도 동물 입장에서 바라본 실험이 비윤리적이며 생명체의 존엄성을 훼손하는 행위라는 사실을 벗어날 수는 없다.

정답  ②

제시문에서 필자는 3R 원칙을 강조하며 최저한의 필수적인 동물실험이 필요악임을 주장하고 있다. 특히 '보다 안전한 결과를 도출해내기 위한 동물실험은 필요악이며, 이러한 필수적인 의약실험조차 금지하려 한다는 것은 기술 발전 속도를 늦춰 약이 필요한 누군가의 고통을 감수하자는 이기적인 주장'이라는 대목을 통해 약이 필요한 이들을 위한 의약실험에 초점을 맞추고 있음을 확인할 수 있다. 따라서 ②의 주장처럼 생명과 큰 관련이 없는 동물실험을 비판의 근거로 삼는 것은 적절하지 않다.

### 30초 컷 풀이 Tip

- 주장, 관점, 의도, 근거 등 문제를 풀기 위한 글의 핵심을 파악한다. 이후 글의 주장 및 근거의 어색한 부분을 찾아 반박할 주장과 근거를 생각해본다.
- 제시된 지문이 지나치게 길 경우 선택지를 먼저 파악하여 홀로 글의 주장이 어색하거나 상반된 의견을 제시하고 있는 답은 없는지 확인한다.

### 온라인 풀이 Tip

비판적 추론은 결국 주제 찾기와 추론적 독해가 결합된 유형이다. 반박하는 내용으로 제시되는 선택지는 추론적 독해처럼 세세하게 지문을 파악하지 않아도 풀이가 가능하다. 그러므로 너무 긴장하지 말고 문제에 접근하도록 한다.

## 대표기출유형 04  기출응용문제

**01** 다음 글에 대한 비판으로 가장 적절한 것은?

> "향후 은행 서비스(Banking)는 필요하지만 은행(Bank)은 필요 없을 것이다." 최근 4차 산업혁명으로 대변되는 빅데이터, 사물인터넷, AI, 블록체인 등 신기술이 금융업을 강타하면서 빌 게이츠의 20년 전 예언이 화두로 부상했다. 모든 분야에서 초연결화, 초지능화가 진행되고 있는 4차 산업혁명이 데이터 주도 경제를 열어가면서 데이터에 기반을 둔 금융업에도 변화의 물결이 밀려들고 있다. 이미 전통적인 은행, 증권, 보험, 카드업 등 전 분야에서 금융기술기업인 소위 '핀테크(Fintech)'가 출현하면서 금융서비스의 가치 사슬이 해체되기 시작한 것이다. 이전에는 상상조차 하지 못했던 IT 등 이종 업종의 금융업 진출도 활발하게 이루어지면서 전통 금융회사들을 위협하고 있다.
>
> 빅데이터, 사물인터넷, 인공지능, 블록체인 등 새로운 기술로 무장한 4차 산업혁명으로 인해 온라인 플랫폼을 통한 크라우드 펀딩 등 P2P 금융의 출현, 로보어드바이저에 의한 저렴한 자산관리서비스의 등장, 블록체인 기술기반의 송금 등 다양한 가치 거래의 탈중계화가 진행되면서 금융 중계, 재산 관리, 위험 관리, 지급 결제 등 금융의 본질적인 요소들이 변화하고 있는 것은 아닌지 의구심이 일어나고 있는 것이다. 혹자는 이들 변화의 종점에 금융의 정체성(Identity) 상실이 기다리고 있다며 금융업 종사자의 입장에서 보면 우울한 전망마저 내놓고 있다. 금융도 디지털카메라의 등장으로 사라진 필름회사 코닥과 같은 비운을 피하기 어렵다며 금융의 종말, 은행의 해체, 탈중계화, 플랫폼 혁명 등 다양한 화두가 미디어의 전면에 등장하고 있다.

① 가치 거래의 탈중계화는 금융 거래의 보안성에 심각한 위협 요인으로 작용할 것이다.
② 금융 발전의 미래를 위해 금융업에 있어 인공지능의 도입을 막아야 한다.
③ 기술 발전은 금융업에 있어 효율성 향상이라는 제한적인 틀에서 크게 벗어나지 못했다.
④ 로보어드바이저에 의한 자산관리서비스는 범죄에 악용될 위험이 크다.
⑤ 금융의 종말을 방지하기 위해서라도 핀테크 도입의 법적인 제도 마련이 필요하다.

※ 다음 글의 주장에 대한 반박으로 가장 적절한 것을 고르시오. [2~3]

**02**

이솝 우화로 잘 알려진 '토끼와 거북이' 이야기는 우리에게 느려도 꾸준히 노력하면 승리한다는 교훈을 준다. 그런데 이 이야기에는 '정의로운 삶'과 관련하여 생각해 볼 문제점이 있다. 거북이는 토끼가 경주 중간에 잠을 잤기 때문에 승리할 수 있었다. 토끼의 실수를 거북이가 놓치지 않고 기회로 삼았던 것이다. 겉으로는 꾸준히 노력하면 성공한다고 말하지만, 속으로는 타인의 허점이나 실수를 기회로 삼아야 한다는 것을 말하고 있다고 볼 수 있다. 이런 내용은 우리도 모르는 사이에 '상대의 실수를 놓치지 말고 이용하라.'는 생각을 하게 만들 수 있다. 과연 거북이의 승리를 정의롭다고 말할 수 있을까?

① 절차와 관계없이 결과가 공정하지 않은 경쟁은 정당하지 않다.
② 사소한 실수가 뜻밖의 결과로 이어질 수 있으므로 매사에 조심해야 한다.
③ 주어진 조건이 동일한 환경에서 이루어진 경쟁에서 승리할 때 비로소 정의로운 승리라고 말할 수 있다.
④ 절차적 정의에 따라 절차를 제대로 따른다면 어떤 결과가 나오더라도 그 결과는 공정하다고 말할 수 있다.
⑤ 상대를 배려하지 않고 자신에게 유리한 방법으로만 경쟁하여 승리한다면, 그 승리는 정의롭다고 말할 수 없다.

**Easy**

**03**

비타민D 결핍은 우리 몸에 심각한 건강 문제를 일으킬 수 있다. 비타민D는 칼슘이 체내에 흡수되어 뼈와 치아에 축적되는 것을 돕고 가슴뼈 뒤쪽에 위치한 흉선에서 면역세포를 생산하는 작용에 관여하는데, 비타민D가 부족할 경우 칼슘과 인의 흡수량이 줄어들고 면역력이 약해져 뼈가 약해지거나 신체 불균형이 일어날 수 있다.

비타민D는 주로 피부가 중파장 자외선에 노출될 때 형성된다. 중파장 자외선은 피부와 혈류에 포함된 7-디하이드로콜레스테롤을 비타민D로 전환시키는데, 이렇게 전환된 비타민D는 간과 신장을 통해 칼시트리롤(Calcitriol)이라는 호르몬으로 활성화된다. 바로 이 칼시트리롤을 통해 우리는 혈액과 뼈에 흡수될 칼슘과 인의 흡수를 조절하는 것이다.

이러한 기능을 담당하는 비타민D를 함유하고 있는 식품은 자연에서 매우 적기 때문에, 우리의 몸은 충분한 비타민D를 생성하기 위해 주기적으로 태양빛에 노출될 필요가 있다.

① 비타민D 보충제만으로는 체내에 필요한 비다민D를 얻을 수 없다.
② 태양빛에 노출될 경우 피부암 등의 질환이 발생하여 도리어 건강이 더 악화될 수 있다.
③ 비타민D 결핍으로 인해 생기는 부작용은 주기적인 칼슘과 인의 섭취를 통해 해결할 수 있다.
④ 선크림 등 자외선 차단제를 사용하더라도 비타민D 생성에 충분한 중파장 자외선에 노출될 수 있다.
⑤ 태양빛에 직접 노출되지 않거나 자외선 차단제를 사용했음에도 체내 비타민D 수치가 정상을 유지한다는 연구결과가 있다.

**04** 다음 글을 〈보기〉의 입장에서 비판하는 내용으로 가장 적절한 것은?

> 로봇의 발달로 일자리가 줄어들 것이라는 사람들의 불안이 커지면서 최근 로봇세(Robot稅) 도입에 대한 논의가 활발하다. 로봇세는 로봇을 사용해 이익을 얻는 기업이나 개인에 부과하는 세금이다. 로봇으로 인해 일자리를 잃은 사람들을 지원하거나 사회 안전망을 구축하기 위해 예산을 마련하자는 것이 로봇세 도입의 목적이다. 이처럼 로봇의 사용으로 일자리가 감소할 것이라는 이유로 로봇세의 필요성이 제기되었지만, 역사적으로 볼 때 새로운 기술로 인해 전체 일자리는 줄지 않았다. 산업혁명을 거치면서 새로운 기술에 대한 걱정은 늘 존재했지만, 산업 전반에서 일자리는 오히려 증가해 왔다는 점이 이를 뒷받침한다. 따라서 로봇의 사용으로 일자리가 줄어들 가능성은 낮다.
> 우리는 로봇 덕분에 어렵고 위험한 일이나 반복적인 일로부터 벗어나고 있다. 로봇 사용의 증가 추세에서 알 수 있듯이 로봇 기술이 인간의 삶을 편하게 만들어 주는 것은 틀림이 없다. 로봇세의 도입으로 이러한 편안한 삶이 지연되지 않기를 바란다.

> **보기**
> 로봇 기술의 발전에 따라 로봇의 생산 능력이 비약적으로 향상되고 있다. 이는 로봇 하나당 대체할 수 있는 인간 노동자의 수도 지속적으로 증가함을 의미한다. 로봇 사용이 사회 전반에 빠르게 확산되는 현실을 고려할 때, 로봇 사용으로 인한 일자리 대체 규모가 기하급수적으로 커질 것이다.

① 산업혁명의 경우와 같이 로봇의 생산성 증가는 인간의 새로운 일자리를 만드는 데 기여할 것이다.
② 로봇세를 도입해 기업이 로봇의 생산성 향상에 기여하도록 해야 인간의 일자리 감소를 막을 수 있다.
③ 로봇 사용으로 밀려날 수 있는 인간 노동자의 생산 능력을 향상시킬 수 있는 제도적 지원 방안을 마련해야 한다.
④ 로봇의 생산 능력에 대한 고려 없이 과거 사례만으로 일자리가 감소하지 않을 것이라고 보는 것은 성급한 판단이다.
⑤ 로봇 기술의 발달을 통해 일자리를 늘리려면 지속적으로 일자리가 늘었던 산업혁명의 경험에서 대안을 찾아야 한다.

# CHAPTER 03

# 자료해석

## 합격 Cheat Key

자료해석 영역에는 그래프, 표 등 제시된 자료를 살펴보는 자료해석, 자료계산 유형이 주로 출제된다. 제시된 자료를 통해 주어진 문제를 해결하는 능력과 함께 자료를 해석하는 능력을 주로 평가하며 총 80문항 중 20문항이 출제되었다.

## 자료해석

표나 그래프 등 주어진 자료를 보고 필요한 정보를 빠르게 찾아 해석할 수 있는지를 평가하는 유형이다. 자료해석은 모든 기업 인적성검사에 출제되고 있는 영역이므로, 확실한 대비가 필요하다.

---
**학습 포인트**

- 표, 꺾은선그래프, 막대그래프, 원그래프 등 다양한 형태의 자료를 눈에 익힌다. 그래야 실제 시험에서 자료가 제시되었을 때 중점을 두고 파악해야 할 부분이 더욱 선명하게 보일 것이다.
- 자료해석 유형의 문제는 제시되는 정보의 양이 많으므로 시간을 절약하기 위해서는 문제를 읽은 후 바로 자료 분석에 들어가는 것보다는, 제시된 상황을 먼저 파악하여 필요한 정보만 추출한 뒤 답을 찾는 것이 좋다.

# CHAPTER 03 이론점검

## 01 기초통계

### (1) 통계
집단 현상에 대한 구체적인 양적 기술을 반영하는 숫자로 특히, 사회집단 또는 자연집단의 상황을 숫자로 나타낸 것이다.
예 서울 인구의 생계비, 한국 쌀 생산량의 추이, 추출 검사한 제품 중 불량품의 개수 등

### (2) 통계치
① 빈도 : 어떤 사건이 일어나거나 증상이 나타나는 정도
② 빈도 분포 : 빈도를 표나 그래프로 종합적이면서도 일목요연하게 표시하는 것
③ 평균 : 모든 자료 값의 합을 자료의 개수로 나눈 값
④ 백분율 : 전체의 수량을 100으로 볼 때의 비율

### (3) 통계의 계산
① 범위 : (최댓값) - (최솟값)

② 평균 : $\dfrac{(\text{자료 값의 총합})}{(\text{자료의 개수})}$

③ 분산 : $\dfrac{[\{(\text{관찰값}) - (\text{평균})\}^2 \text{의 총합}]}{(\text{자료의 개수})}$

※ (편차) = (관찰값) - (평균)

④ 표준편차 : $\sqrt{\text{분산}}$ (평균으로부터 얼마나 떨어져 있는가를 나타냄)

## 02 자료해석

**(1) 꺾은선(절선)그래프**
① 시간적 추이(시계열 변화)를 표시하는 데 적합하다.
　예 연도별 매출액 추이 변화 등
② 경과·비교·분포를 비롯하여 상관관계 등을 나타낼 때 사용한다.

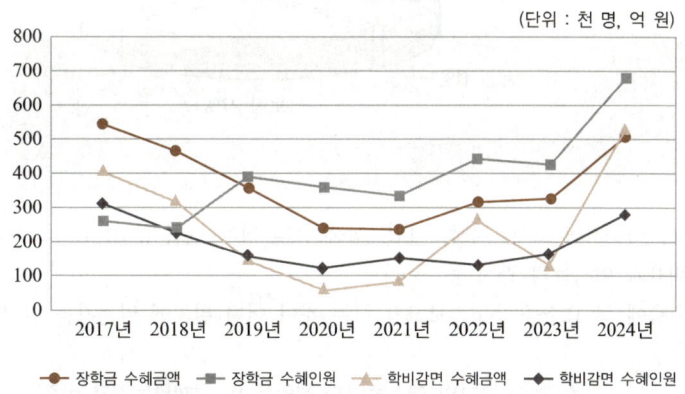

**(2) 막대그래프**
① 비교하고자 하는 수량을 막대 길이로 표시하고, 그 길이를 비교하여 각 수량 간의 대소관계를 나타내는 데 적합하다.
　예 영업소별 매출액, 성적별 인원분포 등
② 가장 간단한 형태로 내역·비교·경과·도수 등을 표시하는 용도로 사용한다.

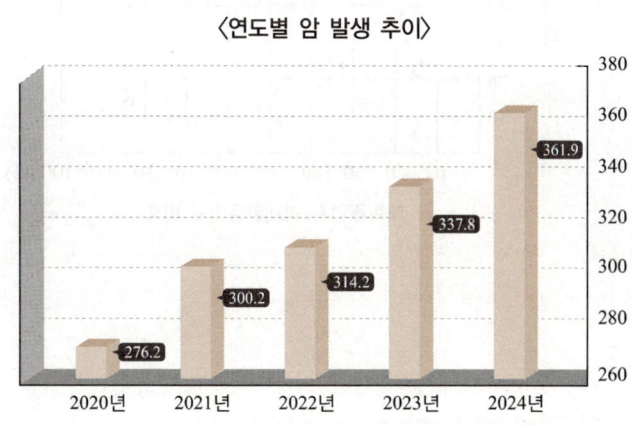

### (3) 원그래프

① 내역이나 내용의 구성비를 분할하여 나타내는 데 적합하다.
   예 제품별 매출액 구성비 등
② 원그래프를 정교하게 작성할 때는 수치를 각도로 환산해야 한다.

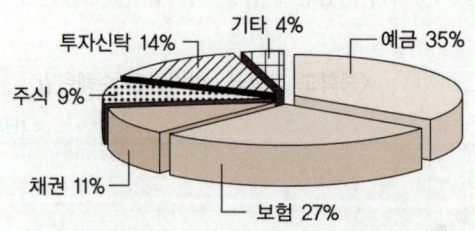

〈C국의 가계 금융자산 구성비〉

### (4) 점그래프

① 지역분포를 비롯하여 도시, 지방, 기업, 상품 등의 평가나 위치, 성격을 표시하는 데 적합하다.
   예 광고비율과 이익률의 관계 등
② 종축과 횡축에 두 요소를 두고, 보고자 하는 것이 어떤 위치에 있는가를 알고자 할 때 사용한다.

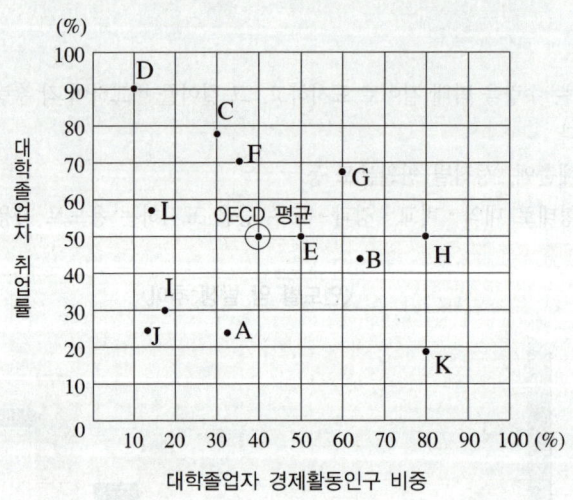

〈OECD 국가의 대학졸업자 취업률 및 경제활동인구 비중〉

## (5) 층별그래프

① 합계와 각 부분의 크기를 백분율로 나타내고 시간적 변화를 보는 데 적합하다.
② 합계와 각 부분의 크기를 실수로 나타내고 시간적 변화를 보는 데 적합하다.
  예 상품별 매출액 추이 등
③ 선의 움직임보다는 선과 선 사이의 크기로써 데이터 변화를 나타내는 그래프이다.

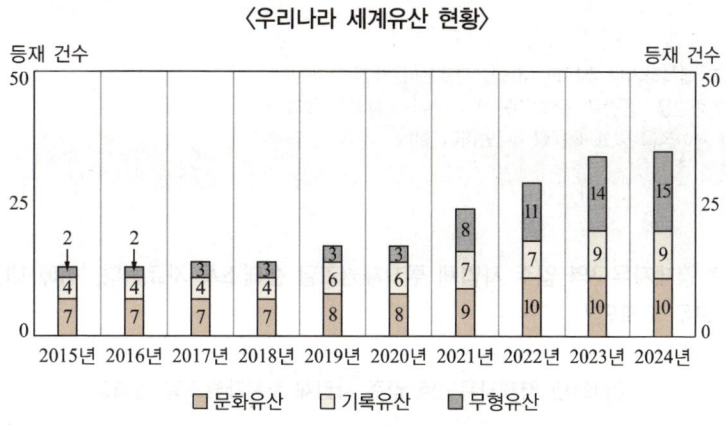

## (6) 레이더 차트(거미줄그래프)

① 다양한 요소를 비교할 때, 경과를 나타내는 데 적합하다.
  예 매출액의 계절변동 등
② 비교하는 수량을 직경, 또는 반경으로 나누어 원의 중심에서의 거리에 따라 각 수량의 관계를 나타내는 그래프이다.

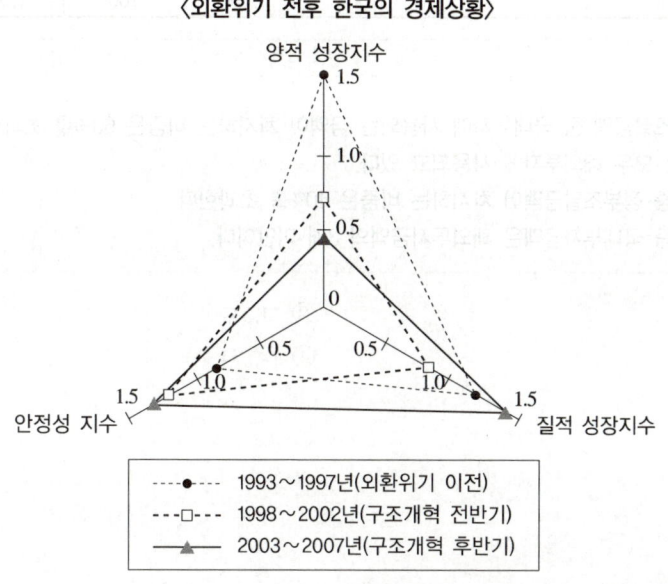

## 대표기출유형

# 01 | 자료해석

### |유형분석|

- 자료를 보고 해석하거나 추론한 내용을 고르는 문제가 출제된다.
- 증감 추이, 증감률, 증감폭 등의 간단한 계산이 포함되어 있다.
- %와 %p의 차이점을 알고 적용할 수 있어야 한다.

다음은 2024년 경제자유구역 입주 사업체 투자재원조달 실태조사 자료이다. 이에 대한 〈보기〉의 설명 중 옳은 것을 모두 고르면?

〈2024년 경제자유구역 입주 사업체 투자재원조달 실태조사〉

(단위 : 백만 원, %)

| 구분 | | 전체 | | 국내투자 | | 해외투자 | |
|---|---|---|---|---|---|---|---|
| | | 금액 | 비중 | 금액 | 비중 | 금액 | 비중 |
| 국내재원 | 자체 | 4,025 | 57.2 | 2,682 | 52.6 | 1,343 | 69.3 |
| | 정부 | 2,288 | 32.5 | 2,138 | 42.0 | 150 | 7.7 |
| | 기타 | 356 | 5.0 | 276 | 5.4 | 80 | 4.2 |
| | 소계 | 6,669 | 94.7 | 5,096 | 100 | 1,573 | 81.2 |
| 해외재원 | 소계 | 365 | 5.3 | - | - | 365 | 18.8 |
| 합계 | | 7,034 | 100 | 5,096 | 100 | 1,938 | 100 |

### 보기

ㄱ. 자체 재원조달금액 중 국내투자에 사용되는 금액이 차지하는 비중은 60%를 초과한다.
ㄴ. 해외재원은 모두 해외투자에 사용되고 있다.
ㄷ. 국내재원 중 정부조달금액이 차지하는 비중은 40%를 초과한다.
ㄹ. 국내재원 중 국내투자금액은 해외투자금액의 3배 미만이다.

① ㄱ, ㄴ  ② ㄱ, ㄷ
③ ㄴ, ㄷ  ④ ㄴ, ㄹ
⑤ ㄷ, ㄹ

정답 ①

ㄱ. 자체 재원조달금액 중 국내투자에 사용되는 금액이 차지하는 비중은 $\frac{2,682}{4,025} \times 100 = 66.6\%$이므로 옳은 설명이다.

ㄴ. 해외재원은 국내투자와 해외투자로 양분되나 국내투자분이 없으므로 옳은 설명이다.

오답분석

ㄷ. 국내재원 중 정부조달금액이 차지하는 비중은 $\frac{2,288}{6,669} \times 100 = 34.3\%$이므로 40% 미만이다.

ㄹ. 국내재원 중 해외투자금액 대비 국내투자금액의 비율은 $\frac{5,096}{1,573} \times 100 = 324\%$이므로 3배 이상이다.

### 30초 컷 풀이 Tip

자료의 항목이 합계를 나타내는지, 증감률을 나타내는지, 평균을 나타내는지를 우선적으로 확인하고, 단순 계산으로 해결할 수 있으면 계산이 단순한 항목부터 먼저 계산한다.

예 ㄴ과 같이 수치만 확인하는 문제이거나 제시된 수치의 증감 추이를 판단하는 문제는 가장 먼저 풀이가 가능하다.

## 대표기출유형 01  기출응용문제

**01** 다음은 2025년 9월 I공항 원인별 지연 및 결항 통계이다. 이에 대한 설명으로 옳은 것은?(단, 소수점 첫째 자리에서 반올림하여 계산한다)

〈2025년 9월 I공항 원인별 지연 및 결항 통계〉

(단위 : 편)

| 구분 | 기상 | A/C 접속 | A/C 정비 | 여객처리 및 승무원 관련 | 복합원인 | 기타 | 합계 |
|---|---|---|---|---|---|---|---|
| 지연 | 118 | 1,676 | 117 | 33 | 2 | 1,040 | 2,986 |
| 결항 | 17 | 4 | 10 | 0 | 0 | 39 | 70 |

① 기상으로 지연된 경우는 기상으로 결항된 경우의 약 5배이다.
② 기타를 제외하고 항공편 지연과 결항에서 가장 높은 비중을 차지하고 있는 원인이 같다.
③ 9월에 I공항을 이용하는 비행기가 지연되었을 확률은 98%이다.
④ 9월 한 달간 I공항 날씨는 좋은 편이었다.
⑤ 항공기 지연 중 A/C 정비가 차지하는 비율은 결항 중 기상이 차지하는 비율의 $\frac{1}{6}$ 수준이다.

**02** 다음은 최근 5년 동안 미성년자의 비만율을 나타낸 자료이다. 이에 대한 설명으로 옳은 것을 〈보기〉에서 모두 고르면?

〈연도별 미성년자 비만율〉

| 구분 | 2020년 | 2021년 | 2022년 | 2023년 | 2024년 |
|---|---|---|---|---|---|
| 유아<br>(만 6세 미만) | 11% | 10.8% | 10.2% | 7.4% | 5.8% |
| 어린이<br>(만 6세 이상 만 13세 미만) | 9.8% | 11.9% | 14.5% | 18.2% | 19.7% |
| 청소년<br>(만 13세 이상 만 19세 미만) | 18% | 19.2% | 21.5% | 24.7% | 26.1% |

**보기**

ㄱ. 모든 미성년자의 비만율은 전년 대비 증가하고 있다.
ㄴ. 어린이 비만율은 유아 비만율보다 크고, 청소년 비만율보다 작다.
ㄷ. 2020년 대비 2024년 청소년 비만율의 증가율은 45%이다.
ㄹ. 2024년과 2022년의 비만율 차이가 가장 큰 미성년자는 어린이이다.

① ㄱ, ㄷ　　　　　　　　　　　② ㄱ, ㄹ
③ ㄴ, ㄷ　　　　　　　　　　　④ ㄴ, ㄹ
⑤ ㄷ, ㄹ

**03** 총무인사과에 근무하는 T사원은 사내의 복지 증진과 관련하여 임직원을 대상으로 휴게실 확충에 대한 의견을 수렴하였다. 의견 수렴 결과가 다음 자료와 같을 때, 이에 대한 설명으로 옳지 않은 것은?

〈휴게실 확충에 대한 본부별·성별 찬반 의견〉

(단위 : 명)

| 구분 | A본부 | | B본부 | |
|---|---|---|---|---|
| | 여성 | 남성 | 여성 | 남성 |
| 찬성 | 180 | 156 | 120 | 96 |
| 반대 | 20 | 44 | 80 | 104 |
| 합계 | 200 | 200 | 200 | 200 |

① 남성의 60% 이상이 휴게실 확충에 찬성하고 있다.
② A본부 여성의 찬성 비율이 B본부 여성보다 1.5배 높다.
③ A본부에 휴게실이 확충될지 B본부에 휴게실이 확충될지 확실하지 않다.
④ B본부 전체 인원 중 여성의 찬성률이 B본부 남성의 찬성률보다 1.2배 이상 높다.
⑤ A, B본부 전체 인원에서 찬성하는 사람의 수는 전체 성별 차이가 본부별 차이보다 크다.

Easy

**04** 다음은 시기별 1인당 스팸 문자의 내용별 수신 수를 나타낸 자료이다. 이에 대한 설명으로 옳지 않은 것은?

〈1인당 스팸 문자의 내용별 수신 수〉

(단위 : 통)

| 구분 | 2023년 하반기 | 2024년 상반기 | 2024년 하반기 |
|---|---|---|---|
| 대출 | 0.03 | 0.06 | 0.08 |
| 성인 | 0.00 | 0.01 | 0.01 |
| 일반 | 0.12 | 0.05 | 0.08 |
| 합계 | 0.15 | 0.12 | 0.17 |

① 내용별 스팸 문자 수에서 감소한 종류는 없다.
② 성인 관련 스팸 문자는 2024년부터 수신되기 시작했다.
③ 해당 기간 동안 가장 큰 폭으로 증가한 것은 대출 관련 스팸 문자이다.
④ 가장 높은 비중을 차지하는 스팸 문자의 내용은 해당 기간 동안 변화했다.
⑤ 전년 동분기 대비 2024년 하반기의 1인당 스팸 문자의 내용별 수신 수의 증가율은 약 13%이다.

## 대표기출유형

# 02 | 자료계산

| 유형분석 |

- 자료상에 주어진 공식을 활용하는 계산문제와 증감률, 비율, 합, 차 등을 활용한 문제가 출제된다.
- 많은 문제가 출제되지는 않지만, 숫자가 큰 경우가 많으므로 정확한 수치와 제시된 조건을 꼼꼼히 확인하여 실수를 하지 않는 것이 중요하다.

다음 자료는 가야 문화재 발굴단에서 실시한 2022 ~ 2024년까지의 발굴 작업 현황을 나타낸 것이다. 가장 비용이 많이 든 연도와 그 비용은?

〈발굴 작업 현황〉

(단위 : 건)

| 구분 | 2022년 | 2023년 | 2024년 |
| --- | --- | --- | --- |
| 정비 발굴 | 21 | 23 | 19 |
| 순수 발굴 | 10 | 4 | 12 |
| 수중 발굴 | 13 | 18 | 7 |

※ 발굴 작업 1건당 비용은 정비 발굴은 12만 원, 순수 발굴은 3만 원, 수중 발굴은 20만 원임

① 2022년, 542만 원
② 2022년, 642만 원
③ 2023년, 648만 원
④ 2023년, 652만 원
⑤ 2024년, 404만 원

정답 ③

연도별로 발굴 작업 비용을 계산하면 다음과 같다.
- 2022년 : $(21 \times 120,000)+(10 \times 30,000)+(13 \times 200,000)=5,420,000$원
- 2023년 : $(23 \times 120,000)+(4 \times 30,000)+(18 \times 200,000)=6,480,000$원
- 2024년 : $(19 \times 120,000)+(12 \times 30,000)+(7 \times 200,000)=4,040,000$원

따라서 발굴 작업 비용이 가장 많이 든 해는 2023년이며, 비용은 648만 원이다.

### 30초 컷 풀이 Tip

정확한 값을 계산하려고 하기보다 어림값을 활용하여 계산한다.

예) $\dfrac{300}{980} ≒ \dfrac{300}{1,000} = 0.3$

## 대표기출유형 02 기출응용문제

**Easy**

**01** 다음은 C기업의 지역별 매장 수 증감에 대한 자료이다. 2021년에 매장이 두 번째로 많은 지역의 매장 수는?

〈지역별 매장 수 증감〉
(단위 : 개)

| 구분 | 2021년 대비 2022년 증감 수 | 2022년 대비 2023년 증감 수 | 2023년 대비 2024년 증감 수 | 2024년 매장 수 |
|---|---|---|---|---|
| 서울 | 2 | 2 | -2 | 17 |
| 경기 | 2 | 1 | -2 | 14 |
| 인천 | -1 | 2 | -5 | 10 |
| 부산 | -2 | -4 | 3 | 10 |

① 10개　　　　　　　　　　　　② 12개
③ 14개　　　　　　　　　　　　④ 16개
⑤ 18개

**02** C과장은 향후 자동차 구매자금을 마련하고자 한다. 이를 위해 자산관리담당자와 상담을 한 결과, 다음과 같은 A ~ C 3가지 금융상품에 2천만 원을 투자하기로 하였다. 6개월이 지난 후 C과장이 받을 수 있는 금액은?

〈포트폴리오 상품내역〉

| 구분 | 종류 | 기대수익률(연) | 투자비중 |
|---|---|---|---|
| A | 주식 | 10% | 40% |
| B | 채권 | 4% | 30% |
| C | 예금 | 2% | 30% |

※ 상품거래에서 발생하는 수수료 등 기타비용은 없다고 가정함

※ (투자수익)=(투자원금)+(투자원금)×(수익률)×$\left[\dfrac{(투자개월\ 수)}{12}\right]$

① 2,012만 원　　　　　　　　　② 2,028만 원
③ 2,058만 원　　　　　　　　　④ 2,078만 원
⑤ 2,125만 원

**03** 다음은 C백화점에서 당일 일할 아르바이트 인력을 구하는 총예산 및 인건비에 대한 자료이다. C백화점에서 하루 동안 고용할 수 있는 최대 인원은?

<C백화점 아르바이트 총예산 및 인건비>

| 총예산 | 본예산 | 500,000원 |
|---|---|---|
|  | 예비비 | 100,000원 |
| 인건비 | 1인당 수당 | 50,000원 |
|  | 산재보험료 | (수당)×0.504% |
|  | 고용보험료 | (수당)×1.3% |

① 10명  ② 11명
③ 12명  ④ 13명
⑤ 14명

**04** C사에서는 추석을 맞이해 직원들에게 선물을 보내려고 한다. 선물은 비슷한 가격대의 상품으로 다음과 같이 준비하였으며, 전 직원들을 대상으로 투표를 실시하였다. 가장 많은 표를 얻은 상품 하나를 선정하여 선물을 보낸다면 총비용은 얼마인가?

〈상품별 추석선물 투표 결과〉

| 구분 | | 투표 결과 | | | | | |
|---|---|---|---|---|---|---|---|
| 상품명 | 가격 | 총무부 | 기획부 | 영업부 | 생산부 | 관리부 | 연구소 |
| 한우Set | 80,000원 | 2 | 1 | 5 | 13 | 1 | 1 |
| 영광굴비 | 78,000원 | - | 3 | 3 | 15 | 3 | - |
| 장뇌삼 | 85,000원 | 1 | - | 1 | 21 | 2 | 2 |
| 화장품 | 75,000원 | 2 | 1 | 6 | 14 | 5 | 1 |
| 전복 | 70,000원 | - | 1 | 7 | 19 | 1 | 4 |

※ 투표에 대해 무응답 및 중복응답은 없음

① 9,200,000원
② 9,450,000원
③ 9,650,000원
④ 9,800,000원
⑤ 10,000,000원

## 대표기출유형

# 03 | 자료변환

### | 유형분석 |

- 제시된 표를 그래프로 바르게 변환한 것을 묻는 유형이다.
- 복잡한 표가 제시되지 않으므로 수의 크기만을 판단하여 풀이할 수 있다.
- 그래프가 제시되어 이를 또 다른 그래프로 변환해야 하는 경우 정확한 수치가 제시되지 않으므로 그래프의 높이와 넓이를 판단하여 풀이해야 한다.

다음은 올해 지역별 국내 백미 생산량을 나타낸 자료이다. 이에 대한 그래프로 옳지 않은 것은?

〈올해 지역별 국내 백미 생산량〉

(단위 : ha, 톤)

| 구분 | 논벼 | | 밭벼 | |
|---|---|---|---|---|
| | 면적 | 생산량 | 면적 | 생산량 |
| 서울·인천·경기 | 91,557 | 468,506 | 2 | 4 |
| 강원 | 30,714 | 166,396 | 0 | 0 |
| 충북 | 37,111 | 201,670 | 3 | 5 |
| 세종·대전·충남 | 142,722 | 803,806 | 11 | 21 |
| 전북 | 121,016 | 687,367 | 10 | 31 |
| 광주·전남 | 170,930 | 871,005 | 705 | 1,662 |
| 대구·경북 | 105,894 | 591,981 | 3 | 7 |
| 부산·울산·경남 | 77,918 | 403,845 | 11 | 26 |
| 제주 | 10 | 41 | 117 | 317 |
| 합계 | 777,872 | 4,194,617 | 862 | 2,073 |

① 지역별 논벼 면적의 구성비

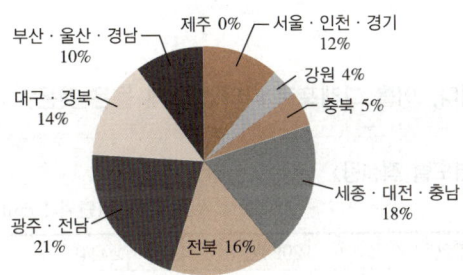

② 제주 지역 백미 생산면적 구성비

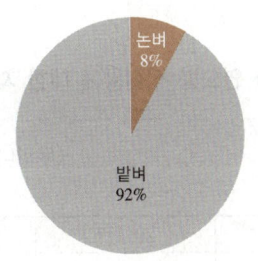

③ 제주를 제외한 지역별 1ha당 백미 생산량

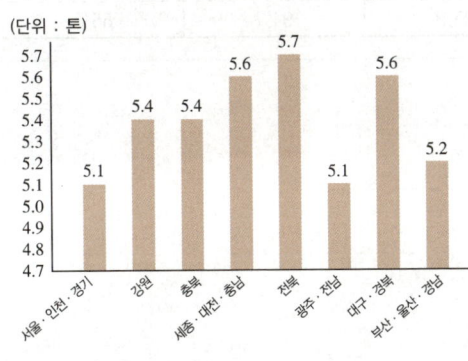

④ 논벼와 밭벼의 생산량 비교

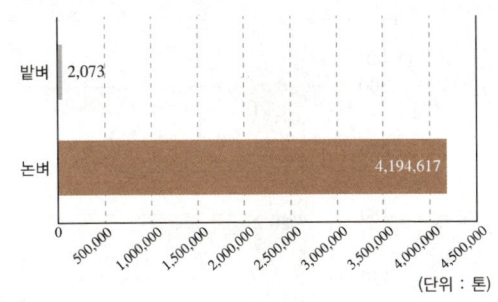

⑤ 지역별 밭벼의 생산비

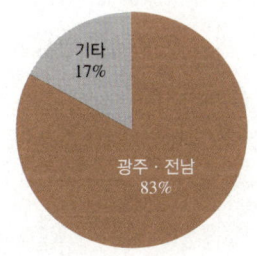

**정답** ⑤

전체 밭벼 생산량은 2,073톤이고, 광주·전남 지역의 밭벼 생산량은 1,662톤이다.

따라서 비율을 구하면 $\frac{1,662}{2,073} \times 100 ≒ 80.17\%$이므로 ⑤는 옳지 않다.

**30초 컷 풀이 Tip**

수치를 일일이 확인하는 것보다 풀이처럼 증감 추이를 먼저 판단해서 선택지를 1차적으로 거르고 나머지 선택지 중 그래프 모양이 크게 차이나는 곳의 수치를 우선적으로 확인하면 빠르게 풀이할 수 있다.

## 대표기출유형 03  기출응용문제

**01** 다음은 우리나라 연도별 적설량에 대한 자료이다. 이를 그래프로 나타냈을 때 옳은 것은?

〈우리나라 연도별 적설량〉

(단위 : cm)

| 구분 | 2021년 | 2022년 | 2023년 | 2024년 |
|---|---|---|---|---|
| 서울 | 25.3 | 12.9 | 10.3 | 28.6 |
| 수원 | 12.2 | 21.4 | 12.5 | 26.8 |
| 강릉 | 280.2 | 25.9 | 94.7 | 55.3 |

① (m)
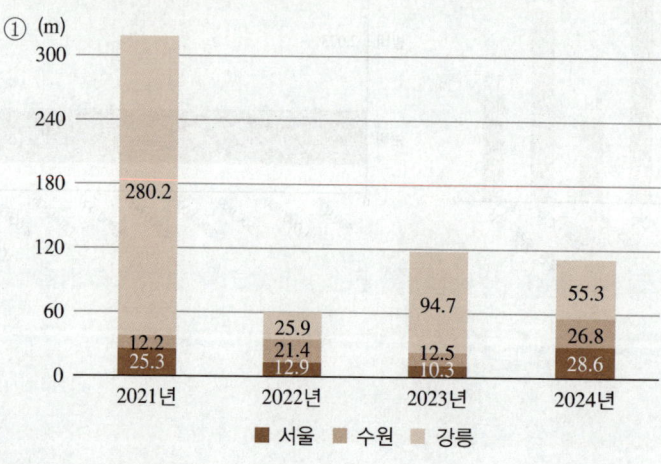

② (cm)
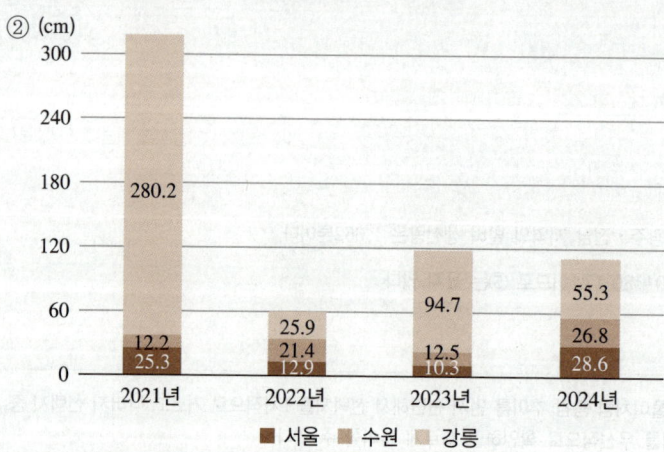

③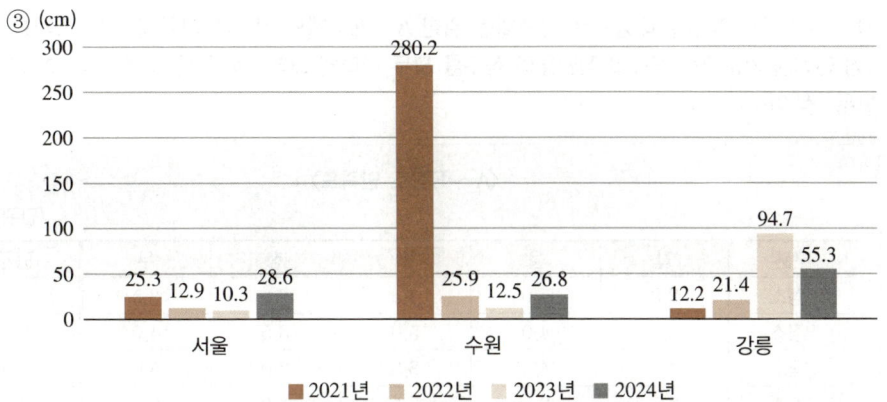

④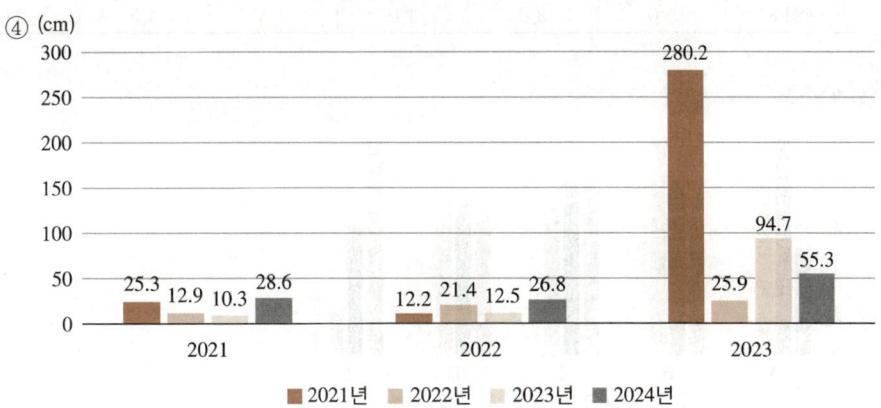

⑤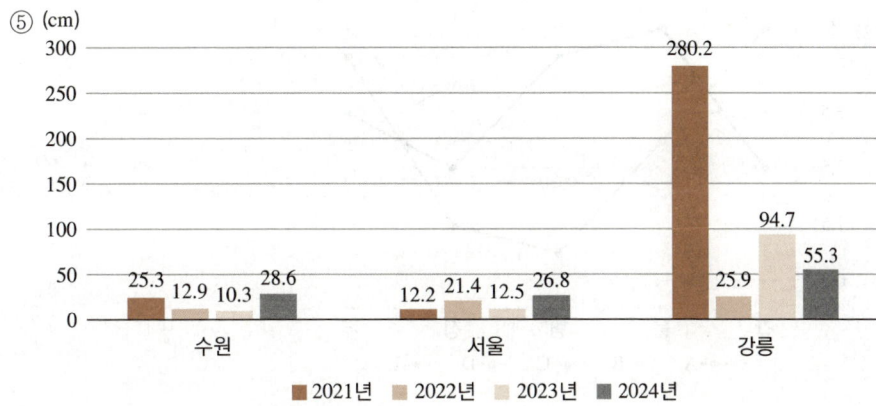

**Easy 02** 갑 ~ 무 5명의 직원을 대상으로 신년회를 위한 A ~ E 5개의 장소에 대한 만족도 조사를 하였다. 5점 만점을 기준으로 장소별 직원들의 점수를 모두 나타낸 그래프로 옳은 것은?(단, 그래프 단위는 모두 '점'이다)

〈A ~ E장소 만족도〉

(단위 : 점)

| 구분 | 갑 | 을 | 병 | 정 | 무 | 평균 |
|---|---|---|---|---|---|---|
| A장소 | 2.5 | 5.0 | 4.5 | 2.5 | 3.5 | 3.6 |
| B장소 | 3.0 | 4.0 | 5.0 | 3.5 | 4.0 | 3.9 |
| C장소 | 4.0 | 4.0 | 3.5 | 3.0 | 5.0 | 3.9 |
| D장소 | 3.5 | 3.5 | 3.5 | 4.0 | 3.0 | 3.5 |
| E장소 | 5.0 | 3.0 | 1.0 | 1.5 | 4.5 | 3.0 |

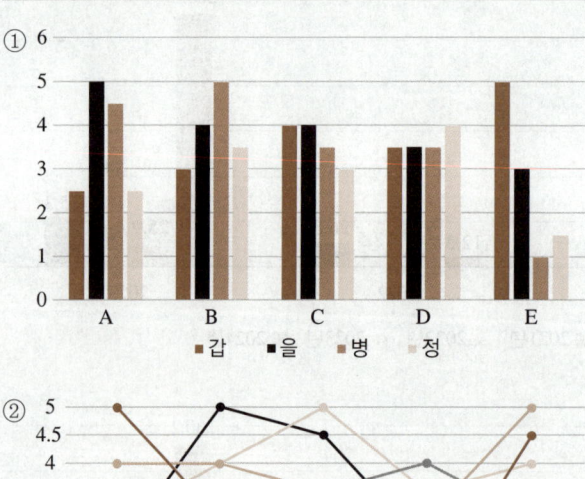

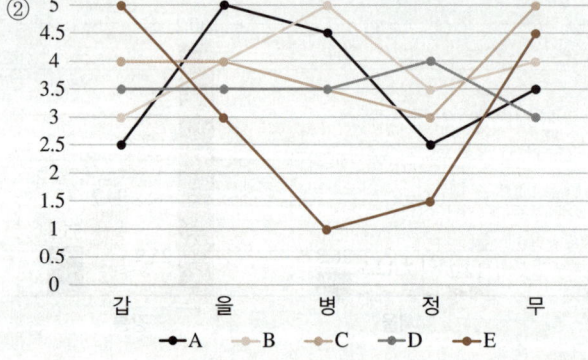

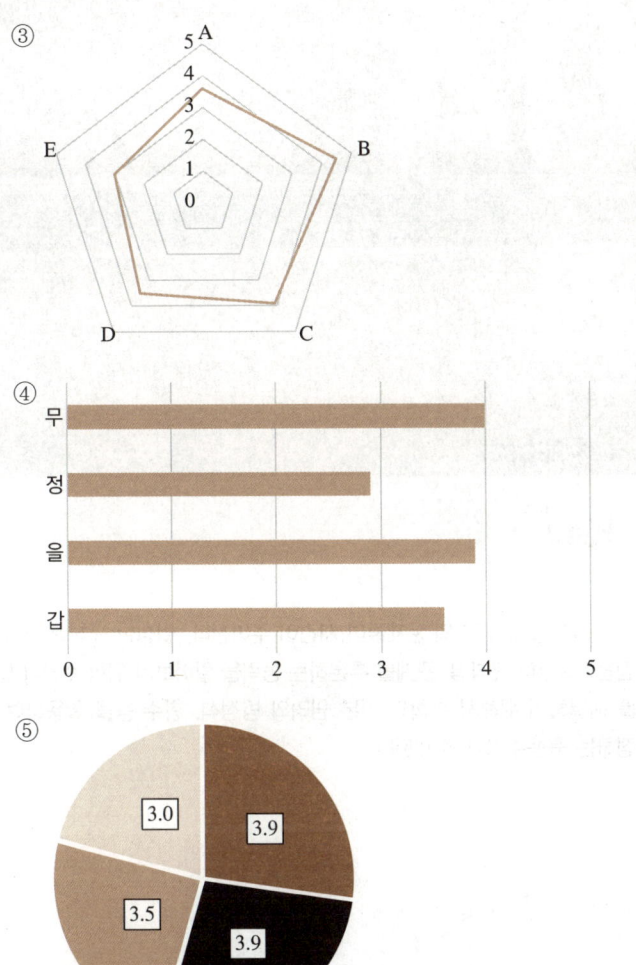

# CHAPTER 04

# 창의수리

## 합격 Cheat Key

창의수리는 총 20문항이 출제되며, 15분의 문제풀이 시간이 주어진다. 일정한 규칙에 따라 나열된 숫자 열이나 숫자의 집합으로부터 규칙 및 관계를 추론하는 능력을 알아보기 위한 수열과 일상생활에서 발생하는 문제를 해결하기 위해서 수학의 기본 원리와 방정식, 함수 등을 활용하여 문제에 접근하는 능력을 측정하는 응용수리가 출제된다.

## 1  응용수리

수의 관계에 대해 알고, 미지수를 구하기 위해 필요한 계산식을 세울 수 있는지를 평가하는 유형이다. 기초적인 내용을 정확하게 알고, 이를 활용하는 연습을 해야 한다.

> **학습 포인트**
> - 정형화된 유형을 풀어보고 숙지하여 기본을 튼튼히 해야 한다.
> - 경우의 수나 확률과 같은 유형은 고등학교 수준의 문제를 풀어보는 것이 도움이 될 수 있다.

## 2  수열

일정한 규칙에 따라 나열된 수를 보고 규칙을 찾아 빈칸에 들어가는 수를 찾아내는 유형이다. 기본적인 등차, 등비, 계차수열과 관련하여 이를 응용한 문제와 건너뛰기 수열(홀수 항, 짝수 항에 규칙이 따로 적용되는 수열)이 많이 출제되는 편이며, 군수열이 출제되기도 한다. 또한 나열되는 수는 자연수뿐만 아니라 분수, 소수, 정수 등 다양하게 제시된다. 수가 변화하는 규칙을 빠르게 파악하는 것이 관건이므로, 많은 문제를 풀어보며 유형을 익히는 것이 중요하다.

> **학습 포인트**
> - 눈으로만 규칙을 찾고자 할 경우 변화된 값을 모두 외우기 어려우므로 나열된 수의 변화된 값을 적어두면 규칙을 발견하기 용이하다.
> - 규칙이 발견되지 않는 경우에는 홀수 항과 짝수 항을 분리해서 파악하거나 군수열을 생각해본다.

# CHAPTER 04 | 이론점검

## 01 응용수리

### 1. 수의 관계

**(1) 약수와 배수**
$a$가 $b$로 나누어떨어질 때, $a$는 $b$의 배수, $b$는 $a$의 약수

**(2) 소수**
1과 자기 자신만을 약수로 갖는 수. 즉, 약수의 개수가 2개인 수

**(3) 합성수**
1과 자신 이외의 수를 약수로 갖는 수. 즉, 소수가 아닌 수 또는 약수의 개수가 3개 이상인 수

**(4) 최대공약수**
2개 이상의 자연수의 공통된 약수 중에서 가장 큰 수

**(5) 최소공배수**
2개 이상의 자연수의 공통된 배수 중에서 가장 작은 수

**(6) 서로소**
1 이외에 공약수를 갖지 않는 두 자연수. 즉, 최대공약수가 1인 두 자연수

**(7) 소인수분해**
주어진 합성수를 소수의 거듭제곱의 형태로 나타내는 것

**(8) 약수의 개수**
자연수 $N = a^m \times b^n$에 대하여, N의 약수의 개수는 $(m+1) \times (n+1)$개

**(9) 최대공약수와 최소공배수의 관계**
두 자연수 A, B에 대하여, 최소공배수와 최대공약수를 각각 L, G라고 하면 $A \times B = L \times G$가 성립

## 2. 방정식의 활용

### (1) 날짜 · 요일 · 시계
① 날짜 · 요일
  ㉠ 1일=24시간=1,440분=86,400초
  ㉡ 날짜 · 요일 관련 문제는 대부분 나머지를 이용해 계산한다.
② 시계
  ㉠ 시침이 1시간 동안 이동하는 각도 : 30°
  ㉡ 시침이 1분 동안 이동하는 각도 : 0.5°
  ㉢ 분침이 1분 동안 이동하는 각도 : 6°

### (2) 거리 · 속력 · 시간
① (거리)=(속력)×(시간)
  ㉠ 기차가 터널을 통과하거나 다리를 지나가는 경우
    • (기차가 움직인 거리)=(기차의 길이)+(터널 또는 다리의 길이)
  ㉡ 두 사람이 반대 방향 또는 같은 방향으로 움직이는 경우
    • (두 사람 사이의 거리)=(두 사람이 움직인 거리의 합 또는 차)
② (속력)=$\dfrac{(거리)}{(시간)}$
  ㉠ 흐르는 물에서 배를 타는 경우
    • (하류로 내려갈 때의 속력)=(배 자체의 속력)+(물의 속력)
    • (상류로 올라갈 때의 속력)=(배 자체의 속력)−(물의 속력)
③ (시간)=$\dfrac{(거리)}{(속력)}$

### (3) 나이 · 인원 · 개수
구하고자 하는 것을 미지수로 놓고 식을 세운다. 동물의 경우 다리의 개수에 유의해야 한다.

### (4) 원가 · 정가
① (정가)=(원가)+(이익), (이익)=(정가)−(원가)
② ($a$원에서 $b$% 할인한 가격)=$a \times \left(1 - \dfrac{b}{100}\right)$

(5) 일률 · 톱니바퀴

① 일률

전체 일의 양을 1로 놓고, 시간 동안 한 일의 양을 미지수로 놓고 식을 세운다.

- (일률) = $\dfrac{(작업량)}{(작업기간)}$

- (작업기간) = $\dfrac{(작업량)}{(일률)}$

- (작업량) = (일률) × (작업기간)

② 톱니바퀴

(톱니 수) × (회전수) = (총 맞물린 톱니 수)

즉, A, B 두 톱니에 대하여, (A의 톱니 수) × (A의 회전수) = (B의 톱니 수) × (B의 회전수)가 성립한다.

(6) 농도

① (농도) = $\dfrac{(용질의 양)}{(용액의 양)}$ × 100

② (용질의 양) = $\dfrac{(농도)}{100}$ × (용액의 양)

(7) 수 I

① 연속하는 세 자연수 : $x-1,\ x,\ x+1$

② 연속하는 세 짝수(홀수) : $x-2,\ x,\ x+2$

(8) 수 II

① 십의 자릿수가 $x$, 일의 자릿수가 $y$인 두 자리 자연수 : $10x+y$

이 수에 대해, 십의 자리와 일의 자리를 바꾼 수 : $10y+x$

② 백의 자릿수가 $x$, 십의 자릿수가 $y$, 일의 자릿수가 $z$인 세 자리 자연수 : $100x+10y+z$

(9) 증가 · 감소

① $x$가 $a$% 증가 : $\left(1+\dfrac{a}{100}\right)x$

② $y$가 $b$% 감소 : $\left(1-\dfrac{b}{100}\right)y$

## 3. 경우의 수·확률

### (1) 경우의 수

① 경우의 수 : 어떤 사건이 일어날 수 있는 모든 가짓수

② 합의 법칙

　㉠ 두 사건 A, B가 동시에 일어나지 않을 때, A가 일어나는 경우의 수를 $m$, B가 일어나는 경우의 수를 $n$이라고 하면, 사건 A 또는 B가 일어나는 경우의 수는 $m+n$이다.

　㉡ '또는', '~이거나'라는 말이 나오면 합의 법칙을 사용한다.

③ 곱의 법칙

　㉠ A가 일어나는 경우의 수를 $m$, B가 일어나는 경우의 수를 $n$이라고 하면, 사건A와 B가 동시에 일어나는 경우의 수는 $m \times n$이다.

　㉡ '그리고', '동시에'라는 말이 나오면 곱의 법칙을 사용한다.

④ 여러 가지 경우의 수

　㉠ 동전 $n$개를 던졌을 때, 경우의 수 : $2^n$

　㉡ 주사위 $m$개를 던졌을 때, 경우의 수 : $6^m$

　㉢ 동전 $n$개와 주사위 $m$개를 던졌을 때, 경우의 수 : $2^n \times 6^m$

　㉣ $n$명을 한 줄로 세우는 경우의 수 : $n! = n \times (n-1) \times (n-2) \times \cdots \times 2 \times 1$

　㉤ $n$명 중, $m$명을 뽑아 한 줄로 세우는 경우의 수 : $_nP_m = n \times (n-1) \times \cdots \times (n-m+1)$

　㉥ $n$명을 한 줄로 세울 때, $m$명을 이웃하여 세우는 경우의 수 : $(n-m+1)! \times m!$

　㉦ 0이 아닌 서로 다른 한 자리 숫자가 적힌 $n$장의 카드에서, $m$장을 뽑아 만들 수 있는 $m$자리 정수의 개수 : $_nP_m$

　㉧ 0을 포함한 서로 다른 한 자리 숫자가 적힌 $n$장의 카드에서, $m$장을 뽑아 만들 수 있는 $m$자리 정수의 개수 : $(n-1) \times {_{n-1}P_{m-1}}$

　㉨ $n$명 중, 자격이 다른 $m$명을 뽑는 경우의 수 : $_nP_m$

　㉩ $n$명 중, 자격이 같은 $m$명을 뽑는 경우의 수 : $_nC_m = \dfrac{_nP_m}{m!}$

　㉪ 원형 모양의 탁자에 $n$명을 앉히는 경우의 수 : $(n-1)!$

⑤ 최단거리 문제 : A에서 B 사이에 P가 주어져 있다면, A와 P의 최단거리, B와 P의 최단거리를 각각 구하여 곱한다.

## (2) 확률

① (사건 A가 일어날 확률) = $\dfrac{(\text{사건 A가 일어나는 경우의 수})}{(\text{모든 경우의 수})}$

② 여사건의 확률

㉠ 사건 A가 일어날 확률이 $p$일 때, 사건 A가 일어나지 않을 확률은 $(1-p)$이다.

㉡ '적어도'라는 말이 나오면 주로 사용한다.

③ 확률의 계산

㉠ 확률의 덧셈

두 사건 A, B가 동시에 일어나지 않을 때, A가 일어날 확률을 $p$, B가 일어날 확률을 $q$라고 하면, 사건 A 또는 B가 일어날 확률은 $p+q$이다.

㉡ 확률의 곱셈

A가 일어날 확률을 $p$, B가 일어날 확률을 $q$라고 하면, 사건 A와 B가 동시에 일어날 확률은 $p \times q$이다.

④ 여러 가지 확률

㉠ 연속하여 뽑을 때, 꺼낸 것을 다시 넣고 뽑는 경우 : 처음과 나중의 모든 경우의 수는 같다.

㉡ 연속하여 뽑을 때, 꺼낸 것을 다시 넣지 않고 뽑는 경우 : 나중의 모든 경우의 수는 처음의 모든 경우의 수보다 1만큼 작다.

㉢ (도형에서의 확률) = $\dfrac{(\text{해당하는 부분의 넓이})}{(\text{전체 넓이})}$

## 02 수열

**(1) 등차수열** : 앞의 항에 일정한 수를 더해 이루어지는 수열

예) 1  3  5  7  9  11  13  15
  +2 +2 +2 +2 +2 +2 +2

**(2) 등비수열** : 앞의 항에 일정한 수를 곱해 이루어지는 수열

예) 1  2  4  8  16  32  64  128
  ×2 ×2 ×2 ×2 ×2 ×2 ×2

**(3) 계차수열** : 앞의 항과의 차가 일정하게 증가하는 수열

예) 1  2  4  7  11  16  22  29
  +1 +2 +3 +4 +5 +6 +7
   +1 +1 +1 +1 +1 +1

**(4) 피보나치 수열** : 앞의 두 항의 합이 그 다음 항의 수가 되는 수열

$a_n = a_{n-1} + a_{n-2}$ $(n \geq 3,\ a_n = 1,\ a_2 = 1)$

예) 1  1  2   3   5   8   13   21
        1+1 1+2 2+3 3+5 5+8 8+13

**(5) 건너뛰기 수열**

- 두 개 이상의 수열이 일정한 간격을 두고 번갈아가며 나타나는 수열

  예) 1  1  3  7  5  13  7  19
  - 홀수항 : 1  3  5  7
           +2 +2 +2
  - 짝수항 : 1  7  13  19
           +6 +6 +6

- 두 개 이상의 규칙이 일정한 간격을 두고 번갈아가며 적용되는 수열

  예) 0  1  3  4  12  13  39  40
     +1 ×3 +1 ×3 +1 ×3 +1

**(6) 군수열** : 일정한 규칙성으로 몇 항씩 묶어 나눈 수열

예)
- 1 1 2 1 2 3 1 2 3 4
  ⇒ <u>1 1 2</u>  <u>1 2 3</u>  <u>1 2 3 4</u>
      1+1=2   1+2=3   1+2+3=4

- 1 3 4 6 5 11 2 6 8 9 3 12
  ⇒ <u>1 3 4</u>  <u>6 5 11</u>  <u>2 6 8</u>  <u>9 3 12</u>
      1+3=4   6+5=11  2+6=8   9+3=12

- 1 3 3 2 4 8 5 6 30 7 2 14
  ⇒ <u>1 3 3</u>  <u>2 4 8</u>  <u>5 6 30</u>  <u>7 2 14</u>
      1×3=3   2×4=8   5×6=30   7×2=14

대표기출유형

# 01 | 기초방정식

| 유형분석 |

- 일차방정식, 이차방정식을 활용해서 기본적인 계산을 하는 유형이다.
- 식이 복잡해 보이지만 방정식의 특징을 이용해서 풀이할 수 있는 문제가 주로 출제된다.

$(x+y)^2=49$, $x^2+y^2=25$일 때, $xy$의 값은?

① 11
② 12
③ 13
④ 14
⑤ 15

**정답** ②

$(x+y)^2=x^2+2xy+y^2$을 이용하여 방정식을 세우면 다음과 같다.
$49=25+2xy$
→ $2xy=24$
∴ $xy=12$

**30초 컷 풀이 Tip**

1. 문제에서 제시된 미지수가 여러 개인 경우, 계산 시 헷갈리지 않게 주의한다.
2. 등식의 성질을 활용해서 문제를 풀이한다.
    - 양변에 같은 수를 더해도 등식은 성립한다.
    - 양변에서 같은 수를 빼도 등식은 성립한다.
    - 양변에 같은 수를 곱해도 등식은 성립한다.
    - 양변을 0이 아닌 같은 수로 나누어도 등식은 성립한다.

## 대표기출유형 01　기출응용문제

**01** 다음 방정식에서 미지수 $x$의 값으로 옳은 것은?

$$3x+4\left(\frac{1}{2}x-6\right)-5\left(7-\frac{12}{15}x\right)=13$$

① 8　　　　　　　　　　② 9
③ 12　　　　　　　　　　④ 14
⑤ 15

**02** 다음 방정식에서 미지수 $x$의 값으로 옳은 것은?

$$16x^2 \times \frac{5}{2x} - 3(x+12) = 2(x-1)+36$$

① 1　　　　　　　　　　② 1.5
③ 2　　　　　　　　　　④ 2.5
⑤ 3

**Hard**

**03** 다음 연립방정식에서 $x+y$의 값으로 옳은 것은?

$$\begin{cases} 3(6x-7y)+9y=x-3 \\ 5x=3y+15 \end{cases}$$

① 21　　　　　　　　　　② 30
③ 36　　　　　　　　　　④ 48
⑤ 51

대표기출유형

## 02 | 비율

| 유형분석 |

- (비율)= (부분의 양)/(전체의 양)
- 분수, 소수, 백분율 간 변환 시 계산에 유의해야 한다.

C대학 교양 수업을 수강신청한 남학생과 여학생의 비율은 5 : 4였다. 수강정정을 통해 몇 명의 남학생이 더 들어와서 남녀 비율이 3 : 2, 전체 학생은 60명이 되었다. 수강정정한 학생의 수는?

① 3명  ② 4명
③ 5명  ④ 6명
⑤ 7명

**정답** ④

전체 학생이 60명이므로 수강정정이 끝난 후 남학생은 36명, 여학생은 24명이다.
수강정정한 남학생의 수를 $x$명이라 하면 다음과 같다.
$(36-x) : 24 = 5 : 4$
→ $120 = 4(36-x)$
∴ $x = 6$
따라서 수강정정한 학생의 수는 6명이다.

**30초 컷 풀이 Tip**

- '비'는 순서에 따라 달라진다. 즉, 1 : 2와 2 : 1은 다른 관계를 의미한다.
- (외항의 곱)=(내항의 곱)이므로, $a : b = c : d$일 때 $ad = bc$이다.

## 대표기출유형 02  기출응용문제

**Hard**

**01** C편의점에서는 영업 시작 전에 천 원짜리 지폐가 항상 전체 지폐 개수의 15%를 차지하도록 관리하고 있다. 편의점 아르바이트생 A씨는 영업이 끝나고 정산한 결과 만 원짜리 지폐 5장, 오천 원짜리 지폐 4장만 더 들어왔고, 천 원짜리 지폐가 차지하는 비율이 전체 지폐의 $\frac{3}{29}$이 되는 것을 발견하였을 때, 처음 천 원짜리 지폐의 개수는?

① 1장
② 2장
③ 3장
④ 4장
⑤ 5장

**02** C그룹의 작년 신입사원 모집 지원자 수는 1,000명이었다. 올해는 작년보다 남성의 지원율이 2% 증가하고 여성의 지원율은 3% 증가하여 전체 지원자 수는 24명이 증가하였다. 올해의 남성 지원자 수는?

① 600명
② 610명
③ 612명
④ 508명
⑤ 512명

**03** 작년 C고등학교의 학생 수는 재작년에 비해 10% 증가하였고, 올해는 55명이 전학을 와서 작년보다 10% 증가하였다. 그렇다면 재작년 C고등학교의 학생 수는?

① 400명
② 455명
③ 500명
④ 555명
⑤ 600명

## 대표기출유형

# 03 | 거리 · 속력 · 시간

### 유형분석

- (거리)=(속력)×(시간), (속력)=$\frac{(거리)}{(시간)}$, (시간)=$\frac{(거리)}{(속력)}$ 공식을 활용한 문제이다.
- 기차와 터널의 길이, 물과 같이 속력이 있는 장소 등 추가적인 거리나 속력 시간에 관한 조건과 결합하여 난도 높은 문제로 출제된다.

---

서울 지사에 근무하는 A와 B는 X와 Y경로를 이용하여 부산 지사로 외근을 갈 예정이다. X경로를 이용하여 이동을 하면 A가 B보다 1시간 늦게 도착한다. A는 X경로로 이동하고 B는 X경로보다 160km 긴 Y경로로 이동하면 A가 B보다 1시간 빨리 도착한다. 이때, B의 속력은?

① 40km/h  ② 50km/h
③ 60km/h  ④ 70km/h
⑤ 80km/h

**정답** ⑤

X경로의 거리를 $x$km, Y경로의 거리를 $y$km, A의 이동 속력을 $r$km/h, B의 이동 속력은 $z$km/h라 하자.

$\frac{x}{r}=\frac{x}{z}+1 \cdots ㉠$, $\frac{x}{r}+1=\frac{y}{z} \cdots ㉡$

$x+160=y$이므로 ㉡에 대입하면 $\frac{x}{r}+1=\frac{x+160}{z}$이다.

㉠과 연립하면 다음과 같다.

$\frac{x}{z}+1+1=\frac{x+160}{z}$

→ $\frac{x}{z}+2=\frac{x}{z}+\frac{160}{z}$

→ $2=\frac{160}{z}$

∴ $z=80$

따라서 B의 속력은 80km/h이다.

### 30초 컷 풀이 Tip

1. 미지수를 정할 때에는 문제에서 묻는 것을 정확하게 파악해야 한다.
2. 속력과 시간의 단위를 처음에 정리하여 계산하면 계산 실수 없이 풀이할 수 있다.
    - 1시간=60분=3,600초
    - 1km=1,000m=100,000cm

## 대표기출유형 03  기출응용문제

**Easy**

**01** A열차는 용산역에서 출발해 청량리역으로 가는 중이며 가는 길에는 440m 길이의 다리가 있다. A열차가 20m/s의 속력으로 다리를 완전히 통과하는 데 30초가 걸렸을 때, A열차의 길이는?

① 140m  ② 150m
③ 160m  ④ 170m
⑤ 180m

**02** 둘레가 6km인 공원을 나래는 자전거를 타고, 진혁이는 걷기로 했다. 같은 방향으로 돌면 1시간 30분 후에 다시 만나고, 서로 반대 방향으로 돌면 1시간 후에 만난다. 나래의 속력은?

① 4.5km/h  ② 5km/h
③ 5.5km/h  ④ 6km/h
⑤ 6.5km/h

**03** 초입에서 정상까지의 거리가 12km인 산이 있다. 이 산을 자전거로 올라갈 때는 3km/h로, 내려올 때는 올라갈 때 속력의 2배로 내려온다. 초입에서 이 산의 정상까지 갔다가 돌아오는 데 걸리는 시간은?

① 3시간  ② 3시간 30분
③ 4시간  ④ 5시간 30분
⑤ 6시간

대표기출유형

# 04 | 농도

| 유형분석 |

- (농도)=$\frac{(용질의\ 양)}{(용액의\ 양)} \times 100$ 공식을 활용한 문제이다.
- (소금물의 양)=(물의 양)+(소금의 양)이라는 것에 유의하고, 더해지거나 없어진 것을 미지수로 두고 풀이한다.

소금물 500g이 있다. 이 소금물에 농도 3%인 소금물 200g을 섞었더니 소금물의 농도는 7%가 되었다. 500g의 소금물에 녹아 있던 소금의 양은?

① 31g   ② 37g
③ 43g   ④ 49g
⑤ 55g

정답 ③

500g의 소금물에 녹아 있던 소금의 양을 $x$g이라고 하자.
소금물 500g에 농도 3%인 소금물 200g을 섞었을 때 소금물의 농도가 주어졌으므로 농도를 기준으로 식을 세우면 다음과 같다.

$\frac{x+6}{500+200} \times 100 = 7$

→ $(x+6) \times 100 = 7 \times (500+200)$
→ $(x+6) \times 100 = 4,900$
→ $100x + 600 = 4,900$
→ $100x = 4,300$
∴ $x = 43$

따라서 500g의 소금물에 녹아 있던 소금의 양은 43g이다.

30초 컷 풀이 Tip

간소화
숫자의 크기를 최대한 간소화해야 한다. 특히, 농도의 경우 분수와 정수가 같이 제시되고, 최근에는 비율을 활용한 문제가 많이 출제되고 있으므로 통분이나 약분을 통해 수를 간소화시켜 계산 실수를 줄일 수 있도록 한다.

주의사항
항상 미지수를 구해서 그 값을 계산하여 풀이해야 하는 것은 아니다. 문제에서 원하는 값은 정확한 미지수를 구하지 않아도 풀이과정에서 답이 제시되는 경우가 있으므로 문제에서 묻는 것을 명확히 해야 한다.

## 대표기출유형 04  기출응용문제

**01** 농도를 모르는 소금물 300g에 농도 5%의 소금물 200g을 모두 섞었더니 섞은 소금물의 농도는 9%가 되었다. 처음 300g의 소금물에 들어있는 소금은 몇 g인가?

① 30g  ② 32g
③ 35g  ④ 38g
⑤ 40g

**Easy**

**02** 농도 10%의 소금물 300g을 농도 15%로 만들기 위해서는 몇 g의 물을 증발시켜야 하는가?

① 75g  ② 100g
③ 125g  ④ 150g
⑤ 175g

**03** 농도 6%의 소금물과 농도 9%의 소금물을 섞어 농도 7%의 소금물 300g을 만들었을 때, 농도 9%의 소금물은 몇 g이 필요한가?

① 100g  ② 150g
③ 200g  ④ 250g
⑤ 300g

## 대표기출유형

# 05 | 개수

### | 유형분석 |

- 미지수의 값이 계산에 의해 정확하게 구해지는 것이 아니라 가능한 경우의 수를 찾아서 조건에 맞는 적절한 값을 고르는 유형이다.
- 주로 인원수나 개수를 구하는 유형으로 출제된다.
- 사람이나 물건의 개수라면 0과 자연수만 가능한 것처럼 문제에 경우의 수를 구하는 조건이 주어지므로 유의한다.

B는 사과, 배, 참외의 가격을 정해 판매 예상액을 기록 중이다. 사과 500원, 배 300원, 참외 100원에 각각 1개 이상씩 판매하면 총 2,600원이고, 사과 100원, 참외 200원에 각각 1개 이상씩 판매하면 총 1,300원이 나온다. 판매하는 최소 과일의 총 개수는?(단, 가격을 바꿔도 각 과일의 판매 예상 개수는 동일하다)

① 9개  
② 10개  
③ 11개  
④ 12개  
⑤ 13개  

### 정답 ②

사과, 배, 참외의 판매 개수를 각각 X, Y, Z개라고 가정하면, 조건에 따른 방정식은 다음과 같다.
500X+300Y+100Z=2,600 → 5X+3Y+Z=26 … ㉠
100X+200Z=1,300 → X+2Z=13 … ㉡
X와 Z는 자연수이므로 ㉡에 부합하는 순서쌍은 (X, Z)=(11, 1), (9, 2), (7, 3), (5, 4), (3, 5), (1, 6)이다. 순서쌍을 ㉠에 대입할 때, X, Y, Z는 모두 자연수이므로 X의 범위는 500X≤2,600−400 → 500X≤2,200 → X≤4.4이다. 그러므로 순서쌍은 (3, 5), (1, 6)이 가능하고 이때 Y는 각각 2, 5이다.
따라서 판매하는 최소 과일의 총개수는 사과 3개, 배 2개, 참외 5개로 총 10개이다.

### 30초 컷 풀이 Tip

미지수의 값을 추론하는 문제의 경우 구하는 해당하는 값이 지나치게 큰 문제를 출제하지 않으므로 지나치게 큰 값이 나온다면 가장 마지막에 계산하는 것이 좋다.

## 대표기출유형 05  기출응용문제

**01** 300원짜리 연필과 500원짜리 색연필을 합하여 10자루를 사고, 3,600원을 지불하였다. 이때 300원짜리 볼펜은 몇 자루 샀는가?

① 3자루  ② 4자루
③ 5자루  ④ 6자루
⑤ 7자루

**02** 어느 과수원에서 작년에 생산된 사과와 배의 개수를 모두 합하면 500개였다. 올해는 작년보다 사과의 생산량은 절반으로 감소하고 배의 생산량은 두 배로 증가하였다. 올해 사과와 배의 개수를 합하여 모두 700개를 생산했을 때, 올해 생산한 사과의 개수는?

① 100개  ② 200개
③ 300개  ④ 400개
⑤ 500개

**03** 1g, 2g, 4g, 8g, 16g, …의 추가 있다. 이때, 327g을 재려면 최소 몇 개의 추가 필요한가?

① 4개  ② 5개
③ 6개  ④ 7개
⑤ 8개

## 대표기출유형

# 06 | 금액

### | 유형분석 |

- 원가, 정가, 할인가, 판매가 등의 개념을 명확히 한다.
  (정가)=(원가)+(이익)
  (이익)=(정가)-(원가)
  $a$원에서 $b\%$ 할인한 가격$=a\times\left(1-\dfrac{b}{100}\right)$
- 난이도가 어려운 편은 아니지만 비율을 활용한 계산 문제이기 때문에 실수하기 쉽다.
- 최근에는 경우의 수와 결합하여 출제되기도 했다.

을은 현재 갑과 병의 총금액 절반을 소유하고 있으며, 소유하고 있는 자산이 적은 사람부터 순서대로 나열하면 '갑 – 을 – 병' 순서이고 갑과 을의 차액과 병과 을의 차액은 동일하다. 매일 이들은 병과 을의 차액만큼 저축을 하고 있으며, 이틀 동안 저축한 총금액이 현재 3명의 자산 총액과 동일하다면 현재 병이 가지고 있는 금액은 갑이 가지고 있는 금액의 몇 배인가?

① 2배  ② 3배
③ 4배  ④ 5배
⑤ 6배

**정답** ②

을은 현재 갑과 병의 총금액 절반을 소유하고 있으므로 을을 기준으로 $x$원이라 하면 갑은 $(x-d)$원, 병은 $(x+d)$원이라고 할 수 있다.
매일 3명은 병과 을의 차액인 $d$원만큼 저축하고, 2일 동안 저축한 총금액이 현재 3명의 자산 총액과 같기에 $x$와 $d$의 관계는 $2\times 3d = x-d+x+x+d \rightarrow 6d=3x \rightarrow x=2d$이다.
따라서 현재 갑, 을, 병 순서대로 $d$, $2d$, $3d$원의 자산을 가지고 있으므로 병은 갑의 3배의 자산을 가지고 있다.

#### 30초 컷 풀이 Tip

- 전체 금액을 구하는 것이 아니라 금액의 크기를 비교하는 문제이기 때문에 미지수를 정확히 설정해야 한다.
- 난이도가 어려운 편은 아니지만, 비율을 활용한 계산 문제이기 때문에 실수하지 않도록 유의한다.

## 대표기출유형 06  기출응용문제

**01** C마트에서는 아이스크림을 1개당 $a$원에 들여오는데, 20%의 이익을 붙여 판매한다. 개점 3주년을 맞아 아이스크림 1개당 500원을 할인하여 팔기로 했다. 이때 아이스크림 1개당 700원의 이익이 생긴다면, 아이스크림 1개당 원가는?

① 5,000원
② 5,250원
③ 5,500원
④ 6,000원
⑤ 6,250원

**Easy**

**02** A공장은 어떤 상품을 원가의 23%의 이익을 남겨 판매하였으나, 잘 팔리지 않아 판매가에서 1,300원 할인하여 판매하였다. 이때 얻은 이익이 원가의 10%일 때, 상품의 원가는?

① 10,000원
② 11,500원
③ 13,000원
④ 14,500원
⑤ 16,000원

**03** 어른과 청소년을 합하여 30명이 영화 관람을 하기로 했다. 어른의 영화 티켓 가격은 11,000원이고, 청소년의 영화 티켓 가격은 어른의 60%이다. 총 264,000원의 금액을 지불하였을 때, 영화를 본 어른의 수는?

① 13명
② 14명
③ 15명
④ 16명
⑤ 17명

## 대표기출유형

# 07 경우의 수

### 유형분석

- 순열(P)과 조합(C)을 활용한 문제이다.
  $$_nP_m = n \times (n-1) \times \cdots \times (n-m+1)$$
  $$_nC_m = \frac{_nP_m}{m!} = \frac{n \times (n-1) \times \cdots \times (n-m+1)}{m!}$$
- 벤 다이어그램을 활용한 문제가 출제되기도 한다.

6장의 서로 다른 쿠폰이 있는데 처음 오는 손님에게 1장, 두 번째 오는 손님에게 2장, 세 번째 오는 손님에게 3장을 주는 경우의 수는 몇 가지인가?

① 32가지
② 60가지
③ 84가지
④ 110가지
⑤ 120가지

### 정답 ②

- 첫 번째 손님이 6장의 쿠폰 중 1장을 받을 경우의 수 : $_6C_1 = 6$가지
- 두 번째 손님이 5장의 쿠폰 중 2장을 받을 경우의 수 : $_5C_2 = 10$가지
- 세 번째 손님이 3장의 쿠폰 중 3장을 받을 경우의 수 : $_3C_3 = 1$가지

따라서 구하고자 하는 경우의 수는 $6 \times 10 \times 1 = 60$가지이다.

### 30초 컷 풀이 Tip

경우의 수의 합의 법칙과 곱의 법칙 등에 관해 명확히 한다.

#### 합의 법칙

㉠ 두 사건 A, B가 동시에 일어나지 않을 때, A가 일어나는 경우의 수를 $m$, B가 일어나는 경우의 수를 $n$이라고 하면, 사건 A 또는 B가 일어나는 경우의 수는 $m+n$이다.
㉡ '또는', '~이거나'라는 말이 나오면 합의 법칙을 사용한다.

#### 곱의 법칙

㉠ A가 일어나는 경우의 수를 $m$, B가 일어나는 경우의 수를 $n$이라고 하면, 사건 A와 B가 동시에 일어나는 경우의 수는 $m \times n$이다.
㉡ '그리고', '동시에'라는 말이 나오면 곱의 법칙을 사용한다.

## 대표기출유형 07  기출응용문제

**01** 서로 다른 소설책 7권과 시집 5권이 있다. 이때, 소설책 3권과 시집 2권을 선택하는 경우의 수는?

① 350가지  ② 360가지
③ 370가지  ④ 380가지
⑤ 390가지

**02** 상반기 공채에서 9명의 신입사원을 채용하였고, 신입사원 교육을 위해 A, B, C 3개의 조로 나누기로 하였다. 신입사원들을 한 조에 3명씩 배정한다고 할 때, 3개의 조로 나누는 경우의 수는?

① 1,240가지  ② 1,460가지
③ 1,680가지  ④ 1,800가지
⑤ 1,930가지

Easy

**03** A상자에는 흰 공 2개가 들어있고, B상자에는 빨간 공 3개가 들어있다. 각 상자에서 공을 1개씩 꺼낸다고 할 때, 나올 수 있는 모든 경우의 수는?(단, 중복되는 경우는 고려하지 않는다)

① 2가지  ② 3가지
③ 4가지  ④ 5가지
⑤ 6가지

# 대표기출유형

## 08 | 확률

### | 유형분석 |

- 순열(P)과 조합(C)을 활용한 문제이다.
- 조건부 확률 문제가 출제되기도 한다.

다음은 C기업에 입사한 신입사원의 현황이다. 신입사원 중 여자 1명을 뽑았을 때, 경력자가 뽑힐 확률은?

- 신입사원의 60%는 여성이다.
- 신입사원의 20%는 여성 경력직이다.
- 신입사원의 80%는 여성이거나 경력직이다.

① $\frac{1}{3}$   ② $\frac{2}{3}$
③ $\frac{1}{5}$   ④ $\frac{3}{5}$
⑤ $\frac{1}{2}$

**정답** ①

임의로 전체 신입사원을 100명이라 가정하고 성별과 경력 유무로 구분하여 표를 나타내면 다음과 같다.

(단위 : 명)

| 구분 | 여성 | 남성 | 합계 |
| --- | --- | --- | --- |
| 경력 없음 | 60−20=40 | 20 | 60 |
| 경력 있음 | 100×0.2=20 | 100×0.8−60=20 | 20+20=40 |
| 합계 | 100×0.6=60 | 40 | 100 |

따라서 신입사원 중 여자 1명을 뽑았을 때, 경력자가 뽑힐 확률은 여자 60명 중 경력자는 20명이므로 $\frac{20}{60} = \frac{1}{3}$ 이다.

### 30초 컷 풀이 Tip

**여사건의 확률**
㉠ 사건 A가 일어날 확률이 $p$일 때, 사건 A가 일어나지 않을 확률은 $(1-p)$이다.
㉡ '적어도'라는 말이 나오면 주로 사용한다.

**확률의 덧셈**
두 사건 A, B가 동시에 일어나지 않을 때, A가 일어날 확률을 $p$, B가 일어날 확률을 $q$라고 하면, 사건 A 또는 B가 일어날 확률은 $p+q$이다.

**확률의 곱셈**
A가 일어날 확률을 $p$, B가 일어날 확률을 $q$라고 하면, 사건 A와 B가 동시에 일어날 확률은 $p \times q$이다.

## 대표기출유형 08  기출응용문제

**Easy**

**01** 남자 2명, 여자 3명 중 2명의 대표를 선출한다고 한다. 이때, 선출된 대표가 모두 여자일 확률은?

① 70%     ② 60%
③ 50%     ④ 40%
⑤ 30%

**02** 비가 온 다음 날 비가 올 확률은 $\frac{1}{3}$, 비가 안 온 다음 날 비가 올 확률은 $\frac{1}{8}$이다. 내일 비가 올 확률이 $\frac{1}{5}$일 때, 모레 비가 안 올 확률은?

① $\frac{1}{4}$     ② $\frac{5}{6}$
③ $\frac{5}{7}$     ④ $\frac{6}{11}$
⑤ $\frac{7}{11}$

**03** 두 개의 주사위를 굴려서 눈의 합이 2 이하가 나오는 확률은?

① $\frac{1}{36}$     ② $\frac{2}{36}$
③ $\frac{3}{36}$     ④ $\frac{4}{36}$
⑤ $\frac{5}{36}$

## 대표기출유형

# 09 수열

| 유형분석 |

- 나열된 수를 분석하여 그 안의 규칙을 찾고 적용할 수 있는지를 평가하는 유형이다.
- 규칙에 분수나 소수가 나오면 어려운 문제인 것처럼 보이지만 오히려 규칙은 단순한 경우가 많다.

※ 일정한 규칙으로 수를 나열할 때, 빈칸에 들어갈 알맞은 수를 고르시오. [1~2]

**01**

| 5   12   26   54   ( )   222   446 |

① 104
② 106
③ 108
④ 110
⑤ 1,102

**02**

| 2 4 20   3 5 34   4 5 41   5 6 ( ) |

① 41
② 50
③ 52
④ 61
⑤ 63

## 01

정답 ④

[(앞의 항)+1]×2를 하는 수열이다.
따라서 (　)=(54+1)×2=110이다.

## 02

정답 ④

나열된 수를 각각 $A$, $B$, $C$라고 하면
$A\ B\ C \rightarrow A^2+B^2=C$
따라서 (　)=$5^2+6^2$=61이다.

### 30초 컷 풀이 Tip

- 처음에 규칙이 잘 보이지 않아서 어렵다는 평이 많은 유형이지만 항상 지난 기출문제와 비슷한 방법으로 풀이 가능하다는 후기가 많은 유형이기도 하다. 때문에 수록되어 있는 문제의 다양한 풀이 방법을 충분히 숙지하는 것이 중요하다.
- 한 번에 여러 개의 수열을 보는 것보다 하나의 수열을 찾아서 규칙을 찾은 후 다른 것에 적용시켜보는 것이 빠른 방법일 수 있다.

### 온라인 풀이 Tip

- 수열은 암산으로 풀기 가장 좋은 유형이므로 되도록 메모장의 도움 없이 계산기만 활용하여 풀이할 수 있도록 한다.
- 만약 규칙이 한 번에 보이지 않는다면 과감하게 포기하고 다음 문제로 이동한다. 한 문제에 30초 이상은 사용하지 않도록 한다.

## 대표기출유형 09  기출응용문제

※ 일정한 규칙으로 수를 나열할 때, 빈칸에 들어갈 알맞은 수를 고르시오. [1~3]

**01**

| 9 ( ) 18 108 36 216 |

① 24
② 44
③ 54
④ 64
⑤ 68

**Easy**
**02**

| 1  2  3  $\frac{5}{2}$  9  3  ( ) |

① $\frac{7}{2}$
② 7
③ $\frac{27}{2}$
④ 27
⑤ $\frac{37}{2}$

**03**

| 6　10　37　14　27　12　20　(　)　7　43　1　9 |

① 20  ② 23
③ 26  ④ 29
⑤ 32

**04** 일정한 규칙으로 수를 나열할 때, $A \times B$의 값으로 옳은 것은?

| $A$　2　1　3　4　$B$ |

① $-9$  ② $-7$
③ 1  ④ 7
⑤ 9

МЕМО

# PART 2

# 최종점검 모의고사

**제1회** 최종점검 모의고사
**제2회** 최종점검 모의고사
**제3회** 최종점검 모의고사

| CJ그룹 CAT 온라인 적성검사 ||
| --- | --- |
| 도서 동형 온라인 실전연습 서비스 | ATTV-00000-0703F |

| CJ그룹 CAT 온라인 적성검사 |||
| --- | --- | --- |
| 영역 | 문항 수 | 제한시간 |
| 언어이해 | 20문항 | 15분 |
| 언어추리 | 20문항 | 15분 |
| 자료해석 | 20문항 | 15분 |
| 창의수리 | 20문항 | 15분 |

# 제1회 최종점검 모의고사

응시시간 : 60분 　 문항 수 : 80문항 　 정답 및 해설 p.020

## 01　언어이해

※ 다음 글의 내용으로 가장 적절한 것을 고르시오. [1~2]

**01**

> 근대 산업 문명은 사람들의 정신을 병들게 하고, 끊임없이 이기심을 자극하여, 금전과 물건의 노예로 타락시킬 뿐만 아니라, 내면적인 평화와 명상의 생활을 불가능하게 만든다. 그로 인하여 유럽의 노동 계급과 빈민에게 사회는 지옥이 되고, 비서구 지역의 수많은 민중은 제국주의의 침탈 밑에서 고통받게 되었다. 여기에서 간디의 사상 속 물레가 갖는 상징적인 의미가 드러난다. 간디는 모든 인도 사람들이 매일 한두 시간만이라도 물레질을 할 것을 권유하였다. 물레질의 가치는 경제적 필요 이상의 것이라고 생각한 것이다.
> 물레는 무엇보다 인간의 노역에 도움을 주면서 결코 인간을 소외시키지 않는 인간적 규모의 기계의 전형이다. 간디는 기계 자체에 대해 반대한 적은 없지만, 거대 기계에는 필연적으로 복잡하고 위계적인 사회 조직, 지배와 피지배의 구조, 도시화, 낭비적 소비가 수반된다는 것을 주목했다. 생산 수단이 민중 자신의 손에 있을 때 비로소 착취 구조가 종식되는 반면, 복잡하고 거대한 기계는 그 자체로 비인간화와 억압의 구조를 강화하기 때문이다.
> 간디는 산업화의 확대, 또는 경제 성장이 참다운 인간의 행복에 기여한다고는 결코 생각할 수 없었다. 간디가 구상했던 이상적인 사회는 자기 충족적인 소농촌 공동체를 기본 단위로 하면서 궁극적으로는 중앙집권적인 국가 기구의 소멸과 더불어 마을 민주주의에 의한 자치가 실현되는 공간이다. 거기에서는 인간을 도외시한 이윤 추구도, 물건과 권력에 대한 맹목적인 탐욕도 있을 수가 없다. 이 공간은 비폭력과 사랑과 유대 속에 어울려 살 때에 사람은 가장 행복하고 자기완성이 가능하다고 믿는 사상에 매우 적합한 정치 공동체라 할 수 있다.
> 물레는 간디에게 그러한 공동체의 건설에 필요한 인간 심성 교육에 알맞은 수단이기도 하였다. 물레질과 같은 단순하지만 생산적인 작업의 경험은 정신노동과 육체노동의 분리 위에 기초하는 모든 불평등 사상의 문화적·심리적 토대의 소멸에 기여할 것이다.

① 거대 기계는 억압의 구조를 제거해 준다.
② 간디는 기계 자체를 반대하였다.
③ 근대 산업 문명은 인간의 내면적 평화를 가져왔다.
④ 간디는 경제 성장이 인간의 행복에 기여한다고 생각했다.
⑤ 물레는 노역에 도움을 주면서 인간을 소외시키지 않는다.

02
> 대나무는 전 세계에 500여 종이 있으며 한국, 중국, 일본 등 아시아의 전 지역에 고루 분포하는 쉽게 볼 수 있는 대상이다. 우리나라에선 신라의 만파식적과 관련한 설화에서 알 수 있듯이, 예로부터 주변에서 쉽게 볼 수 있지만 영험함이 있는, 비범한 대상으로 여겨졌다. 이러한 전통은 계속 이어져서 붓, 책, 부채, 죽부인, 악기, 약용, 식용, 죽공예품 등 생활용품으로 사용됨과 동시에 세한삼우, 사군자에 동시에 꼽히며 여러 문학작품과 미술작품에서 문인들의 찬미의 대상이 되기도 한다. 나아가 냉전시대에 서방에서는 중국을 '죽의 장막(Bamboo Curtain)'이라고 불렀을 만큼, 동아시아권 문화에서 빼놓을 수 없는 존재이며 상징하는 바가 크다. 예로부터 문인들에게 사랑받던 대나무는 유교를 정치철학으로 하는 조선에 들어오면서 그 위상이 더욱 높아진다. "대쪽 같은 기상"이란 표현에서도 알 수 있듯이, 대나무는 의연한 선비의 기상을 나타낸다. 늙어도 시들지 않고, 차가운 서리가 내려도, 폭설이 와도 대나무는 의젓이 홀로 일어난 모습을 유지한다. 눈서리를 이겨내고 사계절을 올곧게 서서 굽히지 않는 모습은 선비가 지향하는 모습과 매우 닮았기에, 문학작품과 미술작품에서 대나무를 쉽게 찾아 볼 수 있다.

① 대나무는 약재로 쓰이기도 한다.
② 우리나라는 대나무의 원산지이다.
③ 우리 조상들은 대나무의 청초한 자태와 은은한 향기를 사랑했다.
④ 대나무는 아시아 지역에서도 특히 우리나라에 많이 분포하고 있다.
⑤ 조선은 대나무의 위상을 높게 여겨 '죽의 장막'이라는 별명을 얻었다.

※ 다음 글의 내용으로 적절하지 않은 것을 고르시오. [3~4]

**03**

언어도 인간처럼 생로병사의 과정을 겪는다. 언어가 새로 생겨나기도 하고 사멸 위기에 처하기도 하는 것이다.

하와이어도 사멸 위기를 겪었다. 하와이어의 포식 언어는 영어였다. 1778년 당시 80만 명에 달했던 하와이 원주민은 외부로부터 유입된 감기, 홍역 등의 질병과 정치·문화적 박해로 1900년에는 4만 명까지 감소했다. 당연히 하와이어의 사용자도 급감했다. 1898년에 하와이가 미국에 합병되면서부터 인구가 증가하였으나, 하와이어의 위상은 영어 공용어 교육 정책 시행으로 인하여 크게 위축되었다. 1978년부터 몰입식 공교육을 통한 하와이어 복원이 시도되고 있으나, 하와이어 모국어를 구사할 수 있는 원주민 수는 현재 1,000명 정도에 불과하다.

언어의 사멸은 급속도로 진행된다. 어떤 조사에 따르면 평균 2주에 1개 정도의 언어가 사멸하고 있다. 우비크, 쿠페뇨, 맹크스, 쿤윌, 음바바람, 메로에, 컴브리아어 등이 사라진 언어이다. 이러한 상태라면 금세기 말까지 지구에 존재하는 언어 가운데 90%가 사라지게 될 것이라는 추산도 가능하다.

① 언어는 끊임없이 새로 생겨나고, 또 사라진다.

② 하와이는 미국에 합병된 후 인구가 증가하였다.

③ 하와이 원주민은 120여 년 사이에 숫자가 약 $\frac{1}{20}$ 로 감소하였다.

④ 최근 미국의 교육 정책은 하와이어를 보존하기 위한 방향으로 변화되었다.

⑤ 하와이 원주민의 수는 1,900년 이후 100여 년 사이에 약 $\frac{1}{40}$ 로 감소하였다.

**04**

감귤의 미숙과인 풋귤이 피부 관리에 도움이 되는 것으로 밝혀졌다. 풋귤 추출물이 염증 억제를 돕고 피부 보습력을 높이는 것이 실험을 통해 밝혀진 것이다. 우선 사람 각질세포를 이용한 풋귤 추출물의 피부 보습 효과 실험을 살펴보면, 각질층에 수분이 충분해야 피부가 건강하고 탄력 있는데, 풋귤 추출물은 수분은 물론 주름과 탄성에도 영향을 주는 히알루론산을 많이 생성하게 한다. 실험 결과 사람 각질세포에 풋귤 추출물을 1% 추가하면 히알루론산이 40% 증가하는 것으로 나타났다. 또한 동물 대식세포를 이용한 풋귤 추출물의 염증 억제 실험을 살펴보면 염증 반응의 대표 지표 물질인 산화질소와 염증성 사이토카인의 생성 억제 효과를 확인했다. 풋귤 추출물을 200μg/mL 추가했더니 산화질소 생성이 40% 정도 줄어들었으며, 염증성 사이토카인 중 일부 성분은 30%에서 많으면 80%까지 억제된 것이다.

다음으로 풋귤은 완숙 감귤보다 폴리페놀과 플라보노이드 함량이 2배 이상 높은 것으로 나타났으며, 그밖에도 많은 기능성 성분과 신맛을 내는 유기산도 들어 있다. 특히 피로의 원인 물질인 젖산을 분해하는 구연산 함량이 1.5~2%로 완숙과보다 3배 정도 높아 지친 몸과 피부를 보호하는 데 도움이 될 수 있다.

이처럼 풋귤의 기능 성분들이 하나씩 밝혀지면서 솎아내 버려졌던 풋귤을 이용할 수 있을 것으로 보이며, 풋귤의 이용이 대량 유통으로 이어지면 감귤 재배 농가의 부가 소득 창출에도 기여할 수 있을 것으로 보인다. 또한 앞으로 피부 임상실험 등을 거쳐 항염과 주름 개선 화장품 소재로도 개발될 수 있을 것이다.

① 풋귤은 감귤의 미숙과로 솎아내 버려지곤 했다.
② 풋귤 추출물은 피부 보습에 효과가 있다.
③ 풋귤 추출물은 산화질소와 사이토카인의 생성을 억제한다.
④ 풋귤은 구연산 함량이 완숙 감귤보다 3배 정도 낮아 피로 해소에 도움이 된다.
⑤ 풋귤이 대량으로 유통된다면 감귤 재배 농가 운영에 도움이 될 것이다.

**05** 다음 중 레드 와인의 효능으로 적절하지 않은 것은?

> 알코올이 포함된 술은 무조건 건강에 좋지 않다고 생각하는 사람들이 많다. 그러나 포도를 이용하여 담근 레드 와인은 의외로 건강에 도움이 되는 성분들을 다량으로 함유하고 있어 적당량을 섭취할 경우 건강에 효과적일 수 있다.
> 레드 와인은 심혈관 질환을 예방하는 데 특히 효과적이다. 와인에 함유된 식물성 색소인 플라보노이드 성분은 나쁜 콜레스테롤의 수치를 떨어뜨리고, 좋은 콜레스테롤의 수치를 상대적으로 향상시킨다. 이는 결국 혈액 순환 개선에 도움이 되어 협심증이나 뇌졸중 등의 심혈관 질환 발병률을 낮출 수 있다.
> 레드 와인은 노화 방지에도 효과적이다. 레드 와인은 항산화 물질인 폴리페놀 성분을 다량 함유하고 있는데, 활성산소를 제거하는 항산화 성분이 몸속에 쌓여 노화를 빠르게 촉진시키는 활성산소를 내보냄으로써 노화를 자연스럽게 늦출 수 있는 것이다.
> 또한 레드 와인을 꾸준히 섭취할 경우 섭취하기 이전보다 뇌의 활동량과 암기력이 높아지는 것으로 알려져 있다. 레드 와인에 함유된 레버라트롤이란 성분이 뇌의 노화를 막아주고 활동량을 높이는 데 도움을 주기 때문이다. 이를 통해 인지력과 기억력이 향상되고 나아가 노인성 치매와 편두통 등의 뇌와 관련된 질병을 예방할 수 있다.
> 레드 와인은 면역력을 상승시켜주기도 한다. 면역력이란 외부의 바이러스나 세균 등의 침입을 방어하는 능력을 말하는데, 레드 와인에 포함된 퀘르세틴과 갈산이 체온을 상승시켜 체내의 면역력을 높인다.
> 이외에도 레드 와인은 위액의 분비를 촉진하여 소화를 돕고 식욕을 촉진시키기도 한다. 그러나 와인을 마실 때 상대적으로 떫은맛이 강한 레드 와인부터 마시게 되면 탄닌 성분이 위벽에 부담을 주고 소화를 방해할 수 있다. 따라서 단맛이 적고 신맛이 강한 스파클링 와인이나 화이트 와인부터 마신 후 레드 와인을 마시는 것이 좋다.

① 위벽 보호　　　　　　　　② 식욕 촉진
③ 노화 방지　　　　　　　　④ 기억력 향상
⑤ 면역력 강화

**06** 다음 중 시각장애인 유도블록 설치에 대한 설명으로 적절하지 않은 것은?

점자블록으로도 불리는 시각장애인 유도블록은 블록 표면에 돌기를 양각하여 시각장애인이 발바닥이나 지팡이의 촉감으로 위치나 방향을 알 수 있도록 유도한다. 횡단보도나 버스정류장 등의 공공장소에 설치되며, 블록의 형태는 발바닥의 촉감, 일반 보행자와의 관계 등 다양한 요인에 따라 결정된다.

점자블록은 크게 위치 표시용의 점형블록과 방향 표시용의 선형블록 두 종류로 나뉜다. 먼저 점형블록은 횡단지점, 대기지점, 목적지점, 보행 동선의 분기점 등의 위치를 표시하거나 위험 지점을 알리는 역할을 한다. 보통 30cm(가로)×30cm(세로)×6cm(높이)의 콘크리트제 사각 형태가 많이 쓰이며, 양각된 돌기의 수는 외부용 콘크리트 블록의 경우 36개, 내부용의 경우 64개가 적절하다. 일반적인 위치 감지용으로 점형블록을 설치할 경우 가로 폭은 대상 시설의 폭만큼 설치하며, 세로 폭은 보도의 폭을 고려하여 30~90cm 범위 안에서 설치한다.

다음으로 선형블록은 방향 유도용으로 보행 동선의 분기점, 대기지점, 횡단지점에 설치된 점형블록과 연계하여 목적 방향으로 일정한 거리까지 설치한다. 정확한 방향을 알 수 있도록 하는 데 목적이 있으며, 보행 동선을 확보·유지하는 역할을 한다. 양각된 돌출선은 윗면은 평면이 주로 쓰이고, 돌출선의 양 끝은 둥글게 처리한 것이 많다. 선형블록은 시각장애인이 안전하고 장애물이 없는 도로를 따라 이동할 수 있도록 설치하는데, 이때 블록의 돌출선은 유도 대상 시설의 방향과 평행해야 한다.

① 선형블록은 보행 동선의 분기점에 설치한다.
② 횡단지점의 위치를 표시하기 위해서는 점형블록을 설치한다.
③ 외부에는 양각된 돌기의 수가 36개인 점형블록을 설치한다.
④ 선형블록은 돌출선의 방향이 유도 대상 시설과 평행하도록 설치한다.
⑤ 점형블록을 횡단보도 앞에 설치하는 경우 세로 방향으로 4개 이상 설치하지 않는다.

※ 다음 글의 제목으로 가장 적절한 것을 고르시오. [7~8]

**07**

딸기에는 비타민C가 귤의 1.6배, 레몬의 2배, 키위의 2.6배, 사과의 10배 정도 함유되어 있어 딸기 5~6개를 먹으면 하루에 필요한 비타민C를 전부 섭취할 수 있다. 비타민C는 신진대사 활성화에 도움을 줘 원기를 회복하고 체력을 증진시키며, 멜라닌 색소가 축적되는 것을 막아 기미, 주근깨를 예방해준다. 멜라닌 색소가 많을수록 피부색이 검어지므로 미백 효과도 있는 셈이다. 또한 비타민C는 피부 저항력을 높여줘 알레르기성 피부나 홍조가 짙은 피부에도 좋다. 비타민C가 내는 신맛은 식욕 증진 효과와 스트레스 해소 효과가 있다.

한편, 딸기에 비타민C만큼 풍부하게 함유된 성분이 항산화 물질인데, 이는 암세포 증식을 억제하는 동시에 콜레스테롤 수치를 낮춰주는 기능을 한다. 그래서 심혈관계 질환, 동맥경화 등에 좋고 눈의 피로를 덜어주며 시각기능을 개선해주는 효과도 있다.

딸기는 식물성 섬유질 함량도 높은 과일이다. 섬유질 성분은 콜레스테롤을 낮추고, 혈액을 깨끗하게 만들어준다. 뿐만 아니라 소화 기능을 촉진하고 장운동을 활발하게 해 변비를 예방한다. 딸기 속 철분은 빈혈 예방 효과가 있어 혈색이 좋아지게 한다. 더불어 모공을 축소시켜 피부 탄력도 증진시킨다. 딸기와 같은 붉은 과일에는 라이코펜이라는 성분이 들어있는데, 이 성분은 면역력을 높이고 혈관을 튼튼하게 해 노화 방지 효과를 낸다. 이처럼 딸기는 건강에 무척 좋지만 당도가 높으므로 하루에 5~10개 정도만 먹는 것이 적당하다. 물론 달달한 맛에 비해 칼로리는 100g당 27kcal로 높지 않아 다이어트 식품으로 선호도가 높다.

① 딸기 속 비타민C를 찾아라
② 비타민C의 신맛의 비밀
③ 제철과일, 딸기 맛있게 먹는 법
④ 다양한 효능을 가진 딸기
⑤ 다이어트 식단의 필수품, 딸기

**08**

서양에서는 아리스토텔레스가 중용을 강조했다. 하지만 우리의 중용과는 다르다. 아리스토텔레스가 말하는 중용은 균형을 중시하는 서양인의 수학적 의식에 기초했으며 또한 우주와 천체의 운동을 완벽한 원과 원운동으로 이해한 우주관에 기초한 것이다. 그러므로 그것은 명백한 대칭과 균형의 의미를 갖는다. 팔씨름에 비유해 보면 아리스토텔레스는 똑바로 두 팔이 서 있을 때 중용이라고 본 데 비해 우리는 팔이 한 쪽으로 완전히 기울었다 해도 아직 승부가 나지 않았으면 중용이라고 보는 것이다. 따라서 비대칭도 균형을 이루면 중용을 이룰 수 있다는 생각은 분명 서양의 중용관과는 다르다.

이러한 정신은 병을 다스리고 약을 쓰는 방법에도 나타난다. 서양의 의학은 병원체와의 전쟁이고 그 대상을 완전히 제압하는 데 반해, 우리 의학은 각 장기간의 균형을 중시한다. 만약 어떤 이가 간장이 나쁘다면 서양 의학은 그 간장의 능력을 회생시키는 방향으로만 애를 쓴다. 그런데 우리는 더 이상 간장 기능을 강화할 수 없다고 할 때 간장과 대치되는 심장의 기능을 약하게 만드는 방법을 쓰는 것이다. 한쪽의 기능이 치우치면 병이 심해진다고 보기 때문이다. 우리는 의학 처방에 있어서조차 중용관에 기초해서 서양의 그것과는 다른 가치관과 세계관을 적용하면서 살아온 것이다.

① 아리스토텔레스의 중용의 의미
② 서양 의학과 우리 의학의 차이
③ 서양과 우리의 가치관
④ 서양 중용관과 우리 중용관의 차이
⑤ 균형을 중시하는 중용

**09** 다음 글의 주제로 적절하지 않은 것은?

대·중소기업 간 동반성장을 위한 '상생'이 산업계의 화두로 조명 받고 있다. 4차 산업혁명 시대 도래 등 글로벌 시장에서의 경쟁이 날로 치열해지는 상황에서 대기업과 중소기업이 힘을 합쳐야 살아남을 수 있다는 위기감이 상생의 중요성을 부각하고 있다고 분석한다. 재계 관계자는 "그동안 반도체, 자동차 등 제조업에서 세계적인 경쟁력을 갖출 수 있었던 배경에는 대기업과 협력업체 간 상생의 역할이 컸다."며 "고속 성장기를 지나 지속 가능한 구조로 한 단계 더 도약하기 위해 상생경영이 중요하다."라고 강조했다.

우리 기업들은 협력사의 경쟁력 향상이 곧 기업의 성장으로 이어질 것으로 보고 2·3차 중소 협력업체들과의 상생경영에 힘쓰고 있다. 단순히 갑을 관계에서 대기업을 서포트 해야 하는 존재가 아니라 상호 발전을 위한 동반자라는 인식이 자리 잡고 있다는 분석이다. 이에 따라 협력사들에 대한 지원도 거래대금 현금 지급 등 1차원적인 지원 방식에서 벗어나 경영 노하우 전수, 기술 이전 등을 통한 '상생 생태계' 구축에 도움을 주는 방향으로 초점이 맞춰지는 추세다.

특히 최근에는 상생 협력이 대기업이 중소기업에 주는 일시적인 시혜 차원의 문제가 아니라 경쟁에서 살아남기 위한 생존 문제와 직결된다는 인식이 강하다. 협약을 통해 협력업체를 지원해준 대기업이 업체의 기술력 향상으로 더 큰 이득으로 보상받고 이를 통해 우리 산업의 경쟁력이 강화될 것이란 설명이다.

경제 전문가는 "대·중소기업 간의 상생 협력이 강제 수단이 아니라 문화적으로 자리 잡아야 할 시기"라며 "대기업, 특히 오너 중심의 대기업들도 단기적인 수익이 아닌 장기적인 시각에서 질적 평가를 통해 협력업체의 경쟁력을 키울 방안을 고민해야 한다."라고 강조했다.

이와 관련해 국내 주요 기업들은 대기업보다 연구개발(R&D) 인력과 관련 노하우가 부족한 협력사들을 위해 각종 노하우를 전수하는 프로그램을 운영 중이다. S전자는 협력사들에 기술 노하우를 전수하기 위해 경영관리·제조·개발·품질 등 해당 전문 분야에서 20년 이상 노하우를 가진 S전자 임원과 부장급 100여 명으로 '상생컨설팅팀'을 구성했다. 지난해부터는 해외에 진출한 국내 협력사에도 노하우를 전수하고 있다.

① 상생경영, 함께 가야 멀리 간다.
② 동반성장을 위한 상생의 중요성
③ 시혜적 차원에서의 대기업 지원의 중요성
④ 지속 가능한 구조를 위한 상생 협력의 중요성
⑤ 대기업과 중소기업, 상호 발전을 위한 동반자로

**10** 다음 글의 중심 내용으로 가장 적절한 것은?

> 청소년보호법 유해매체물 심의 기준에 '동성애' 조항이 포함된 것은 동성애자의 평등권 침해라는 항의에 대하여, 위원회 쪽은 아직 판단력이 부족한 청소년들에게 균형 잡힌 정보를 제공해야 하므로 동성애를 상대적으로 우월하거나 바람직한 것으로 인식하게 할 우려가 있는 매체물을 단속하기 위함일 뿐, 결코 동성애를 성적 지향의 하나로 존중하지 않는 건 아니라고 주장했다. 일견 그럴싸하게 들리지만 이것이 정말 평등일까? 동성애를 조장하는 매체물을 단속한다는 명목은 이성애를 조장하는 매체물이란 개념으론 연결되지 않는다. 애초에 이성애주의에 기반을 두어 만들어진 규칙의 적용이 결코 평등일 순 없다.

① 청소년보호법은 청소년들의 자유로운 매체물 선택을 제한한다.
② 청소년은 동성애에 대해 중립적인 시각을 갖기 어려울 것이다.
③ 청소년에게 동성애를 이성애와 차별하지 않도록 교육할 필요가 있다.
④ 동성애에 기반을 두어 규칙을 만들면 동성애보다 이성애를 존중하기 때문이다.
⑤ 청소년보호법 유해매체물 심의 기준은 동성애자에 대한 차별을 내포하고 있다.

**11** 다음 글을 읽고 추론한 내용으로 가장 적절한 것은?

> 온갖 사물이 뒤섞여 등장하는 사진들에서 고양이를 틀림없이 알아보는 인공지능이 있다고 해보자. 그러한 식별 능력은 고양이 개념을 이해하는 능력과 어떤 관계가 있을까? 고양이를 실수 없이 가려내는 능력이 고양이 개념을 이해하는 능력의 필요충분조건이라고 할 수 있을까?
> 먼저, 인공지능이든 사람이든 고양이 개념에 대해 이해하면서도 영상 속의 짐승이나 사물이 고양이인지 정확히 판단하지 못하는 경우는 있을 수 있다. 예를 들어, 누군가가 전형적인 고양이와 거리가 먼 희귀한 외양의 고양이를 보고 "좀 이상하게 생긴 족제비로군요."라고 말했다고 해보자. 이것은 틀린 판단이지만, 그렇다고 그가 고양이 개념을 이해하지 못하고 있다고 평가하는 것은 부적절한 일일 것이다.
> 이번에는 다른 예로 누군가가 영상자료에서 가을에 해당하는 장면들을 실수 없이 가려낸다고 해보자. 그는 가을 개념을 이해하고 있다고 보아야 할까? 그 장면들을 실수 없이 가려낸다고 해도 그가 가을이 적잖은 사람들을 왠지 쓸쓸하게 하는 계절이라든가, 농경문화의 전통에서 수확의 결실이 있는 계절이라는 것, 혹은 가을이 지구 자전축의 기울기와 유관하다는 것 등을 반드시 알고 있는 것은 아니다. 심지어 가을이 지구의 1년을 넷으로 나눈 시간 중 하나를 가리킨다는 사실을 모르고 있을 수도 있다. 만일 가을이 여름과 겨울 사이에 오는 계절이라는 사실조차 모르는 사람이 있다면, 우리는 그가 가을 개념을 이해하고 있다고 인정할 수 있을까? 그것은 불합리한 일일 것이다.
> 가을이든 고양이든 인공지능이 그런 개념들을 충분히 이해하는 것은 영원히 불가능하다고 단언할 이유는 없다. 하지만 우리가 여기서 확인한 점은 개념의 사례를 식별하는 능력이 개념을 이해하는 능력을 함축하는 것은 아니고, 그 역도 마찬가지라는 것이다.

① 인간과 동물의 개념을 명확하게 이해하고 있다면, 동물과 인간을 실수 없이 구별해야 한다.
② 날아가는 비둘기를 참새로 오인했다고 해서 비둘기 개념을 이해하지 못하고 있다고 평가할 수는 없다.
③ 인공지능이 자동차와 사람의 개념을 제대로 이해했다면, 영상 속의 자동차를 사람으로 착각할 리 없다.
④ 영상자료에서 가을의 장면을 제대로 가려내지 못한 사람은 가을의 개념을 명확히 이해하지 못한 사람이다.
⑤ 다양한 형태의 크고 작은 상자들 가운데 정확하게 정사각형의 상자를 찾아낸다면, 정사각형의 개념을 이해한 것이라고 볼 수 있다.

**12** 다음 글의 논증 구조를 파악한 것으로 가장 적절한 것은?

> ㉠ 동물들의 행동을 잘 살펴보면 동물들도 우리가 사용하는 말 못지않은 의사소통 수단을 가지고 있는 듯이 보인다. ㉡ 즉, 동물들도 여러 가지 소리를 내거나 몸짓을 함으로써 자신들의 감정과 기분을 나타낼 뿐 아니라 경우에 따라서는 인간과 다를 바 없이 의사를 교환하고 있는 듯하다. ㉢ 그러나 그것은 단지 겉모습의 유사성에 지나지 않을 뿐이고 사람의 말과 동물의 소리에는 아주 근본적인 차이가 존재한다는 점을 잊어서는 안 된다. ㉣ 동물들이 사용하는 소리는 단지 배고픔이나 고통 같은 생물학적인 조건에 대한 반응이거나, 두려움이나 분노 같은 본능적인 감정들을 표현하기 위한 것에 지나지 않는다. ㉤ 따라서, 동물들이 내는 소리가 때때로 의사소통의 수단으로 이용된다고 해서 그것을 대화나 토론이나 회의와 같은 언어활동이라고 할 수는 없다.

① ㉠은 논증의 결론으로 주제문이다.
② ㉡은 ㉠의 논리적 결함을 지적한 것이다.
③ ㉢은 ㉠, ㉡을 부정하고 새로운 논점을 제시했다.
④ ㉤은 ㉢, ㉣에 대한 근거이다.
⑤ ㉣은 ㉢에 대한 근거이다.

**13** 다음 글 ㉠을 설명하기 위한 예로 가장 적절한 것은?

> "이산화탄소가 물에 녹는 현상은 물리 변화인가, 화학 변화인가?", "진한 황산을 물에 희석하여 묽은 황산을 만드는 과정은 물리 변화인가, 화학 변화인가?" 이러한 질문을 받으면 대다수의 사람은 물리 변화라고 답하겠지만, 안타깝게도 정답은 화학 변화이다. 우리는 흔히 물리 변화의 정의를 '물질의 성질은 변하지 않고, 그 상태나 모양만이 변하는 현상'으로, ㉠ 화학 변화의 경우는 '어떤 물질이 원래의 성질과는 전혀 다른 새로운 물질로 변하는 현상'이라고 알고 있다. 하지만 정작 '물질의 성질'이 무엇을 의미하는지에 대해서는 정확하게 알고 있지 못하다.

① 진흙에 물이 섞여 진흙탕이 되었다.
② 색종이를 접어 종이비행기를 만들었다.
③ 찬물과 더운물이 섞여 미지근하게 되었다.
④ 포도를 병에 넣어 두었더니 포도주가 되었다.
⑤ 흰색과 검은색 물감을 섞어 회색 물감을 만들었다.

**Easy**

**14** C사에 근무하는 B씨가 이 기사를 읽고 기업의 사회적 책임에 대해 생각해보았다고 할 때, B씨가 생각한 것으로 적절하지 않은 것은?

> 세계 자동차 시장 점유율 1위를 기록했던 도요타 자동차는 2009년 11월 가속페달의 매트 끼임 문제로 미국을 비롯해 전 세계적으로 1,000만 대가 넘는 사상 초유의 리콜을 했다. 도요타 자동차의 리콜 사태에 대한 원인으로 기계적 원인과 더불어 무리한 원가절감, 과도한 해외생산 확대, 안일한 경영 등 경영상의 요인들이 제기되고 있다. 또 도요타 자동차는 급속히 성장하면서 제기된 문제들을 소비자의 관점이 아닌 생산자의 관점에서 해결하려고 했고, 늦은 리콜 대응 등 문제 해결에 미흡했다는 지적을 받고 있다. 이런 대규모 리콜 사태로 인해 도요타 자동차가 지난 수십 년간 세계적으로 쌓은 명성은 하루아침에 모래성이 됐다. 이와 다른 사례로 존슨앤존슨의 타이레놀 리콜사건이 있다. 1982년 9월 말 미국 시카고 지역에서 존슨앤존슨의 엑스트라 스트렝스 타이레놀 캡슐을 먹고 4명이 사망하는 사건이 발생했으며, 존슨앤존슨은 즉각적인 대규모 리콜을 단행했다. 그 결과 존슨앤존슨은 소비자들의 신뢰를 다시 회복했다.

① 기업은 문제를 인지한 즉시 문제를 해결하기 위해 노력해야 한다.
② 존슨앤존슨은 사회의 기대와 가치에 부합하는 윤리적 책임을 잘 이행하였다.
③ 상품에서 결함이 발견됐다면 기업은 그것을 인정하고 책임지는 모습이 필요하다.
④ 이윤창출은 기업의 유지에 필요하지만, 수익만을 위해 움직이는 것은 여러 문제를 일으킬 수 있다.
⑤ 소비자의 관점이 아닌 생산자의 관점에서 문제를 해결할 때, 소비자들의 신뢰를 회복할 수 있다.

**Hard**

**15** 다음 사실을 근거로 한 진술 중 적절하지 않은 것은?

> ASEM에서 논의 중인 아시아 지역에서의 무역자유화를 위해 한국 정부에서는 A와 B, 두 가지 협상안 중 한 가지를 선택하고자 한다. A안이 선택되었을 때, 다른 회원국들의 협조가 있다면 한국은 연간 약 30억 원의 경제적 이익을, 다른 회원국들은 230억 원의 경제적 이익을 볼 수 있다. 그러나 A안이 선택되었을 때, 다른 회원국들의 협조가 없다면 한국이 얻을 수 있는 경제적 이익은 없고, 다른 회원국들의 이익은 150억 원 정도가 된다. B안이 선택될 경우, 다른 회원국들의 협조가 있다면 한국은 연간 20억 원의 경제적 이익을, 다른 회원국들은 200억 원의 경제적 이익을 얻을 수 있다. 그러나 다른 회원국들의 협조가 없다면 한국은 연간 10억 원의 경제적 손실을, 다른 회원국들은 180억 원의 경제적 이익을 얻을 수 있다.

① 아시아 전체적으로 보아 A안이 선택되면, 모든 회원국이 협조하는 것이 유리하다.
② 한국의 입장에서는 다른 회원국들이 협조할 것이라고 판단되면, A안을 선택하는 것이 유리하다.
③ 한국의 입장에서는 다른 회원국들이 비협조할 것이라고 판단되면, B안을 선택하는 것이 유리하다.
④ 다른 회원국이 비협조하는 경우 한국이 A안을 선택하면 한국이 얻을 수 있는 경제적 이익은 없다.
⑤ 제안국인 전체 아시아 지역의 경제적 이익을 모두 고려하는 ASEM은 다른 회원국들이 협조할 것으로 판단되면, A안을 선택하는 것이 유리하다.

**16** 다음 중 (가)와 (나)의 예시로 적절하지 않은 것은?

> 사회적 관계에 있어서 상호주의란 '행위자 갑이 을에게 베푼 바와 같이 을도 갑에게 똑같이 행하라.'라는 행위 준칙을 의미한다. 상호주의 원형은 '눈에는 눈, 이에는 이'로 표현되는 탈리오의 법칙에서 발견된다. 그것은 일견 피해자의 손실에 상응하는 가해자의 처벌을 정당화한다는 점에서 가혹하고 엄격한 성격을 드러낸다. 만약 상대방의 밥그릇을 빼앗았다면 자신의 밥그릇도 미련 없이 내주어야 하는 것이다. 그러나 탈리오 법칙은 온건하고도 합리적인 속성을 동시에 함축하고 있다. 왜냐하면 누가 자신의 밥그릇을 발로 찼을 경우 보복의 대상은 밥그릇으로 제한되어야지 밥상 전체를 뒤엎는 것으로 확대될 수 없기 때문이다. 이러한 일대일 방식의 상호주의를 (가) 대칭적 상호주의라 부른다. 하지만 엄밀한 의미의 대칭적 상호주의는 우리의 실제 일상생활에서 별로 흔하지 않다. 오히려 '되로 주고 말로 받거나, 말로 주고 되로 받는' 교환 관계가 더 일반적이다. 이를 대칭적 상호주의와 대비하여 (나) 비대칭적 상호주의라 일컫는다.
>
> 그렇다면 교환되는 내용이 양과 질의 측면에서 정확한 대등성을 결여하고 있음에도 불구하고, 교환에 참여하는 당사자들 사이에 비대칭적 상호주의가 성행하는 이유는 무엇인가? 그것은 셈에 밝은 이른바 '경제적 인간(Homo Economicus)'들에게 있어서 선호나 기호 및 자원이 다양하기 때문이다. 말하자면 교환에 임하는 행위자들이 각인각색인 까닭에 비대칭적 상호주의가 현실적으로 통용될 수밖에 없으며, 어떤 의미에서는 그것만이 그들에게 상호 이익을 보장할 수 있는 것이다.

① (가) : A국과 B국 군대는 접경지역에서 포로를 5명씩 맞교환했다.
② (가) : 오늘 우리 아이를 옆집에서 맡아주는 대신 다음에 옆집 아이를 하루 맡아주기로 했다.
③ (가) : 동생이 내 발을 밟아서 볼을 꼬집어주었다.
④ (나) : 필기노트를 빌려준 친구에게 고맙다고 밥을 샀다.
⑤ (나) : 옆집 사람이 우리 집 대문을 막고 차를 세웠기에 타이어에 펑크를 냈다.

※ 다음 문단을 논리적 순서대로 바르게 나열한 것을 고르시오. [17~19]

**17**

(가) 이는 말레이 민족 위주의 우월적 민족주의 경향이 생기면서 문화적 다원성을 확보하는 데 뒤처진 경험을 갖고 있는 말레이시아의 경우와 대비되기도 한다.
(나) 지금과 같은 세계화 시대에 다원주의적 문화 정체성은 반드시 필요한 것이기 때문에 이러한 점은 긍정적이다.
(다) 영어 공용화 국가의 상황을 긍정적 측면에서 본다면, 영어 공용화 실시는 인종 중심적 문화로부터 탈피하여 다원주의적 문화 정체성을 수립하는 계기가 될 수 있다.
(라) 그러나 영어 공용화 국가는 모두 다민족 다언어 국가이기 때문에 한국과 같은 단일 민족 단일 모국어 국가와는 처한 환경이 많이 다르다.
(마) 특히, 싱가포르인들은 영어를 통해 국가적 통합을 이룰 뿐만 아니라 다양한 민족어를 수용함으로써 문화적 다원성을 일찍부터 체득할 수 있는 기회를 얻고 있다.

① (다) – (나) – (가) – (마) – (라)
② (다) – (나) – (마) – (가) – (라)
③ (다) – (나) – (마) – (라) – (가)
④ (다) – (마) – (나) – (라) – (가)
⑤ (다) – (마) – (라) – (가) – (나)

**18**

(가) 최초로 입지를 선정하는 업체는 시장의 어디든 입지할 수 있으나 소비자의 이동 거리를 최소화하기 위하여 시장의 중심에 입지한다.
(나) 최대수요입지론은 산업 입지와 상관없이 비용은 고정되어 있다고 가정한다. 이 이론에서는 경쟁 업체와 가격 변동을 고려하여 수요가 극대화되는 입지를 선정한다.
(다) 그다음 입지를 선정해야 하는 경쟁 업체는 가격 변화에 따라 수요가 변하는 정도가 크지 않은 경우, 시장의 중심에서 멀어질수록 시장을 뺏기게 되므로 경쟁 업체가 있더라도 가능한 한 중심에 가깝게 입지하려고 한다.
(라) 하지만 가격 변화에 따라 수요가 크게 변하는 경우에는 두 경쟁자는 서로 적절히 떨어져 입지하여 보다 낮은 가격으로 제품을 공급하려고 한다.

① (나) – (가) – (다) – (라)
② (나) – (라) – (다) – (가)
③ (가) – (라) – (다) – (나)
④ (가) – (라) – (나) – (다)
⑤ (가) – (나) – (라) – (다)

**19**

(가) '빅뱅 이전에 아무 일도 없었다.'는 말을 달리 해석하는 방법도 있다. 그것은 바로 빅뱅 이전에는 시간도 없었다고 해석하는 것이다. 그 경우 '빅뱅 이전'이라는 개념 자체가 성립하지 않으므로 그 이전에 아무 일도 없었던 것은 당연하다. 그렇게 해석한다면 빅뱅이 일어난 이유도 설명할 수 있게 된다. 즉 빅뱅은 '0년'을 나타내는 것이다. 시간의 시작은 빅뱅의 시작으로 정의되기 때문에 우주가 그 이전이든 이후이든 왜 탄생했느냐고 묻는 것은 이치에 닿지 않는다.

(나) 단지 지금 설명할 수 없다는 뜻이 아니라 설명 자체가 있을 수 없다는 뜻이다. 어떻게 설명이 가능하겠는가? 수도관이 터진 이유는 그전에 닥쳐온 추위로 설명할 수 있다. 공룡이 멸종한 이유는 그전에 지구와 운석이 충돌했을 가능성으로 설명하면 된다. 바꿔 말해서, 우리는 한 사건을 설명하기 위해 그 사건 이전에 일어났던 사건에서 원인을 찾는다. 그러나 빅뱅의 경우에는 그 이전에 아무것도 없었으므로 어떠한 설명도 찾을 수 없는 것이다.

(다) 그런데 이런 식으로 사고하려면, 아무 일도 일어나지 않고 시간만 존재하는 것을 상상할 수 있어야 한다. 그것은 곧 시간을 일종의 그릇처럼 상상하고 그 그릇 안에 담긴 것과 무관하게 여긴다는 뜻이다. 시간을 이렇게 본다면 변화는 일어날 수 없다. 여기서 변화는 시간의 경과가 아니라 사물의 변화를 가리킨다. 이런 전제하에서 우리가 마주하는 문제는 이것이다. 어떤 변화가 생겨나기도 전에 영겁의 시간이 있었다면, 왜 우주가 탄생하게 되었는지를 설명할 수 없다.

(라) 우주론자들에 따르면 우주는 빅뱅으로부터 시작되었다고 한다. 빅뱅이란 엄청난 에너지를 가진 아주 작은 우주가 폭발하듯 갑자기 생겨난 사건을 말한다. 그게 사실이라면 빅뱅 이전에는 무엇이 있었느냐는 질문이 나오는 게 당연하다. 아마 아무것도 없었을 것이다. 하지만 빅뱅 이전에 아무것도 없었다는 말은 무슨 뜻일까? 영겁의 시간 동안 단지 진공이었다는 뜻이다. 움직이는 것도, 변화하는 것도 없었다는 것이다.

① (가) – (나) – (다) – (라)  　② (가) – (다) – (나) – (라)
③ (가) – (라) – (나) – (다)  　④ (라) – (가) – (나) – (다)
⑤ (라) – (다) – (나) – (가)

**20** 다음 글의 빈칸에 들어갈 내용으로 가장 적절한 것은?

> 우리의 생각과 판단은 언어에 의해 결정되는가 아니면 경험에 의해 결정되는가? 언어결정론자들은 우리의 생각과 판단이 언어를 반영하고 있고 실제로 언어에 의해 결정된다고 주장한다. 언어결정론자들의 주장에 따르면 에스키모인들은 눈에 관한 다양한 언어 표현을 갖고 있어서 눈이 올 때 우리가 미처 파악하지 못한 미묘한 차이점들을 찾아낼 수 있다. 또 언어결정론자들은 '노랗다', '샛노랗다', '누르스름하다' 등 노랑에 대한 다양한 우리말 표현들이 있어서 노란색들의 미묘한 차이가 구분되고 그 덕분에 색에 관한 우리의 인지능력이 다른 언어 사용자들보다 뛰어나다고 본다. 이렇듯 언어결정론자들은 사용하는 언어에 의해서 우리의 사고능력이 결정된다고 본다.
> 
> 정말 그럴까? 모든 색은 명도와 채도에 따라 구성된 스펙트럼 속에 놓이고, 각각의 색은 여러 언어로 표현될 수 있다. 이러한 사실에 비추어보면 우리말이 다른 언어에 비해 보다 풍부한 표현을 갖고 있다고 볼 수 없다. 나아가 _____ 따라서 우리의 생각과 판단은 언어가 아닌 경험에 의해 결정된다고 보는 쪽이 더 설득력이 있다.

① 어떤 것을 가리키는 단어가 있을 때에만 우리는 그 단어에 대하여 사고할 수 있다.
② 언어나 경험 말고도 우리의 인지능력을 결정하는 요인들이 더 존재할 가능성이 있다.
③ 더 풍부한 표현을 가진 언어를 사용함에도 불구하고 인지능력이 뛰어나지 못한 경우들도 있다.
④ 경험이 언어에 미치는 영향과 경험이 언어에 미치는 영향을 계량화하여 비교하기는 곤란한 일이다.
⑤ 개개인의 언어습득능력과 속도는 모두 다르기 때문에 인지능력에 대한 언어의 영향도 제각기 다르다.

## 02 언어추리

※ 제시된 명제가 모두 참일 때, 빈칸에 들어갈 명제로 가장 적절한 것을 고르시오. [1~3]

**Easy**

**01**

- 홍보실은 워크숍에 간다.
- _____
- 출장을 가지 않으면 워크숍에 간다.

① 홍보실이 아니면 워크숍에 가지 않는다.
② 출장을 가면 워크숍에 가지 않는다.
③ 출장을 가면 홍보실이 아니다.
④ 워크숍에 가지 않으면 출장을 가지 않는다.
⑤ 홍보실이 아니면 출장을 간다.

**02**

- 하은이는 노란 재킷을 입으면 빨간 운동화를 신는다.
- _____
- 하은이는 노란 재킷을 입으면 파란 모자를 쓴다.

① 하은이는 파란 모자를 쓰지 않으면 빨간 운동화를 신지 않는다.
② 하은이는 빨간 운동화를 신지 않으면 노란 구두를 신는다.
③ 하은이는 노란 재킷을 입지 않으면 빨간 운동화를 신지 않는다.
④ 하은이는 노란 재킷을 입으면 파란 운동화를 신는다.
⑤ 하은이는 빨간 운동화를 신지 않으면 파란 모자를 쓴다.

**03**

- 겨울에 눈이 오면 여름에 비가 온다.
- _____
- 여름에 비가 오지 않으면 가을에 서리가 내린다.

① 겨울에 눈이 오지 않으면 가을에 서리가 내린다.
② 여름에 비가 오지 않으면 겨울에 눈이 온다.
③ 가을에 서리가 내리면 여름에 비가 온다.
④ 가을에 서리가 내리지 않으면 겨울에 눈이 오지 않는다.
⑤ 겨울에 눈이 오지 않으면 여름에 비가 온다.

※ 제시된 명제가 모두 참일 때, 항상 참인 명제를 고르시오. [4~9]

**04**

- 착한 사람은 거짓말을 하지 않는다.
- 성실한 사람은 모두가 좋아한다.
- 거짓말을 하지 않는 사람은 모두가 좋아한다.

① 착한 사람은 모두가 좋아한다.
② 거짓말을 하지 않는 사람은 성실한 사람이다.
③ 모두가 좋아하는 사람은 착한 사람이다.
④ 성실한 사람은 착한 사람이다.
⑤ 성실하지 않은 사람은 거짓말을 한다.

**05**

- 커피를 좋아하는 사람은 홍차를 좋아한다.
- 우유를 좋아하는 사람은 홍차를 좋아하지 않는다.
- 우유를 좋아하지 않는 사람은 콜라를 좋아한다.

① 커피를 좋아하는 사람은 콜라를 좋아하지 않는다.
② 우유를 좋아하는 사람은 콜라를 좋아한다.
③ 커피를 좋아하는 사람은 콜라를 좋아한다.
④ 우유를 좋아하지 않는 사람은 홍차를 좋아한다.
⑤ 콜라를 좋아하는 사람은 커피를 좋아하지 않는다.

**06**

- A고등학교 학생은 봉사활동을 해야 졸업한다.
- 이번 학기에 봉사활동을 하지 않은 A고등학교 학생이 있다.

① A고등학교 졸업생은 모두 봉사활동을 했다.
② 봉사활동을 하지 않은 A고등학교 졸업생이 있다.
③ 다음 학기에 봉사활동을 해야 하는 A고등학교 학생이 있다.
④ 이번 학기에 봉사활동을 하지 않은 A고등학교 학생은 이미 봉사활동을 했다.
⑤ 다음 학기에 봉사활동을 하지 않는 학생은 졸업을 할 수 없다.

**07**
- 경환은 덕진의 손자이다.
- 수환은 휘영의 아들이다.
- 진철은 경환의 아버지이다.
- 휘영은 덕진의 형이다.

① 휘영은 진철의 조카이다.
② 휘영은 경환의 삼촌이다.
③ 덕진은 수환의 삼촌이다.
④ 진철은 수환이보다 나이가 적다.
⑤ 수환은 덕진의 아들이다.

**08**
- 사과를 좋아하면 배를 좋아하지 않는다.
- 귤을 좋아하면 배를 좋아한다.
- 귤을 좋아하지 않으면 오이를 좋아한다.

① 사과를 좋아하면 오이를 좋아하지 않는다.
② 배를 좋아하면 오이를 좋아한다.
③ 귤을 좋아하면 사과를 좋아한다.
④ 배를 좋아하지 않으면 사과를 좋아한다.
⑤ 사과를 좋아하면 오이를 좋아한다.

**09**
- 관수는 보람보다 크다.
- 창호는 보람보다 작다.
- 동주는 관수보다 크다.
- 인성은 보람보다 작지 않다.

① 인성은 창호보다 크고 관수보다 작다.
② 보람은 동주, 관수보다 작지만 창호보다는 크다.
③ 창호는 관수, 보람보다 작지만 인성보다는 크다.
④ 동주는 관수, 보람, 창호, 인성보다 크다.
⑤ 관수는 인성보다 작지만 창호보다 크다.

※ 제시된 문장을 참고하여 내린 A, B의 결론에 대한 판단으로 항상 옳은 것을 고르시오. [10~11]

**10**

- 영호는 우혁이보다 수학성적이 더 좋다.
- 영호는 우혁이보다 과학성적이 더 좋다.
- 우혁이는 영호보다 영어성적이 더 좋다.

A : 수학성적이 좋은 사람은 모두 과학성적이 좋다.
B : 우혁이는 언어적인 능력이 뛰어나다.

① A만 옳다.
② B만 옳다.
③ A, B 모두 옳다.
④ A, B 모두 틀리다.
⑤ A, B 모두 옳은지 틀린지 판단할 수 없다.

**11**

- 뇌세포가 일정 비율 이상 활동하지 않으면 집중력이 떨어진다.
- 잠이 잘 오면 얕게 자지 않아 다음 날 쾌적하게 된다.
- 잠이 잘 오지 않는다면 뇌세포가 일정 비율 이상 활동하고 있다는 것이다.

A : 뇌세포가 일정 비율 이상 활동하지 않으면 얕게 자지 않아 다음 날 쾌적하게 된다.
B : 집중력이 떨어지면 얕게 자지 않아 다음 날 쾌적하게 된다.

① A만 옳다.
② B만 옳다.
③ A와 B 모두 옳다.
④ A와 B 모두 틀리다.
⑤ A와 B 모두 옳은지 틀린지 판단할 수 없다.

**12** A ~ E 5명은 한국사 시험에 함께 응시하였다. 시험 중 부정행위가 일어났다고 할 때, 다음 〈조건〉을 통해 부정행위를 한 사람을 모두 고르면?

> **조건**
> - 2명이 부정행위를 저질렀다.
> - B와 C는 같이 부정행위를 하거나 같이 부정행위를 하지 않았다.
> - B나 E가 부정행위를 했다면, A도 부정행위를 했다.
> - C가 부정행위를 했다면, D도 부정행위를 했다.
> - E가 부정행위를 하지 않았으면, D도 부정행위를 하지 않았다.

① A, B
② A, E
③ B, C
④ C, D
⑤ D, E

**13** C사의 건물은 5층이고 A ~ E 5개 부서가 있다. 각 부서는 한 층에 1개씩 위치하고 있다. 〈조건〉이 다음과 같을 때, 항상 참인 것은?

> **조건**
> - A부서는 1층과 5층에 위치하고 있지 않다.
> - B부서와 D부서는 인접하고 있다.
> - A부서와 E부서 사이에 C부서가 위치하고 있다.
> - A부서와 D부서는 인접하고 있지 않다.

① B부서는 2층에 있다.
② D부서는 1층에 있다.
③ D부서는 5층에 있다.
④ A부서는 3층에 있다.
⑤ C부서는 4층에 있다.

**14** A ~ E 5명의 사원은 회사 업무로 인해 외근을 나가려 한다. 다음 명제들이 모두 참이라고 할 때, 항상 참인 것은?

- A가 외근을 나가면 B도 외근을 나간다.
- A가 외근을 나가면 D도 외근을 나간다.
- D가 외근을 나가면 E도 외근을 나간다.
- C가 외근을 나가지 않으면 B도 외근을 나가지 않는다.
- D가 외근을 나가지 않으면 C도 외근을 나가지 않는다.

① B가 외근을 나가면 A도 외근을 나간다.
② D가 외근을 나가면 C도 외근을 나간다.
③ A가 외근을 나가면 E도 외근을 나간다.
④ C가 외근을 나가지 않으면 D도 외근을 나가지 않는다.
⑤ B가 외근을 나가지 않으면 D도 외근을 나가지 않는다.

**Hard**

**15** C사에서 옥상 정원을 조성하기 위해, 나무를 4줄로 심으려고 한다. 각 줄에 2종류의 나무를 심을 때, 다음에 근거하여 바르게 추론한 것은?

- 은행나무는 가장 앞줄에 있다.
- 소나무와 감나무는 같은 줄에 있고, 느티나무의 바로 앞줄이다.
- 밤나무는 가장 뒷줄에 있다.
- 플라타너스는 감나무와 벚나무의 사이에 있다.
- 단풍나무는 소나무보다는 앞줄에 있지만, 벚나무보다는 뒤에 있다.

① 은행나무는 느티나무와 같은 줄에 있다.
② 벚나무는 첫 번째 줄에 있다.
③ 단풍나무는 플라타너스 옆에 있으며 세 번째 줄이다.
④ 플라타너스보다 뒤에 심은 나무는 없다.
⑤ 벚나무보다 뒤에 심어진 나무는 4종류이다.

※ 다음 글의 주장에 대한 반박으로 가장 적절한 것을 고르시오. [16~17]

**16**

> 보통의 질병은 병균이나 바이러스를 통해 감염되며, 병에 걸리는 원인으로는 개인적 요인의 영향이 가장 크다. 어떤 사람이 바이러스에 노출되었다면 그 사람이 평소에 위생 관리를 철저히 하지 않았기 때문이다. 또한 꾸준히 건강을 관리하지 않은 사람은 더 쉽게 병균에 노출될 것이다.

① 바이러스에 노출되지 않기 위해서는 사람이 많은 곳을 피하고, 개인위생을 철저히 해야 한다.
② 병균이나 바이러스의 감염 경로를 자세하게 추적함으로써 질병의 감염원을 명확하게 파악할 수 있다.
③ 발병한 사람들 전체를 고려하면 성별, 계층, 직업 등의 요인에 따라 질병 종류나 심각성이 다르게 나타난다.
④ 불특정 다수에게 발병할 수 있는 감염병은 개인적 차원에서 벗어나 사회적 차원에서 국가가 관리하여야 한다.
⑤ 규칙적인 식사와 운동을 통해 건강을 관리하는 사람들의 발병률은 그렇지 않은 사람들에 비해 상대적으로 낮다.

**17**

> 인공지능 면접은 더 많이 활용되어야 한다. 인공지능을 활용한 면접은 인터넷에 접속하여 인공지능과 문답하는 방식으로 진행되는데, 지원자는 시간과 공간에 구애받지 않고 면접에 참여할 수 있는 편리성이 있어 면접 기회가 확대된다. 또한 회사는 면접에 소요되는 인력을 줄여, 비용 절감 측면에서 경제성이 크다. 실제로 인공지능을 면접에 활용한 C회사는 전년 대비 2억 원 정도의 비용을 절감했다. 그리고 기존 방식의 면접에서는 면접관의 주관이 개입될 가능성이 큰 데 반해, 인공지능을 활용한 면접에서는 빅데이터를 바탕으로 한 일관된 평가 기준을 적용할 수 있다. 이러한 평가의 객관성 때문에 많은 회사들이 인공지능 면접을 도입하는 추세이다.

① 면접관의 주관적인 생각이나 견해로는 지원자의 잠재력을 판단하기 어렵다.
② 빅데이터는 사회에서 형성된 정보가 축적된 결과물이므로 왜곡될 가능성이 적다.
③ 인공지능을 활용한 면접은 기술적으로 완벽하기 때문에 인간적 공감을 떨어뜨린다.
④ 회사의 특수성을 고려해 적합한 인재를 선발하려면 오히려 해당 분야의 경험이 축적된 면접관의 생각이나 견해가 면접 상황에서 중요한 판단 기준이 되어야 한다.
⑤ 회사 관리자 대상의 설문 조사에서 인공지능을 활용한 면접을 신뢰한다는 비율이 높게 나온 것으로 보아 기존의 면접 방식보다 지원자의 잠재력을 판단하는 데 더 적합하다.

**18** 체육의 날을 맞이하여 기획개발팀 4명은 다른 팀 사원들과 각각 15회씩 배드민턴 경기를 하였다. 팀원들은 다음과 같은 점수계산 방법에 따라 각자 자신의 경기 결과를 종합하여 결과를 발표하였다. 다음 〈조건〉을 참고할 때, 기획개발팀의 팀원 중 거짓을 말한 사람을 고르면?

조건
- 점수계산 방법 : 각 경기에서 이길 경우 7점, 비길 경우 3점, 질 경우 −4점을 받는다.
- 각자 15회의 경기 후 자신의 합산 점수를 다음과 같이 발표하였다.
 'A팀장 93점, B대리 90점, C대리 84점, D연구원 79점'

① A팀장　　　　　　　　　② B대리
③ C대리　　　　　　　　　④ D연구원
⑤ 없음

**Easy**

**19** 백화점에서 함께 쇼핑을 한 A~E는 일정 금액 이상 구매 시 추첨을 통해 경품을 제공하는 백화점 이벤트에 응모하였다. 얼마 후 당첨자가 발표되었고, A~E 중 1명이 1등에 당첨되었다. 다음 A~E의 대화에서 1명이 거짓말을 한다고 할 때, 1등 당첨자는 누구인가?

- A : C는 1등이 아닌 3등에 당첨됐어.
- B : D가 1등에 당첨됐고, 나는 2등에 당첨됐어.
- C : A가 1등에 당첨됐어.
- D : C의 말은 거짓이야.
- E : 나는 5등에 당첨되었어.

① A　　　　　　　　　② B
③ C　　　　　　　　　④ D
⑤ E

**20**  연극 동아리 회원인 갑~무 5명은 얼마 남지 않은 연극 연습을 위해 동아리 회장으로부터 동아리 방의 열쇠를 빌렸으나, 얼마 뒤 이들 중 1명이 동아리 방의 열쇠를 잃어버렸다. 다음 갑~무의 대화에서 2명이 거짓말을 한다고 할 때, 다음 중 열쇠를 잃어버린 사람은?

- 갑 : 나는 누군가가 회장에게 열쇠를 받는 것을 봤어. 난 열쇠를 갖고 있던 적이 없어.
- 을 : 나는 회장에게 열쇠를 받지 않았어. 열쇠를 잃어버린 사람은 정이야.
- 병 : 나는 마지막으로 무가 열쇠를 가지고 있는 것을 봤어. 무가 열쇠를 잃어버린 게 확실해.
- 정 : 갑과 을 중 1명이 회장에게 열쇠를 받았고, 그중 1명이 열쇠를 잃어버렸어.
- 무 : 사실은 내가 열쇠를 잃어버렸어.

① 갑  
② 을  
③ 병  
④ 정  
⑤ 무

## 03 자료해석

**01** A유통회사는 LED전구를 수입하여 국내에 판매할 계획을 세우고 있다. 다음은 동급의 LED전구를 생산하는 해외업체들의 가격정보이다. 어떤 기업의 판매단가가 가격 경쟁력이 가장 높은가?

〈기업별 가격정보〉

| 구분 | A기업 | B기업 | C기업 | D기업 | E기업 |
|---|---|---|---|---|---|
| 판매단가(개당) | 8USD | 50CNY | 270TWD | 30AED | 550INR |
| 교환비율 | 1 | 6 | 35 | 3 | 70 |

※ 교환비율 : USD를 기준으로 다른 화폐와 교환할 수 있는 비율

① A기업
② B기업
③ C기업
④ D기업
⑤ E기업

Easy

**02** 어떤 고등학생이 13살 동생, 40대 부모님, 65세 할머니와 함께 박물관에 가려고 한다. 주말에 입장할 때와 주중에 입장할 때의 요금 차이는?

〈박물관 입장료〉

| 구분 | 주말 | 주중 |
|---|---|---|
| 어른 | 20,000원 | 18,000원 |
| 중·고등학생 | 15,000원 | 13,000원 |
| 어린이 | 11,000원 | 10,000원 |

※ 어린이 : 3살 이상 ~ 13살 이하
※ 경로 : 65세 이상은 50% 할인

① 8,000원
② 9,000원
③ 10,000원
④ 11,000원
⑤ 12,000원

Easy

**03** 다음은 사내전화 평균 통화시간을 조사한 자료이다. 평균 통화시간이 6~9분인 여자의 수는 12분 이상인 남자의 수의 몇 배인가?

〈사내전화 평균 통화시간〉

| 구분 | 남자 | 여자 |
|---|---|---|
| 3분 이하 | 33% | 26% |
| 3~6분 | 25% | 21% |
| 6~9분 | 18% | 18% |
| 9~12분 | 14% | 16% |
| 12분 이상 | 10% | 19% |
| 대상 인원수 | 600명 | 400명 |

① 1.1배 ② 1.2배
③ 1.3배 ④ 1.4배
⑤ 1.5배

**04** C카드사는 카드 이용 시 제공되는 할인 서비스에 대한 기존 고객의 선호도를 조사하여 신규 상품에 적용하고자 한다. C카드사 이용 고객 2,000명을 대상으로 실시한 선호도 조사 결과가 다음과 같을 때, 이에 대한 설명으로 옳은 것을 〈보기〉에서 모두 고르면?

〈할인 서비스 선호도 조사 결과〉

(단위 : %)

| 구분 | 남성 | 여성 | 전체 |
|---|---|---|---|
| 주유 | 18 | 22 | 20 |
| 온라인 쇼핑 | 10 | 18 | 14 |
| 영화관 | 24 | 23 | 23.5 |
| 카페 | 8 | 13 | 10.5 |
| 제과점 | 22 | 17 | 19.5 |
| 편의점 | 18 | 7 | 12.5 |

※ 응답자들은 가장 선호하는 할인 서비스 항목 1개를 선택함

보기

ㄱ. 선호도 조사 응답자 2,000명의 남녀 비율은 동일하다.
ㄴ. 편의점 할인 서비스는 남성보다 여성 응답자가 더 선호한다.
ㄷ. 온라인 쇼핑 할인 서비스를 선택한 남성은 모두 130명이다.
ㄹ. 남성과 여성 응답자는 모두 영화관 할인 서비스를 가장 선호한다.

① ㄱ, ㄴ ② ㄱ, ㄹ
③ ㄴ, ㄷ ④ ㄴ, ㄹ
⑤ ㄷ, ㄹ

**05** 다음은 2015 ~ 2024년 범죄별 발생건수에 대한 자료이다. 이에 대한 설명으로 옳은 것은?

⟨2015 ~ 2024년 범죄별 발생건수⟩

(단위 : 천 건)

| 구분 | 2015년 | 2016년 | 2017년 | 2018년 | 2019년 | 2020년 | 2021년 | 2022년 | 2023년 | 2024년 |
|---|---|---|---|---|---|---|---|---|---|---|
| 사기 | 282 | 272 | 270 | 266 | 242 | 235 | 231 | 234 | 241 | 239 |
| 절도 | 366 | 356 | 371 | 354 | 345 | 319 | 322 | 328 | 348 | 359 |
| 폭행 | 139 | 144 | 148 | 149 | 150 | 155 | 161 | 158 | 155 | 156 |
| 방화 | 5 | 4 | 2 | 1 | 2 | 5 | 2 | 4 | 5 | 3 |
| 살인 | 3 | 11 | 12 | 13 | 13 | 15 | 16 | 12 | 11 | 14 |

① 2015 ~ 2024년 동안 범죄별 발생건수의 순위는 매년 동일하다.
② 2015년 대비 2024년 전체 범죄 발생건수 감소율은 5% 이상이다.
③ 2015 ~ 2024년 동안 발생한 방화의 총 발생건수는 3만 건 미만이다.
④ 2017년 전체 범죄 발생건수 중 절도가 차지하는 비율은 50% 이상이다.
⑤ 2016 ~ 2024년까지 전년 대비 사기 범죄 발생건수 증감추이는 폭행의 경우와 반대이다.

**06** 다음은 C사 서비스 센터에서 A지점의 만족도를 조사한 자료이다. 이에 대한 설명으로 옳지 않은 것은?

⟨서비스 만족도 조사 결과⟩

| 만족도 | 응답자 수(명) | 비율 |
|---|---|---|
| 매우 만족 |  | 20% |
| 만족 | 33 | 22% |
| 보통 |  |  |
| 불만족 | 24 | 16% |
| 매우 불만족 | 15 |  |
| 합계 | 150 | 100% |

① 고객 중 $\frac{1}{5}$이 '매우 불만족'으로 평가하였다.
② '불만족' 이하 구간이 26%의 비중을 차지하고 있다.
③ 방문 고객 150명을 대상으로 은행서비스 만족도를 조사하였다.
④ 내방 고객의 약 $\frac{1}{3}$이 본 지점의 서비스 만족도를 '보통'으로 평가하였다.
⑤ 응답한 고객 중 30명이 본 지점의 서비스를 '매우 만족'한다고 평가하였다.

**07** 다음은 K공사에서 실시한 직원들의 진급시험 평균점수 분포표이다. 전체 평균점수는 얼마인가?

〈진급시험 평균점수 분포표〉

(단위 : 점, 명)

| 점수 | 인원 | 점수 | 인원 |
|---|---|---|---|
| 55 | 9 | 80 | 5 |
| 60 | 7 | 85 | 4 |
| 65 | 0 | 90 | 6 |
| 70 | 6 | 95 | 3 |
| 75 | 8 | 100 | 2 |

① 70점  ② 72점
③ 74점  ④ 76점
⑤ 78점

**08** 다음은 2017 ~ 2024년 C기업의 콘텐츠 유형별 매출액을 조사한 자료이다. 이에 대한 설명으로 옳은 것은?

〈C기업의 콘텐츠 유형별 매출액〉

(단위 : 억 원)

| 구분 | SNS | 영화 | 음원 | 게임 | 합계 |
|---|---|---|---|---|---|
| 2017년 | 30 | 371 | 108 | 235 | 744 |
| 2018년 | 45 | 355 | 175 | 144 | 719 |
| 2019년 | 42 | 391 | 186 | 178 | 797 |
| 2020년 | 59 | 508 | 184 | 269 | 1,020 |
| 2021년 | 58 | 758 | 199 | 485 | 1,500 |
| 2022년 | 308 | 1,031 | 302 | 470 | 2,111 |
| 2023년 | 104 | 1,148 | 411 | 603 | 2,266 |
| 2024년 | 341 | 1,510 | 419 | 689 | 2,959 |

① 영화 매출액은 매년 전체 매출액의 30% 이상이다.
② 게임과 음원은 2018 ~ 2019년에 전년 대비 매출액의 증감 추이가 같다.
③ 2017 ~ 2024년 동안 매년 음원 매출액은 SNS 매출액의 2배 이상이다.
④ 2019년에는 모든 콘텐츠 유형의 매출액이 전년에 비해 증가하였다.
⑤ 2022년에 전년 대비 매출액 증가율이 가장 큰 콘텐츠 유형은 영화이다.

**09** 다음은 올해의 C시 5개 구 주민의 돼지고기 소비량에 대한 자료이다. 〈조건〉을 참고할 때, 변동계수가 3번째로 큰 구는?

〈5개 구 주민의 돼지고기 소비량 통계〉

(단위 : kg)

| 구분 | 평균(1인당 소비량) | 표준편차 |
|---|---|---|
| A구 |  | 5 |
| B구 |  | 4 |
| C구 | 30 | 6 |
| D구 | 12 | 4 |
| E구 |  | 8 |

※ [변동계수(%)] = $\dfrac{(표준편차)}{(평균)} \times 100$

**조건**
- A구의 1인당 소비량과 B구의 1인당 소비량을 합하면 C구의 1인당 소비량과 같다.
- A구의 1인당 소비량과 D구의 1인당 소비량을 합하면 E구 1인당 소비량의 2배와 같다.
- E구의 1인당 소비량은 B구의 1인당 소비량보다 6kg 더 많다.

① A구   ② B구
③ C구   ④ D구
⑤ E구


**10** C마트에서는 아이스크림 제조공장에서 아이스크림을 유통하여 소비자에게 판매한다. 다음은 아이스크림의 공장 판매가와 최대 판매 개수에 대한 자료이다. C마트가 60만 원 이상의 순이익을 내고자 할 때 각 아이스크림의 가격을 최소 얼마 이상으로 해야 하는가?(단, 판매하는 아이스크림 개수를 최소한으로 하려 하고, 판매가는 공장 판매가의 5배를 넘기지 않는다)

〈아이스크림별 공장 판매가와 최대 판매 개수〉

| 구분 | 공장 판매가 | 최대 판매 개수 |
|---|---|---|
| A | 100원 | 250개 |
| B | 150원 | 300개 |
| C | 200원 | 400개 |

|  | A | B | C |
|---|---|---|---|
| ① | 400원 | 650원 | 900원 |
| ② | 350원 | 600원 | 800원 |
| ③ | 450원 | 700원 | 950원 |
| ④ | 500원 | 750원 | 1,000원 |
| ⑤ | 550원 | 800원 | 1,050원 |

**11** 다음은 지역별 1인 가구 현황에 대한 자료이다. 이에 대한 설명으로 옳지 않은 것은?

〈지역별 1인 가구 현황〉

(단위 : 만 가구)

| 구분 | 2021년 | | 2022년 | | 2023년 | |
|---|---|---|---|---|---|---|
| | 전체 가구 | 1인 가구 | 전체 가구 | 1인 가구 | 전체 가구 | 1인 가구 |
| 전국 | 1,907 | 513 | 1,933 | 528 | 1,970 | 532 |
| 서울특별시 | 377 | 109 | 378 | 110 | 380 | 133 |
| 부산광역시 | 133 | 32 | 135 | 33 | 135 | 38 |
| 대구광역시 | 92 | 21 | 93 | 22 | 95 | 25 |
| 인천광역시 | 105 | 25 | 105 | 25 | 107 | 26 |
| 대전광역시 | 58 | 16 | 60 | 18 | 60 | 19 |
| 울산광역시 | 42 | 10 | 42 | 10 | 43 | 11 |
| 기타 지역 | 1,100 | 300 | 1,120 | 310 | 1,150 | 280 |

① 2021 ~ 2023년 동안 해마다 1인 가구 수는 전국적으로 증가하고 있다.
② 2021년과 2023년 모두 부산광역시 1인 가구 수는 대전광역시 1인 가구 수의 2배이다.
③ 2023년 서울특별시 전체 가구 수 중에서 1인 가구 수가 차지하는 비중은 30% 이상이다.
④ 대전광역시와 울산광역시의 1인 가구 수의 합은 인천광역시의 1인 가구 수보다 항상 많다.
⑤ 2023년 서울특별시의 1인 가구 수는 전국의 1인 가구 수의 20% 이하이다.

**12** C대리는 자기계발을 위해 집 근처 문화센터에서 하는 프로그램에 수강신청을 하려고 한다. 문화센터 프로그램 안내표를 보고 이에 대한 설명으로 옳지 않은 것은?(단, 시간이 겹치는 프로그램은 수강할 수 없으나 강좌 종료시간과 시작시간이 겹쳐 연속 수강하는 것은 가능하다)

〈문화센터 프로그램 안내표〉

| 구분 | 수강료(3달 기준) | 강좌시간 |
|---|---|---|
| 중국어 회화 | 60,000원 | 11:00 ~ 12:30 |
| 영어 회화 | 60,000원 | 10:00 ~ 11:30 |
| 지르박 | 180,000원 | 13:00 ~ 16:00 |
| 차차차 | 150,000원 | 12:30 ~ 14:30 |
| 자이브 | 195,000원 | 14:30 ~ 18:00 |

① 자이브의 수강 시간이 가장 길다.
② 차차차와 자이브를 둘 다 수강할 수 있다.
③ 회화 중 하나를 들으면 최소 2과목을 수강할 수 있다.
④ 시간상 C대리가 선택할 수 있는 과목은 최대 2개이다.
⑤ 중국어 회화와 차차차를 수강할 때 한 달 수강료는 7만 원이다.

**13** 다음은 A편의점의 3~8월까지 6개월간 캔 음료 판매현황 자료이다. 이에 대한 설명으로 옳지 않은 것은?(단, 3~5월은 봄, 6~8월은 여름이다)

〈월별 캔 음료 판매현황〉

(단위 : 캔)

| 구분 | 맥주 | 커피 | 탄산음료 | 이온음료 | 과일음료 |
|---|---|---|---|---|---|
| 3월 | 601 | 264 | 448 | 547 | 315 |
| 4월 | 536 | 206 | 452 | 523 | 362 |
| 5월 | 612 | 184 | 418 | 519 | 387 |
| 6월 | 636 | 273 | 456 | 605 | 406 |
| 7월 | 703 | 287 | 476 | 634 | 410 |
| 8월 | 812 | 312 | 513 | 612 | 419 |

① 맥주는 매월 커피의 2배 이상 판매되었다.
② 모든 캔 음료는 봄보다 여름에 더 잘 팔렸다.
③ 이온음료는 탄산음료보다 봄에 더 잘 팔렸다.
④ 맥주는 매월 가장 큰 판매 비중을 보이고 있다.
⑤ 모든 캔 음료는 여름에 매월 꾸준히 판매량이 증가하였다.

**14** 다음은 특정 기업 47개를 대상으로 제품전략, 기술개발 종류 및 기업형태별 기업 수를 조사한 자료이다. 이에 대한 설명으로 옳은 것은?

〈제품전략, 기술개발 종류 및 기업형태별 기업 수〉

(단위 : 개)

| 제품전략 | 기술개발 종류 | 기업형태 | |
|---|---|---|---|
| | | 벤처기업 | 대기업 |
| 시장 견인 | 존속성 기술 | 3 | 8 |
| | 와해성 기술 | 7 | 9 |
| 기술 추동 | 존속성 기술 | 5 | 7 |
| | 와해성 기술 | 5 | 3 |

※ 각 기업은 한 가지 제품전략을 취하고 한 가지 종류의 기술을 개발함

① 와해성 기술을 개발하는 기업 중에는 벤처기업의 비율이 대기업의 비율보다 낮다.
② 기술 추동 전략을 취하는 기업 중에는 존속성 기술을 개발하는 기업의 비율이 와해성 기술을 개발하는 기업의 비율보다 낮다.
③ 전체 기업 중 존속성 기술을 개발하는 기업의 비율은 와해성 기술을 개발하는 기업의 비율보다 낮다.
④ 벤처기업 중 기술 추동 전략을 취하는 기업의 비율이 시장 견인 전략을 취하는 기업의 비율보다 높다.
⑤ 대기업 중 시장 견인 전략을 취하는 기업의 비율이 기술 추동 전략을 취하는 기업의 비율보다 낮다.

**15** 다음은 A ~ D 4사의 남녀 직원 비율을 나타낸 자료이다. 이에 대한 설명으로 옳지 않은 것은?

〈회사별 남녀 직원 비율〉

(단위 : %)

| 구분 | A사 | B사 | C사 | D사 |
|---|---|---|---|---|
| 남 | 54 | 48 | 42 | 40 |
| 여 | 46 | 52 | 58 | 60 |

① A사의 남직원이 B사의 여직원보다 많다.
② B, C, D사의 여직원 수의 합은 남직원 수의 합보다 크다.
③ 여직원 대비 남직원 비율이 가장 높은 회사는 A사이며, 가장 낮은 회사는 D사이다.
④ A, B, C사의 전체 직원 수가 같다면 A, C사 여직원 수의 합은 B사 여직원 수의 2배이다.
⑤ A, B사의 전체 직원 중 남직원이 차지하는 비율이 52%라면 A사의 전체 직원 수는 B사 전체 직원 수의 2배이다.

Easy

**16** 다음은 화재발생건수 및 화재피해액을 나타낸 자료이다. 이에 대한 설명으로 옳지 않은 것은?

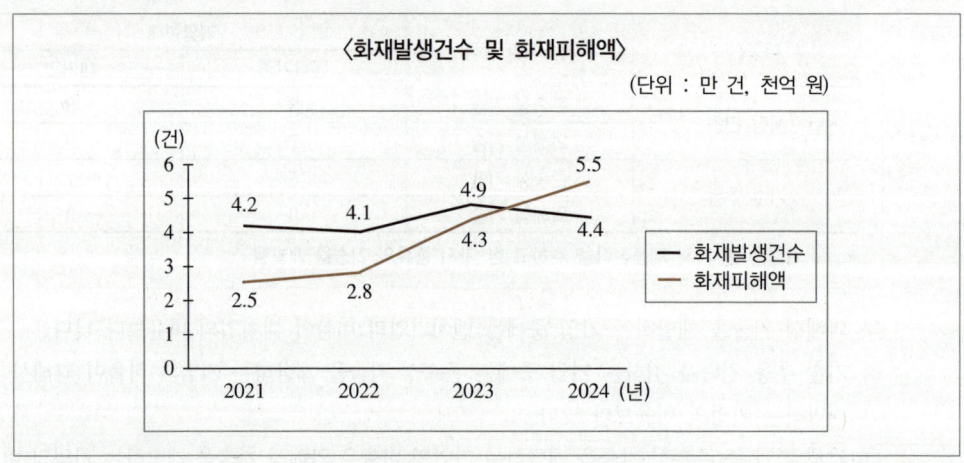

① 화재발생건수와 화재피해액은 비례한다.
② 화재피해액은 매년 증가한다.
③ 화재발생건수가 가장 높은 해는 2023년이다.
④ 화재피해액은 2023년 이후 처음으로 4천억 원을 넘어섰다.
⑤ 화재발생건수가 높다고 화재피해액도 높은 것은 아니다.

**17** 다음은 2024년 7월부터 12월까지 전 산업생산지수(원지수)에 대한 자료이다. 이에 대해 옳은 설명을 한 직원을 〈보기〉에서 모두 고르면?

〈2024년 전 산업생산지수(원지수)〉

| 구분 | 7월 | 8월 | 9월 | 10월 | 11월 | 12월 |
| --- | --- | --- | --- | --- | --- | --- |
| 전 산업생산지수<br>(농림어업 제외) | 105.8 | 104.7 | 104.0 | 108.7 | 108.4 | 115.9 |
| 광공업 | 105.9 | 103.3 | 99.5 | 110.8 | 109.0 | 107.7 |
| 건설업 | 116.8 | 115.8 | 113.8 | 114.5 | 117.8 | 142.2 |
| 서비스업 | 105.8 | 105.0 | 105.9 | 107.1 | 107.7 | 115.0 |
| 공공행정 | 97.1 | 96.4 | 100.0 | 101.4 | 103.9 | 139.0 |

※ 전 산업생산지수는 2024년 1월의 산업별 부가가치(100)를 기준으로 나타낸 것임

**보기**

- 김대리 : 2024년 1월에 비해 2024년 7월에 부가가치가 감소한 산업은 공공행정뿐이다.
- 이주임 : 2024년 7월 대비 2024년 12월에 부가가치가 증가한 산업은 광공업, 건설업뿐이다.
- 최주임 : 서비스업 생산지수는 2024년 8월에 비해 2024년 10월에 4.0% 이상 상승하였다.
- 한사원 : 공공행정 생산지수는 2024년 9월에 비해 2024년 11월에 3.9% 상승하였다.

① 김대리, 이주임  　　　　② 김대리, 한사원
③ 이주임, 최주임  　　　　④ 이주임, 한사원
⑤ 최주임, 한사원

**18** 다음 표는 2021 ~ 2024년 소비자물가지수 지역별 동향을 나타낸 자료이다. 이에 대한 설명으로 옳지 않은 것은?

〈소비자물가지수 지역별 동향〉

(단위 : %p)

| 지역명 | 등락률 | | | | 지역명 | 등락률 | | | |
|---|---|---|---|---|---|---|---|---|---|
| | 2021년 | 2022년 | 2023년 | 2024년 | | 2021년 | 2022년 | 2023년 | 2024년 |
| 전국 | 2.2 | 1.3 | 1.3 | 0.7 | 충북 | 2.0 | 1.2 | 1.2 | -0.1 |
| 서울 | 2.5 | 1.4 | 1.6 | 1.3 | 충남 | 2.4 | 1.2 | 0.5 | 0.2 |
| 부산 | 2.4 | 1.5 | 1.3 | 0.8 | 전북 | 2.2 | 1.2 | 1.1 | 0.0 |
| 대구 | 2.4 | 1.6 | 1.4 | 1.0 | 전남 | 2.0 | 1.4 | 1.0 | 0.0 |
| 인천 | 2.0 | 1.0 | 0.9 | 0.2 | 경북 | 2.0 | 1.2 | 1.0 | 0.0 |
| 경기 | 2.2 | 1.2 | 1.2 | 0.7 | 경남 | 1.9 | 1.3 | 1.4 | 0.6 |
| 강원 | 2.0 | 1.1 | 0.7 | 0.0 | 제주 | 1.2 | 1.4 | 1.1 | 0.6 |

① 2021년부터 부산의 등락률은 하락하고 있다.
② 2021 ~ 2024년 동안 모든 지역의 등락률이 하락했다.
③ 2021년에 등락률이 두 번째로 낮은 곳은 경남이다.
④ 2023년에 등락률이 가장 높은 곳은 서울이다.
⑤ 2024년에 등락률이 가장 낮은 곳은 충북이다.

**19** 다음은 경기 일부 지역의 2023 ~ 2024년 월별 미세먼지 도시오염도 현황을 나타낸 자료이다. 이에 대한 설명으로 옳지 않은 것은?(단, 소수점 첫째 자리에서 반올림한다)

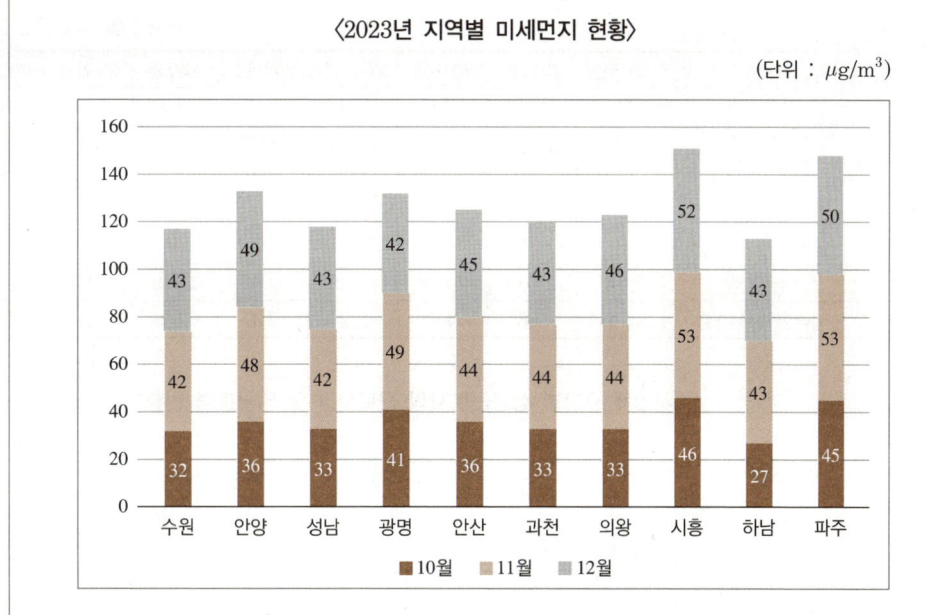

⟨2024년 지역별 미세먼지 현황⟩

(단위 : $\mu g/m^3$)

| 구분 | 1월 | 2월 | 3월 |
|---|---|---|---|
| 수원 | 44 | 42 | 47 |
| 안양 | 49 | 46 | 52 |
| 성남 | 44 | 43 | 47 |
| 광명 | 50 | 47 | 52 |
| 안산 | 49 | 44 | 46 |
| 과천 | 45 | 43 | 48 |
| 의왕 | 47 | 43 | 46 |
| 시흥 | 54 | 47 | 52 |
| 하남 | 46 | 43 | 45 |
| 파주 | 48 | 43 | 50 |

① 2023년 10 ~ 12월까지 미세먼지 농도의 합이 $150\mu g/m^3$ 이상인 지역은 한 곳이다.
② 2024년 1월 대비 2월에 미세먼지 현황이 좋아진 지역은 모두 3월에 다시 나빠졌다.
③ 2024년 1월 미세먼지 농도의 전월 대비 증감률이 0%인 지역의 2024년 2월 농도는 $45\mu g/m^3$ 이상이다.
④ 2023년 10월부터 2024년 3월까지 각 지역마다 미세먼지 농도가 가장 높은 달이 3월인 지역은 네 곳 이하이다.
⑤ 2023년 10월의 미세먼지 농도가 $35\mu g/m^3$ 미만인 지역의 2024년 2월 미세먼지 농도의 평균은 약 $43\mu g/m^3$이다.

**20** 다음은 우리나라 사업체 임금과 근로시간에 대한 자료이다. 이를 나타낸 그래프로 옳지 않은 것은?

〈월평균 근로일수, 근로시간, 임금총액 현황〉

(단위 : 일, 시간, 천 원, %)

| 구분 | 2016년 | 2017년 | 2018년 | 2019년 | 2020년 | 2021년 | 2022년 | 2023년 |
|---|---|---|---|---|---|---|---|---|
| 근로일수 | 22.7 | 22.3 | 21.5 | 21.5 | 21.5 | 21.5 | 21.3 | 21.1 |
| 근로시간 | 191.2 | 188.4 | 184.8 | 184.4 | 184.7 | 182.1 | 179.9 | 178.1 |
| 주당근로시간 | 44.1 | 43.4 | 42.6 | 42.5 | 42.5 | 41.9 | 41.4 | 41.0 |
| 전년 대비 근로시간 증감률 | -2.0 | -1.5 | -1.9 | -0.2 | 0.2 | -1.4 | -1.2 | -1.0 |
| 임금총액 | 2,541 | 2,683 | 2,802 | 2,863 | 3,047 | 3,019 | 3,178 | 3,299 |
| 임금총액 상승률 | 5.7 | 5.6 | 4.4 | 2.2 | 6.4 | -0.9 | 5.3 | 3.8 |

〈사업체 규모별 상용근로자의 근로시간 및 임금총액 현황〉

(단위 : 시간, 천 원)

| 구분 | | 전규모 | 5~9인 | 10~29인 | 30~99인 | 100~299인 | 300인 이상 |
|---|---|---|---|---|---|---|---|
| 2018년 | 근로시간 | 184.8 | 187.0 | 188.5 | 187.2 | 183.8 | 177.2 |
| | 임금총액 | 2,802 | 2,055 | 2,385 | 2,593 | 2,928 | 3,921 |
| 2019년 | 근로시간 | 184.4 | 187.3 | 187.6 | 185.8 | 185.1 | 177.0 |
| | 임금총액 | 2,863 | 2,115 | 2,442 | 2,682 | 2,957 | 3,934 |
| 2020년 | 근로시간 | 184.7 | 186.9 | 187.1 | 187.0 | 187.9 | 175.9 |
| | 임금총액 | 3,047 | 2,212 | 2,561 | 2,837 | 3,126 | 4,291 |
| 2021년 | 근로시간 | 182.1 | 182.9 | 182.9 | 184.7 | 184.3 | 176.3 |
| | 임금총액 | 3,019 | 2,186 | 2,562 | 2,864 | 3,113 | 4,273 |
| 2022년 | 근로시간 | 179.9 | 180.8 | 180.2 | 183.3 | 182.8 | 173.6 |
| | 임금총액 | 3,178 | 2,295 | 2,711 | 3,046 | 3,355 | 4,424 |
| 2023년 | 근로시간 | 178.1 | 178.9 | 178.8 | 180.8 | 180.3 | 172.5 |
| | 임금총액 | 3,299 | 2,389 | 2,815 | 3,145 | 3,484 | 4,583 |

①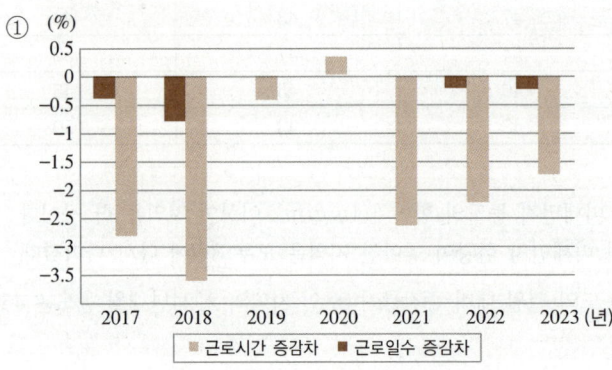
근로시간 증감차 ■ 근로일수 증감차

② (천 원)

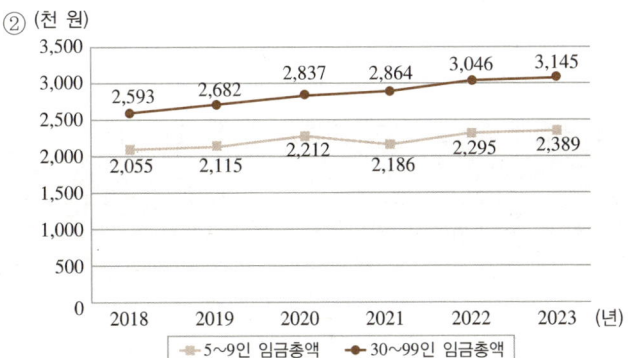

③ (년도)

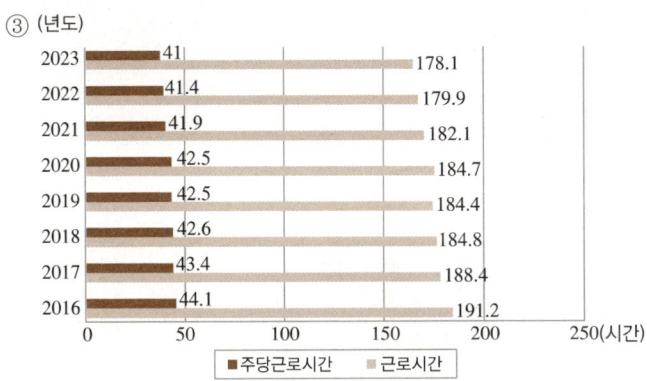

④ (시간)

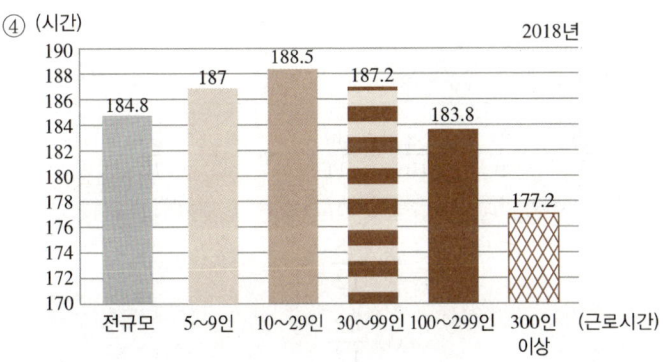

⑤ (시간)

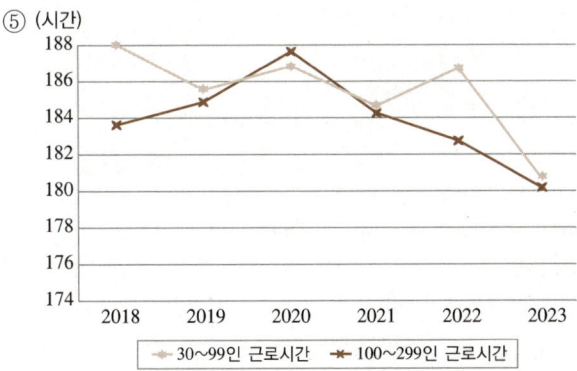

## 04 창의수리

※ 일정한 규칙으로 수를 나열할 때, 빈칸에 들어갈 알맞은 수를 고르시오. [1~5]

**01**

$$-5 \quad 2 \quad 16 \quad 37 \quad 65 \quad (\ )$$

① 85
② 90
③ 95
④ 98
⑤ 100

**02**

$$-3 \quad -6 \quad (\ ) \quad -66 \quad -258 \quad -1{,}026$$

① $-55$
② $-47$
③ $-27$
④ $-18$
⑤ $-21$

**03**

$$\frac{8}{7} \quad \frac{16}{8} \quad \frac{24}{9} \quad \frac{32}{10} \quad \frac{40}{11} \quad (\ ) \quad \frac{56}{13}$$

① $\dfrac{45}{12}$
② $\dfrac{48}{12}$
③ $\dfrac{49}{12}$
④ $\dfrac{42}{12}$
⑤ $\dfrac{52}{12}$

**04**

$$84 \quad 21 \quad 38 \quad 9.5 \quad 15 \quad 3.75 \quad (\ )$$

① 3.5
② 4.5
③ 5.5
④ 6.5
⑤ 7.5

**05**

| 8 5 2 7 ( ) 2 10 3 6 |

① 6  ② 5
③ 4  ④ 3
⑤ 2

**Easy**
**06** $(x+y)^2=24$, $x^2+y^2=14$일 때, $xy$는?

① 3  ② 5
③ 8  ④ 10
⑤ 12

**Easy**
**07** 다음 방정식에서 미지수 $x$의 해 2개의 합은?

$$3x(2x-24)+2x=2(x-105)$$

① $-12$  ② $-2$
③ 2  ④ 6
⑤ 12

**Easy**
**08** 등산을 하는데 산을 올라갈 때는 3km/h의 속력으로 걷고, 내려올 때는 올라갈 때보다 5km 더 먼 길을 4km/h의 속력으로 걷는다. 올라갔다가 내려올 때 총 3시간이 걸렸다면, 올라갈 때 걸은 거리는?

① 3km  ② 4km
③ 5km  ④ 6km
⑤ 7km

**09** 둘레가 600m인 연못을 A와 B가 서로 반대 방향으로 걷는다. A는 15m/min의 속력으로 걷고, B는 A보다 더 빠른 속력으로 걷는다. 두 사람이 같은 위치에서 동시에 출발하여, 1시간 후 5번째로 만났다면 B의 속력은?

① 20m/min  
② 25m/min  
③ 30m/min  
④ 35m/min  
⑤ 40m/min

**Easy**

**10** C씨를 포함한 6명이 식당에서 식사를 마치고 계산을 하려고 한다. 72,000원이 찍혀있는 계산서를 가지고 계산대에 있는 식당 아르바이트생에게 6명의 카드를 모두 주면서, 이 중 1개의 카드를 골라 계산해주든지 더치페이로 계산해주든지 알아서 해달라고 부탁을 했다. C씨가 12,000원 이상 결제할 확률은?(단, 아르바이트생이 하나의 카드로 계산할 확률은 80%, 더치페이로 계산할 확률은 20%이다)

① $\frac{1}{7}$  
② $\frac{1}{6}$  
③ $\frac{1}{5}$  
④ $\frac{1}{4}$  
⑤ $\frac{1}{3}$

**11** 농도 12%의 소금물 600g에 물을 넣어 농도 4% 이하의 소금물을 만들고자 한다. 부어야 하는 물은 최소 몇 g인가?

① 1,150g  
② 1,200g  
③ 1,250g  
④ 1,300g  
⑤ 1,350g

**12** 농도 6%의 소금물 A와 농도 8%의 소금물 B가 각각 300g 있다. 소금물 A에서 100g을 소금물 B로 덜어낸 후 골고루 섞어 다시 80g을 옮겼다. 이때 소금물 A의 농도는?(단, 소수점 둘째 자리에서 반올림한다)

① 5.3%  
② 5.9%  
③ 6.2%  
④ 6.4%  
⑤ 6.8%

**13** 어머니와 딸의 나이의 합은 55세이고 16년 후 어머니의 나이는 딸의 나이의 2배보다 3세 많을 때 현재 딸의 나이는?

① 12세
② 13세
③ 14세
④ 15세
⑤ 16세

**14** A씨는 10원짜리 2개, 50원짜리 1개, 100원짜리 2개, 500원짜리 1개를 가지고 있다. 이때 A씨가 지불할 수 있는 금액의 경우의 수는?(단, 0원은 지불금액에 포함하지 않는다)

① 32가지
② 33가지
③ 34가지
④ 35가지
⑤ 36가지

**15** 직원 수가 36명인 C사가 워크숍을 떠나려 한다. 워크숍에는 전체 남직원의 $\frac{1}{6}$과 전체 여직원의 $\frac{1}{3}$이 참가하였다. 워크숍에 참가한 총 직원이 C사 전체 직원의 $\frac{2}{9}$라고 할 때, C사의 남직원은 총 몇 명인가?

① 12명
② 16명
③ 18명
④ 20명
⑤ 24명

**16** 세희는 인터넷 슈퍼에서 자두와 귤을 합하여 12개를 사려고 한다. 자두 1개의 가격은 1,000원, 귤 1개의 가격은 800원이고, 배송료가 2,500원일 때, 총 가격이 13,000원 이하가 되게 하려면 자두를 최대 몇 개까지 살 수 있는가?

① 2개
② 3개
③ 4개
④ 5개
⑤ 6개

**17** 어떤 일을 혼자 완성하는 데 A과장은 4일, B대리는 6일이 걸린다. 이 일을 A과장이 2일 동안 한 후 나머지는 B대리가 완성한다고 할 때, B대리가 일을 한 날은 며칠인가?

① 2일　　　　　　　　　　② 3일
③ 4일　　　　　　　　　　④ 5일
⑤ 6일

**18** C기업은 해외 기업으로부터 대리석을 수입하여 국내 건설업체에 납품하고 있다. 최근 파키스탄의 H기업과 대리석 1톤을 수입하는 거래를 체결하였다. 수입대금으로 지불해야 할 금액은 원화로 얼마인가?(단, 제시된 정보만 고려한다)

> • 환율정보
>   - 1달러=100루피
>   - 1달러=1,160원
> • 대리석 10kg당 가격 : 35,000루피

① 3,080만 원　　　　　　② 3,810만 원
③ 4,060만 원　　　　　　④ 4,600만 원
⑤ 5,800만 원

**19** 갑과 을 두 설문 조사팀은 병의원 만족도 조사를 위해 각각 1,000명, 200명의 표본 집단을 대상으로 설문조사를 실시하였다. 총점 10점 만점에 각각 평균 5.5점, 7점이 나왔을 때, 이 두 집단의 전체 평균 만족도는 몇 점인가?

① 3.75점　　　　　　　　② 4.75점
③ 5.75점　　　　　　　　④ 6.75점
⑤ 7.75점

`Hard`

**20** 작년 A제품과 B제품의 총판매량은 800개였다. 올해 A제품의 판매량은 50% 증가하였고, B제품의 판매량은 작년 A제품 판매량의 3배에 70개를 뺀 것과 같았다. 올해 총판매량이 1,280개였다면, 올해 B제품의 판매량은 작년 대비 몇 %가 증가하였는가?

① 33%　　　　　　　　　② 44%
③ 55%　　　　　　　　　④ 66%
⑤ 77%

## 제 2 회 최종점검 모의고사

응시시간 : 60분　문항 수 : 80문항

---

### 01 언어이해

**01** 다음 글의 주제로 가장 적절한 것은?

> 오늘날 사회계층 간 의료수혜의 불평등이 심해진 의료이용도의 소득계층별, 지역별, 성별, 직업별, 연령별 차이가 사회적 불만의 한 원인으로 대두되고, 보건의료서비스가 의·식·주에 이어 제4의 기본적 수요로 인식됨에 따라 의료보장제도의 필요성이 나날이 높아지고 있다.
> 의료보장제도란 국민의 건강권을 보호하기 위하여 요구되는 필요한 보건의료서비스를 국가나 사회가 제도적으로 제공하는 것을 말하며, 건강보험, 의료급여, 산재보험을 포괄한다. 이를 통해 상대적으로 과다한 재정의 부담을 경감시킬 수 있으며, 국민의 주인의식과 참여 의식을 조장할 수 있다.
> 의료보장제도는 의료수혜의 불평등을 해소하기 위한 사회적·국가적 노력이며, 예측할 수 없는 질병의 발생 등에 대한 개인의 부담능력의 한계를 극복하기 위한 제도이다. 또한 개인의 위험을 사회적·국가적 위험으로 인식하여 위험의 분산 및 상호부조 인식을 제고하기 위한 제도이기도 하다.
> 의료보장제도의 의료보험(National Health Insurance) 방식은 일명 비스마르크(Bismarck)형 의료제도라고 하는데, 개인의 기여를 기반으로 한 보험료를 주재원으로 하는 제도이다. 사회보험의 낭비를 줄이기 위하여 진찰 시에 본인 일부 부담금을 부과하는 것이 특징이라 할 수 있다. 반면, 국가보건서비스(National Health Service) 방식은 일명 조세 방식, 비버리지(Beveridge)형 의료제도라고 하며, 국민의 의료문제는 국가가 책임져야 한다는 관점에서 조세를 재원으로 모든 국민에게 국가가 직접 의료를 제공하는 의료보장방식이다.

① 의료보장제도의 장단점
② 의료보장제도의 개념과 유형
③ 의료보장제도의 종류
④ 의료급여제도의 필요성
⑤ 의료급여제도의 유형

**02** 다음 글의 제목으로 가장 적절한 것은?

> 전국의 많은 근대건축물은 그동안 제도적 지원과 보호로부터 배제되고 대중과 소유주의 무관심 등으로 방치되어 왔다. 일부를 제외한 다수의 근대건축물이 철거와 멸실의 위기에 처해 있는 것이 사실이다.
> 국민이 이용하기 편리한 공간으로 용도를 바꾸면서도, 물리적인 본 모습은 유지하려는 노력을 일반적으로 '보전 가치'로 규정한다. 근대건축물의 보전 가치를 높이기 위해서는 자산의 상태를 합리적으로 진단하고, 소유자 및 이용자가 건물을 효율적으로 활용할 수 있도록 지원하는 관리체계가 필수적이다.
> 하지만 지금까지 건축자산 등록, 진흥계획 수립 등을 통해 관리주체를 공공화하려는 노력은 있었으나 구체적인 관리 기법이나 모니터링에 대한 고민은 부족했다. 즉, 기초조사를 통해 현황을 파악하고 기본적인 관리를 하는 수준에만 그쳤던 것이다. 그중에는 오랜 시간이 지나 기록도 없이 건물만 존재하는 경우가 많다.
> 근대건축물은 현대 건물과는 다른 건축양식과 특성을 지니고 있어 단순한 정보 수집으로는 건물의 현황을 제대로 관리하기가 어렵다. 그렇다면 보전 가치를 높이기 위해서는 어떤 대책이 필요할까? 먼저 일반인이 개별 소유하고 있는 건축물의 현황정보를 통합하여 관리하기 위해서는 중립적이고 객관적인 공공의 참여와 지속적인 지원이 전제되어야 한다. 특히, 근대건축물은 현행 건축·도시 관련 법률 등과 관련되어 다양한 민원과 행정업무가 수반되므로, 법률 위반과 재정 지원 여부 등을 판단하는데 있어 객관성과 중립성이 요구된다. 또한 근대건축물 관리는 도시재생, 문화관광 등의 분야에서 개별 사업으로 추진될 가능성이 높아 일원화된 관리기준도 필요하다. 만약 그렇지 못하면 사업이 일회성으로 전개될 우려가 크기 때문이다. 근대건축물이 그 정체성을 유지하고 가치를 증진하기 위해서 공공이 주축이 된 체계화·선진화된 관리방법론이 요구되는 이유이다.

① 근대건축물의 정의와 종류
② 근대건축물의 가치와 중요성
③ 현시대에 근대건축물이 지니고 있는 문제점
④ 현대 시민에게 요구되는 근대건축물에 대한 태도
⑤ 근대건축물을 공공에 의해 체계적으로 관리해야 하는 이유

※ 다음 문단을 논리적 순서대로 바르게 나열한 것을 고르시오. [3~5]

**03**

(가) 그런데 '의사, 변호사, 사장' 등은 그 직업이나 직책에 있는 모든 사람을 가리키는 것이어야 함에도 불구하고, 실제로는 남성을 가리키는 데 주로 사용되고, 여성을 가리킬 때는 '여의사, 여변호사, 여사장' 등이 따로 사용되고 있다. 즉, 여성을 예외적인 경우로 취급함으로써 남녀차별의 가치관을 이 말들에 반영하고 있는 것이다.

(나) 언어에는 사회상의 다양한 측면이 반영되어 있다. 그렇기 때문에 남성과 여성의 차이도 언어에 반영되어 있다. 한편 우리 사회는 꾸준히 양성평등을 향해서 변화하고 있지만, 언어의 변화 속도는 사회의 변화 속도를 따라가지 못한다. 따라서 국어에는 남녀차별의 사회상을 알게 해 주는 증거들이 있다.

(다) 오늘날 남녀의 사회적 위치가 과거와 다르고 지금 이 순간에도 계속 변하고 있다. 여성의 사회적 지위 향상의 결과가 앞으로 언어에 반영되겠지만, 현재 언어에 남아 있는 과거의 흔적은 우리 스스로의 노력으로 지워감으로써 남녀의 '차이'가 더 이상 '차별'이 되지 않도록 노력을 기울여야 하겠다.

(라) 우리말에는 그 자체에 성별을 구분해 주는 문법적 요소가 없다. 따라서 남성을 지칭하는 말과 여성을 지칭하는 말, 통틀어 지칭하는 말이 따로 존재해야 하지만, 국어에는 그런 경우도 있고 그렇지 않은 경우도 있다. 예를 들어 '아버지'와 '어머니'는 서로 대등하게 사용되고, '어린이'도 남녀를 구별하지 않고 가리킬 때 쓰인다.

① (나) – (가) – (라) – (다)  
② (나) – (라) – (가) – (다)  
③ (다) – (가) – (라) – (나)  
④ (다) – (나) – (라) – (가)  
⑤ (다) – (라) – (나) – (가)

**Hard**

**04**

(가) 역사드라마는 역사적 인물이나 사건 혹은 역사적 시간이나 공간에 대한 작가의 단일한 재해석 또는 상상이 아니라 현재를 살아가는 시청자에 의해 능동적으로 해석되고 상상된다.

(나) 이는 곧 과거의 시공간을 배경으로 한 TV 역사드라마가 현재를 지향하고 있음을 의미한다.

(다) 그래서 역사적 시간과 공간적 배경 속에 놓여 있는 등장인물과 지금 현재를 살아가는 시청자들이 대화를 나누기도 하고, 시청자들이 역사드라마를 주제로 삼아 사회적 담론의 장을 열기도 한다.

(라) 역사드라마는 이처럼 다중적으로 수용된다는 점에서 과거와 현재의 대화라는 역사의 속성을 견지한다.

① (가) – (나) – (다) – (라)  
② (가) – (다) – (나) – (라)  
③ (가) – (라) – (나) – (다)  
④ (라) – (가) – (나) – (다)  
⑤ (라) – (다) – (나) – (가)

**05**

(가) 정책 수단 선택의 사례로 환율과 관련된 경제 현상을 살펴보자. 외국 통화에 대한 자국 통화의 교환 비율을 의미하는 환율은 장기적으로 한 국가의 생산성과 물가 등 기초 경제 여건을 반영하는 수준으로 수렴된다.
(나) 이처럼 환율이나 주가 등 경제 변수가 단기에 지나치게 상승 또는 하락하는 현상을 오버슈팅(Overshooting)이라고 한다.
(다) 이러한 오버슈팅은 물가 경직성 또는 금융 시장 변동에 따른 불안 심리 등에 의해 촉발되는 것으로 알려져 있다. 여기서 물가 경직성은 시장에서 가격이 조정되기 어려운 정도를 의미한다.
(라) 그러나 단기적으로 환율은 이와 괴리되어 움직이는 경우가 있다. 만약 환율이 예상과는 다른 방향으로 움직이거나 또는 비록 예상과 같은 방향으로 움직이더라도 변동 폭이 예상보다 크게 나타날 경우 경제 주체들은 과도한 위험에 노출될 수 있다.

① (가) – (나) – (다) – (라)  ② (가) – (다) – (나) – (라)
③ (가) – (라) – (나) – (다)  ④ (나) – (다) – (라) – (가)
⑤ (나) – (라) – (다) – (가)

**06** 다음 제시된 문단을 읽고, 이어질 문단을 논리적 순서대로 바르게 나열한 것은?

마그네틱 카드는 자기 면에 있는 데이터를 입력장치에 통과시키는 것만으로 데이터를 전산기기에 입력할 수 있다. 마그네틱 카드는 미국 IBM에서 자기 테이프의 원리를 카드에 응용한 것으로 자기 테이프 표면에 있는 자성 물질의 특성을 변화시켜 데이터를 기록하는 방식으로 개발되었다. 개발 이후 신용카드, 신분증 등 여러 방면으로 응용되었고, 현재도 사용되고 있다. 하지만 마그네틱 카드는 자기 테이프를 이용하였기 때문에 자석과 접촉하면 기능이 상실되는 단점을 가지고 있는데, 최근 마그네틱 카드의 단점을 보완한 IC카드가 만들어져 사용되고 있다.

(가) IC카드는 데이터를 여러 번 쓰거나 지울 수 있는 EEPROM이나 플래시메모리를 내장하고 있다. 개발 초기의 IC카드는 8KB 정도의 저장 공간을 가지고 있었으나, 2000년대 이후에는 1MB 이상의 데이터 저장이 가능하다.
(나) IC카드는 내부에 집적회로를 내장하였기 때문에 자석과 접촉해도 데이터가 손상되지 않으며, 마그네틱 카드에 비해 다양한 기능을 추가할 수 있고 보안성 및 내구성도 우수하다.
(다) 메모리 외에도 프로세서를 함께 내장한 것도 있다. 이러한 것들은 스마트 카드로 불리며 현재 16비트 및 32비트급의 성능을 가진 카드도 등장했다. 프로세서를 탑재한 카드는 데이터의 저장뿐 아니라 데이터의 암호화나 특정 컴퓨터만이 호환되도록 하는 등의 프로그래밍이 가능해서 보안성이 향상되었다.

① (가) – (나) – (다)  ② (가) – (다) – (나)
③ (나) – (가) – (다)  ④ (나) – (다) – (가)
⑤ (다) – (가) – (나)

※ 다음 글의 주장으로 가장 적절한 것을 고르시오. [7~8]

**07**

> 무시무시한 자연재해가 자연을 정복하려는 인간에 대한 자연의 '보복'이라고 자책할 필요는 없다. 자연이 만물의 영장인 우리에게 특별한 관심을 보여주기를 바라는 것은 우리의 소박한 희망일 뿐이다. 자연은 누구에게도 그런 너그러움을 보여줄 뜻이 없는 것이 확실하다. 위험한 자연에서 스스로 생존을 지켜내는 것은 우리의 가장 중요한 책무이다. 따라서 과학을 이용해 자연재해의 피해를 줄이고, 더욱 안전하고 안락한 삶을 추구하려는 우리의 노력은 계속되어야 한다.

① 과학의 발달로 인해 인간보다 자연이 더 큰 피해를 입었다.
② 의약품이 인간의 질병을 치유한 경우도 많다. 그러나 의약품 때문에 발생하는 질병도 많다.
③ 과욕을 버리면 질병이 치유될 수 있다. 왜냐하면 질병은 인간의 과욕이 부른 결과이기 때문이다.
④ 의학은 인간의 자연 치유력을 감소시킨 측면이 있다. 하지만 질병을 극복하기 위해서는 의학이 필요하다.
⑤ 인간의 몸은 스스로 치유할 수 있는 능력이 있다. 예전에 아무런 의학 처방 없이 많은 질병이 치유된 것도 이 때문이다.

**08**

> 힘 있는 나라를 가지고 싶어 하는 것은 인류의 공통적인 염원이다. 이것은 시간의 고금(古今)을 가리지 아니하고 공간의 동서(東西)를 따질 것이 없는 한결같은 진리다. 그래서 위대하지 아니한 나라에서 태어난 사람은 태어난 나라를 위대하게 만들기 위하여 혼신의 힘을 기울인다. 보잘것없는 나라의 국민이 된다는 것은 내세울 것 없는 집안의 후손인 것 이상으로 우리를 슬프게 한다. 세계 여러 나라 사람이 모인 곳에 간다고 가정해 보자. 누가 여기서 가장 큰소리치면서 위세 당당하게 처신할 것인가? 얼핏 생각하면 이목구비가 시원하게 생긴 사람, 지식과 화술이 뛰어난 사람, 교양과 인품이 훌륭한 사람, 외국어에 능통한 사람이 돋보일 것처럼 생각된다. 실제로 그런 사람들이 국제 무대에서 뛰어난 활약을 하는 것은 사실이다. 그래서 사람은 스스로 다듬고 기르는 것이 아닌가? 그러나 실제 어떤 사람으로 하여금 국제 사회에서 돋보이게 하는 것은 그가 등에 업고 있는 조국의 국력이다.

① 배움에 힘쓰자.
② 일등 국민을 본받자.
③ 문호 개방을 확대하자.
④ 국력을 키우자.
⑤ 훌륭한 인품을 갖추자.

**Easy**

**09** 다음 글의 서술상 특징으로 가장 적절한 것은?

> 어느 의미에서는 고정불변(固定不變)의 신비로운 전통이라는 것이 존재(存在)한다기보다 오히려 우리 자신이 전통을 찾아내고 창조한다고도 할 수가 있다. 따라서 과거에는 훌륭한 문화적 전통의 소산으로 생각되던 것이, 후대에는 버림을 받게 되는 예도 허다하다. 한편 과거에는 돌보아지지 않던 것이 후대에 높이 평가되는 일도 한두 가지가 아니다. 연암의 문학은 바로 그러한 예인 것이다. 비단 연암의 문학만이 아니다. 우리가 현재 민족 문화의 전통과 명맥을 이어준 것이라고 생각하는 것의 대부분이 그러한 것이다. 신라의 향가, 고려의 가요, 조선시대의 사설시조, 백자, 풍속화 같은 것이 그러한 것이다.

① 익살스러운 문체를 통해 풍자의 효과를 살리고 있다.
② 대상의 직접적인 평가를 피하며 상상력을 자극하고 있다.
③ 비유를 통해 대상의 다양한 속성을 드러내고 있다.
④ 과거의 일을 회상하는 방식을 통해 설명하고 있다.
⑤ 설명하고자 하는 바를 예를 들어 설명하고 있다.

**10** 다음 글의 내용으로 가장 적절한 것은?

> 세계 식품 시장의 20%를 차지하는 할랄식품(Halal Food)은 '신이 허용한 음식'이라는 뜻으로 이슬람 율법에 따라 생산, 처리, 가공되어 무슬림들이 먹거나 사용할 수 있는 식품을 말한다. 이런 기준이 적용된 할랄식품은 엄격하게 생산되고 유통과정이 투명하기 때문에 일반 소비자들에게도 좋은 평을 얻고 있다.
> 할랄식품 시장은 최근 들어 급격히 성장하고 있는데 이의 가장 큰 원인은 무슬림 인구의 증가이다. 무슬림은 최근 20년 동안 5억 명 이상의 인구증가를 보이고 있어서 많은 유통업계들이 할랄식품을 위한 생산라인을 설치하는 등의 노력을 하고 있다.
> 그러나 할랄식품을 수출하는 것은 쉬운 일이 아니다. 신이 '부정한 것'이라고 하는 모든 것으로부터 분리돼야 하기 때문이다. 또한, 국제적으로 표준화된 기준이 없다는 것도 할랄식품 시장의 성장을 방해하는 요인이다. 세계 할랄 인증 기준만 200종에 달하고 수출업체는 각 무슬림 국가마다 별도의 인증을 받아야 한다. 전문가들은 이대로라면 할랄 인증이 무슬림 국가들의 수입장벽이 될 수 있다고 지적한다.

① 할랄식품은 무슬림만 먹어야 하는 식품이다.
② 할랄식품은 종교적 이미지 때문에 소비자들에게 인기가 좋다.
③ 표준화된 할랄 인증 기준을 통과하면 무슬림 국가에 수출이 가능하다.
④ 할랄식품은 그 자체가 브랜드이기 때문에 큰 걸림돌 없이 지속적인 성장이 가능하다.
⑤ 할랄식품 시장의 급격한 성장으로 유통업계에서 할랄식품을 위한 생산라인을 설치 중이다.

※ 다음 글의 내용으로 적절하지 않은 것을 고르시오. [11~12]

**11**

> 과학기술에 의한 기적이 나타나지 않는다면, 우리 인간이 지구상에서 이용할 수 있는 자연 자원과 생활공간은 제한된 것으로 받아들여야 할 것이다. 그렇다면 공간을 이용할 때 우리는 두 가지 한계점을 설정하지 않을 수 없다.
> 첫째, 우리는 이 지구상에서 생물이 서식할 수 있는 전체 공간의 제한성을 전제로 하고 그중에서 인간이 이용할 수 있는 생활공간의 한계를 깨뜨리지 않는 범위 안에서만 인간의 생활공간을 확장시켜 나가야 한다. 이렇게 되면 제한된 공간을 어떻게 나누어서 이용하느냐가 중요한 문제가 되므로, '적정 공간'이라는 개념이 중요한 의미를 갖게 된다. 우리 인간이 차지할 수 있는 전체 생활공간도 생태학적으로 적정 공간이 되어야 할 뿐 아니라, 개인이 차지할 수 있는 공간도 적정 공간의 한계를 벗어나서는 안 된다는 뜻이다.
> 둘째, 절대적 생활공간의 한계가 함께 문제가 되는 것은 자연 자원의 한계이므로 우리는 이 문제에서도 공간 이용에 관한 한계점을 설정할 필요가 있다. 지금까지 대부분의 생물들이 살아온 공간이란 태양의 열과 빛, 맑은 공기, 물, 그리고 흙을 이용할 수 있는 자연환경이었다. 이와 같이 자연 자원에 의존하는 생활공간을 '자연공간'이라고 한다면, 과학기술을 이용한 인간의 생활공간에는 비자연적인 것이 많다. 인공적인 난방 장치, 냉방 장치, 조명 장치, 환기 장치, 상수도 및 하수도 시설에 절대적으로 의존하는 공간이 모두 그런 것이다.

① 인간은 공간 이용에 관한 한계를 설정할 필요가 있다.
② 인간이 지구상에서 이용할 수 있는 자연 자원은 제한되어 있다.
③ 인간이 생활공간을 이용할 때 필요 이상의 공간을 차지해서는 안 된다.
④ 공간 활용을 위해 생명체가 서식할 수 없는 공간을 개척하는 것이 중요하다.
⑤ 과학기술을 이용한 인간의 생활공간은 대부분 비자연적인 것이다.

12
언어는 생성, 변천, 소멸과 같은 과정을 거치면서 발전해 간다. 또한 각 언어는 서로 영향을 미치고 영향을 받으면서 변천하여 간다. 그런데 어떤 언어는 오랜 역사 기간 동안에 잘 변동되지 않는가 하면 어떤 언어는 쉽게 변한다. 한 나라의 여러 지역 방언들도 이와 같은 차이가 일어날 수 있다. 즉, 어떤 지역의 방언은 빨리 변천하여 옛말을 찾아보기 어려운 반면, 어떤 지역 방언은 그 변천의 속도가 느려서 아직도 옛말의 흔적이 많이 남아 있는 경우가 있다.

방언의 변천은 지리적·문화적·정치적인 면에서 그 원인을 찾을 수 있다. 지리적으로는 교통이 원활히 소통되는 곳이 그렇지 않은 곳보다 전파가 빨리 이루어진다. 문화적으로는 문화가 발달한 곳에서 발달하지 못한 곳으로 영향을 미치게 된다. 이는 대개의 표준말이 수도를 중심으로 결정되며 도시의 언어가 시골의 언어에 침투됨이 쉽다는 말과 같다. 또한 정치적으로는 정치의 중심지가 되는 곳에서 지배를 받는 지역으로 전파된다.

이러한 여러 요인으로 인한 방언의 전파에도 불구하고 자기 방언의 특성을 지키려는 노력을 하게 되는데 이것이 방언의 유지성이다. 각 지역의 방언은 그 유지성에도 불구하고 서로 영향을 끼쳐서 하나의 방언일지라도 사실은 여러 방언의 요소가 쓰이고 있다. 따라서 각 방언을 엄밀히 분리한다는 것은 어려운 일이다.

방언은 한편으로는 통일되려는 성질도 가지고 있다. 즉, 국가, 민족, 문화가 동일한 지역 내에 살고 있는 주민들은 원활한 의사소통을 위하여 방언의 공통성을 추구하려는 노력을 하는 것이다. 그 대표적인 결과가 표준어의 제정이다.

① 방언의 변화 양상은 언어의 변화 양상과 유사하다.
② 방언에는 다른 지역 방언의 요소들이 포함되어 있다.
③ 방언의 통일성은 표준어 제정에 영향을 주었을 것이다.
④ 방언이 유지되려는 힘이 클수록 방언의 통일성은 강화될 것이다.
⑤ 정치적·문화적·지리적 조건은 방언의 유지성과 통합성에 영향을 끼친다.

**13** 다음 글을 통해 추론할 수 있는 사실로 가장 적절한 것은?

> 조건화된 환경의 영향을 중시하는 스키너와 같은 행동주의와는 달리, 로렌츠는 동물 행동의 가장 중요한 특성들은 타고나는 것이라고 보았다. 인간을 진화의 과정을 거친 동물의 하나로 보는 그는, 공격성은 동물의 가장 기본적인 본능의 하나이기에, 인간에게도 자신의 종족을 향해 공격적인 행동을 하는 생득적인 충동이 있다는 것이다. 진화의 과정에서 가장 단합된 형태로 공격성을 띤 종족이 생존에 유리했으며, 이것이 인간이 호전성에 대한 열광을 갖게 된 이유라고 로렌츠는 설명한다. 로렌츠의 관찰에 따르면 치명적인 발톱이나 이빨을 가진 동물들이 같은 종의 구성원을 죽이는 경우는 드물다. 이는 중무장한 동물의 경우 그들의 자체 생존을 위해서는 자기 종에 대한 공격을 제어할 억제 메커니즘이 필요했고, 그것이 진화의 과정에 반영되었기 때문이라고 로렌츠는 설명한다. 그에 비해서 인간을 비롯한 신체적으로 미약한 힘을 지닌 동물들은, 자신의 힘만으로 자기 종을 죽인다는 것이 매우 어려운 일이었기 때문에, 이들의 경우 억제 메커니즘에 대한 진화론적인 요구가 없었다는 것이다. 그런데 기술이 발달함에 따라 인간은 살상 능력을 지니게 되었고, 억제 메커니즘을 지니지 못한 인간에게 내재된 공격성은 자기 종을 살육할 수 있는 상황에 이르게 된 것이다.
> 그렇다면 인간에 내재된 공격성을 제거하면 되지 않을까? 이 점에 대해서 로렌츠는 회의적이다. 우선 인간의 공격적인 본능은 긍정적인 측면과 부정적인 측면을 모두 포함해서 오늘날 인류를 있게 한 중요한 요소 중의 하나이기에 이를 제거한다는 것이 인류에게 어떤 영향을 끼칠지 알 수 없으며, 또 공격성을 최대한 억제한다고 해도 공격성의 본능은 여전히 배출구를 찾으려고 하기 때문이다.

① 인간은 본능적인 공격성을 갖고 있지만, 학습을 통해 공격성을 억제한다.
② 인간은 환경의 요구에 따라 같은 종의 구성원을 공격할 수 있도록 진화하였다.
③ 인간은 동물에 비해 지능이 뛰어나기 때문에 같은 종의 구성원을 공격하지 않는다.
④ 인간의 공격적인 본능을 억제해야 하는 이유는 부정적인 측면이 더 크기 때문이다.
⑤ 늑대 등은 진화 과정에 반영된 공격 억제 메커니즘을 통해 자기 종에 대한 공격을 억제할 수 있다.

**14** 다음 글을 뒷받침하는 사례로 적절하지 않은 것은?

> 미장센(Mise-en-scène)은 프랑스어로 연극무대에서 쓰이는 '연출'을 의미한다. 연극을 공연할 때, 연출자는 등장인물의 동작이나 무대장치, 조명 등에 관한 지시를 세부적으로 명시하지 않는다. 그리고 연극의 서사를 효과적으로 전달하기 위해 무대 위에 있는 모든 시각 대상을 배열하고 조직한다. 최근에는 미장센이 연극뿐만 아니라 영화 용어로 정착했다. 영화에서 미장센은 '카메라에 찍히는 모든 장면을 사전에 계획하고 밑그림을 그리는 것'이다. 즉 카메라가 특정 장면을 찍기 시작하여 멈추기까지 화면 속에 담기는 이미지를 만들어 내는 작업이다. 감독은 자신의 의도에 따라 프레임 내부에서 배경, 인물, 조명, 의상, 분장 등 영화적 요소를 적재적소에 배치한다. 쉽게 말하면 화면 구성으로, 편집이 아닌 한 화면 속에 담기는 이미지의 모든 구성 요소들이 주제를 드러내도록 하는 작업을 가리킨다. 따라서 영화를 볼 때 요소 중에서 하나가 두드러지면 연출자가 신경 써서 의도한 미장센으로 이해하면 된다.

① 영화 「아가씨」는 장면마다 박찬욱 감독의 특유한 감성, 연출 기법, 조명, 색감, 분위기 등이 돋보이는 작품이다.
② 영화 「장화·홍련」에서 어두운 조명과 음침한 색깔의 가구를 통해 집을 안락한 곳이 아닌 무서운 공간으로 연출하였다.
③ 영화 「고산자」는 주인공 김정호의 사계절 여정 장면을 담기 위해 봄, 여름, 가을, 겨울을 각각 촬영하여 편집한 뒤 한 장면으로 만들었다.
④ 영화 「이터널 선샤인」에서 감독은 주인공의 잠재의식을 표현하기 위해 현장감 있는 촬영 기법인 '트랩 도어(Trap Door)' 기법과 빠른 의상변화를 사용하였다.
⑤ 영화 「올드보이」에서 주인공 오대수가 15년 동안 갇혀있는 방은 8평이고, 그를 가둔 이우진의 방은 108평으로 설정하여, 관객들이 두 주인공의 대립감을 시각적으로 느끼게 했다.

## 15  다음 글의 빈칸에 들어갈 내용으로 가장 적절한 것은?

> _____ 20세기 대량생산체제의 생산성 경쟁은 21세기에는 걸맞지 않은 주제다. 국경의 의미가 사라지는 글로벌 시대에는 남의 제품을 모방하여 많이 만드는 것으로는 살아남지 못한다. 누가 더 차별화된 제품을 소비자의 다양한 입맛에 맞게 만들어 내느냐가 성장의 관건이다. 이를 위해서는 창의성이 무엇보다 중요하다.

① 최근 기업의 과제는 구성원의 창의성을 최대한으로 이끌어내는 것이다.
② 21세기 기업은 전보다 더욱 품질 향상에 주력해야 한다.
③ 기업이 글로벌 시대에 살아남기 위해서는 생산성을 극대화해야 한다.
④ 21세기의 기업 환경은 20세기에 비해 한결 나아지고 있다.
⑤ 창의성보다는 생산 공정의 표준화를 통해 효율성을 높이는 것이 중요하다.

## 16  다음 글의 빈칸에 들어갈 내용으로 적절하지 않은 것은?

> 어머니의 사랑은 본질적으로 무조건적이다. 어머니가 갓난애를 사랑하는 것은 이 애가 어떤 특수한 조건을 만족시켜 주었거나 특별한 기대를 충족시켜 주었기 때문이 아니라, 이 애가 그녀의 애이기 때문이다. 반면에 아버지의 사랑은 조건이 있는 사랑이다. 아버지의 사랑의 원칙은 "_____, 나는 너를 사랑한다."라는 것이다.
> 어린애에 대한 어머니와 아버지의 태도는 어린애 자신의 욕구와 일치한다. 갓난애는 정신적으로나 육체적으로나 어머니의 무조건적 사랑과 보호를 요구한다. 6세 이후의 어린애는 아버지의 사랑, 아버지의 권위와 지도를 요구하기 시작한다. 어머니의 사랑은 어린애의 생명을 안전하게 하는 기능을 하고, 아버지의 사랑은 이 어린애가 태어난 특수 사회가 직면하게 하는 문제들을 처리하도록 어린애를 가르치고 지도하는 기능을 하고 있다.

① 너는 장래성이 있기 때문에
② 너는 내 아이로 태어났기 때문에
③ 너는 네 의무를 다하고 있기 때문에
④ 너는 나의 기대를 충족시켜 주기 때문에
⑤ 너는 누구보다 똑똑하고 사랑스럽기 때문에

**17** 다음 글에서 〈보기〉의 문장이 들어갈 위치로 가장 적절한 곳은?

컴퓨터는 0 또는 1로 표시되는 비트를 최소 단위로 삼아 내부적으로 데이터를 표시한다. 컴퓨터가 한 번에 처리하는 비트 수는 정해져 있는데, 이를 워드라고 한다. 예를 들어 64비트의 컴퓨터는 64개의 비트를 1워드로 처리한다. (가) 4비트를 1워드로 처리하는 컴퓨터에서 양의 정수를 표현하는 경우, 4비트 중 가장 왼쪽 자리인 최상위 비트는 0으로 표시하여 양수를 나타내고 나머지 3개의 비트로 정수의 절댓값을 나타낸다. (나)
0111의 경우 가장 왼쪽 자리인 '0'은 양수를 표시하고 나머지 '111'은 정수의 절댓값 7을 이진수로 나타낸 것으로, +7을 표현하게 된다. 이때 최상위 비트를 제외한 나머지 비트를 데이터 비트라고 한다. (다)
그런데 음의 정수를 표현하는 경우에는 최상위 비트를 1로 표시한다. -3을 표현한다면 -3의 절댓값 3을 이진수로 나타낸 011에 최상위 비트 1을 덧붙이면 된다. (라) 이러한 음수 표현 방식을 '부호화 절댓값'이라고 한다. 그러나 부호화 절댓값은 연산이 부정확하다. 예를 들어 7-3을 계산한다면 7+(-3)인 0111+1011로 표현된다. 컴퓨터에서는 0과 1만 사용하기 때문에 1에 1을 더하면 바로 윗자리 숫자가 올라가 10으로 표현된다. 따라서 0111에 1011을 더하면 10010이 된다. (마) 하지만 부호화 절댓값에서는 오버플로를 처리하는 별도의 규칙이 없기 때문에 계산 값이 부정확하다. 또한 0000 또는 1000이 0을 나타내어 표현의 일관성과 저장 공간의 효율성이 떨어진다.

**보기**
10010은 4비트 컴퓨터가 처리하는 1워드를 초과하게 된 것으로, 이러한 현상을 오버플로라 한다.

① (가)  ② (나)
③ (다)  ④ (라)
⑤ (마)

**18** 다음 글에서 필자가 주장하는 핵심 내용으로 가장 적절한 것은?

> 현대 사회는 대중 매체의 영향을 많이 받는 사회이며, 그중에서도 텔레비전의 영향은 거의 절대적입니다. 언어 또한 텔레비전의 영향을 많이 받습니다. 그런데 텔레비전의 언어는 우리의 언어 습관을 부정적인 방향으로 흐르게 하고 있습니다.
> 텔레비전은 시청자들의 깊이 있는 사고보다는 감각적 자극에 호소하는 전달 방식을 사용하고 있습니다. 또 현대 자본주의 사회에서 텔레비전 방송은 상업주의에 편승하여 대중을 붙잡기 위한 방편으로 쾌락과 흥미 위주의 언어를 무분별하게 사용합니다. 결국 텔레비전은 대중의 이성적 사고 과정을 마비시켜 오염된 언어 습관을 무비판적으로 수용하게 합니다. 그렇기 때문에 언어 사용을 통해 발전시킬 수 있는 상상적 사고를 기대하기 어렵게 하며, 창조적인 언어 습관보다는 단편적인 언어 습관을 갖게 만듭니다.
> 따라서 좋은 말 습관의 형성을 위해서는 또 다른 문화 매체가 필요합니다. 이러한 문제의 대안으로 문학 작품의 독서를 제시하려고 합니다. 문학은 언어를 매개로 작가적 현실을 형상화한 예술입니다. 작가적 현실을 작품으로 형상화하기 위해서는 작가의 복잡한 사고 과정을 거치듯이, 작품을 바르게 이해·해석·평가하기 위해서는 독자의 상상적 사고를 거치게 됩니다. 또한 문학은 아름다움을 지향하는 언어 예술로서 정제된 언어를 사용하므로 문학 작품의 감상을 통해 습득된 언어 습관은 아름답고 건전하리라 믿습니다.

① 바른 언어 습관 형성과 건전하고 창의적인 사고를 위해 텔레비전을 멀리 해야 한다.
② 사고 능력을 기르고 건전한 언어 습관을 익히기 위해서 문학 작품 독서가 필요하다.
③ 쾌락과 흥미 위주의 언어 습관을 지양하고 사고 능력을 기를 수 있는 언어 습관을 길러야 한다.
④ 대중 매체가 개인의 언어 습관과 사고 과정에 미치는 영향이 절대적이므로 대중 매체에서 문학 작품을 다뤄야 한다.
⑤ 언어는 자신의 사상을 표현하는 매체일 뿐만 아니라 그것을 사용하는 사람의 인격을 가늠하는 척도이므로 바른 언어 습관이 중요하다.

**19** 다음 글의 필자가 중요하게 생각하는 것으로 가장 적절한 것은?

> 사람은 타고난 용모가 추한 것을 바꾸어 곱게 할 수도 없고, 또 타고난 힘이 약한 것을 바꾸어 강하게도 할 수 없으며, 키가 작은 것을 바꾸어 크게 할 수도 없다. 이것은 왜 그런 것일까? 그것은 사람은 저마다 이미 정해진 분수가 있어서 그것을 고치지 못하기 때문이다.
> 그러나 오직 한 가지 변할 수 있는 것이 있으니, 그것은 마음과 뜻이다. 이 마음과 뜻은 어리석은 것을 바꾸어 지혜롭게 할 수가 있고, 모진 것을 바꾸어 어질게 만들 수도 있다. 그것은 무슨 까닭인가? 그것은 사람의 마음이란 비어 있고 차 있고 한 것이 본래 타고난 것에 구애되지 않기 때문이다. 그렇다. 사람에게 지혜로운 것보다 더 아름다운 것은 없다. 어진 것보다 더 귀한 것이 없다. 그런데 어째서 나는 어질고 지혜 있는 사람이 되지 못하고 하늘에서 타고난 본성을 깎아 낸단 말인가? 사람마다 이런 뜻을 마음속에 두고 이것을 견고하게 가져서 조금도 물러서지 않는다면 누구나 거의 올바른 사람의 지경에 들어갈 수가 있다.
> 그러나 사람들은 혼자서 자칭 내가 뜻을 세웠노라고 하면서도, 이것을 가지고 애써 앞으로 나아가려 하지 않고, 그대로 우두커니 서서 어떤 효력이 나타나기만을 기다린다. 이것은 명목으로는 뜻을 세웠노라고 말하지만, 그 실상은 학문을 하려는 정성이 없기 때문이다. 그렇지 않고 만일 내 뜻의 정성이 정말로 학문에 있다고 하면 어진 사람이 될 것은 정한 이치이고, 또 내가 하고자 하는 올바른 일을 행하면 그 효력이 나타날 것인데, 왜 이것을 남에게서 구하고 다음에 하자고 기다린단 말인가?

① 자연의 순리대로 살아가는 일
② 천하의 영재를 얻어 교육하는 일
③ 뜻을 세우고 그것을 실천하는 일
④ 세상과 적절히 타협하며 살아가는 일
⑤ 다른 사람들에게 선행을 널리 베푸는 일

**20** 다음 글을 읽고 난 후 적절한 반응을 보인 사람을 〈보기〉에서 모두 고르면?

> 원두커피 한 잔에는 인스턴트커피의 세 배인 150mg의 카페인이 들어있다. 원두커피 판매의 요체인 커피전문점 수는 현재 만여 개가 훨씬 넘었는데 5년 새 여섯 배 이상 급증한 것이다. 그런데 주목할 점은 같은 기간 동안 우울증과 같은 정신질환과 수면장애로 병원을 찾은 사람 또한 크게 늘었다는 것이다.
>
> 몸속에 들어온 커피가 완전히 대사되기까지는 여덟 시간 정도가 걸린다. 많은 사람들이 아침, 점심뿐만 아니라 저녁 식사 후 6시나 7시 전후에도 커피를 마신다. 그런데 카페인은 뇌를 각성시켜 집중력을 높인다. 따라서 많은 사람들이 잠자리에 드는 시간인 오후 10시 이후까지도 뇌는 각성 상태에 있게 된다.
>
> 카페인은 우울증이나 공황장애와도 관련이 있다. 우울증을 앓고 있는 청소년은 건강한 청소년보다 커피, 콜라 등 카페인이 많은 음료를 네 배 정도 더 섭취한다는 조사 결과가 발표되었다. 공황장애 환자에게 원두커피 세 잔에 해당하는 450mg의 카페인을 주사했더니 약 60%의 환자로부터 발작 현상이 나타났다. 공황장애 환자는 심장이 빨리 뛰면 극도의 공포감을 느끼기 쉬운데, 이로 인해 발작 현상이 나타난다. 카페인은 심장을 자극하여 심박 수를 증가시킨다. 이러한 사실에 비추어 볼 때, 커피에 들어있는 카페인은 수면장애를 일으키고, 특히 정신질환자의 우울증이나 공황장애를 악화시킨다고 볼 수 있다.

**보기**

김사원 : 수면장애로 병원을 찾은 사람들 중에 커피를 마시지 않는 사람도 있다는 사실이 밝혀질 경우, 위 논증의 결론은 강화되지 않겠죠.
이대리 : 우울증을 앓고 있는 청소년이 무(無)카페인 음료를 많이 섭취하는 것으로 밝혀질 경우, 위 논증의 결론을 뒷받침하겠네요.
안사원 : 발작 현상이 공포감과 무관하다는 사실이 밝혀질 경우, 위 논증의 결론은 강화됩니다.

① 김사원  ② 안사원
③ 김사원, 이대리  ④ 이대리, 안사원
⑤ 김사원, 이대리, 안사원

## 02 언어추리

※ 제시된 명제가 모두 참일 때, 항상 참인 명제를 고르시오. [1~2]

**Easy**

**01**

- 영희는 가방을 좋아한다.
- 비행기를 좋아하는 사람은 바나나를 좋아하지 않는다.
- 가방을 좋아하는 사람은 바나나를 좋아한다.

① 바나나를 좋아하지 않는 사람은 가방을 좋아한다.
② 비행기를 좋아하지 않는 사람은 바나나를 좋아한다.
③ 가방을 좋아하는 사람은 비행기를 좋아한다.
④ 비행기를 좋아하는 사람은 가방을 좋아한다.
⑤ 영희는 비행기를 좋아하지 않는다.

**02**

- 한 전자제품 회사의 냉장고의 A/S 기간은 세탁기 A/S의 기간보다 길다.
- 에어컨의 A/S 기간은 냉장고의 A/S 기간보다 길다.
- 컴퓨터의 A/S 기간은 3년으로 세탁기의 A/S 기간보다 짧다.

① 세탁기의 A/S 기간은 3년 이하이다.
② 세탁기의 A/S 기간이 가장 짧다.
③ 컴퓨터의 A/S 기간이 가장 짧다.
④ 냉장고의 A/S 기간이 가장 길다.
⑤ 세탁기의 A/S 기간은 에어컨의 A/S 기간보다 길다.

※ 제시된 명제가 모두 참일 때, 빈칸에 들어갈 명제로 가장 적절한 것을 고르시오. [3~4]

**03**

- 스테이크를 먹는 사람은 지갑이 없다.
- 지갑이 있는 사람은 쿠폰을 받는다.
- _____

① 스테이크를 먹는 사람은 쿠폰을 받지 않는다.
② 스테이크를 먹지 않는 사람은 쿠폰을 받는다.
③ 쿠폰을 받는 사람은 지갑이 없다.
④ 지갑이 없는 사람은 쿠폰을 받지 않는다.
⑤ 지갑이 없는 사람은 스테이크를 먹지 않는다.

**04**

- 아이스크림을 좋아하면 피자를 좋아하지 않는다.
- 갈비탕을 좋아하지 않으면 피자를 좋아한다.
- _____
- 아이스크림을 좋아하면 짜장면을 좋아한다.

① 피자를 좋아하면 짜장면을 좋아한다.
② 짜장면을 좋아하면 갈비탕을 좋아한다.
③ 갈비탕을 좋아하면 짜장면을 좋아한다.
④ 짜장면을 좋아하지 않으면 피자를 좋아하지 않는다.
⑤ 피자와 갈비탕을 좋아하면 짜장면을 좋아한다.

**05** 다음 명제가 모두 참일 때, 적절하지 않은 것은?

- 책을 좋아하면 영화를 좋아한다.
- 여행을 좋아하지 않으면 책을 좋아하지 않는다.
- 산책을 좋아하면 게임을 좋아하지 않는다.
- 영화를 좋아하면 산책을 좋아한다.

① 책을 좋아하면 산책을 좋아한다.
② 영화를 좋아하지 않으면 책을 좋아하지 않는다.
③ 책을 좋아하면 여행을 좋아한다.
④ 게임을 좋아하면 영화를 좋아하지 않는다.
⑤ 여행을 좋아하지 않으면 게임을 좋아하지 않는다.

**06** 호텔 라운지에 둔 화분이 투숙자 중의 1명에 의하여 깨진 사건이 발생했다. 이 호텔에는 A~D의 4명의 투숙자가 있었으며, 각 투숙자는 아래와 같이 세 가지 사실을 진술하였다. 4명의 투숙자 중 3명은 진실을 말하고, 1명이 거짓말을 하고 있다면 화분을 깬 사람은?

- A : 나는 깨지 않았다. B도 깨지 않았다. C가 깨뜨렸다.
- B : 나는 깨지 않았다. C도 깨지 않았다. D도 깨지 않았다.
- C : 나는 깨지 않았다. D도 깨지 않았다. A가 깨뜨렸다.
- D : 나는 깨지 않았다. B도 깨지 않았다. C도 깨지 않았다.

① A ② B
③ C ④ D
⑤ 알 수 없다.

**07** J그룹 본사의 A~D사원은 각각 홍보, 총무, 영업, 기획팀 소속으로 3~6층의 서로 다른 층에서 근무하고 있다. 이들 중 한 명이 거짓말을 하고 있을 때, 다음 중 항상 참인 것은?(단, 각 팀은 서로 다른 층에 위치한다)

- A사원 : 저는 홍보팀과 총무팀 소속이 아니며, 3층에서 근무하고 있지 않습니다.
- B사원 : 저는 영업팀 소속이며, 4층에서 근무하고 있습니다.
- C사원 : 저는 홍보팀 소속이며, 5층에서 근무하고 있습니다.
- D사원 : 저는 기획팀 소속이며, 3층에서 근무하고 있습니다.

① A사원은 홍보팀 소속이다.
② B사원은 6층에서 근무하고 있다.
③ 홍보팀은 3층에 위치한다.
④ 기획팀은 4층에 위치한다.
⑤ 영업팀은 5층에 위치한다.

**08** C사는 제품 1개를 생산하는 데 원료 분류, 제품 성형, 제품 색칠, 포장의 단계를 거친다. 어느 날 제품에 문제가 발생해 직원들을 불러 책임을 물었다. 직원 중 1명은 거짓을 말하고 3명은 참을 말할 때, 거짓을 말한 직원과 실수가 발생한 단계가 바르게 짝지어진 것은?(단, A는 원료 분류, B는 제품 성형, C는 제품 색칠, D는 포장 단계에서 일하며, 실수는 한 곳에서만 발생했다)

- A직원 : 나는 실수하지 않았다.
- B직원 : 포장 단계에서 실수가 일어났다.
- C직원 : 제품 색칠에선 절대로 실수가 일어날 수 없다.
- D직원 : 원료 분류 과정에서 실수가 있었다.

① A, 원료 분류
② A, 포장
③ B, 포장
④ D, 원료 분류
⑤ D, 포장

**09** 3학년 1반에서는 학생들의 투표를 통해 득표수에 따라 학급 대표를 선출하기로 하였고, 학급 대표 후보로 A~E 5명이 나왔다. 투표 결과 A~E의 득표수가 다음과 같을 때, 바르게 추론한 것은? (단, 1반 학생들은 총 30명이며, 모든 후보의 득표수는 서로 다르다)

- A는 15표를 얻었다.
- B는 C보다 2표를 더 얻었지만, A보다는 낮은 표를 얻었다.
- D는 A보다 낮은 표를 얻었지만, C보다는 높은 표를 얻었다.
- E는 1표를 얻어 가장 낮은 득표수를 기록했다.

① A가 학급 대표로 선출된다.
② B보다 D의 득표수가 높다.
③ D보다 B의 득표수가 높다.
④ 5명 중 2명이 10표 이상을 얻었다.
⑤ 최다 득표자는 과반수의 표를 얻었다.

**10** A~D 4명은 각각 다른 팀에 근무하는데, 각 팀은 2층~5층에 위치하고 있다. 다음 〈조건〉을 참고할 때, 다음 중 항상 참인 것은?

**조건**
- A~D 중 2명은 부장, 1명은 과장, 1명은 대리이다.
- 대리의 사무실은 B보다 높은 층에 있다.
- B는 과장이다.
- A는 대리가 아니다.
- A의 사무실이 가장 높다.

① 부장 중 1명은 반드시 2층에 근무한다.
② A는 부장이다.
③ 대리는 4층에 근무한다.
④ B는 2층에 근무한다.
⑤ C는 대리이다.

**11** J사의 기획부서에는 사원 A~D 4명과 대리 E~G 3명이 소속되어 있으며, 이들 중 4명이 해외 진출 사업을 진행하기 위해 베트남으로 출장을 갈 예정이다. 다음 〈조건〉을 따를 때, 항상 참인 것은?

> **조건**
> - 사원 중 적어도 한 사람은 출장을 간다.
> - 대리 중 적어도 한 사람은 출장을 가지 않는다.
> - A사원과 B사원 중 적어도 한 사람이 출장을 가면, D사원은 출장을 간다.
> - C사원이 출장을 가면, E대리와 F대리는 출장을 가지 않는다.
> - D사원이 출장을 가면, G대리도 출장을 간다.
> - G대리가 출장을 가면, E대리도 출장을 간다.

① A사원은 출장을 간다.
② B사원은 출장을 간다.
③ C사원은 출장을 가지 않는다.
④ D사원은 출장을 가지 않는다.
⑤ G대리는 출장을 가지 않는다.

**12** A~F 6명은 피자 3판을 모두 같은 양만큼 나누어 먹기로 하였다. 피자 3판은 각각 동일한 크기로 8조각으로 나누어져 있다. 〈조건〉을 고려하여 앞으로 2조각을 더 먹어야 하는 사람을 고르면?

> **조건**
> - 현재 총 6조각이 남아있다.
> - A, B, E는 같은 양을 먹었고, 나머지는 모두 먹은 양이 달랐다.
> - F는 D보다 적게 먹었으며, C보다는 많이 먹었다.

① A, B, E        ② C
③ D              ④ F
⑤ 없다.

※ 제시된 문장을 참고하여 내린 A, B의 결론에 대한 판단으로 항상 옳은 것을 고르시오. [13~15]

**13**

- 어린이 도서 코너는 가장 오른쪽에 있다.
- 잡지 코너는 외국 서적 코너보다 왼쪽에 있다.
- 소설 코너는 잡지 코너보다 왼쪽에 있다.

A : 소설 코너는 외국 서적 코너보다 왼쪽에 있다.
B : 어린이 도서 코너는 잡지 코너보다 오른쪽에 있다.

① A만 옳다.
② B만 옳다.
③ A, B 모두 옳다.
④ A, B 모두 틀리다.
⑤ A, B 모두 옳은지 틀린지 판단할 수 없다.

**14**

- 몸이 비대해지면 움직이기가 힘들다.
- 과식을 하면 살이 찐다.
- 몸이 비대하지 않다면 살이 찌지 않은 것이다.

A : 살이 찐다고 해서 몸이 비대해지지는 않는다.
B : 과식을 하면 움직이기가 쉽다.

① A만 옳다.
② B만 옳다.
③ A, B 모두 옳다.
④ A, B 모두 틀리다.
⑤ A, B 모두 옳은지 틀린지 판단할 수 없다.

**15**

- 홍도에서는 홍어가 다른 어류보다 더 많이 잡힌다.
- 울릉도에서는 홍어보다 오징어가 더 많이 잡힌다.

A : 울릉도는 오징어가 제일 많이 잡힌다.
B : 울릉도보다 홍도에서 오징어가 더 많이 잡힌다.

① A만 옳다.
② B만 옳다.
③ A, B 모두 옳다.
④ A, B 모두 틀리다.
⑤ A, B 모두 옳은지 틀린지 판단할 수 없다.

**16** 다음 진술은 참이다. 만일 서희가 서울 사람이 아니라면, 참인지 거짓인지 알 수 없는 것은?

- 철수의 말이 참이라면 영희와 서희는 서울 사람이다.
- 철수의 말이 거짓이라면 창수와 기수는 서울 사람이다.

① 철수의 말은 거짓이다.
② 창수는 서울 사람이다.
③ 기수는 서울 사람이다.
④ 영희는 서울 사람일 수도 아닐 수도 있다.
⑤ 영희는 서울 사람이다.

※ 다음 글의 주장에 대한 반박으로 가장 적절한 것을 고르시오. [17~19]

**17**

고전주의 범죄학은 법적 규정 없이 시행됐던 지배 세력의 불합리한 형벌 제도를 비판하며 18세기 중반에 등장했다. 고전주의 범죄학에서는 범죄를 포함한 인간의 모든 행위는 자유의지에 입각한 합리적 판단에 따라 이루어지므로 범죄에 비례해 형벌을 부과할 경우 개인의 합리적 선택에 따라 범죄가 억제될 수 있다고 보았다. 고전주의 범죄학의 대표자인 베카리아는 형벌은 법으로 규정해야 하고, 그 법은 누구나 이해할 수 있도록 문서로 만들어야 한다고 강조했다. 또한 형벌의 목적은 사회 구성원에 대한 범죄 행위의 예방이며, 따라서 범죄를 저지를 경우 누구나 법에 따라 확실히 처벌받을 것이라는 두려움이 범죄를 억제할 것이라고 확신했다. 이러한 고전주의 범죄학의 주장은 각 국가의 범죄 및 범죄자에 대한 입법과 정책에 많은 영향을 끼쳤다.

① 사회 구성원들의 합의가 이루어진 형벌 제도라면 인간의 합리적 판단에 따라 범죄 행위를 예방할 수 있다.
② 범죄에 대한 인간의 행위를 규제할 수 있는, 보다 강력한 법적인 구속력이 필요하다.
③ 범죄를 효과적으로 제지하기 위해서는 엄격하고 확실한 처벌이 신속하게 이루어져야 한다.
④ 인간은 욕구 충족이나 문제 해결을 위한 방법으로 범죄 행위를 선택할 수 있으므로 모든 법적 책임은 범죄인에게 있다.
⑤ 사회가 혼란한 시기에 범죄율과 재범률이 급격하게 증가하는 것을 보면 범죄는 개인의 자유의지로 통제할 수 없다.

**18**

현금 없는 사회로의 이행은 바람직하다. 현금 없는 사회에서는 카드나 휴대전화 등을 이용한 비현금 결제 방식을 통해 모든 거래가 이루어질 것이다. 현금 없는 사회에서 사람들은 불편하게 현금을 들고 다니지 않아도 되고 잔돈을 주고받기 위해 기다릴 필요가 없다. 그리고 언제 어디서든 편리하게 거래를 할 수 있다. 또한 매년 새로운 화폐를 제조하기 위해 1,000억 원 이상의 많은 비용이 소요되는데, 현금 없는 사회에서는 이 비용을 절약할 수 있어 경제적이다. 마지막으로 현금 없는 사회에서는 자금의 흐름을 보다 정확하게 파악할 수 있다. 이를 통해 경제 흐름을 예측하고 실질적인 정책들을 수립할 수 있어 공공의 이익에도 기여할 수 있다.

① 비현금 결제는 빈익빈 부익부 현상을 강화하여 사회 위화감을 조성할 것이다.
② 다양한 비현금 결제 방식을 상황에 맞게 선택한다면 거래에 제약은 없을 것이다.
③ 개인의 선택의 자유가 확대될 수 있으므로 비현금 결제는 공공 이익에 부정적 영향을 미칠 수 있다.
④ 비현금 결제 방식에 필요한 시스템을 구축하는 데 많은 비용이 소요될 수 있으므로 경제적이라고 할 수 없다.
⑤ 비현금 결제 방식에 필요한 시스템을 구축하는 데 필요한 비용은 우리나라에 이미 구축되어 있는 정보통신 기반시설을 활용한다면 상당 부분 절감할 수 있다.

**19**

고전적 귀납주의는 경험적 증거가 배제하지 않는 가설들 사이에서 선택을 가능하게 해 준다. 고전적 귀납주의는 특정 가설에 부합하는 경험적 증거가 많을수록 그 가설이 더욱 믿을 만하게 된다고 주장한다. 이에 따르면 우리는 관련된 경험적 증거 전체를 고려하여 가설을 선택할 수 있다. 예를 들어, 비슷한 효능이 기대되는 두 신약 중 어느 것을 건강보험 대상 약품으로 지정할 것인지를 결정하는 경우를 생각해 보자. 고전적 귀납주의는 우리가 두 신약에 대한 다양한 임상 시험 결과를 종합적으로 고려해서 긍정적 결과를 더 많이 얻은 신약을 선택해야 한다고 조언한다.

① 가설 검증을 통해서만 절대적 진리에 도달할 수 있다.
② 경험적 증거가 여러 가설에 부합하는 경우 아무런 도움이 되지 않는다.
③ 가설로부터 도출된 예측과 경험적 관찰이 모순되는 가설은 배제해야 한다.
④ 가설의 신뢰도가 높아지려면 가설에 부합하는 새로운 증거가 계속 등장해야 한다.
⑤ 가설의 신뢰도가 경험적 증거로 인하여 얼마나 높아지는지를 정량적으로 판단할 수 없다.

**20** 다음 글이 비판하는 주장으로 가장 적절한 것은?

'모래언덕'이나 '바람' 같은 개념은 매우 모호해 보인다. 작은 모래 무더기가 모래언덕이라고 불리려면 얼마나 높이 쌓여야 하는가? 바람이 되려면 공기는 얼마나 빨리 움직여야 하는가?
그러나 지질학자들이 관심이 있는 대부분의 문제 상황에서 이런 개념들은 아무 문제 없이 작동한다. 더 높은 수준의 세분화가 요구될 만한 맥락에서는 그때마다 '30m에서 40m 사이의 높이를 가진 모래언덕'이나 '시속 20km와 시속 40km 사이의 바람'처럼 수식어구가 달린 표현이 과학적 용어의 객관적인 사용을 뒷받침한다.
물리학 같은 정밀과학에서도 사정은 비슷하다. 물리학의 한 연구 분야인 저온물리학은 저온현상, 즉 초전도 현상을 비롯하여 절대온도 0도인 −273.16℃ 부근의 저온에서 나타나는 흥미로운 현상들을 연구한다. 그렇다면 정확히 몇 도부터 저온인가? 물리학자들은 이 문제를 놓고 다투지 않는다. 때로는 이 말이 헬륨의 끓는점(−268.6℃) 같은 극저온 근방을 가리키는가 하면, 질소의 끓는점(−195.8℃)이 기준이 되기도 한다.
과학자들은 모호한 것을 싫어한다. 모호성은 과학의 정밀성을 훼손할 뿐만 아니라 궁극적으로 과학의 객관성을 약화하기 때문이다. 그러나 모호성에 대응하는 길은 모든 측정의 오차를 0으로 만드는 데 있는 것이 아니라 대화를 통해 그 상황에 적절한 합의를 하는 데 있다.

① 과학의 정확성은 측정기술의 정확성에 달려 있다.
② 물리학 같은 정밀과학에서도 오차는 발생하기 마련이다.
③ 과학의 발달은 과학적 용어체계의 변화를 유발할 수 있다.
④ 과학적 언어의 객관성은 그 언어가 사용되는 맥락 속에서 확보된다.
⑤ 과학적 언어의 객관성은 용어의 엄밀하고 보편적인 정의에 의해서만 보장된다.

# 03 자료해석

**01** 다음과 같은 유통과정에서 상승한 최종 배추가격은 협동조합의 최초 구매가격 대비 몇 % 상승했는가?

〈유통과정별 배추 판매가격〉

| 판매처 | 구매처 | 판매가격 |
|---|---|---|
| 산지 | 협동조합 | 재배 원가에 10% 이윤을 붙임 |
| 협동조합 | 도매상 | 산지에서 구입가격에 20% 이윤을 붙임 |
| 도매상 | 소매상 | 협동조합으로부터 구입가격이 판매가의 80% |
| 소매상 | 소비자 | 도매상으로부터 구입가격에 20% 이윤을 붙임 |

① 98%  ② 80%
③ 78%  ④ 70%
⑤ 65%

**02** C기업은 창고업체에 다음 세 제품군에 대한 보관비를 지급하려고 한다. A제품군은 매출액의 1%, B제품군은 1CUBIC당 20,000원, C제품군은 톤당 80,000원을 지급하기로 되어 있다면 전체 지급액은?

〈제품군별 창고 보관비 지급 기준〉

| 구분 | 매출액(억 원) | 용량 | |
|---|---|---|---|
| | | 용적(CUBIC) | 무게(톤) |
| A제품군 | 300 | 3,000 | 200 |
| B제품군 | 200 | 2,000 | 300 |
| C제품군 | 100 | 5,000 | 500 |

① 3억 2천만 원  ② 3억 4천만 원
③ 3억 6천만 원  ④ 3억 8천만 원
⑤ 4억 원

**03** 자동차의 정지거리는 공주거리와 제동거리의 합이다. 공주거리는 공주시간 동안 진행한 거리이며, 공주시간은 주행 중 운전자가 전방의 위험상황을 발견하고 브레이크를 밟아서 실제 제동이 시작될 때까지 걸리는 시간이다. 자동차의 평균제동거리가 다음 표와 같을 때, 72km/h로 달리는 자동차의 정지거리는?(단, 공주시간은 1초로 가정한다)

〈자동차의 평균제동거리〉

| 속도(km/h) | 12 | 24 | 36 | 48 | 60 | 72 |
|---|---|---|---|---|---|---|
| 평균제동거리(m) | 1 | 4 | 9 | 16 | 25 | 36 |

① 50m  ② 52m
③ 54m  ④ 56m
⑤ 58m

**04** 다음 그림은 OECD 국가의 대학졸업자 취업에 관한 자료이다. A~L 12국 중 전체 대학졸업자 대비 대학졸업자 내 취업자 비율이 OECD 평균보다 높은 국가만으로 바르게 짝지어진 것은?

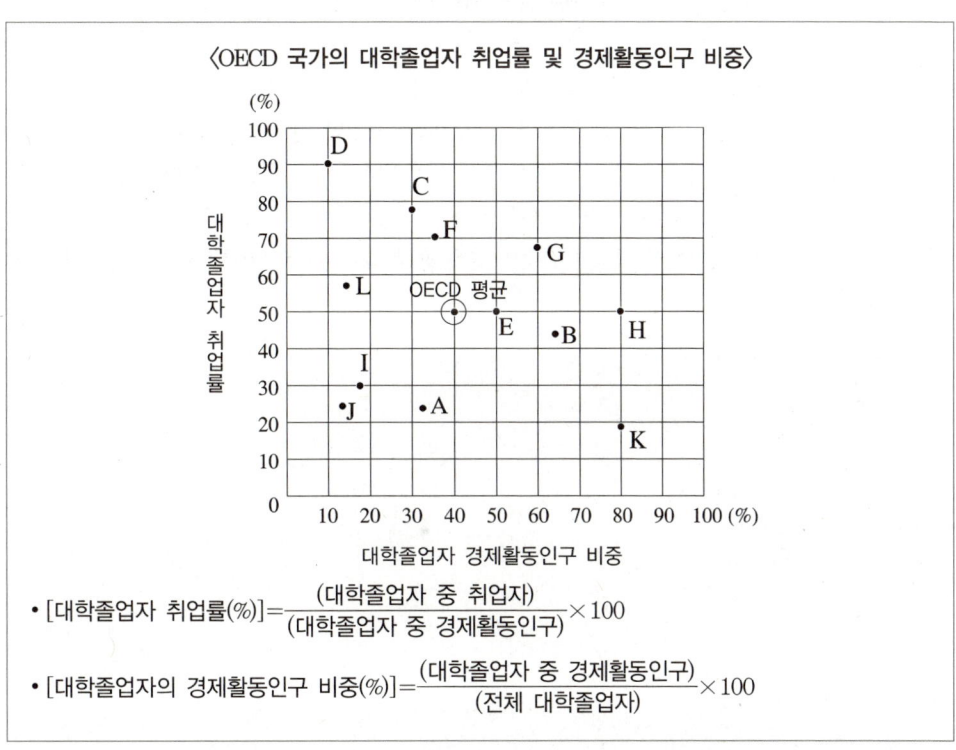

① A, D  ② B, C
③ D, H  ④ G, K
⑤ H, L

**05** 다음은 한국, 미국, 일본, 프랑스가 화장품산업 경쟁력 4대 분야에서 획득한 점수에 대한 자료이다. 이에 대한 설명으로 옳은 것은?

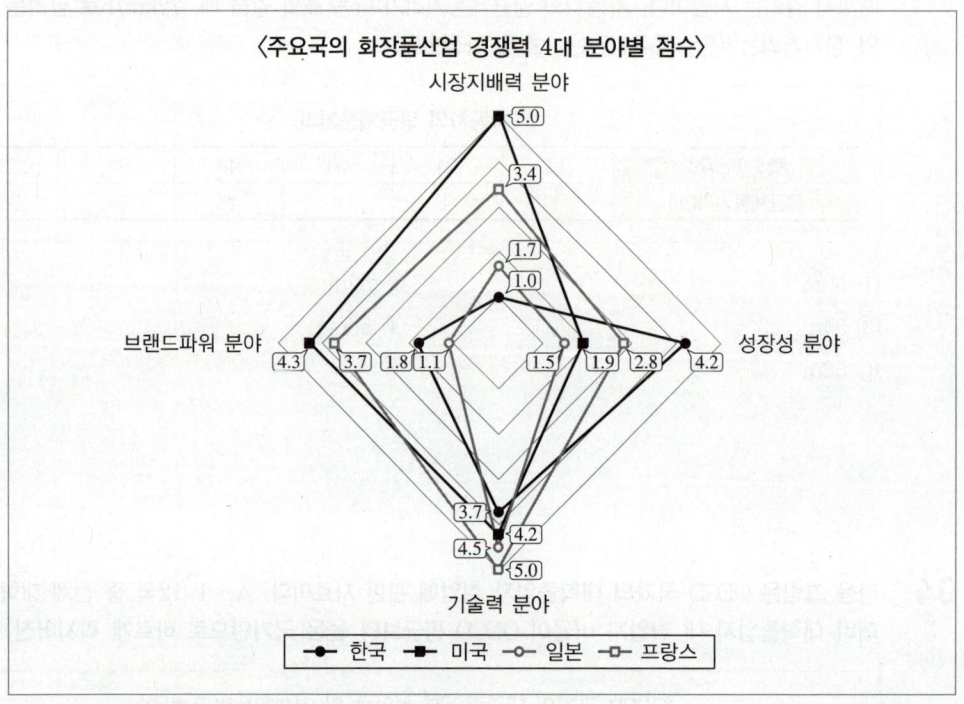

① 기술력 분야에서는 한국의 점수가 가장 높다.
② 시장지배력 분야의 점수는 일본이 프랑스보다 높지만 미국보다는 낮다.
③ 브랜드파워 분야에서 각국 점수 중 최댓값과 최솟값의 차이는 3 이하이다.
④ 성장성 분야에서 점수가 가장 높은 국가는 시장지배력 분야에서도 점수가 가장 높다.
⑤ 미국이 4대 분야에서 획득한 점수의 합은 프랑스가 4대 분야에서 획득한 점수의 합보다 높다.

**06** 다음은 용도별 및 차종별 자동차검사 현황이다. 빈칸에 들어갈 수치로 옳은 것은?(단, 각 수치는 연수가 높아짐에 따라 일정한 규칙으로 변화한다)

〈용도별, 차종별 자동차검사 현황〉

(단위 : %)

| 구분 | | 4년 이하 | 5~6년 | 7~8년 | 9~10년 | 11~12년 | 13~14년 | 15년 이상 |
|---|---|---|---|---|---|---|---|---|
| 전체 | 합계 | 6.7 | 10.6 | 14.3 | 16.4 | 19.1 | 21.3 | 25.4 |
| | 승용차 | 5.5 | 9.0 | 11.3 | 14.1 | 17.8 | 20.3 | 25.3 |
| | 승합차 | 6.2 | 11.2 | 14.1 | 15.9 | 17.8 | 19.1 | 22.9 |
| | 화물차 | 7.4 | 14.9 | 22.6 | 24.5 | 23.5 | 24.8 | 26.0 |
| | 특수차 | 8.9 | 13.7 | 15.0 | 15.9 | 16.0 | 15.7 | 20.9 |
| 비사업용 | 합계 | 6.8 | 10.5 | 14.2 | 16.4 | 19.2 | 21.4 | 25.7 |
| | 승용차 | 6.8 | 9.1 | 11.4 | 14.1 | 17.8 | 20.3 | 25.3 |
| | 승합차 | 6.2 | 11.5 | 15.3 | 17.1 | 18.0 | 19.2 | 22.9 |
| | 화물차 | 6.9 | 14.6 | 23.2 | 25.5 | 24.4 | 25.5 | 27.0 |
| | 특수차 | 9.6 | 15.2 | 11.6 | 17.2 |  | 19.2 | 15.6 |
| 사업용 | 합계 | 6.4 | 11.2 | 14.6 | 16.2 | 18.3 | 19.6 | 20.2 |
| | 승용차 | 5.3 | 8.6 | 8.0 | 6.9 | 11.6 | 12.7 | 17.6 |
| | 승합차 | 6.1 | 9.7 | 9.7 | 9.9 | 9.8 | 8.6 | 9.8 |
| | 화물차 | 10.2 | 16.1 | 19.9 | 20.5 | 19.4 | 20.8 | 19.8 |
| | 특수차 | 8.7 | 13.4 | 14.9 | 16.0 | 16.5 | 15.9 | 22.7 |

① 12.6  ② 13.6
③ 13.2  ④ 14.2
⑤ 23.6

**07** 다음은 2020~2024년까지 우리나라의 사고유형별 발생 현황에 관한 통계자료이다. 이에 대한 설명으로 옳은 것은?

〈사고유형별 발생 현황〉
(단위 : 건)

| 구분 | 2020년 | 2021년 | 2022년 | 2023년 | 2024년 |
|---|---|---|---|---|---|
| 도로교통 | 215,354 | 223,552 | 232,035 | 220,917 | 216,335 |
| 화재 | 40,932 | 42,135 | 44,435 | 43,413 | 44,178 |
| 가스 | 72 | 72 | 72 | 122 | 121 |
| 환경오염 | 244 | 316 | 246 | 116 | 87 |
| 자전거 | 6,212 | 4,571 | 7,498 | 8,529 | 5,330 |

① 도로교통사고 발생 수는 매년 화재사고 발생 수의 5배 이상이다.
② 환경오염사고 발생 수는 매년 증감을 거듭하고 있다.
③ 매년 환경오염사고 발생 수는 가스사고 발생 수보다 많다.
④ 2020~2024년까지 일어난 전체 사고 발생 수에서 자전거사고 발생 수 비중은 3% 미만이다.
⑤ 가스사고 발생 수는 2023년에 처음으로 증가한 이후 다음 해에도 증가세를 유지했다.

**08** 다음은 치료감호소 수용자 현황에 관한 자료이다. 다음 중 (가)~(라)에 해당하는 수를 모두 더한 값은?

〈치료감호소 수용자 현황〉
(단위 : 명)

| 구분 | 약물 | 성폭력 | 심신장애자 | 합계 |
|---|---|---|---|---|
| 2019년 | 89 | 77 | 520 | 686 |
| 2020년 | (가) | 76 | 551 | 723 |
| 2021년 | 145 | (나) | 579 | 824 |
| 2022년 | 137 | 131 | (다) | 887 |
| 2023년 | 114 | 146 | 688 | (라) |
| 2024년 | 88 | 174 | 688 | 1,021 |

① 1,524
② 1,639
③ 1,751
④ 1,763
⑤ 1,770

**09** 다음은 C센터의 2015 ~ 2023년 공연예술 행사 추이를 나타낸 자료이다. 이에 대한 설명으로 옳은 것은?

〈공연예술 행사 추이〉

(단위 : 건)

| 구분 | 2015년 | 2016년 | 2017년 | 2018년 | 2019년 | 2020년 | 2021년 | 2022년 | 2023년 |
|---|---|---|---|---|---|---|---|---|---|
| 양악 | 250 | 260 | 270 | 300 | 315 | 380 | 395 | 415 | 460 |
| 국악 | 68 | 110 | 100 | 113 | 135 | 145 | 180 | 187 | 238 |
| 무용 | 60 | 60 | 70 | 105 | 150 | 135 | 미집계 | 140 | 138 |
| 연극 | 60 | 45 | 55 | 70 | 140 | 117 | 130 | 195 | 180 |

① 이 기간 동안 매년 국악 공연 건수가 연극 공연 건수보다 많았다.
② 이 기간 동안 매년 양악 공연 건수가 국악, 무용, 연극 공연 건수의 합보다 많았다.
③ 2015년 대비 2023년 공연 건수의 증가율이 가장 높은 장르는 국악이다.
④ 연극 공연 건수가 무용 공연 건수보다 많아진 것은 2022년부터였다.
⑤ 2022년에 비해 2023년에 공연 건수가 가장 많이 증가한 장르는 양악이다.

**10** 다음은 2020년부터 2024년까지 총수출액 중 10대 수출품목 비중 변화 추이에 대한 그래프이다. 다음 중 총수출액이 두 번째로 적은 연도는?

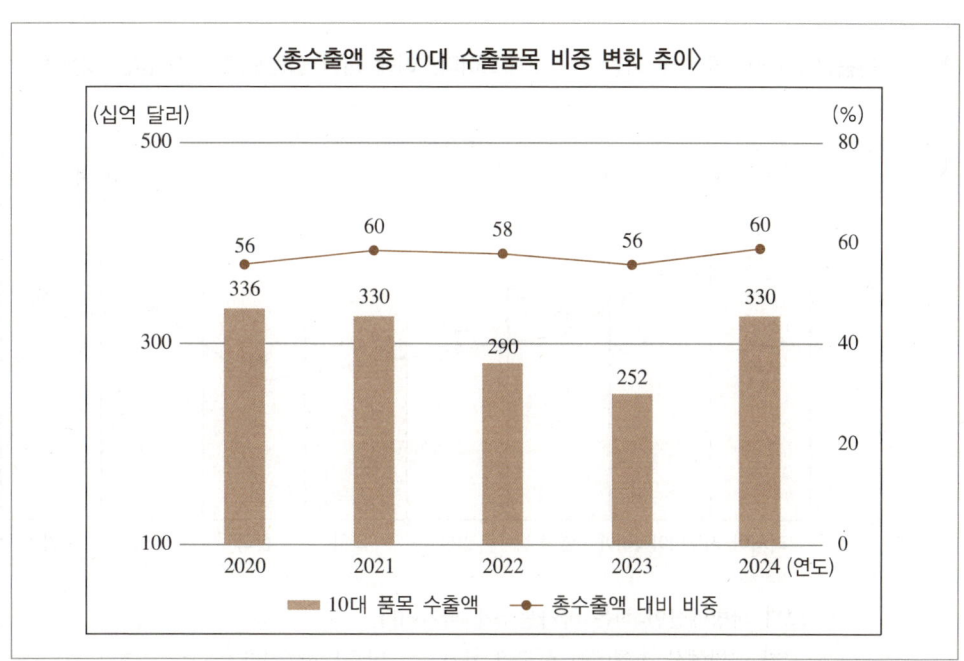

① 2020년
② 2021년
③ 2022년
④ 2023년
⑤ 2024년

**11** L씨는 콘텍트렌즈를 구매하려 한다. 다음 표를 보고 가격을 비교하여 1년 동안 가장 적은 비용으로 사용할 수 있는 렌즈는?(단, 1년 동안 똑같은 제품만을 사용하며 1년은 52주이다)

〈콘텍트 렌즈 가격표〉

| 구분 | 가격 | 착용기한 | 서비스 |
| --- | --- | --- | --- |
| A렌즈 | 30,000원 | 1개월 | - |
| B렌즈 | 45,000원 | 2개월 | 1+1 |
| C렌즈 | 20,000원 | 1개월 | 1+2(3월, 7월, 11월에만) |
| D렌즈 | 5,000원 | 1주 | - |
| E렌즈 | 65,000원 | 2개월 | 1+2 |

① A렌즈
② B렌즈
③ C렌즈
④ D렌즈
⑤ E렌즈

**12** 다음은 2024년 국가별 국방예산 그래프이다. 이에 대한 설명으로 옳지 않은 것은?

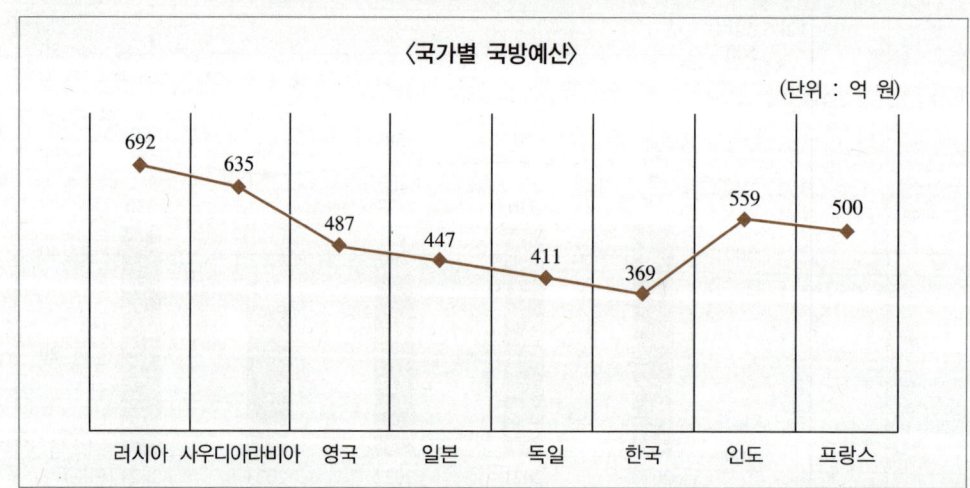

① 인도보다 국방예산이 적은 국가는 5개 국가이다.
② 8개 국가 국방예산 총액에서 한국이 차지하는 비중은 9%이다.
③ 사우디아라비아 국방예산은 프랑스 국방예산 대비 25% 이상 많다.
④ 국방예산이 가장 많은 국가와 가장 적은 국가의 예산 차이는 323억 원이다.
⑤ 독일과 일본의 국방예산 차액은 영국과 일본의 국방예산 차액의 92% 이상이다.

**13** 다음은 A시즌 K리그 주요 구단의 공격력을 분석한 자료이다. 이에 대한 설명으로 옳은 것은?

〈A시즌 K리그 주요 구단 공격력 통계〉

(단위 : 개)

| 구분 | 경기 | 슈팅 | 유효슈팅 | 골 | 경기당 평균 슈팅 | 경기당 평균 유효슈팅 |
|---|---|---|---|---|---|---|
| 울산 | 6 | 90 | 60 | 18 | 15 | 10 |
| 전북 | 6 | 108 | 72 | 27 | 18 | 12 |
| 상주 | 6 | 78 | 30 | 12 | 13 | 5 |
| 포항 | 6 | 72 | 48 | 9 | 12 | 8 |
| 대구 | 6 | 84 | 42 | 12 | 14 | 7 |
| 서울 | 6 | 42 | 18 | 10 | 7 | 3 |
| 성남 | 6 | 60 | 36 | 12 | 10 | 6 |

① 슈팅과 유효슈팅 개수의 상위 3개 구단은 같다.
② 유효슈팅 대비 골의 비율은 상주가 울산보다 높다.
③ 전북과 성남의 슈팅 대비 골의 비율의 차이는 10%p 이상이다.
④ 골의 개수가 적은 하위 두 팀의 골 개수의 합은 전체 골 개수의 15% 이하이다.
⑤ 경기당 평균 슈팅 개수가 가장 많은 구단과 가장 적은 구단의 차이는 경기당 평균 유효슈팅 개수가 가장 많은 구단과 가장 적은 구단의 차이보다 작다.

14  다음은 2020 ~ 2024년 지역별 이혼건수에 관한 자료이다. 이에 대한 설명으로 옳은 것은?

〈2020 ~ 2024년 지역별 이혼건수〉

(단위 : 천 건)

| 구분 | 2020년 | 2021년 | 2022년 | 2023년 | 2024년 |
|---|---|---|---|---|---|
| 서울 | 28 | 29 | 34 | 33 | 38 |
| 인천 | 22 | 24 | 35 | 32 | 39 |
| 경기 | 19 | 21 | 22 | 28 | 33 |
| 대전 | 11 | 13 | 12 | 11 | 10 |
| 광주 | 8 | 9 | 9 | 12 | 7 |
| 대구 | 15 | 13 | 14 | 17 | 18 |
| 부산 | 18 | 19 | 20 | 19 | 21 |
| 울산 | 7 | 8 | 8 | 5 | 7 |
| 제주 | 4 | 5 | 7 | 6 | 5 |
| 전체 | 132 | 141 | 161 | 163 | 178 |

※ 수도권은 서울, 인천, 경기임

① 2022 ~ 2024년까지 인천의 총 이혼건수는 서울보다 낮다.
② 2020 ~ 2024년까지 전체 이혼건수가 가장 적은 해는 2024년이다.
③ 2020 ~ 2024년까지 수도권의 이혼건수가 가장 많은 해는 2023년이다.
④ 2020 ~ 2024년까지 전체 이혼건수 증감추이와 같은 지역은 한 곳뿐이다.
⑤ 전체 이혼건수 대비 수도권의 이혼건수 비중은 2020년에 50% 이하, 2024년은 60% 이상을 차지한다.

※ 다음 표는 A기업의 동호회 인원 구성 현황을 나타내고 있다. 이어지는 질문에 답하시오. [15~16]

〈동호회 인원 구성 현황〉

(단위 : 명)

| 구분 | 2020년 | 2021년 | 2022년 | 2023년 |
|---|---|---|---|---|
| 축구 | 77 | 92 | 100 | 120 |
| 농구 | 75 | 70 | 98 | 117 |
| 야구 | 73 | 67 | 93 | 113 |
| 배구 | 72 | 63 | 88 | 105 |
| 족구 | 35 | 65 | 87 | 103 |
| 등산 | 18 | 42 | 44 | 77 |
| 여행 | 10 | 21 | 40 | 65 |
| 합계 | 360 | 420 | 550 | 700 |

**15** 전년 대비 2023년의 축구 동호회 인원 증가율이 다음 해에도 유지된다고 가정할 때, 2024년 축구 동호회의 인원은?

① 140명  ② 142명
③ 144명  ④ 146명
⑤ 148명

Hard
**16** 다음 중 위 자료에 대한 설명으로 옳은 것은?

① 동호회 인원이 많은 순서로 나열할 때, 매년 그 순위는 변화가 없다.
② 2021 ~ 2023년 동호회 인원 전체에서 등산이 차지하는 비중은 전년 대비 매년 증가하였다.
③ 2021 ~ 2023년 동호회 인원 전체에서 배구가 차지하는 비중은 전년 대비 매년 감소하였다.
④ 2021년 족구 동호회 인원은 2021년 전체 동호회의 평균 인원보다 많다.
⑤ 2020 ~ 2023년 매년 등산과 여행 동호회 인원의 합은 축구 동호회 인원보다 적다.

**17** 다음은 A ~ E과제에 대해 전문가 5명이 평가한 점수이다. 최종점수와 평균점수가 같은 과제로만 짝지어진 것은?

〈과제별 점수 현황〉
(단위 : 점)

| 구분 | A | B | C | D | E |
|---|---|---|---|---|---|
| 전문가 1 | 100 | 80 | 60 | 80 | 100 |
| 전문가 2 | 70 | 60 | 50 | 100 | 40 |
| 전문가 3 | 60 | 40 | 100 | 90 | ( ) |
| 전문가 4 | 50 | 60 | 90 | 70 | 70 |
| 전문가 5 | 80 | 60 | 60 | 40 | 80 |
| 평균점수 | ( ) | ( ) | ( ) | ( ) | 70 |

※ 최종점수는 가장 낮은 점수와 가장 높은 점수를 제외한 평균점수임

① A, B
② B, C
③ B, D
④ B, E
⑤ D, E

**Easy**

**18** 다음은 연도별 제주도 감귤 생산량과 수확 면적을 나타낸 그래프이다. 2020년부터 2024년 동안 전년 대비 감귤 생산량의 감소량이 가장 많은 연도의 수확 면적은?

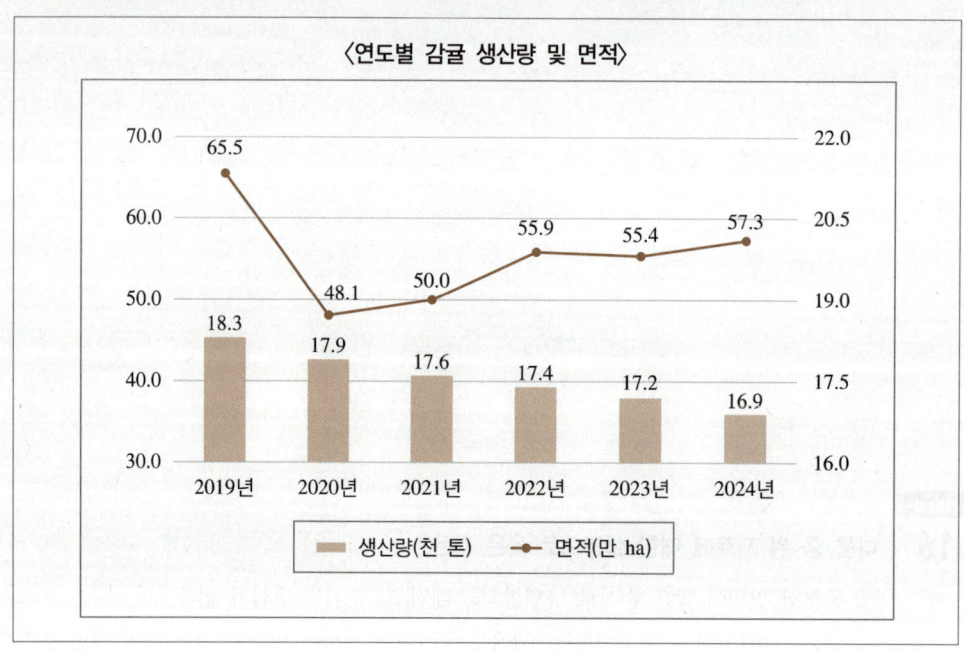

〈연도별 감귤 생산량 및 면적〉

① 65.5만 ha
② 55.9만 ha
③ 50.0만 ha
④ 48.1만 ha
⑤ 57.3만 ha

**19** 다음은 자동차 판매현황에 대한 자료이다. 이에 대한 설명으로 옳은 것을 〈보기〉에서 모두 고르면?

〈자동차 판매현황〉
(단위 : 천 대)

| 구분 | 2022년 | 2023년 | 2024년 |
|---|---|---|---|
| 소형 | 30 | 50 | 40 |
| 준중형 | 200 | 150 | 180 |
| 중형 | 400 | 200 | 250 |
| 대형 | 200 | 150 | 100 |
| SUV | 300 | 400 | 200 |

**보기**

ㄱ. 2022 ~ 2024년 동안 판매량이 지속적으로 감소하는 차종은 2종류이다.
ㄴ. 2023년 대형 자동차 판매량은 전년 대비 30% 미만 감소했다.
ㄷ. 2022 ~ 2024년 동안 SUV 자동차의 총판매량은 대형 자동차 총판매량의 2배이다.
ㄹ. 2023년 대비 2024년에 판매량이 증가한 차종 중 증가율이 가장 높은 차종은 준중형이다.

① ㄱ, ㄷ  ② ㄴ, ㄷ
③ ㄴ, ㄹ  ④ ㄱ, ㄴ, ㄹ
⑤ ㄱ, ㄷ, ㄹ

**20** 다음은 연도별 시간당 최저임금 인상 추이를 나타낸 자료이다. 이를 그래프로 나타낸 것으로 옳지 않은 것은?(단, 인상률 단위는 '%'이고, 최저임금 단위는 '원'이다)

〈연도별 최저임금 인상 추이〉

(단위 : 원)

| 구분 | 시간당 최저임금 | 구분 | 시간당 최저임금 |
| --- | --- | --- | --- |
| 2015년 | 4,110 | 2020년 | 5,580 |
| 2016년 | 4,320 | 2021년 | 6,030 |
| 2017년 | 4,580 | 2022년 | 6,470 |
| 2018년 | 4,860 | 2023년 | 7,530 |
| 2019년 | 5,210 | 2024년 | 8,350 |

① 연도별 최저임금 인상 추이

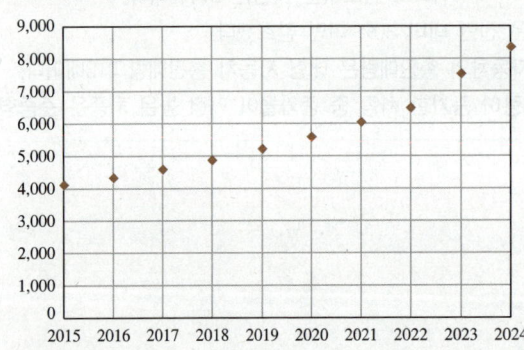

② 연도별 최저임금 인상 추이

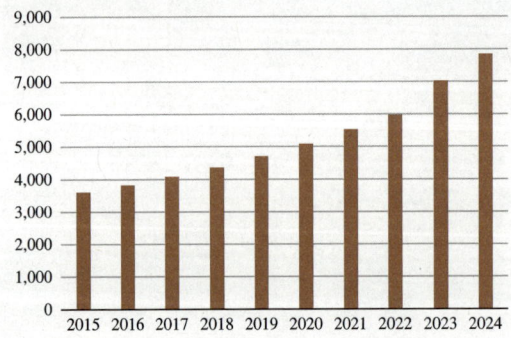

③ 전년 대비 최저임금 인상액 현황

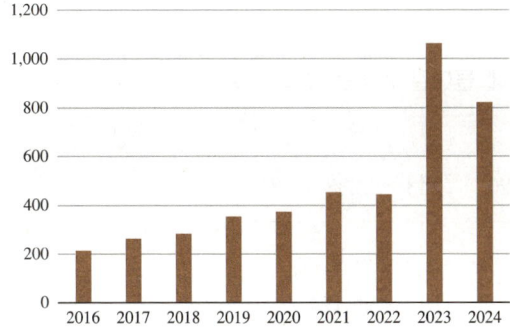

④ 연도별 최저임금 인상 추이

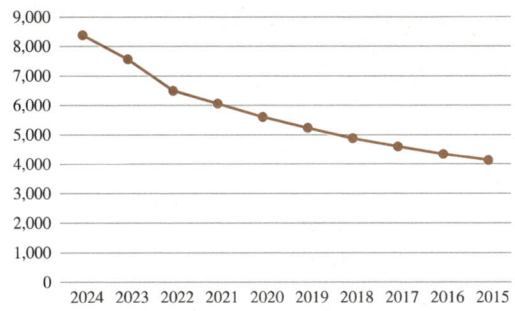

⑤ 전년 대비 최저임금 인상률 현황

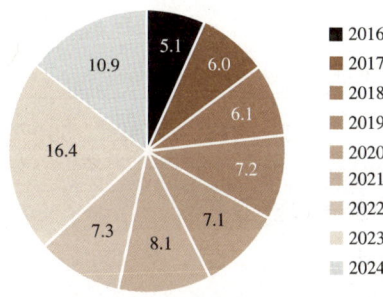

## 04 창의수리

※ 일정한 규칙으로 수를 나열할 때, 빈칸에 들어갈 알맞은 수를 고르시오. [1~5]

**01**

| 61 | 729 | 120 | 243 | 238 | 81 | ( ) | 27 |

① 54
② 81
③ 210
④ 474
⑤ 500

**Easy**
**02**

| 4 | 7 | 11 | 18 | 29 | 47 | 76 | 123 | ( ) |

① 197
② 198
③ 199
④ 200
⑤ 201

**03**

| 1 | 2 | 10 | -5 | 16 | -8 | 22 | -22 | 113 | -42 | 53 | ( ) |

① -4
② -12
③ -24
④ -30
⑤ -36

**04**

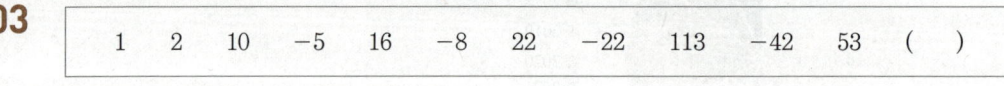

① $\dfrac{13}{9}$
② $\dfrac{14}{18}$
③ $\dfrac{13}{18}$
④ $\dfrac{14}{9}$
⑤ $\dfrac{13}{27}$

**05**  $\underline{5\ 0\ 1}\quad \underline{5\ 3\ (\ \ )}\quad \underline{6\ 2\ 36}$

① 15  ② 45
③ 75  ④ 125
⑤ 145

**06** $x$에 대한 이차방정식 $x^2+2ax+a-4=0$의 한 근이 1일 때, 다른 한 근은?

① $-3$  ② $-2$
③ $-1$  ④ $0$
⑤ $1$

**07** 다음 〈조건〉에 해당하는 자연수로 옳은 것은?

> **조건**
> • 두 자리 자연수이다.
> • 이 자연수는 각 자릿수를 더한 값의 8배이다.
> • 이 자연수는 각 자릿수의 자리를 바꾼 값보다 45가 많다.

① 27  ② 55
③ 68  ④ 72
⑤ 86

**Hard**

**08** 석훈이와 소영이는 운동장에 있는 달리기 트랙에서 같은 지점에서 출발해 반대방향으로 달리기 시작했다. 석훈이는 평균 6m/s의 속력으로, 소영이는 평균 4m/s의 속력으로 달렸는데 출발할 때를 제외하고 두 번째 만날 때까지 걸린 시간이 1분 15초일 때, 운동장 트랙의 길이는 얼마인가?

① 315m  ② 325m
③ 355m  ④ 375m
⑤ 395m

**09** 서울과 부산을 잇는 KTX는 총 490km인 거리를 이동한다. 곡선구간 거리는 90km이고, 직선구간에서 200km/h의 속력으로 운행한다. 대전역, 울산역, 광명역 3군데서 5분씩 정차하고 총 3시간이 걸렸을 때, 곡선구간에서의 속력은 얼마인가?

① 80km/h  
② 90km/h  
③ 100km/h  
④ 120km/h  
⑤ 130km/h  

**10** 농도 10%의 소금물과 농도 4%의 소금물을 섞어 농도 8%의 소금물을 만들었다. 이 소금물을 100g 덜어낸 후 20g의 소금을 더 넣었더니 농도 12%의 소금물이 되었다면, 처음 농도 10%의 소금물의 양은?

① 350g  
② 355g  
③ 360g  
④ 365g  
⑤ 370g  

**11** 농도 7%의 소금물 200g에 농도 10%의 소금물 300g을 넣은 후 소금을 더 넣어 농도 20%의 소금물을 만들었다. 더 넣은 소금의 양은?

① 30g  
② 40g  
③ 50g  
④ 60g  
⑤ 70g  

Easy

**12** 할아버지와 할머니, 아버지와 어머니, 그리고 3명의 자녀로 이루어진 가족이 있다. 이 가족이 일렬로 서서 가족사진을 찍으려고 한다. 할아버지가 맨 앞, 할머니가 맨 뒤에 위치할 때, 가능한 경우의 수는?

① 120가지  
② 125가지  
③ 130가지  
④ 135가지  
⑤ 140가지

**13** 30명의 남학생 중에서 16명, 20명의 여학생 중에서 14명이 수학여행으로 국외를 선호하였다. 전체 50명의 학생 중 임의로 선택한 한 명이 국내 여행을 선호하는 학생일 때, 이 학생이 남학생일 확률은?

① $\dfrac{3}{5}$  ② $\dfrac{7}{10}$

③ $\dfrac{4}{5}$  ④ $\dfrac{9}{10}$

⑤ $\dfrac{5}{13}$

**14** 볼펜 29자루, 지우개 38개, 샤프 26자루를 가지고 가능한 한 많은 학생들에게 똑같이 나누어 주면 볼펜은 1개가 부족하고, 샤프와 지우개는 2개가 남는다. 이때 학생 수는 몇 명인가?

① 5명  ② 6명
③ 7명  ④ 8명
⑤ 9명

**15** 유리병 한 병 질량의 80%가 산화규소로 이루어져 있다. 산화규소 5kg으로 한 병에 135g짜리 유리병들을 만든다고 할 때, 만들 수 있는 유리병의 최대 개수는 몇 개인가?

① 35개  ② 46개
③ 57개  ④ 60개
⑤ 70개

**16** A회사는 10분에 5개의 인형을 만들고, B회사는 1시간에 1대의 인형 뽑는 기계를 만든다. 이 두 회사가 40시간 동안 일을 하면 최대 몇 대의 인형이 들어있는 인형 뽑는 기계를 완성할 수 있는가? (단, 인형 뽑는 기계 하나에는 40개의 인형이 들어가야 한다)

① 30대  ② 35대
③ 40대  ④ 45대
⑤ 50대

**Hard**

**17** A열 인쇄용지는 가로와 세로의 비가 1 : $\sqrt{2}$ 인 직사각형이다. 한 단계 작아질 때마다 용지의 면적은 절반이 되며, 가로와 세로의 비는 일정하게 유지된다. A4 용지를 A5 크기로 축소했을 때, 가로 길이는 A4 용지의 몇 퍼센트가 되는가?(단, $\sqrt{2}=1.4$, $\sqrt{3}=1.7$)

① 40%  
② 50%  
③ 60%  
④ 70%  
⑤ 80%

**18** H중학교에서 3학년을 대상으로 체육시험을 보았다. 3학년 학생 수는 200명이며, 전체 평균점수는 59.6점이었다. 남학생 수는 전체 학생 수의 51%이고, 남학생의 평균점수는 여학생 평균점수의 3배보다 2점이 높을 때, 남학생과 여학생의 평균은 각각 얼마인가?

|   | 남학생 | 여학생 |
|---|---|---|
| ① | 80점 | 26점 |
| ② | 83점 | 27점 |
| ③ | 86점 | 28점 |
| ④ | 89점 | 29점 |
| ⑤ | 89점 | 31점 |

**19** 현재 A ~ D는 각각 7,000원, 2,000원, 5,000원, 9,000원을 보유하고 있으며 이 돈과 함께 매일 각각 100원, 500원, 400원, 200원씩 저축을 하려고 한다. B와 C가 모은 총금액이 A와 D가 모은 총금액 이상이 되는 날은 며칠 후인가?

① 12일 후  
② 13일 후  
③ 14일 후  
④ 15일 후  
⑤ 16일 후

**Hard**

**20** 어떤 모형을 만드는 데 서로 다른 부품이 10개 필요하고, 작년에 이 중 A부품의 1개의 가격이 전체 부품 값의 15%였다. 올해에 모든 부품 값이 10,000원씩 상승하여 A부품 1개 가격이 전체 부품 값의 14.5%가 될 때, 올해 모형을 만드는 데 필요한 모든 부품 값은 얼마인가?(단, 서로 다른 10개 부품 모두 1개씩 필요하다)

① 1,200,000원  
② 1,100,000원  
③ 1,000,000원  
④ 900,000원  
⑤ 800,000원

## 제 3 회 최종점검 모의고사

응시시간 : 60분  문항 수 : 80문항  정답 및 해설 p.053

### 01 | 언어이해

**01** 다음 글의 내용으로 적절하지 않은 것은?

> 업사이클링은 '아나바다' 같은 구호에 그치지 않고, 전 세계를 아우르는 소비 방식으로 자리 잡고 있다. 특히 패션업계에서의 관심이 뜨겁다. 아디다스, 유니클로, H&M 같은 다국적 의류 기업은 앞다투어 헌옷, 해양 쓰레기, 폐플라스틱으로 만든 새로운 라인과 제품들을 쏟아내고 있다. 지금껏 해양 쓰레기나 헌옷은 재활용률이 현저히 낮았으나 기술 발달과 함께 신소재로 탈바꿈이 가능해진 덕분에 새로운 제품으로 재탄생할 수 있었다.
> 이에 따라 업사이클링 제품 전문 디자이너도 주목받는 유망 직종으로 떠오르고 있다. 업사이클링 디자이너는 패션뿐 아니라 가구, 건축, 생활 소품 등 다양한 분야에서 활동할 수 있다는 장점이 있으며, 작업 소재에 한계가 없다는 점에서 더욱 많은 사람의 관심이 쏠리고 있다.
> 업사이클링이 기존 재활용 방식보다 더욱 뜨거운 관심을 받는 것은 작은 쓰레기를 넘어서 공간, 건물에도 적용되는 광역성에 있다. 더욱이 최근 인테리어 트렌드인 '인더스트리얼' 콘셉트에 맞춰 폐공장, 건물을 활용한 카페, 지역센터, 업사이클링 제품 전문 쇼핑센터가 속속 문을 열고 있는데, 이런 공간들은 지역의 거점 공간으로 재탄생, 지역경제가 활성화되는 선순환을 만들어내기도 한다. 이와 동시에 소비자의 업사이클링에 대한 인식 제고에도 긍정적 영향을 끼치고 있다. 서울시는 업사이클링의 한글 표기인 '새활용'을 사용해 업사이클링 홍보에 적극적으로 나서고 있다.
> 서울디자인재단은 올해 초 장한평역 인근에 국내 최대 업사이클링 센터인 '서울새활용플라자'를 개장했다. 재단과 서울시는 이곳을 국내 업사이클링 산업의 중심지로 활용해 제작자, 소비자 모두를 아우르는 서비스를 제공할 예정이다.

① 업사이클링이란 쓰레기를 디자인과 활용성을 더해 새로운 제품으로 완전히 탈바꿈해 재사용하는 것을 뜻한다.
② 업사이클링은 패션 또는 작은 아이템에만 국한되는 것이 아니라, 공간 혹은 건물 등 넓은 범위에도 사용될 수 있는 방식이다.
③ '서울새활용플라자'라는 업사이클링 센터가 개장됐을 만큼, 우리나라 사람들의 재활용에 대한 인식이 매우 긍정적으로 변화했음을 유추할 수 있다.
④ 업사이클링도 기존 재활용 방식과 마찬가지로 좁은 범위에 국한되어 있다.
⑤ 업사이클링은 지역경제에 도움을 줄 수 있다.

## Easy
**02** 다음 글의 내용으로 가장 적절한 것은?

> 사람의 목숨을 좌우할 수 있는 형벌 문제는 군현(郡縣)에서 항상 일어나는 것이고 지방 관리가 되면 늘 처리해야 하는 일인데도, 사건을 조사하는 것이 항상 엉성하고 죄를 결정하는 것이 항상 잘못된다.
> 옛날에 자산이라는 사람이 형벌 규정을 정한 형전(刑典)을 새기자 어진 사람들이 그것을 나무랐고, 이회가 법률 서적을 만들자 후대의 사람이 그를 가벼이 보았다. 그 뒤 수(隋)나라와 당(唐)나라 때에 와서는 이를 절도(竊盜)·투송(鬪訟)과 혼합하고 나누지 않아서, 세상에서 아는 것은 오직 한패공(漢沛公 : 한 고조 유방)이 선언한 '사람을 죽인 자는 죽인다.'는 규정뿐이었다.
> 그런데 선비들은 어려서부터 머리가 희어질 때까지 오직 글쓰기나 서예 등만 익혔을 뿐이므로 갑자기 지방관리가 되면 당황하여 어찌할 바를 모른다. 그래서 간사한 아전에게 맡겨 버리고는 스스로 알아서 처리하지 못하니, 저 재화(財貨)만을 숭상하고 의리를 천히 여기는 간사한 아전이 어찌 이치에 맞게 형벌을 처리할 수 있겠는가?
>
> — 정약용, 『흠흠신서(欽欽新書)』 서문

① 고대 중국에서는 형벌 문제를 중시하였다.
② 아전을 형벌 전문가로서 높이 평가하고 있다.
③ 조선시대의 사대부들은 형벌에 대해 잘 알지 못한다.
④ 지방관들은 인명을 다루는 사건을 현명하게 처리하고 있다.
⑤ 선비들은 이치에 맞게 형벌을 처리할 수 있었다.

※ 다음 문단을 논리적 순서대로 바르게 나열한 것을 고르시오. [3~4]

**03**

(가) 재활승마란 뇌성마비 등 신체적·심리적 장애가 있는 사람들이 승마를 통해 치료적 성과를 도모하는 동물을 매개로 한 치료 프로그램이다.
(나) 하지만 재활승마는 미국과 영국, 독일을 비롯한 51개국 228개 단체에서 한 해에 약 5백만 명 이상이 참가하고 있을 정도로 활발하게 운영되고 있어 국내에도 보다 많은 보급이 필요한 상황이다.
(다) 오는 3월, 국내 최초 재활승마 전용마장이 재활승마 공간, 치료·평가실, 관람실 등으로 구성되어 연간 140명의 뇌성마비 아동 등을 중심으로 무상 운영된다.
(라) 또한 이번에 완공된 재활승마 전용마장은 재활승마에 필요한 실내마장, 마사, 자원봉사자실, 관람실 등으로 마련되어 장애아동과 가족들이 이용하기 편리하도록 꾸며져 있다.

① (가) – (나) – (다) – (라)
② (가) – (라) – (다) – (나)
③ (다) – (가) – (라) – (나)
④ (다) – (나) – (라) – (가)
⑤ (다) – (라) – (가) – (나)

**04**

(가) 이번에 개소한 은퇴연구소는 연구조사팀, 퇴직연금팀 등 5개팀 외에 학계 인사와 전문가로 구성된 10명 내외의 외부 자문위원단도 포함된다.
(나) 은퇴연구소를 일반인들의 안정된 노후 준비를 돕는 지식 기반으로, 그리고 은퇴 이후의 건강한 삶에 대한 다양한 정보를 제공하는 쌍방향의 소통 채널로 적극 활용할 계획이다.
(다) A회사는 10일, 우리나라의 급격한 고령화 진전 상황에 따라 범사회적으로 바람직한 은퇴 준비의 필요성을 부각하고, 선진형 은퇴 설계 모델의 개발과 전파를 위한 국내 최대 규모의 '은퇴연구소'를 개소했다.
(라) 마지막으로 은퇴연구소는 은퇴 이후의 생활에 대한 의식과 준비 수준이 아직 선진국에 비해 뒤떨어지는 우리의 인식 개선을 위해 사회적 관심과 참여를 유도할 계획이다.

① (나) – (가) – (라) – (다)
② (다) – (가) – (나) – (라)
③ (다) – (나) – (라) – (가)
④ (라) – (다) – (가) – (나)
⑤ (라) – (다) – (나) – (가)

**05**  다음 글의 핵심 내용으로 가장 적절한 것은?

> 1948년에 제정된 대한민국 헌법은 공동체의 정치적 문제는 기본적으로 국민의 의사에 의해 결정된다는 점을 구체적인 조문으로 명시하고 있다. 그러나 이러한 공화제적 원리는 1948년에 이르러 갑작스럽게 등장한 것이 아니다. 이미 19세기 후반부터 한반도에서는 이와 같은 원리가 공공 영역의 담론 및 정치적 실천 차원에서 표명되고 있었다.
> 공화제적 원리는 1885년부터 발행되기 시작한 근대적 신문인 『한성주보』에서도 어느 정도 언급된 바 있지만 특히 1898년에 출현한 만민공동회에서 그 내용이 명확하게 드러난다. 독립협회를 중심으로 촉발되었던 만민공동회는 민회를 통해 공론을 형성하고 이를 국정에 반영하고자 했던 완전히 새로운 형태의 정치운동이었다. 이것은 전통적인 집단상소나 민란과는 전혀 달랐다. 이 민회는 자치에 대한 국민의 자각을 기반으로 공동생활의 문제들을 협의하고 함께 행동해나가려 하였다. 이것은 자신들이 속한 정치공동체에 대한 소속감과 연대감을 갖지 않고서는 불가능한 현상이었다. 즉, 만민공동회는 국민이 스스로 정치적 주체가 되고자 했던 시도였다. 전제적인 정부가 법을 통해 제한하려고 했던 정치참여를 국민이 스스로 쟁취하여 정치체제를 변화시키고자 하였던 것이다.
> 19세기 후반부터 한반도에 공화제적 원리가 표명되고 있었다는 사례는 이뿐만이 아니다. 당시 독립협회가 정부와 함께 개최한 관민공동회에서 발표한 「헌의 6조」를 살펴보면 제3조에 "예산과 결산은 국민에게 공표할 일"이라고 명시하고 있는 것을 확인할 수 있다. 이것은 오늘날 재정운용의 기본원칙으로 여겨지는 예산공개의 원칙과 정확하게 일치하는 것으로 국민과 함께 협의하여 정치를 하여야 한다는 공화주의 원리를 보여주고 있다.

① 만민공동회는 전제 정부의 법적 제한에 맞서 국민의 정치 참여를 쟁취하고자 했다.
② 한반도에서 예산공개의 원칙은 19세기 후반 관민공동회에서 처음으로 표명되었다.
③ 예산과 결산이라는 용어는 관민공동회가 열렸던 19세기 후반에 이미 소개되어 있었다.
④ 만민공동회를 통해 대한민국 헌법에 공화제적 원리를 포함시키는 것이 결정되었다.
⑤ 한반도에서 공화제적 원리는 이미 19세기 후반부터 담론 및 실천의 차원에서 표명되고 있었다.

※ 다음 글의 내용으로 적절한 것을 〈보기〉에서 모두 고르시오. [6~7]

**06**

과거에는 일반 시민들이 사회 문제에 관한 정보를 얻을 수 있는 수단이 거의 없었다. 따라서 일반 시민들은 신문과 같은 전통적 언론을 통해 정보를 얻었고 전통적 언론은 주요 사회 문제에 대한 여론을 형성하는 데 강한 영향을 끼쳤다. 지금도 신문에서 물가 상승 문제를 반복해서 보도하면 일반 시민들은 이를 중요하다고 생각하고, 그와 관련된 여론도 활성화된다.
이처럼 전통적 언론이 여론을 형성하는 것을 '의제설정기능'이라고 한다. 하지만 막강한 정보원으로 인터넷이 등장한 이후 전통적 언론의 영향력은 약화되고 있다. 그리고 인터넷을 통한 상호작용매체인 소셜 네트워킹 서비스(이하 SNS)가 등장한 이후에는 그러한 경향이 더욱 강화되고 있다. 일반 시민들이 SNS를 통해 문제를 제기하고, 많은 사람이 그 문제에 대해 중요하다고 생각하면 역으로 전통적 언론에서 뒤늦게 그 문제에 대해 보도하는 현상이 생기게 된 것이다. 이러한 현상을 일반 시민이 의제설정을 주도한다는 점에서 '역의제설정 현상'이라고 한다.

**보기**

ㄱ. 현대의 전통적 언론은 의제설정기능을 전혀 수행하지 못하고 있다.
ㄴ. SNS는 일반 시민이 의제설정을 주도하는 것을 가능하게 했다.
ㄷ. 현대 언론은 과거 언론에 비해 의제설정기능의 역할이 강하다.
ㄹ. SNS로 인해 의제설정 현상이 강해지고 있다.

① ㄴ
② ㄷ
③ ㄱ, ㄴ
④ ㄱ, ㄹ
⑤ ㄷ, ㄹ

**07**

뉴턴 역학은 갈릴레오나 뉴턴의 근대과학 이전에 중세를 지배했던 아리스토텔레스의 역학관과 정면으로 반대된다. 아리스토텔레스에 의하면 물체가 똑같은 운동 상태를 유지하기 위해서는 외부에서 끝없이 힘이 제공되어야만 한다. 이렇게 물체에 힘을 제공하는 기동자가 물체에 직접적으로 접촉해야 운동이 일어난다. 기동자가 없어지거나 물체와의 접촉이 중단되면 물체는 자신의 운동 상태를 유지할 수 없다. 그러나 관성의 법칙에 의하면 외력이 없는 한 물체는 자신의 원래 운동 상태를 유지한다. 아리스토텔레스는 기본적으로 물체의 운동을 하나의 정지 상태에서 다른 정지 상태로의 변화로 이해했다. 즉, 아리스토텔레스에게는 물체의 정지 상태가 물체의 운동 상태와는 아무런 상관이 없었다. 그러나 근대 과학의 시대를 열었던 갈릴레오나 뉴턴에 의하면 물체가 정지한 상태는 특수한 경우의 운동하는 상태이다. 운동 상태가 바뀌는 것은 물체의 외부에서 힘이 가해지는 경우이다. 즉, 힘은 운동의 상태를 바꾸는 요인이다. 지금 우리는 뉴턴 역학이 옳다고 자연스럽게 생각하고 있지만 이론적인 선입견을 배제하고 일상적인 경험만 떠올리면 언뜻 아리스토텔레스의 논리가 더 그럴듯하게 보일 수도 있다.

**보기**

ㄱ. 뉴턴 역학은 올바르지 않으므로, 아리스토텔레스의 역학관을 따라야 한다.
ㄴ. 아리스토텔레스는 '외부에서 힘이 작용하지 않으면 운동하는 물체는 계속 그 상태로 운동하려 하고, 정지한 물체는 계속 정지해 있으려고 한다.'고 주장했다.
ㄷ. 뉴턴이나 갈릴레오 또한 당시에는 아리스토텔레스의 논리가 옳다고 판단하였다.
ㄹ. 아리스토텔레스는 정지와 운동을 별개로 보았다.

① ㄴ
② ㄹ
③ ㄱ, ㄷ
④ ㄴ, ㄹ
⑤ ㄱ, ㄴ, ㄷ

※ 다음 글의 제목으로 가장 적절한 것을 고르시오. [8~9]

**08**

> 영양분이 과도하게 많은 물에서는 오히려 물고기의 생존이 어렵다. 농업용 비료나 하수 등에서 배출되는 질소와 인 등으로 영양분이 많아진 하천의 수온이 상승하면 식물성 플랑크톤이 대량으로 증식하게 된다. 녹색을 띠는 플랑크톤이 수면을 뒤덮으면 물속으로 햇빛이 닿지 못하고 결국 물속의 산소가 고갈되어 물고기는 숨을 쉬기 어려워진다. 즉, 물속의 과도한 영양분이 오히려 물고기의 생존을 위협하는 것이다.
>
> 이처럼 부영양화된 물에서의 플랑크톤 증식으로 인한 녹조 현상은 경제발전과 각종 오염물질 배출량의 증가로 인해 심각한 사회문제가 되고 있다. 녹조는 냄새를 유발하는 물질과 함께 독소를 생성하여 수돗물의 수질을 저하시킨다. 특히 독성물질을 배출하는 녹조를 유해 녹조로 지정하여 관리하고 있는 현실을 고려하면 이제 녹조는 생태계뿐만 아니라 먹는 물의 안전까지도 위협한다.
>
> 하천의 생태계를 보호하고 우리가 먹는 물을 보호하기 위해서는 녹조의 발생 원인을 사전에 제거해야 한다. 이를 위해서는 무엇보다 생활 속 작은 실천이 중요하다. 질소나 인이 첨가되지 않은 세제를 사용하고, 농가에서는 화학 비료 사용을 최소화하며 하천으로 오염된 물이 흘러 들어가지 않도록 철저히 관리하는 노력을 기울여야 한다.

① 물고기의 생존을 위협하는 하천의 수질 오염
② 녹조를 가속화하는 이상 기온 현상
③ 물고기와 인간의 안전을 위협하는 하천의 부영양화
④ 녹조 예방을 위한 정부의 철저한 관리 필요
⑤ 수돗물 수질 향상을 위한 기술 개발의 필요성

**Hard**
**09**

공동주택이 고층화·고밀화되면서 여러 가지 장단점이 꾸준히 논의되어 왔지만, 갈수록 그 논의의 중요성과 필요성이 커지는 것이 바로 이웃과의 관계다. 공동주택의 주거문화를 비단 경제적으로뿐 아니라 사회·문화적인 면에서도 안정적으로 정착시키기 위해서는 이웃과 함께 살아가는 공유 공간, 사회적 공간으로서 공동체의 규범과 신뢰를 우리 스스로 구축할 필요가 있다.

공동주택은 개인 주거공간으로서의 특성과 이웃과 함께 살아가는 사회적 공간으로서의 특성을 동시에 갖는다. 독립된 생활공간으로서의 편리함과 안전성을 보장받을 권리가 있는 한편, '공동'주택으로서 함께 사는 이들에 대한 기본적인 이해와 배려도 여전히 필요하다. 어쩌면 예전처럼 자연스럽게 이웃과 소통하며 살지 않게 되었기 때문에 더 적극적으로 혹은 필연적으로 그러한 노력을 기울여야 할지도 모른다.

사회·경제 그리고 인구 구조의 변화는 주거문화에 영향을 미치고, 주거문화는 사람의 라이프 스타일을 변화시킨다. 이 과정에서 일어나는 의견 충돌이나 새로운 양상은 '문제'가 아니라 '숙제'다. 새로운 국면을 맞이할 때면 언제나 발생하고 풀어나가야 하는 과정일 뿐이다. 그러니 올바른 공동주택 주거문화에 대해 함께 고민하고 서로 이야기하면 된다.

① 공동주택 주거문화의 문제점  ② 지금, 우리의 공동주택 현황
③ 공동주택과 새로운 주거문화  ④ 멀어지는 이웃과의 관계
⑤ 공동주택 문제에 대한 정부의 대책

**10** 다음 글을 읽고 한 추론으로 가장 적절한 것은?

우리는 도구를 사용하고, 다양한 종류의 음식을 먹는 본능과 소화력을 갖췄다. 어떤 동물은 한 가지 음식만 먹는다. 이렇게 음식 하나에 모든 것을 거는 '단일 식품 식생활'은 도박이다. 그 음식의 공급이 끊기면 그 동물도 끝이기 때문이다.

400만 년 전, 우리 인류의 전 주자였던 오스트랄로피테쿠스는 고기를 먹었다. 한때 오스트랄로피테쿠스가 과일만 먹었을 것이라고 추정한 시기도 있었다. 따라서 오스트랄로피테쿠스 속과 사람 속을 가르는 선을 육식 여부로 정했었다. 그러나 남아프리카공화국의 한 동굴에서 발견된 200만 년 된 유골 4구의 치아에서는 이와 다른 증거가 발견됐다. 인류학자 매트 스폰하이머와 줄리아 리소프는 이 유골의 치아사기질의 탄소 동위 원소 구성 중 13C의 비율이 과일만 먹은 치아보다 열대 목초를 먹은 치아와 훨씬 더 가깝다는 것을 발견했다. 식생활 동위 원소는 체내 조직에 기록되기 때문에 이 발견은 오스트랄로피테쿠스가 상당히 많은 양의 풀을 먹었거나 이 풀을 먹은 동물을 먹었다는 추측을 가능케 한다. 그런데 같은 치아에서 풀을 씹어 먹을 때 생기는 마모는 전혀 보이지 않았기 때문에 오스트랄로피테쿠스 식단에서 풀을 먹는 동물이 큰 부분을 차지했다는 결론을 내릴 수 있다. 오래 전에 멸종되어 260만 년이라는 긴 시간을 땅속에 묻혀 있던 동물의 뼈 옆에서는 석기들이 함께 발견되기도 한다. 이 뼈와 석기가 들려주는 이야기는 곧 우리의 이야기다. 어떤 뼈에는 이로 씹은 흔적 위에 도구로 자른 흔적이 겹쳐있다. 그 반대의 흔적이 남은 뼈들도 있다. 도구로 자른 흔적 다음에 날카로운 이빨 자국이 남은 경우다. 이런 것은 무기를 가진 인간이 먼저 먹고 동물이 이빨로 뜯어 먹은 것이다.

① 오스트랄로피테쿠스는 풀은 전혀 먹지 않았다.
② 단일 식품 섭취의 위험성 때문에 단일 식품을 섭취하는 동물은 없다.
③ 오스트랄로피테쿠스는 날카로운 이빨을 이용하여 초식동물을 사냥하였다.
④ 육식 여부는 오스트랄로피테쿠스의 진화과정을 보여주는 중요한 기준이다.
⑤ 매트 스폰하이머와 줄리아 리소프의 연구는 육식 여부로 오스트랄로피테쿠스와 사람을 구분하던 방법이 잘못되었음을 보여준다.

**11** 다음 글을 읽고 한 추론으로 적절하지 않은 것은?

> 1977년 개관한 퐁피두센터의 정식명칭은 국립 조르주 퐁피두 예술문화 센터로 공공정보기관(BPI), 공업창작센터(CCI), 음악·음향의 탐구와 조정연구소(IRCAM), 파리 국립 근현대 미술관(MNAM) 등이 있는 종합 문화예술 공간이다. 퐁피두라는 이름은 이 센터의 창설에 힘을 기울인 조르주 퐁피두 대통령의 이름을 딴 것이다.
> 1969년 당시 대통령이었던 퐁피두는 파리의 중심지에 미술관이면서 동시에 조형예술과 음악, 영화, 서적 그리고 모든 창조적 활동의 중심이 될 수 있는 문화 복합센터를 지어 프랑스 미술을 더욱 발전시키고자 했다. 요즘 미술관들은 미술관의 이러한 복합적인 기능과 역할을 인식하고 변화를 시도하는 곳이 많다. 미술관이 더 이상 전시만 보는 곳이 아니라 식사도 하고 영화도 보고 강연도 들을 수 있는 곳으로 대중과의 거리 좁히기를 시도하고 있는 것도 그리 특별한 일은 아니다. 그러나 이미 40년 전에 21세기 미술관의 기능과 역할이 어떠해야 하는지를 미리 내다볼 줄 아는 혜안을 가지고 설립된 퐁피두 미술관은 프랑스가 왜 문화강국이라 불리는지를 우리가 알 수 있게 해준다.

① 퐁피두 미술관의 모습은 기존 미술관의 모습과 다를 것이다.
② 퐁피두 미술관을 찾는 사람들의 목적은 다양할 것이다.
③ 퐁피두 미술관은 전통적인 예술작품들을 선호할 것이다.
④ 퐁피두 미술관은 파격적인 예술작품들을 배척하지 않을 것이다.
⑤ 퐁피두 미술관은 현대 미술관의 선구자라는 자긍심을 가지고 있을 것이다.

**12** 다음 글의 주제로 가장 적절한 것은?

> 높은 휘발유세는 자동차를 사용함으로써 발생하는 다음과 같은 문제들을 줄이는 교정적 역할을 수행한다. 첫째, 휘발유세는 사람들의 대중교통수단 이용을 유도하고, 자가용 사용을 억제함으로써 교통 혼잡을 줄여준다. 둘째, 교통사고 발생 시 대형 차량이나 승합차가 중소형 차량에 비해 치명적인 피해를 줄 가능성이 높다. 이와 관련해서 휘발유세는 휘발유를 많이 소비하는 대형 차량을 운행하는 사람에게 보다 높은 비용을 치르게 함으로써 교통사고 위험에 대한 간접적인 비용을 징수하는 효과를 가진다. 셋째, 휘발유세는 휘발유 소비를 억제함으로써 대기오염을 줄이는 데 기여한다.

① 휘발유세의 용도
② 높은 휘발유세의 정당성
③ 휘발유세의 지속적 인상
④ 에너지 소비 절약
⑤ 휘발유세의 감소 원인

**13** 다음 글의 빈칸에 들어갈 내용으로 가장 적절한 것은?

중세 이전에는 예술가와 장인의 경계가 분명치 않았다. 화가들도 당시에는 왕족과 귀족의 주문을 받아 제작하는 일종의 장인 취급을 받아왔다. 근대에 접어들면서 예술은 독창적인 창조 활동으로 존중받게 되었고, 아름다움의 가치를 만들어내는 예술가들의 독창성이 인정받게 된 것이다. 그리고 이 가치의 중심에 작가가 있다. 작가가 담으려 했던 의도, 그것이 바로 아름다움을 창조하는 예술의 가치인 셈이다. 예술작품은 작가의 의도를 담고 있고, 작가의 의도가 없다면 작품은 만들어질 수 없다. 이것이 작품에 포함된 작가의 권위를 인정해야 하는 이유이다.

또한 예술은 예술가가 표현하고자 하는 것을 창작하는 그 과정 자체로 완성되는 것이지 독자의 해석으로 완성되는 게 아니다. 설사 작품을 감상하고 해석해 줄 독자가 없어도 예술은 그 자체로 가치 있는 법이다. 예술가는 독자를 위해 작품을 창작하는 것이 아니라 자신의 열정과 열망으로 표현하고자 하는 바를 표현하는 것이다. 물론 예술작품을 해석하고 이해하는 데에 독자의 역할도 분명 존재하고 필요한 것이 사실이다. 하지만 그렇다고 해도 이는 예술적 가치가 있는 작품에서 파생된 2차적인 활동이지 작품을 새롭게 완성하는 창조적 활동이라고 보기 어렵다. 따라서 독자의 수용과 이해는 _____.

① 독자가 가지고 있는 작품에 대한 사전 정보에 따라 다르게 나타날 것이다.
② 작품에 담긴 아름다움의 가치를 독자가 나름대로 해석하는 활동으로 볼 수 있다.
③ 권위가 높은 작가의 작품에서 더욱 다양하게 나타난다.
④ 작가의 의도와 작품을 왜곡하지 않는 범위에서 이루어져야 한다.
⑤ 작품이 만들어진 시대적 배경과 문화적 배경을 고려하여야 한다.

**14** 다음 글을 읽고 나눈 대화로 적절하지 않은 것은?

> 식사 후 달고 시원한 수박 한 입이면 하루 종일 더위에 지친 몸이 되살아나는 느낌이다. 한 번 먹기 시작하면 쉽게 멈추기가 힘든 수박, 때문에 살찔 걱정을 하는 이들도 많다. 그러나 수분이 대부분인 수박은 100g당 21kcal에 불과하다. 당도는 높지만 수분이 대부분을 차지하고 있어 다이어트를 하는 이들에게도 도움이 된다. 또한 수박의 붉은 과육에는 항산화 성분인 라이코펜이 토마토보다 훨씬 더 많이 함유되어 있고, 칼륨이 많아 나트륨을 배출하는 데도 효과적이다.
> 많은 사람이 수박을 고를 때 수박을 손으로 두들겨 보는데, 이는 수박을 두들겨 경쾌한 소리가 난다면 잘 익었음을 확인할 수 있기 때문이다. 그런데 이것저것 두들겨도 잘 모르겠다면 눈으로 확인하면 된다. 먼저 수박의 검은색 줄무늬가 진하고 선명한지를 확인하고 꼭지 반대편에 있는 배꼽을 확인한다. 배꼽은 꽃이 떨어진 자리로, 배꼽이 크면 덜 익은 수박일 가능성이 높으며, 작게 여물었으면 대체로 잘 익은 수박일 가능성이 높다.
> 일반 과일보다 큰 수박을 한 번에 섭취하기란 쉽지 않다. 대부분 수박을 반으로 잘라 랩으로 보관하는 경우가 많은데, 이 때 수박 껍질에 존재하는 세균이 수박 과육까지 침투하여 과육에도 많은 세균이 자랄 수 있다. 따라서 수박을 보관할 때는 수박 껍질에 남아있는 세균과 농약 성분이 과육으로 침투하지 않도록 수박을 깨끗이 씻은 후 과육만 잘라내 밀폐 용기에 넣어 냉장 보관하는 것이 좋다.

① 갑 : 손으로 두들겨보았을 때 경쾌한 소리가 나는 것이 잘 익은 거야.
② 을 : 그래도 잘 모르겠다면 배꼽이 큰 것을 고르면 돼.
③ 병 : 다이어트 중이라 일부러 수박을 피했는데, 오히려 도움이 되는 과일이네!
④ 정 : 맞아. 하지만 보관할 때 세균과 농약이 침투하지 않도록 과육만 잘라 보관하라고.
⑤ 무 : 수박은 라이코펜과 칼륨이 풍부한 과일이구나.

※ 다음 글의 서술상 특징으로 가장 적절한 것을 고르시오. [15~16]

**15**

법조문도 언어로 이루어진 것이기에, 원칙적으로 문구가 지닌 보편적인 의미에 맞춰 해석된다. 일상의 사례로 생각해 보자. "실내에 구두를 신고 들어가지 마시오."라는 팻말이 있는 집에서는 손님들이 당연히 글자 그대로 구두를 신고 실내에 들어가지 않는다. 그런데 팻말에 명시되지 않은 '실외'에서 구두를 신고 돌아다니는 것은 어떨까? 이에 대해서는 금지의 문구로 제한하지 않았기 때문에, 금지의 효력을 부여하지 않겠다는 의미로 당연하게 받아들인다. 이처럼 문구에서 명시하지 않은 상황에 대해서는 그 효력을 부여하지 않는다고 해석하는 방식을 '반대해석'이라 한다.
그런데 팻말에는 운동화나 슬리퍼에 대해서는 쓰여 있지 않다. 하지만 누군가 운동화를 신고 마루로 올라가려 하면, 집주인은 팻말을 가리키며 말릴 것이다. 이 경우에 '구두'라는 낱말은 본래 가진 뜻을 넘어 일반적인 신발이라는 의미로 확대된다. 이런 식으로 어떤 표현을 본래의 의미보다 넓혀 이해하는 것을 '확장해석'이라 한다.

① 현실의 문제점을 분석하고 그 해결책을 제시한다.
② 비유의 방식을 통해 상대방의 논리를 반박하고 있다.
③ 일상의 사례를 통해 독자들의 이해를 돕고 있다.
④ 기존 견해를 비판하고 새로운 견해를 제시한다.
⑤ 하나의 현상을 여러 가지 관점에서 대조·비판한다.

**16**

우리나라의 전통음악은 정악(正樂)과 민속악으로 나눌 수 있다. 정악은 주로 양반들이 향유하던 음악으로, 궁중에서 제사를 지낼 때 사용하는 제례악과 양반들이 생활 속에서 즐기던 풍류음악 등이 이에 속한다. 이와 달리 민속악은 서민들이 즐기던 음악으로, 서민들이 생활 속에서 느낀 기쁨, 슬픔, 한(恨) 등의 감정이 솔직하게 표현되어 있다.
정악의 제례악에는 종묘제례악과 문묘제례악이 있다. 본래 제례악의 경우 중국 음악을 사용하였는데, 이 때문에 우리나라의 정악을 중국에서 들어온 것으로 여기고 순수한 우리의 음악으로 받아들이지 않을 수 있다. 그러나 종묘제례악은 세조 이후부터 세종대왕이 만든 우리 음악을 사용하였고, 중국 음악으로는 문묘제례악과 이에 사용되는 악기 몇 개뿐이다.
정악의 풍류음악은 주로 양반 사대부들이 사랑방에서 즐기던 음악으로, 궁중에서 경사가 있을 때 연주되기도 하였다. 대표적인 곡으로는 「영산회상」, 「여민락」 등이 있으며, 양반 사대부들은 이러한 정악곡을 반복적으로 연주하면서 음악에 동화되는 것을 즐겼다. 이처럼 대부분의 정악은 이미 오래전부터 우리 민족 고유의 정서와 감각을 바탕으로 만들어져 전해 내려온 것으로 부정할 수 없는 우리의 전통음악이다.

① 예상되는 반론에 대비하여 근거를 들어 주장을 강화하고 있다.
② 비교·대조를 통해 여러 가지 관점에서 대상을 살펴보고 있다.
③ 기존 견해를 비판하고 새로운 견해를 제시하고 있다.
④ 대상의 장점과 단점을 분석하고 있다.
⑤ 구체적인 사례를 들며 대상을 설명하고 있다.

※ 다음 글에서 〈보기〉의 문장이 들어갈 위치로 가장 적절한 곳을 고르시오. [17~18]

**17**

기억이 착오를 일으키는 프로세스는 인상적인 사물을 받아들이는 단계부터 이미 시작된다. (가) 감각적인 지각의 대부분은 무의식 중에 기록되고 오래 유지되지 않는다. (나) 대개는 수 시간 안에 사라져 버리며, 약간의 본질만이 남아 장기 기억이 된다. 무엇이 남을지는 선택에 의해서 그 사람의 견해에 따라서도 달라진다. (다) 분주하고 정신이 없는 장면을 보여 주고, 나중에 그 모습에 대해서 이야기하게 해 보자. (라) 어느 부분에 주목하고, 또 어떻게 그것을 해석했는지에 따라 즐겁기도 하고 무섭기도 하다. (마) 단순히 정신 사나운 장면으로만 보이는 경우도 있다. 기억이란 원래 일어난 일을 단순하게 기록하는 것이 아니다.

**보기**

일어난 일에 대한 묘사는 본 사람이 무엇을 중요하게 판단하고, 무엇에 흥미를 가졌느냐에 따라 크게 다르다.

① (가)　　　　　　　　　② (나)
③ (다)　　　　　　　　　④ (라)
⑤ (마)

18  유럽, 특히 영국에서 가장 사랑받는 음료인 홍차의 기원은 16세기 중엽 중국에서 시작된 것으로 전해지고 있다. (가) 본래 홍차보다 덜 발효된 우롱차가 중국에서 만들어져 유럽으로 수출되기 시작했고, 그중에서도 강하게 발효된 우롱차가 환영을 받으면서 홍차가 탄생하게 되었다는 것이다. 중국인들이 녹차와 우롱차의 차이를 설명하는 과정에서 쓴 영어 'Black Tea'가 홍차의 어원이 되었다는 것이 가장 강력한 가설로 꼽히고 있다. (나)
홍차는 1662년 찰스 2세가 포르투갈 출신의 캐서린 왕비와 결혼하면서 영국에 전해지게 되었는데, 18세기 초에 영국은 홍차의 최대 소비국가가 된다. (다) 영국에서의 홍차 수요가 급증함과 동시에 홍차의 가격이 치솟아 무역적자가 심화되자, 영국 정부는 자국 내에서 직접 차를 키울 수는 없을까 고민했지만 별다른 방법을 찾지 못했고, 홍차의 고급화는 점점 가속화됐다. (라)
하지만 영국의 탐험가인 로버트 브루스 소령이 아삼 지방에서 차나무의 존재를 발견하면서 홍차 산업의 혁명이 도래하는데, 아삼 지방에서 발견한 차는 찻잎의 크기가 중국종의 3배쯤이며 열대 기후에 강하고, 홍차로 가공했을 때 중국 차보다 뛰어난 맛을 냈다.
그러나 아이러니하게도 아삼 홍차는 3대 홍차에 꼽히지 않는데, 이는 19세기 영국인들이 지닌 차에 대한 인식 때문이다. (마) 당시 중국 차에 대한 동경과 환상을 지녔던 영국인들은 식민지에서 자생한 차나무가 중국의 차나무보다 우월할 것이라고 믿지 못했기에 아삼차를 서민적인 차로 취급한 것이었다.

**보기**
이처럼 홍차가 귀한 취급을 받았던 이유는 중국이 차의 수출국이란 유리한 입지를 지키기 위하여 차의 종자, 묘목의 수출 등을 엄중하게 통제함과 동시에 차의 기술이나 제조법을 극단적으로 지켰기 때문이다.

① (가)   ② (나)
③ (다)   ④ (라)
⑤ (마)

**19** 다음 글의 밑줄 친 사람들의 주장으로 가장 적절한 것은?

> 최근 여러 나라들은 화석연료 사용으로 인한 기후 변화를 억제하기 위해, 화석연료의 사용을 줄이고 목재연료의 사용을 늘리고 있다. 다수의 과학자와 경제학자들은 목재를 '탄소 중립적 연료'라고 생각하고 있다. 나무를 태우면 이산화탄소가 발생하지만, 새로 심은 나무가 자라면서 다시 이산화탄소를 흡수하는데, 나무를 베어낸 만큼 다시 심으면 전체 탄소배출량은 '0'이 된다는 것이다. 대표적으로 유럽연합이 화석연료를 목재로 대체하려고 하는데, 2020년까지 탄소 중립적 연료로 전체 전력의 20%를 생산할 계획을 가지고 있다. 영국, 벨기에, 덴마크 네덜란드 등의 국가에서는 나무 화력발전소를 건설하거나 기존의 화력발전소에서 나무를 사용할 수 있도록 전환하는 등의 설비를 갖추고 있다. 우리나라 역시 재생에너지원을 중요시하면서 나무 펠릿 수요가 증가하고 있다.
>
> 하지만 일부 과학자들은 목재가 친환경 연료가 아니라고 주장한다. 이들 주장의 핵심은 지금 심은 나무가 자라는 데에는 수십~수백 년이 걸린다는 것이다. 즉, 지금 나무를 태워 나온 이산화탄소는 나무를 심는다고 해서 줄어드는 것이 아니라 수백 년에 걸쳐서 천천히 흡수된다는 것이다. 또 화석연료에 비해 발전 효율이 낮기 때문에 같은 전력을 생산하는 데 발생하는 이산화탄소의 양은 더 많아질 것이라고 강조한다. 눈앞의 배출량만 줄이는 것은 마치 지금 당장 지갑에서 현금이 나가지 않는다고 해서 신용카드를 무분별하게 사용하는 것처럼 위험할 수 있다는 생각이다. 이들은 기후 변화 방지에 있어서, 배출량을 줄이는 것이 아니라 배출하지 않는 방법을 택하는 것이 더 낫다고 강조한다.

① 나무의 발전 효율을 높이는 연구가 선행되어야 한다.
② 목재연료를 통한 이산화탄소 절감은 전 세계가 동참해야만 가능하다.
③ 목재연료의 사용보다는 화석연료의 사용을 줄이는 것이 중요하다.
④ 목재연료의 사용보다는 태양광과 풍력 등의 발전 효율을 높이는 것이 효과적이다.
⑤ 목재연료의 사용은 현재의 상황에서 가장 합리적인 대책이다.

**20** 다음 중 글의 논지와 가까운 주장은?

> 환경결정론을 간단히 정의하면 모든 인간의 행동, 노동과 창조 등은 환경 내의 자연적 요소들에 의해 미리 결정되거나 통제된다는 것이다. 이에 대하여 환경 가능론은 자연환경은 단지 인간이 반응할 수 있는 다양한 가능성의 기회를 제공할 뿐이며, 인간은 환경을 변화시킬 수 있는 능동적인 힘을 가지고 있다고 반박한다.
> 환경결정론 사조 형성에 영향을 준 사상은 1859년에 발표된 다윈의 진화론이다. 다윈의 진화 사상과 생물체가 환경에 적응한다는 개념은 인간도 특정 환경에 적응해야 한다는 것으로 수용되었다. 이러한 철학적 배경 하에서 형성되기 시작한 환경결정론의 발달에 공헌한 사람으로서는 라첼, 드모랭, 셈플 등이 있다. 라첼은 인간도 자연 법칙 하에서 살고 있다고 보았으며, 따라서 문화의 형태도 자연적 조건에 의해 결정되고 또한 적응한 결과라고 간주하였다. 드모랭은 보다 극단적으로 사회 유형은 환경적 힘의 산물이라고 보고 초원 지대의 유목 사회, 지중해 연안의 상업 사회를 환경 결정론적 사고에 입각하여 해석하였다.
> 환경결정론이 인간의 의지와 선택의 자유를 인정하지 않는다는 점이 문제라면 환경 가능론은 환경이 제공한 많은 가능성 중 왜 어떤 가능성이 선택되어야 하는가를 설명하기 힘들다. 과학기술의 발달에 의해 인간이 자연의 많은 장애물을 극복하게 된 것은 사실이지만 실패로 인해 고통 받는 사례도 많다. 사실 결정론이냐 가능론이냐 결론을 내리는 것은 그리 중요하지 않다. 인간과 환경과의 관계는 매우 복잡하며 지표상의 경관은 자연적인 힘과 문화적인 힘에 의해 이루어지기 때문에 어떤 한 가지 결정 인자를 과소평가하거나 과장하면 안 된다. 인간 활동의 결과로 인한 총체적인 환경 파괴 문제가 현대 문명 전반의 위기로까지 심화되는 오늘날 인간과 자연의 진정한 상호 관계는 어떠해야 할지 생각해 보아야 할 것이다. 이제 자연이 부여한 여러 가지 가능성 중에서 자연환경과 조화를 이룰 수 있는 가능성을 선택해야 할 때이다.

① 인간과 자연은 항상 대립하고 있어. 자연의 위력 앞에서 우리는 맞서 싸워야 해.
② 자연의 힘은 대단해. 몇 해 전 동남아 대해일을 봤지? 인간이 얼마나 무력한지 알겠어.
③ 우리는 풍요롭게 살기 위해서 자연을 너무 훼손했어. 이제는 자연과 공존하는 삶을 생각해야 해.
④ 인간은 자연의 위대함 앞에 굴복해야 해. 인간의 끝없는 욕망이 오늘의 재앙을 불러왔다고 봐야 해.
⑤ 인간의 능력은 초자연적이야. 이런 능력을 잘 살려 나간다면 에너지 부족 사태쯤이야 충분히 해결할 거야.

## 02 언어추리

※ 제시된 명제가 모두 참일 때, 항상 참인 명제를 고르시오. [1~3]

**01**
- 근대화는 전통사회의 생활양식에 큰 변화를 가져온다.
- 생활양식의 급격한 변화로 전통사회의 고유성을 잃는다.
- 전통사회의 고유성을 유지한다면 문화적 전통을 확립할 수 있다.

① 전통사회의 고유성을 잃으면 생활양식은 급격하게 변한다.
② 전통사회의 생활양식이 변했다면 근대화가 이루어진 것이다.
③ 근대화가 이루어지지 않는다면 전통사회의 고유성을 유지할 수 있다.
④ 문화적 전통이 확립되지 않는다면 전통사회의 생활양식은 급격하게 변한다.
⑤ 전통사회의 고유성을 유지한다면 생활양식의 변화 없이 문화적 전통을 확립할 수 있다.

**Easy**
**02**
- 캐러멜 마키아토를 좋아하는 사람들은 카푸치노를 좋아한다.
- 카페모카를 좋아하는 사람은 아메리카노를 좋아하지 않는다.
- 아메리카노를 좋아하는 사람은 캐러멜 마키아토를 좋아한다.

① 아메리카노를 좋아하지 않는 사람은 카페모카를 좋아한다.
② 카푸치노를 좋아하는 사람은 캐러멜 마키아토를 좋아한다.
③ 카푸치노를 좋아하지 않는 사람은 캐러멜 마키아토를 좋아하지 않는다.
④ 아메리카노를 좋아하지 않는 사람은 캐러멜 마키아토를 좋아하지 않는다.
⑤ 캐러멜 마키아토를 좋아하는 사람은 아메리카노를 좋아한다.

**03**
- 어떤 꽃은 향기롭다.
- 향기로운 꽃은 주위에 나비가 많다.
- 주위에 나비가 많은 모든 꽃은 아카시아이다.

① 주위에 나비가 없는 꽃은 아카시아이다.
② 어떤 꽃은 아카시아이다.
③ 주위에 나비가 많은 꽃은 향기롭다.
④ 어떤 꽃은 나비가 많지 않다.
⑤ 모든 아카시아는 향기롭다.

※ 제시된 명제가 모두 참일 때, 빈칸에 들어갈 명제로 가장 적절한 것을 고르시오. [4~5]

**04**

- 세미나에 참여한 사람은 모두 봉사활동에 지원하였다.
- 신입사원은 세미나에 참여하지 않았다.
- _____

① 신입사원은 모두 봉사활동에 지원하였다.
② 신입사원은 모두 봉사활동에 지원하지 않았다.
③ 세미나에 참여하지 않으면 모두 신입사원이다.
④ 봉사활동에 지원한 사람은 모두 세미나에 참여한 사람이다.
⑤ 신입사원은 봉사활동에 지원하였을 수도, 하지 않았을 수도 있다.

**05**

- 회사원은 야근을 한다.
- _____
- 늦잠을 자지 않는 사람은 회사원이 아니다.

① 회사원이 아니면 야근을 하지 않는다.
② 늦잠을 자면 회사원이다.
③ 야근을 하지 않는 사람은 늦잠을 잔다.
④ 야근을 하는 사람은 늦잠을 잔다.
⑤ 회사원이면 늦잠을 자지 않는다.

**06** 다음 명제로부터 추론할 수 없는 것은?

어떤 회사에서는 모든 직원들에게 영어, 중국어, 일본어 중 하나의 외국어만을 선택해서 배우게 하는데, 모든 남직원들은 중국어를 배우고 어떤 여직원들은 일본어를 배우지 않는다.

① 이 회사에서 중국어를 배우지 않는 직원은 모두 여직원이다.
② 이 회사에서 일본어를 배우는 직원이 있다면 여직원이다.
③ 이 회사에는 영어를 배우는 직원이 적어도 한 명 있다.
④ 이 회사의 남직원은 아무도 일본어를 배우지 않는다.
⑤ 이 회사에서 중국어를 배우는 여직원이 있다.

**07** 제시된 명제를 참고하여 내린 A, B의 결론에 대한 판단으로 항상 옳은 것은?

- 소화된 음식물은 위를 채운다.
- 밥을 먹으면 포만감이 든다.
- 소화되지 않았다면 포만감이 들지 않는다.

A : 밥을 먹으면 위가 찬다.
B : 포만감이 들면 밥을 먹은 것이다.

① A만 옳다.
② B만 옳다.
③ A, B 모두 옳다.
④ A, B 모두 틀리다.
⑤ A, B 모두 옳은지 틀린지 판단할 수 없다.

**08** K씨는 사내 워크숍 준비를 위해 A ~ E 직원의 참석 여부를 조사하고 있다. 다음 정보를 참고하여 C가 워크숍에 참석한다고 할 때, 다음 중 워크숍에 참석하는 직원을 모두 고르면?

⟨정보⟩
- B가 워크숍에 참석하면 E는 참석하지 않는다.
- D는 B와 E가 워크숍에 참석하지 않을 때 참석한다.
- A가 워크숍에 참석하면 B 또는 D 중 한 명이 함께 참석한다.
- C가 워크숍에 참석하면 D는 참석하지 않는다.
- C가 워크숍에 참석하면 A도 참석한다.

① A, B, C
② A, C, D
③ A, B, C, D
④ A, B, C, E
⑤ A, C, D, E

09  민하, 상식, 은희, 은주, 지훈은 점심 메뉴로 쫄면, 라면, 우동, 김밥, 어묵 중 각각 하나씩을 주문하였다. 다음 〈조건〉이 모두 참일 때, 메뉴와 먹은 사람이 바르게 연결된 것은?(단, 모두 서로 다른 메뉴를 주문하였다)

조건
- 민하와 은주는 라면을 먹지 않았다.
- 상식과 민하는 김밥을 먹지 않았다.
- 은희는 우동을 먹었고, 지훈은 김밥을 먹지 않았다.
- 지훈은 라면과 어묵을 먹지 않았다.

① 지훈 – 라면, 상식 – 어묵
② 지훈 – 쫄면, 민하 – 라면
③ 은주 – 어묵, 상식 – 김밥
④ 은주 – 쫄면, 민하 – 김밥
⑤ 민하 – 어묵, 상식 – 라면

10  20대 남녀, 30대 남녀, 40대 남녀 6명이 뮤지컬 관람을 위해 공연장을 찾았다. 다음 〈조건〉을 참고할 때, 항상 옳은 것은?

조건
- 양 끝자리에는 다른 성별이 앉는다.
- 40대 남성은 왼쪽에서 두 번째 자리에 앉는다.
- 30대 남녀는 서로 인접하여 앉지 않는다.
- 30대와 40대는 인접하여 앉지 않는다.
- 30대 남성은 맨 오른쪽 끝자리에 앉는다.

[뮤지컬 관람석]

| | | | | | |
|---|---|---|---|---|---|

① 20대 남녀는 왼쪽에서 첫 번째 자리에 앉을 수 없다.
② 20대 남녀는 서로 인접하여 앉는다.
③ 40대 남녀는 서로 인접하여 앉지 않는다.
④ 20대 남성은 40대 여성과 인접하여 앉는다.
⑤ 30대 남성은 20대 여성과 인접하여 앉지 않는다.

**11** 수영, 슬기, 경애, 정서, 민경의 머리 길이는 서로 다르다. 다음 명제들이 모두 참이라고 할 때, 항상 참인 명제는?

- 수영이는 단발머리로 슬기와 경애의 머리보다 짧다.
- 정서의 머리는 수영보다 길지만, 슬기보다는 짧다.
- 경애의 머리는 정서보다 길지만, 슬기보다는 짧다.
- 민경의 머리는 경애보다 길지만, 다섯 명 중에 가장 길지는 않다.

① 경애는 단발머리이다.
② 슬기의 머리가 가장 길다.
③ 민경의 머리는 슬기보다 길다.
④ 수영의 머리가 다섯 명 중 가장 짧지는 않다.
⑤ 머리가 긴 순서대로 나열하면 '슬기 – 정서 – 민경 – 경애 – 수영'이다.

**12** 다음은 해외 출장이 잦은 해외사업팀 사원 A ~ D 4명의 항공 마일리지 현황이다. 다음 중 항상 참일 수는 없는 것은?

- A사원의 항공 마일리지는 8,500점이다.
- A사원의 항공 마일리지는 B사원보다 1,500점 많다.
- C사원의 항공 마일리지는 B사원보다 많고 A사원보다 적다.
- D사원의 항공 마일리지는 7,200점이다.

① A사원의 항공 마일리지가 가장 많다.
② B사원의 항공 마일리지는 4명 중 가장 적다.
③ C사원의 정확한 항공 마일리지는 알 수 없다.
④ D사원의 항공 마일리지가 4명 중 가장 적지는 않다.
⑤ 항공 마일리지가 많은 순서는 'A – D – C – B' 사원이다.

**13** A~E사원 중 1명은 이번 주 금요일에 열리는 세미나에 참석해야 한다. 다음 A~E사원의 대화에서 2명이 거짓말을 하고 있다고 할 때, 다음 중 이번 주 금요일 세미나에 참석하는 사람은 누구인가?

- A사원 : 나는 금요일 세미나에 참석하지 않아.
- B사원 : 나는 금요일에 중요한 미팅이 있어. D사원이 세미나에 참석할 예정이야.
- C사원 : 나와 D는 금요일에 부서 회의에 참석해야 하므로 세미나는 참석할 수 없어.
- D사원 : C와 E 중 1명이 참석할 예정이야.
- E사원 : 나는 목요일부터 금요일까지 휴가라 참석할 수 없어. 그리고 C의 말은 모두 사실이야.

① A사원
② B사원
③ C사원
④ D사원
⑤ E사원

**Hard**

**14** 다음 5명 중 2명은 진실만을 말하고, 3명은 거짓만을 말하고 있다. 지훈이 거짓을 말할 때, 다음 중 진실만을 말하는 사람을 짝지은 것은?

- 동현 : 정은이는 지훈이와 영석이를 싫어해.
- 정은 : 아니야. 난 둘 중 한 사람은 좋아해.
- 선영 : 동현이는 정은이를 좋아해.
- 지훈 : 선영이는 거짓말만 해.
- 영석 : 선영이는 동현이를 싫어해.
- 선영 : 맞아. 그런데 정은이는 지훈이와 영석이 둘 다 좋아해.

① 동현, 선영
② 정은, 영석
③ 동현, 영석
④ 정은, 선영
⑤ 선영, 영석

**15** 어젯밤 회사에 남아있던 A~E 5명 중에서 창문을 깬 범인을 찾고 있다. 범인은 2명이고, 범인은 거짓을 말하며, 범인이 아닌 사람은 진실을 말한다고 한다. 5명의 진술이 다음과 같을 때, 다음 중 범인이 될 수 있는 사람을 모두 고르면?

> • A : B와 C가 함께 창문을 깼어요.
> • B : A가 창문을 깨는 것을 봤어요.
> • C : 저랑 E는 확실히 범인이 아니에요.
> • D : C가 범인이 확실해요.
> • E : 제가 아는데, B는 확실히 범인이 아닙니다.

① A, B  ② A, C
③ B, C  ④ C, D
⑤ D, E

**16** C사에 입사한 신입사원 A~E는 각각 2개 항목의 물품을 신청하였다. 5명의 신입사원 중 2명의 진술이 거짓일 때, 다음 중 신청 사원과 신청 물품이 바르게 연결된 것은?

> 신입사원이 신청한 항목은 4개이며, 항목별 신청 사원의 수는 다음과 같다.
> • 필기구 : 2명          • 의자 : 3명
> • 복사용지 : 2명        • 사무용 전자제품 : 3명

> • A : 나는 필기구를 신청하였고, E는 거짓말을 하고 있다.
> • B : 나는 의자를 신청하지 않았고, D는 진실을 말하고 있다.
> • C : 나는 의자를 신청하지 않았고, E는 진실을 말하고 있다.
> • D : 나는 필기구와 사무용 전자제품을 신청하였다.
> • E : 나는 복사용지를 신청하였고, B와 D는 거짓말을 하고 있다.

① A – 복사용지      ② B – 사무용 전자제품
③ C – 필기구        ④ D – 의자
⑤ E – 필기구

※ 다음 글의 주장에 대한 반박으로 가장 적절한 것을 고르시오. [17~18]

**17**

> 상업 광고는 기업은 물론이고 소비자에게도 요긴하다. 기업은 마케팅 활동의 주요한 수단으로 광고를 적극적으로 이용하여 기업과 상품의 인지도를 높이려 한다. 소비자는 소비 생활에 필요한 상품의 성능, 가격, 판매 조건 등의 정보를 광고에서 얻으려 한다. 광고를 통해 기업과 소비자가 모두 이익을 얻는다면 이를 규제할 필요는 없을 것이다. 그러나 광고에서 기업과 소비자의 이익이 상충하는 경우도 있고 광고가 사회 전체에 폐해를 낳는 경우도 있어, 다양한 규제 방식이 모색되었다.
> 이때 문제가 된 것은 과연 광고로 인한 피해를 책임질 당사자로서 누구를 상정하느냐였다. 초기에는 '소비자 책임 부담 원칙'에 따라 광고 정보를 활용한 소비자의 구매 행위에 대해 소비자가 책임을 져야 한다고 보았다. 여기에는 광고 정보의 진실 여부와는 상관없이 소비자는 이성적으로 이를 판단하여 구매할 수 있어야 한다는 전제가 있었다. 그래서 기업은 광고에 의존하여 물건을 구매한 소비자가 입은 피해에 대하여 책임지지 않았고, 광고의 기만성에 대한 입증 책임도 소비자에게 있었다.

① 상업 광고는 소비자에게 전혀 도움이 되지 않는다.
② 광고가 소비자에게 해를 끼칠 수 있기 때문에 광고를 규제해야 한다.
③ 시장의 독과점 상황이 광범위해지면서 소비자의 자유로운 선택이 어려워졌다.
④ 소비자 책임 부담 원칙에 따르면 소비자는 합리적인 선택을 할 수 있다.
⑤ 소비자 책임 부담 원칙에 따라 소비자는 광고로 입은 피해를 자신이 입증해야 한다.

**18**

> 인터넷은 국경 없이 누구나 자유롭게 정보를 주고받을 수 있는 훌륭한 매체이다. 하지만 최근 급속히 늘고 있는 성인 인터넷 방송처럼 오히려 청소년에게 해로운 매체가 될 수 있다는 사실은 선진국에서도 동감하고 있다. 그러므로 인터넷 등급제를 만들어 유해한 환경으로부터 청소년들을 보호하고, 이를 어긴 사업자는 엄격한 처벌로 다스려야만 한다.

① 인터넷 등급제는 미니스커트나 장발 규제와 같은 구태의연한 조치이다.
② 인터넷 등급제는 IT 강국인 대한민국의 입지를 위축시킬 수 있으므로 실행하지 않는 것이 옳다.
③ 인터넷 등급제는 정보에 대한 책임을 일방적으로 사업자에게만 지우는 조치로, 자칫하면 국민의 표현의 자유와 알 권리를 침해할 수 있다.
④ 인터넷 등급제를 만들어 규제를 하는 것도 완전한 방법은 아니기 때문에 유해한 인터넷 내용에는 원천적으로 접속할 수 없는 조치를 취해야 한다.
⑤ 청소년들 스스로가 정보의 유해를 가릴 수 있는 식견을 마련할 수 있도록 가능한 많은 정보를 접해야 한다. 그러므로 인터넷 등급제는 좋은 방법이 아니다.

**19** 다음 주장에 대한 반박으로 적절하지 않은 것은?

> 텔레비전은 어른이나 아이 모두 함께 보는 매체이다. 더구나 텔레비전을 보고 이해하는 데는 인쇄 문화처럼 어려운 문제 해득력이나 추상력이 필요 없다. 그래서 아이들은 어른보다 텔레비전이나 컴퓨터에서 더 많은 것을 배운다. 이 때문에 오늘날의 어린이나 젊은이들에게서 어른에 대한 두려움이나 존경을 찾는 것은 쉽지 않은 일이다. 전통적인 역할과 행동을 기대하는 어른들이 어린이나 젊은이의 불손, 거만, 경망, 무분별한 '반사회적' 행동에 대해 불평하게 되는 것도 이런 이유 때문일 것이다.

① 가족과 텔레비전을 함께 시청하며 나누는 대화를 통해 아이들은 사회적 행동을 기를 수 있다.
② 텔레비전의 교육적 프로그램은 아이들의 예절 교육에 도움이 된다.
③ 정보 사회를 선도하는 텔레비전은 인간의 다양한 필요성을 충족시켜준다.
④ 아이들은 텔레비전보다 학교의 선생님이나 친구들과 더 많은 시간을 보낸다.
⑤ 어린이나 젊은이의 반사회적 행동은 개방적인 사회 분위기에 더 많은 영향을 받았다.

**20** 다음 글의 주장을 비판하기 위한 탐구 활동으로 가장 적절한 것은?

> 기술은 그 내부적인 발전 경로를 이미 가지고 있으며, 따라서 어떤 특정한 기술(혹은 인공물)이 출현하는 것은 '필연적'인 결과라고 생각하는 사람들이 많다. 이러한 통념을 약간 다르게 표현하자면, 기술의 발전 경로는 이전의 인공물보다 '기술적으로 보다 우수한' 인공물들이 차례차례 등장하는, 인공물들의 연쇄로 파악할 수 있다는 것이다. 그리고 기술의 발전 경로가 '단일한' 것으로 보고, 따라서 어떤 특정한 기능을 갖는 인공물을 만들어 내는 데 있어서 '유일하게 가장 좋은' 설계 방식이나 생산 방식이 있을 수 있다고 가정한다. 이와 같은 생각을 종합하면 기술의 발전은 결코 사회적인 힘이 가로막을 수 없는 것일 뿐 아니라 단일한 경로를 따르는 것이므로, 사람들이 할 수 있는 일은 이미 정해져 있는 기술의 발전 경로를 열심히 추적해 가는 것밖에 남지 않게 된다는 결론이 나온다. 그러나 다양한 사례 연구에 의하면 어떤 특정 기술이나 인공물을 만들어 낼 때, 그것이 특정한 형태가 되도록 하는 데 중요한 역할을 하는 것은 그 과정에 참여하고 있는 엔지니어, 자본가, 소비자, 은행, 정부 등의 이해관계나 가치체계임이 밝혀졌다. 이렇게 보면 기술은 사회적으로 형성된 것이며, 이미 그 속에 사회적 가치를 반영하고 있는 셈이 된다. 뿐만 아니라 복수의 기술이 서로 경쟁하여 그중 하나가 사회에서 주도권을 잡는 과정을 분석해 본 결과, 이 과정에서 중요한 역할을 하는 것은 기술적 우수성이나 사회적 유용성이 아닌, 관련된 사회집단들의 정치적·경제적 영향력인 것으로 드러났다고 한다. 결국 현재에 이르는 기술 발전의 궤적은 결코 필연적이고 단일한 것이 아니었으며, '다르게' 될 수도 있었음을 암시하고 있는 것이다.

① 글쓴이가 통념을 종합하여 이끌어낸 결론의 타당성을 검토한다.
② 글쓴이가 문제 삼고 있는 통념에 변화가 생기게 된 계기를 분석한다.
③ 논거가 되는 연구 결과를 반박할 수 있는 다른 연구 자료를 조사한다.
④ 사회 변화에 따라 가치 체계의 변동이 일어나게 되는 원인을 분석한다.
⑤ 기술 개발에 관계자들의 이해관계나 가치가 작용한 실제 사례를 조사한다.

## 03 자료해석

**01** C씨는 외식 프랜차이즈를 운영하면서 다수의 가맹점을 관리해 왔으며, 2024년 말 기준으로 총 52개의 점포를 보유하고 있다. 다음 자료를 참고하였을 때, 가장 많은 가맹점이 있었던 시기는?

〈A프랜차이즈 개업 및 폐업 현황〉
(단위 : 개점)

| 구분 | 2018년 | 2019년 | 2020년 | 2021년 | 2022년 | 2023년 | 2024년 |
|---|---|---|---|---|---|---|---|
| 개업 | 5 | 10 | 1 | 5 | 0 | 1 | 11 |
| 폐업 | 3 | 4 | 2 | 0 | 7 | 6 | 5 |

※ 점포 현황은 매년 초부터 말까지 조사한 내용임

① 2019년 말　　② 2020년 말
③ 2021년 말　　④ 2022년 말
⑤ 2023년 말

**02** 다음은 남자 고등학생을 대상으로 신장을 조사한 자료이다. 신장이 170cm 미만인 학생 수가 전체의 40%일 때, (가)에 들어갈 가장 적절한 수는?

〈남자 고등학생 신장대별 학생 수〉

| 신장(cm) | 학생 수(명) |
|---|---|
| 155 이상 160 미만 | 2 |
| 160 이상 165 미만 | 8 |
| 165 이상 170 미만 | (가) |
| 170 이상 175 미만 | 44 |
| 175 이상 180 미만 | 17 |
| 180 이상 185 미만 | 10 |
| 185 이상 190 미만 | 1 |

① 34　　② 38
③ 42　　④ 46
⑤ 48

**03** 다음은 전력 사용에 대한 절약 노력 설문조사 자료이다. 이에 대한 설명으로 옳은 것은?(단, 복수응답과 무응답은 없다)

〈전력 사용 절약 노력 현황〉

(단위 : %)

| 구분 | 2023년 | | | | 2024년 | | | |
|---|---|---|---|---|---|---|---|---|
| | 노력 안 함 | 조금 노력함 | 노력함 | 매우 노력함 | 노력 안 함 | 조금 노력함 | 노력함 | 매우 노력함 |
| 남성 | 2.5 | 38.0 | 43.5 | 15.5 | 3.5 | 32.5 | 42.0 | 22.0 |
| 여성 | 3.5 | 35.5 | 45.0 | 16.0 | 4.0 | 35.0 | 41.0 | 20.0 |
| 10대 | 12.5 | 48.0 | 22.5 | 17.0 | 13.0 | 43.3 | 25.7 | 18.0 |
| 20대 | 10.5 | 39.5 | 27.0 | 23.0 | 10.0 | 37.5 | 29.0 | 23.5 |
| 30대 | 11.5 | 26.5 | 38.5 | 23.5 | 10.7 | 21.3 | 44.0 | 24.0 |
| 40대 | 11.5 | 25.0 | 42.0 | 21.5 | 9.5 | 24.0 | 44.0 | 22.5 |
| 50대 | 10.0 | 28.0 | 40.5 | 21.5 | 10.0 | 30.0 | 39.0 | 21.0 |
| 60대 이상 | 10.5 | 30.0 | 33.2 | 26.3 | 10.3 | 29.7 | 34.0 | 26.0 |

① 2024년에 '노력함'을 선택한 인원은 남성과 여성 모두 전년 대비 증가하였다.
② '매우 노력함'을 선택한 비율은 2023년 대비 2024년에 모든 연령대에서 증가하였다.
③ 2023년과 2024년 모든 연령대에서 '노력 안 함'을 선택한 비율은 50대가 가장 낮다.
④ 2024년에 60대 이상에서 '조금 노력함'을 선택한 비율은 전년 대비 2% 이상의 감소율을 보인다.
⑤ 여성 표본이 매년 500명일 때, '매우 노력함'을 선택한 인원은 2024년도에 전년 대비 15명 이상 늘어났다.

※ 다음은 2020 ~ 2024년 연도별 해양사고 발생 현황에 대한 그래프이다. 이어지는 질문에 답하시오. [4~5]

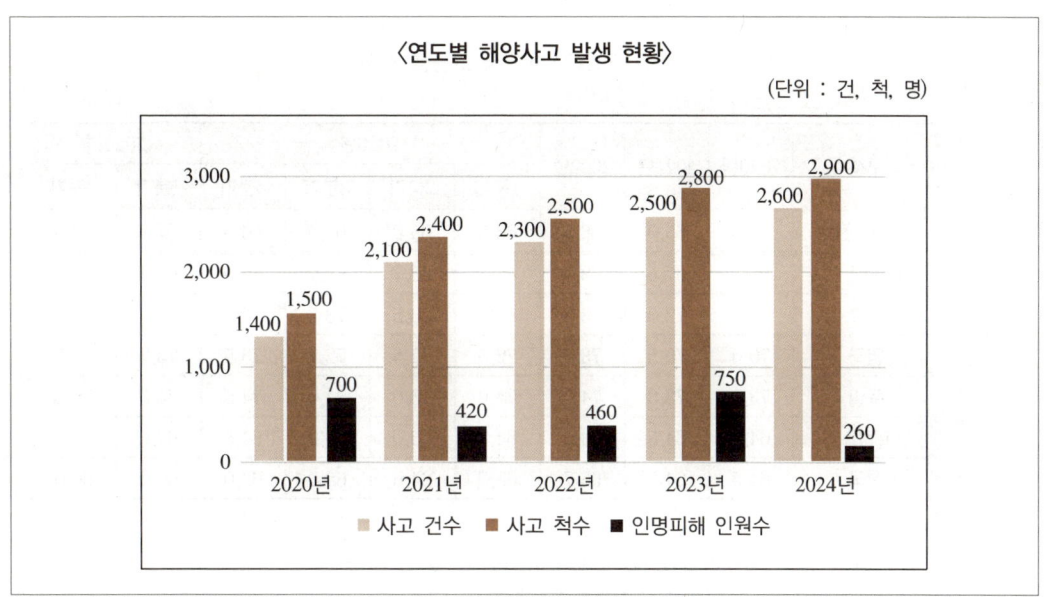

**Easy**

**04** 다음 중 2020년 대비 2021년 사고 척수의 증가율과 사고 건수의 증가율이 순서대로 나열된 것은?

① 40%, 45%  ② 45%, 50%
③ 60%, 50%  ④ 60%, 55%
⑤ 60%, 65%

**05** 다음 중 사고 건수당 인명피해의 인원수가 가장 많은 연도는?

① 2020년  ② 2021년
③ 2022년  ④ 2023년
⑤ 2024년

**06** 다음은 OECD 회원국의 고용률을 조사한 자료이다. 이에 대한 설명으로 옳지 않은 것은?

〈OECD 회원국 고용률 추이〉

(단위 : %)

| 구분 | 2020년 | 2021년 | 2022년 | 2023년 | | | | 2024년 | |
|---|---|---|---|---|---|---|---|---|---|
| | | | | 1분기 | 2분기 | 3분기 | 4분기 | 1분기 | 2분기 |
| OECD 전체 | 65.0 | 65.0 | 66.5 | 66.5 | 65.0 | 66.0 | 66.5 | 67.0 | 66.3 |
| 미국 | 67.5 | 67.5 | 68.7 | 68.5 | 68.7 | 68.7 | 69.0 | 69.3 | 69.0 |
| 일본 | 70.6 | 72.0 | 73.3 | 73.0 | 73.5 | 73.5 | 73.7 | 73.5 | 74.5 |
| 영국 | 70.0 | 70.5 | 73.0 | 72.5 | 72.5 | 72.7 | 73.5 | 73.7 | 74.0 |
| 독일 | 73.0 | 73.5 | 74.0 | 74.0 | 73.0 | 74.0 | 74.5 | 74.0 | 74.5 |
| 프랑스 | 64.0 | 64.5 | 63.5 | 64.5 | 63.0 | 63.0 | 64.5 | 64.0 | 64.0 |
| 한국 | 64.5 | 64.5 | 65.7 | 65.7 | 64.6 | 65.0 | 66.0 | 66.0 | 66.0 |

① 조사 기간 동안 영국의 고용률은 계속 증가하고 있다.
② 2024년 2분기 OECD 전체 고용률은 전년 동분기 대비 2% 증가하였다.
③ 2024년 1분기와 2분기에서 고용률이 변하지 않은 국가는 프랑스와 한국이다.
④ 2024년 1분기 6개 국가의 고용률 중 가장 높은 국가와 가장 낮은 국가의 고용률 차이는 10%p이다.
⑤ 2020년부터 2024년 2분기까지 프랑스와 한국의 고용률은 OECD 전체 고용률을 넘은 적이 한 번도 없었다.

**07** 다음은 K마트의 과자 종류에 따른 가격을 나타낸 표이다. K마트는 A, B, C과자에 기획 상품 할인을 적용하여 팔고 있다. A~C 3종류의 과자를 정상가로 각각 2봉지씩 구매할 수 있는 금액을 가지고 각각 2봉지씩 할인된 가격으로 구매 후 A과자를 더 산다고 할 때, A과자를 몇 봉지 더 살 수 있는가?

〈과자별 가격 및 할인율〉

| 구분 | A | B | C |
|---|---|---|---|
| 정상가 | 1,500원 | 1,200원 | 2,000원 |
| 할인율 | 20% | | 40% |

① 5봉지  ② 4봉지
③ 3봉지  ④ 2봉지
⑤ 1봉지

**08** 다음은 2022~2024년 C사의 데스크탑 PC와 노트북 판매량이다. 전년 대비 2024년의 판매량 증감률을 바르게 짝지은 것은?

〈2022~2024년 데스크탑 PC 및 노트북 판매량〉
(단위 : 천 대)

| 구분 | 2022년 | 2023년 | 2024년 |
|---|---|---|---|
| 데스크탑 PC | 5,500 | 5,000 | 4,700 |
| 노트북 | 1,800 | 2,000 | 2,400 |

|   | 데스크탑 PC | 노트북 |
|---|---|---|
| ① | 6% | 20% |
| ② | 6% | 10% |
| ③ | -6% | 20% |
| ④ | -6% | 10% |
| ⑤ | -6% | 5% |

**09** 다음은 C도서관에서 일정 기간 도서 대여 횟수를 작성한 자료이다. 이에 대한 설명으로 옳지 않은 것은?

〈도서 대여 횟수〉

(단위 : 회)

| 구분 | 비소설 | | 소설 | |
|---|---|---|---|---|
| | 남자 | 여자 | 남자 | 여자 |
| 40세 미만 | 20 | 10 | 40 | 50 |
| 40세 이상 | 30 | 20 | 20 | 30 |

① 소설을 대여한 전체 횟수가 비소설을 대여한 전체 횟수보다 많다.
② 40세 미만보다 40세 이상의 전체 대여 횟수가 더 적다.
③ 남자가 소설을 대여한 횟수는 여자가 소설을 대여한 횟수의 70% 이하이다.
④ 40세 미만의 전체 대여 횟수에서 비소설 대여 횟수가 차지하는 비율은 20%를 넘는다.
⑤ 40세 이상의 전체 대여 횟수에서 소설 대여 횟수가 차지하는 비율은 40% 이상이다.

**10** 다음은 C고등학교 1학년 3반 학생들의 음악 수행평가 점수 현황을 나타낸 그래프이다. 이를 참고할 때, 1학년 3반 학생들의 음악 수행평가 평균은?(단, 수행평가는 80점 만점이다)

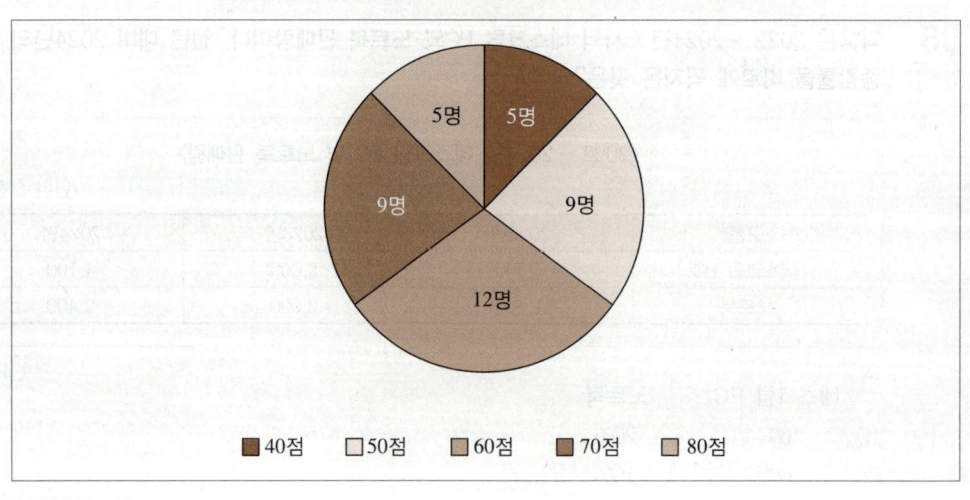

① 50점　　　　　　　　　　② 60점
③ 65점　　　　　　　　　　④ 70점
⑤ 80점

**11** 전산업생산지수는 우리나라 경제전체의 모든 산업을 대상으로 재화와 용역에 대한 생산활동의 흐름과 변화를 지수로 나타낸 것이다. 다음 중 연도별 자료와 월별 자료를 기초로 분석한 내용으로 옳지 않은 것은?

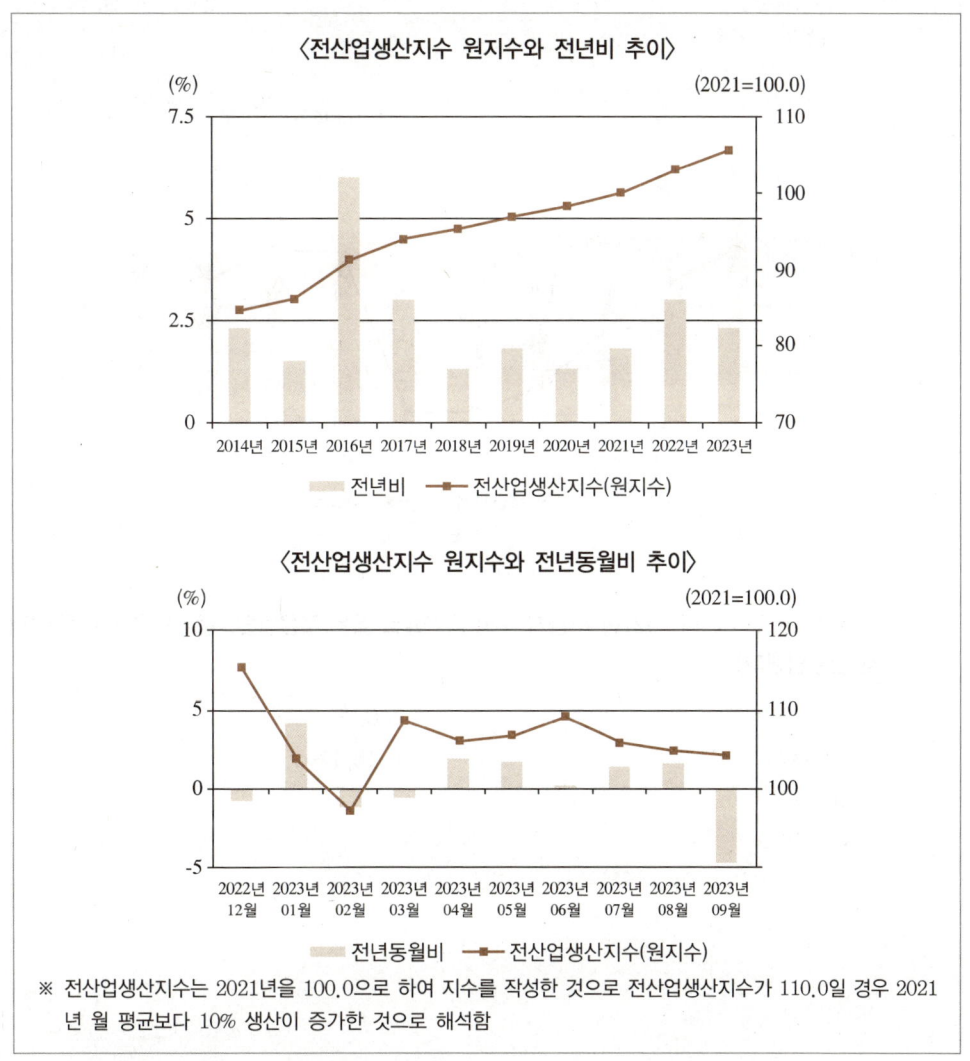

① 우리나라 경제의 연간 산업생산능력은 여전히 증가하고 있다.
② 2016년 우리나라의 산업생산능력은 전년 대비 가장 큰 증가를 기록하였다.
③ 2023년 9월에는 2022년 9월보다 3% 이상 산업생산능력이 감소하였다.
④ 2023년 2월에는 2021년보다 산업생산능력기준이 감소하였다.
⑤ 2023년 3월에는 2021년보다 산업생산능력기준과 전년동월비가 모두 감소하였다.

※ 다음은 2015~2024년 기초생활보장 수급자 현황에 관한 그래프이다. 이어지는 질문에 답하시오. [12~13]

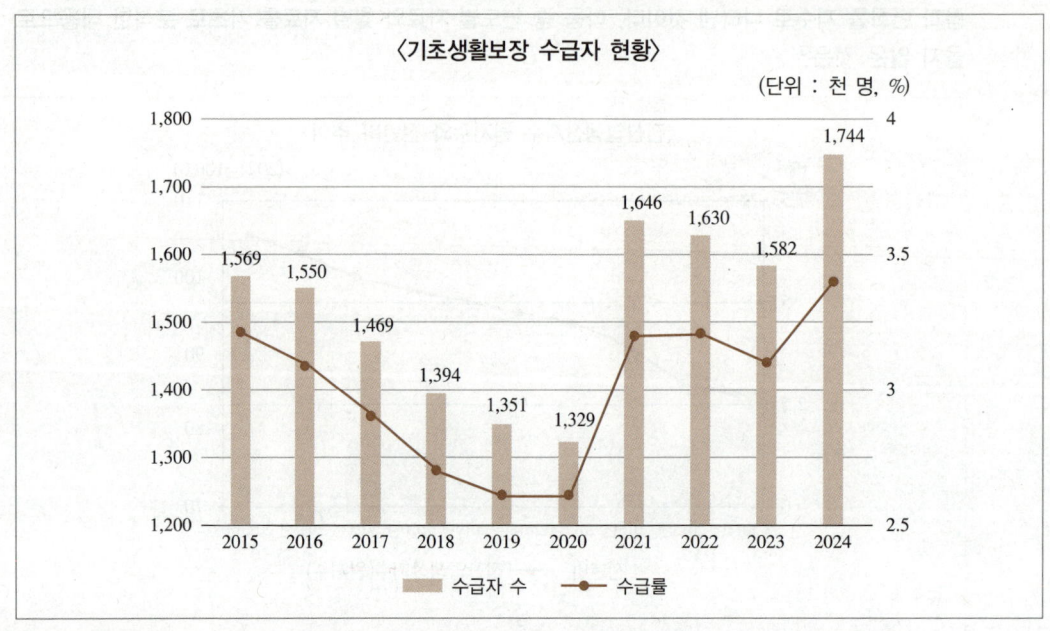

**12** 다음 중 2017년 대비 2021년 수급자 수의 증가율로 옳은 것은?(단, 증가율은 소수점 둘째 자리에서 반올림한다)

① 4.5%  ② 9.0%
③ 12.0%  ④ 15.4%
⑤ 16.1%

**13** 다음 중 수급률 대비 수급자 수의 값이 가장 큰 연도는?

① 2016년  ② 2018년
③ 2020년  ④ 2021년
⑤ 2022년

**14** 다음은 X고등학교, Y고등학교의 A~E대학 진학률을 나타낸 자료이다. 이에 대한 설명으로 옳지 않은 것은?

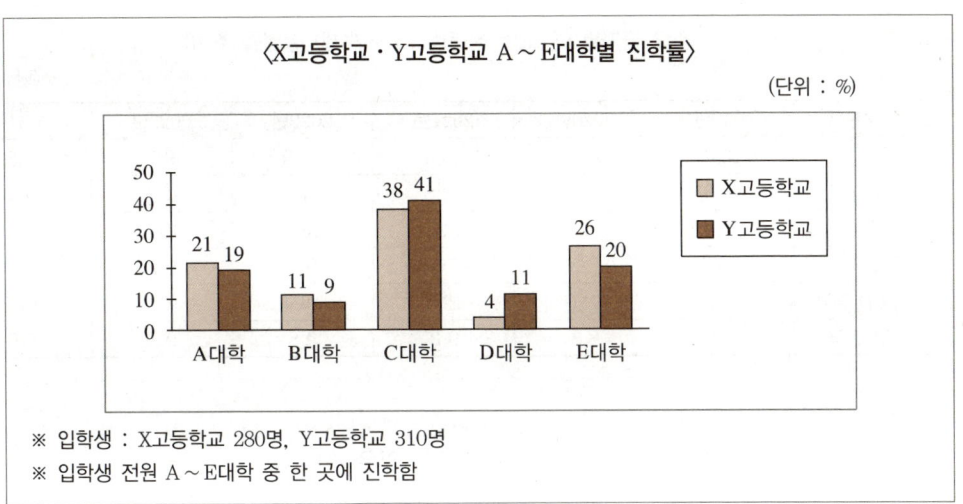

① X고등학교와 Y고등학교의 진학률 1위 대학은 동일하다.
② X고등학교와 Y고등학교의 진학률 5위 대학은 다르다.
③ X고등학교가 Y고등학교에 비해 진학률이 낮은 대학은 C대학뿐이다.
④ X고등학교와 Y고등학교의 E대학교 진학률 차이는 10%p 미만이다.
⑤ Y고등학교 대학 진학률 중 가장 높은 대학의 진학률과 가장 낮은 대학의 진학률 차이는 30%p 이상이다.

※ 다음은 주요 국가별·연도별 청년층 실업률 추이를 나타낸 자료이다. 이어지는 질문에 답하시오.
[15~16]

〈주요 국가별·연도별 청년층(15~24세) 실업률 추이〉

(단위 : %)

| 구분 | 2019년 | 2020년 | 2021년 | 2022년 | 2023년 | 2024년 |
|---|---|---|---|---|---|---|
| 독일 | 13.6 | 11.7 | 10.4 | 11.0 | 9.7 | 8.5 |
| 미국 | 10.5 | 10.5 | 12.8 | 17.6 | 18.4 | 17.3 |
| 영국 | 13.9 | 14.4 | 14.1 | 18.9 | 19.3 | 20.0 |
| 일본 | 8.0 | 7.7 | 7.2 | 9.1 | 9.2 | 8.0 |
| OECD 평균 | 12.5 | 12.0 | 12.7 | 16.4 | 16.7 | 16.2 |
| 대한민국 | 10.0 | 8.8 | 9.3 | 9.8 | 9.8 | 9.6 |

**15** 다음 중 위 자료를 보고 판단한 내용으로 옳지 않은 것은?

① 2020년 일본의 청년층 실업률 전년 대비 감소율은 3% 이상이다.
② 대한민국 청년층 실업률은 매년 OECD 평균보다 낮다.
③ 영국은 청년층 실업률이 주요 국가 중에서 매년 가장 높다.
④ 2022년 독일의 청년층 실업률의 전년 대비 증가율은 대한민국보다 낮다.
⑤ 2023년 청년층 실업률의 2021년 대비 증가량이 OECD 평균 실업률의 2021년 대비 2023년 증가량보다 높은 나라는 영국, 미국이다.

**16** 2019년과 비교하여 2024년에 청년층 실업률 증가폭이 가장 큰 나라는?(단, %p로 계산한다)

① 독일　　　　　　　　　② 미국
③ 영국　　　　　　　　　④ 일본
⑤ 대한민국

**17** 국토교통부는 자동차의 공회전 발생률과 공회전 시 연료소모량이 적은 차량 운전자에게 현금처럼 쓸 수 있는 탄소포인트를 제공하는 정책을 구상하고 있다. 국토교통부는 동일 차량 운전자 A∼E를 대상으로 이 정책을 시범 시행하였다. 다음 자료를 근거로 할 때, 공회전 발생률과 공회전 시 연료소모량에 따라 A∼E운전자가 받을 수 있는 탄소포인트의 총합이 큰 순서대로 나열된 것은?(단, 주어진 자료 이외의 다른 조건은 고려하지 않는다)

〈차량 시범 시행 결과〉

| 구분 | A | B | C | D | E |
|---|---|---|---|---|---|
| 주행시간(분) | 200 | 30 | 50 | 25 | 50 |
| 총공회전시간(분) | 20 | 15 | 10 | 5 | 25 |

〈공회전 발생률에 대한 탄소포인트〉

| 구분 | 19% 이하 | 20∼39% | 40∼59% | 60∼79% | 80% 이상 |
|---|---|---|---|---|---|
| 탄소포인트(P) | 100 | 80 | 50 | 20 | 10 |

〈공회전 시 연료소모량에 대한 구간별 탄소포인트〉

| 구분 | 99cc 이하 | 100∼199cc | 200∼299cc | 300∼399cc | 400cc 이상 |
|---|---|---|---|---|---|
| 탄소포인트(P) | 100 | 75 | 50 | 25 | 0 |

※ 공회전 발생률(%) = $\dfrac{(총공회전시간)}{(주행시간)} \times 100$

※ 공회전 시 연료소모량(cc) = (총공회전시간) × 20

① D>C>A>B>E  
② D>C>A>E>B  
③ D>A>C>B>E  
④ A>D>B>E>C  
⑤ A>B>E>C>D

**18** 다음은 2018년부터 2024년까지 개방형 공무원 임용 현황에 대한 자료이며, 일부가 삭제되었다. (가), (나)에 들어갈 수를 순서대로 짝지은 것은?(단, (나)는 소수점 둘째 자리에서 반올림한다)

〈개방형 공무원 임용 현황〉

(단위 : 천 명)

| 구분 | 2018년 | 2019년 | 2020년 | 2021년 | 2022년 | 2023년 | 2024년 |
|---|---|---|---|---|---|---|---|
| 충원 수 | 136 | 146 | 166 | 196 | 136 | 149 | 157 |
| 내부임용 수 | 75 | 79 | (가) | 86 | 64 | 82 | 86 |
| 외부임용 수 | 61 | 67 | 72 | 110 | 72 | 67 | 71 |
| 외부임용률(%) | 44.9 | 45.9 | 43.4 | 56.1 | 52.9 | (나) | 45.2 |

※ 외부임용률 = (외부임용 수)/(충원 수) × 100

　　　　(가)　　(나)
① 　94　　45.3
② 　94　　55.0
③ 　94　　45.0
④ 　84　　45.3
⑤ 　84　　55.0

**19** 다음은 A방송사의 매출액 추이를 나타낸 자료이다. 이에 대해 바르게 분석한 사람을 〈보기〉에서 모두 고르면?

〈A방송사 매출액 추이〉
(단위 : 십억 원)

| 구분 | | 2019년 | 2020년 | 2021년 | 2022년 | 2023년 |
|---|---|---|---|---|---|---|
| 방송사업 매출액 | 방송수신료 | 56 | 57 | 54 | 53 | 54 |
| | 광고 | 215 | 210 | 232 | 220 | 210 |
| | 협찬 | 31 | 30 | 33 | 31 | 32 |
| | 프로그램 판매 | 11 | 10 | 12 | 13 | 12 |
| | 기타 방송사업 | 18 | 22 | 21 | 20 | 20 |
| 기타 사업 | | 40 | 41 | 42 | 41 | 42 |
| 합계 | | 371 | 370 | 394 | 378 | 370 |

**보기**

지환 : 방송수신료 매출액의 전년 대비 증감 추이와 반대되는 추이를 보이는 항목이 존재해.
소영 : 5년간 모든 항목의 매출액이 3십억 원 이상의 변동폭을 보였어.
동현 : 5년간 각 항목의 매출액 순위는 한 번도 변동 없이 동일했구나.
세미 : 2019년과 비교했을 때 2023년에 매출액이 상승하지 않은 항목은 2개뿐이군.

① 지환, 소영
② 소영, 세미
③ 세미, 동현
④ 지환, 동현, 세미
⑤ 지환, 동현, 소영

**20** 다음은 연도별 해외 전체 스마트폰 평균 스크린 대 바디 비율에 관한 자료이다. 이를 나타낸 그래프로 옳은 것은?

〈전체 스마트폰 평균 스크린 대 바디 비율〉

(단위 : %)

| 구분 | 평균 | 최고 비율 |
| --- | --- | --- |
| 2015년 | 33.1 | 52.0 |
| 2016년 | 35.6 | 56.9 |
| 2017년 | 43.0 | 55.2 |
| 2018년 | 47.5 | 60.3 |
| 2019년 | 53.0 | 67.6 |
| 2020년 | 58.2 | 72.4 |
| 2021년 | 63.4 | 78.5 |
| 2022년 | 60.2 | 78.0 |
| 2023년 | 64.1 | 83.6 |
| 2024년 | 65.0 | 82.2 |

※ 스크린 대 바디 비율은 전체 바디에서 스크린이 차지하는 비율임

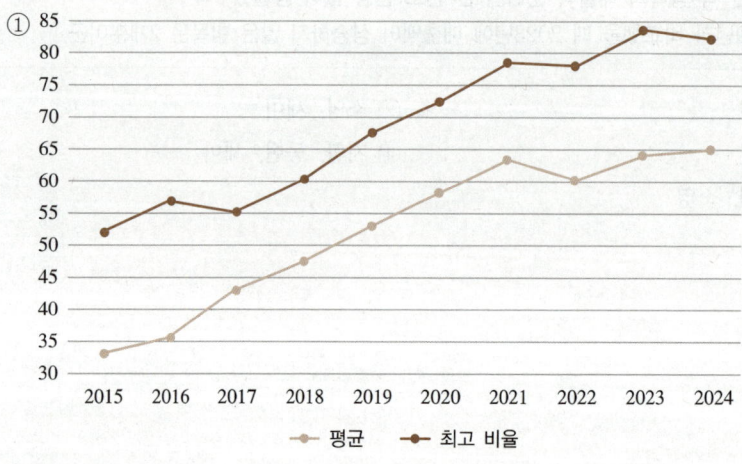

①

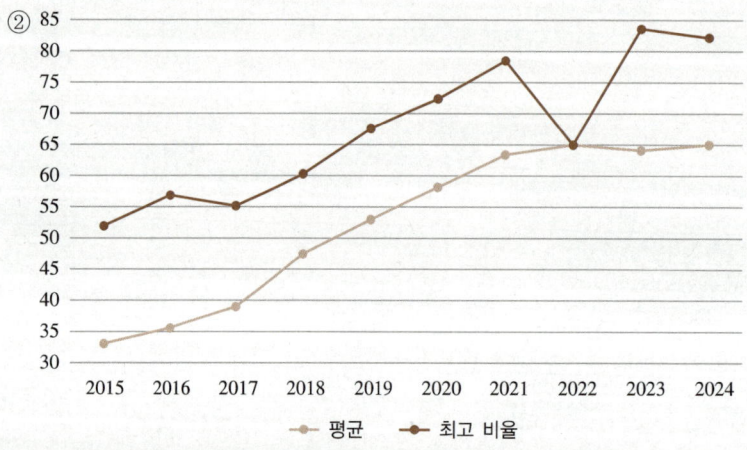

②

③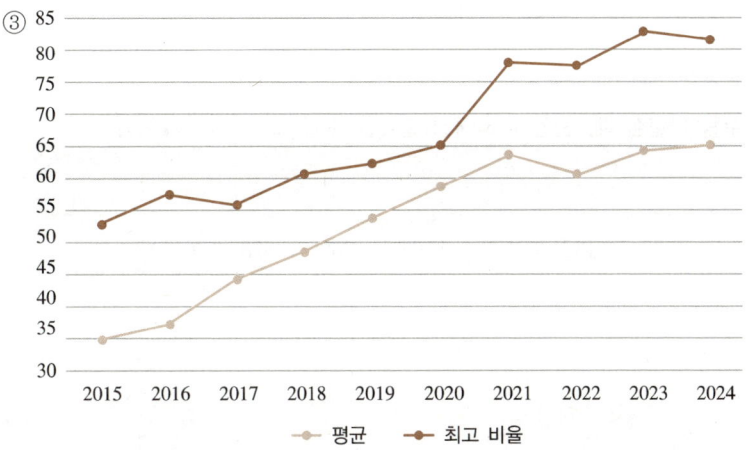

④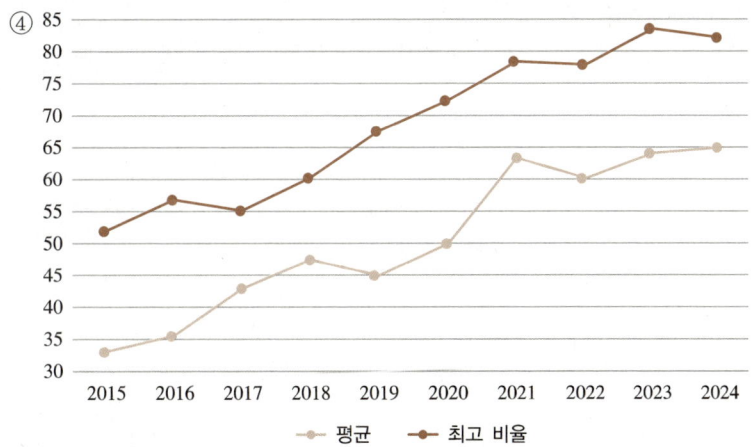

⑤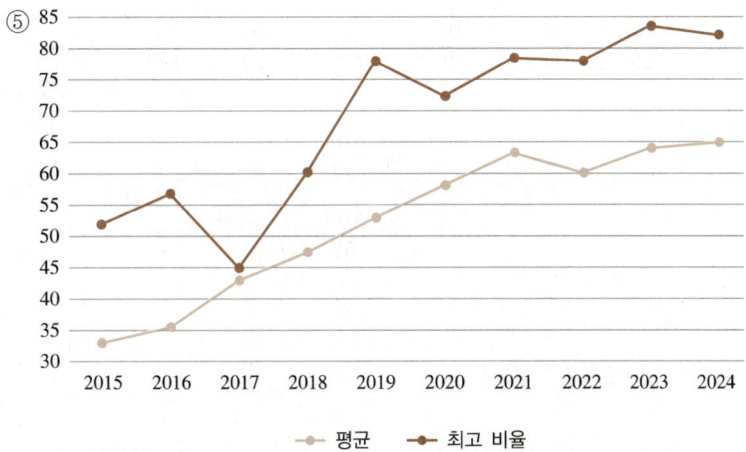

## 04 창의수리

※ 일정한 규칙으로 수를 나열할 때, 빈칸에 들어갈 알맞은 수를 고르시오. [1~5]

**01** (Hard)

| 88 | 132 | 176 | 264 | 352 | 528 | ( ) |

① 649
② 704
③ 715
④ 722
⑤ 743

**02**

| −13 | 7 | 9 | −3 | 1 | 5 | −3 | −3 | 6 | −7 | 5 | ( ) |

① 6
② 5
③ −3
④ −4
⑤ −8

**03**

$\dfrac{214}{26}$  $\dfrac{174}{66}$  $\dfrac{191}{49}$  ( )  $\dfrac{103}{137}$  $\dfrac{81}{159}$

① $\dfrac{133}{57}$
② $\dfrac{165}{57}$
③ $\dfrac{171}{57}$
④ $\dfrac{183}{57}$
⑤ $\dfrac{188}{57}$

**04**

| 0.7 | 0.9 | 1.15 | 1.45 | 1.8 | ( ) |

① 2.0
② 2.1
③ 2.15
④ 2.2
⑤ 2.5

**05**

| 10 | 1 | 32 | 5 | 2 | 19 | 1 | 5 | 13 | 2 | 10 | ( ) |

① 8   ② 14
③ 20  ④ 26
⑤ 30

**Easy**

**06** $x + \dfrac{1}{x} = 3$일 때, $x^2 + \dfrac{1}{x^2}$ 의 값은?

① 6   ② 7
③ 8   ④ 9
⑤ 10

**07** 다음 방정식에서 미지수 $x$의 해 2개의 곱은?

$$4x\left(\dfrac{1}{2}x - 2\right) + 4x = 16$$

① $-8$   ② $-4$
③ 0      ④ 4
⑤ 8

**08** 일정한 속력으로 달리는 기차가 400m 길이의 터널을 완전히 통과하는 데 10초, 800m 길이의 터널을 완전히 통과하는 데 18초가 걸렸다. 이 기차의 속력은?

① 50m/s    ② 55m/s
③ 60m/s    ④ 75m/s
⑤ 100m/s

**Easy**

**09** 둘레가 1km인 공원이 있다. 철수와 영희는 공원 입구에서 동시에 출발하여 서로 반대 방향으로 걸어서 중간에서 만나기로 했다. 철수는 1분에 70m를 걷고, 영희는 1분에 30m를 걸을 때, 두 사람이 처음 만날 때까지 걸린 시간은?

① 5분  ② 10분
③ 20분  ④ 30분
⑤ 35분

**10** A~C 3명의 친구가 가위바위보를 할 때, 세 번 안에 1명의 승자가 정해질 확률은?(단, 패자는 제외하지 않는다)

① $\dfrac{5}{2}$  ② $\dfrac{1}{3}$
③ $\dfrac{1}{21}$  ④ $\dfrac{19}{27}$
⑤ $\dfrac{4}{5}$

**11** 남학생 5명과 여학생 3명이 운동장에 있다. 남학생 중 2명을 뽑고, 여학생 중 2명을 뽑아 한 줄로 세우는 경우의 수는?

① 120가지  ② 240가지
③ 360가지  ④ 480가지
⑤ 720가지

**Easy**

**12** 농도 $x\%$의 소금물 400g에 농도 12% 소금물 200g을 넣었다. 이때, 녹아 있는 소금의 양을 $y$g이라 하면 $y$는 얼마인가?

① $3x+12$  ② $3x+24$
③ $4x+12$  ④ $4x+24$
⑤ $4x+32$

**13** 농도 6%의 소금물 700g에서 한 컵의 소금물을 퍼내고, 퍼낸 양만큼 농도 13%의 소금물을 넣었더니 농도 9%의 소금물이 되었다. 이때, 퍼낸 소금물의 양은?

① 300g
② 320g
③ 350g
④ 390g
⑤ 450g

**14** 온라인 쇼핑몰에서 두 유형의 설문조사를 하였다. A형 설문조사에서는 2,000명이 응하였고 만족도는 평균 8점이었으며, B형 설문조사에서는 500명이 응하였고 만족도는 평균 6점이었다. A, B형 설문조사 전체 평균 만족도는 몇 점인가?

① 7.6점
② 7.8점
③ 8.0점
④ 8.2점
⑤ 8.4점

**15** 사흘 안에 끝내야 할 일의 $\frac{1}{3}$을 첫째 날에 마치고, 남은 일의 $\frac{2}{5}$를 둘째 날에 마쳤다. 셋째 날 해야 할 일의 양은 전체의 몇 %인가?

① 10%
② 20%
③ 30%
④ 40%
⑤ 50%

**16** 2,500원짜리 커피와 2,800원짜리 커피를 합하여 12개를 산다고 할 때, 지불해야 하는 금액이 31,000원 이하로 되려면 2,800원짜리 커피는 몇 개까지 살 수 있는가?

① 3개
② 5개
③ 7개
④ 9개
⑤ 10개

**17** H시 문화센터의 5월 회원 중 6월 글쓰기반에 등록한 회원은 전체의 $\frac{2}{3}$, 캘리그라피반에 등록한 회원은 전체의 $\frac{7}{10}$이다. 글쓰기반과 캘리그라피반에 모두 등록한 회원이 전체의 $\frac{13}{20}$일 때, 모두 등록하지 않은 회원은 얼마인가?

① $\frac{3}{20}$
② $\frac{17}{20}$
③ $\frac{17}{60}$
④ $\frac{23}{60}$
⑤ $\frac{35}{60}$

**18** 현진이가 500원짜리 우유와 700원짜리 우유를 몇 개 사고 8,200원을 내려고 했더니 계산된 금액은 8,600원이었다. 8,200원은 현진이가 두 우유의 가격을 서로 바꿔서 계산한 것이었다. 현진이는 500원짜리 우유를 몇 개 샀는가?

① 5개
② 6개
③ 7개
④ 8개
⑤ 9개

**19** C사에 지원한 남학생과 여학생의 비율은 3 : 2였다. 지원자 중 합격자의 남녀 비율은 5 : 2이고, 불합격자의 남녀 비율은 4 : 3이라고 한다. 전체 합격자 수가 280명일 때, 지원자 중 여학생은 총 몇 명인가?

① 440명
② 480명
③ 540명
④ 560명
⑤ 640명

**20** 다음은 동근이가 사무용품을 구매했던 영수증을 정리한 내용의 일부이다. A4용지 1박스에 500매 6묶음이 들어있다고 할 때, 볼펜 1타(12자루)와 A4용지 500매 가격의 합은?

| 일자 | 구매 내역 | | 금액 |
|---|---|---|---|
| 8월 13일 | 볼펜 3타 | A4용지 5박스 | 90,300원 |
| 9월 11일 | 볼펜 5타 | A4용지 7박스 | 133,700원 |

① 11,200원
② 11,700원
③ 12,100원
④ 12,300원
⑤ 12,600원

# PART 3

# 인성검사

**CHAPTER 01** 인성검사 개요 및 수검요령

**CHAPTER 02** 인성검사 모의연습

# CHAPTER 01 | 인성검사 개요 및 수검요령

## 01 인성검사 개요

CJ그룹은 계열사별로 다른 인성검사를 실시하는 것으로 알려져 있다. 다만 2023년 하반기부터 대부분의 계열사에서 CFT(CJ Culture Fit Test)라는 이름으로 시행되고 있으므로 먼저 계열사별로 어떤 인성검사를 시행하는지 확인이 필요하다. 인성검사는 CJ그룹의 인재상과 적합한 인재인지 평가하는 테스트로, 지원자의 개인 성향이나 인성에 관한 질문으로 구성되어 있다.

| 구분 | | 시간 | 문항 수 | 출제유형 |
| --- | --- | --- | --- | --- |
| CFT (CJ Culture Fit Test) | PART 1 | 45분 | 275문항 | 275문항으로 이루어져 있으며, 제시된 문항에 ① 아니다, ② 약간 아니다, ③ 보통이다, ④ 약간 그렇다, ⑤ 그렇다로 각각 체크해야 한다. |
| | PART 2 | 15분 | 90문항 | 3문항 1세트로 구성되어 있으며 3개의 문장 중에서 자신의 성격과 가장 가까운 것과 가장 먼 것을 하나씩 선택한다. |

## 02 인성검사 수검요령

인성검사는 특별한 수검요령이 없다. 국어문제처럼 말의 뜻을 풀이하는 것도 아니다. 굳이 수검요령을 말하자면, 진실하고 솔직한 자신의 생각이 답변이라고 할 수 있을 것이다.

인성검사에서 가장 중요한 것은 첫째, 솔직한 답변이다. 자신이 지금까지 경험을 통해서 축적해 온 자신의 생각과 행동을 허구 없이 솔직하게 기재를 하는 것이다. 예를 들어, "나는 타인의 물건을 훔치고 싶은 충동을 느껴본 적이 있다."란 질문에 피검사자들은 많은 생각을 하게 된다. 생각해 보라. 유년기에 또는 성인이 되어서도 타인의 물건을 훔치는 일을 저지른 적은 없더라도, 훔치고 싶은 충동은 누구나 조금이라도 다 느껴보았을 것이다. 그런데 이 질문에 고민을 하는 사람이 간혹 있다. 과연 이 질문에 "예"라고 대답하면 담당 검사관들이 나를 사회적으로 문제가 있는 사람으로 여기지는 않을까 하는 생각에 "아니오"라는 답을 기재하게 된다. 이런 솔직하지 않은 답변이 답변의 신뢰와 솔직함을 나타내는 타당성 척도에 좋지 않은 점수를 주게 된다.

둘째, 일관성 있는 답변이다. 인성검사의 수많은 질문 문항 중에는 비슷한 뜻의 질문이 여러 개 숨어있는 경우가 많이 있다. 그 질문들은 피검사자의 솔직한 답변과 심리적인 상태를 알아보기 위해 내포되어 있는 문항들이다. 가령 "나는 유년시절 타인의 물건을 훔친 적이 있다."라는 질문에 "예"라고 대답했는데, "나는 유년시절 타인의 물건을 훔쳐보고 싶은 충동을 느껴본 적이 있다."라는 질문에는 "아니오"라는 답을 기재한다면 어떻겠는가. 일관성 없이 '대충 기재하자'라는 식의 심리적 무성의성 답변이 되거나, 정신적으로 문제가 있는 사람으로 보일 수 있다.

인성검사는 많은 문항 수를 풀어나가기 때문에 피검사자들은 지루함과 따분함을 느낄 수 있고 반복된 뜻의 질문에 의한 인내상실 등이 나타날 수 있다. 인내를 가지고 솔직하게 자신의 생각을 대답하는 것이 무엇보다 중요한 요령이 될 것이다.

## 03 인성검사 시 유의사항

① 충분한 휴식으로 불안을 없애고 정서적인 안정을 취한다. 심신이 안정되어야 자신의 마음을 표현할 수 있다.
② 생각나는 대로 솔직하게 응답한다. 자신을 너무 과대 포장하지도, 너무 비하하지도 마라. 답변을 꾸며서 하면 앞뒤가 맞지 않게끔 구성돼 있어 불리한 평가를 받게 되므로 솔직하게 답하도록 한다.
③ 검사문항에 대해 지나치게 골똘히 생각해서는 안 된다. 지나치게 몰두하면 엉뚱한 답변이 나올 수 있으므로 불필요한 생각은 삼간다.
④ 검사시간에 너무 신경 쓸 필요는 없다. 인성검사는 시간제한이 없는 경우가 많으며 시간제한이 있다 해도 충분한 시간이다.
⑤ 인성검사는 대개 문항 수가 많기에 자칫 건너뛰는 경우가 있는데, 가능한 한 모든 문항에 답해야 한다. 응답하지 않은 문항이 많을 경우 평가자가 정확한 평가를 내리지 못해 불리한 평가를 내릴 수 있기 때문이다.

# CHAPTER 02 인성검사 모의연습

※ 인성검사는 정답이 따로 없는 유형의 검사이므로 결과지를 제공하지 않습니다.

### 유형 I

※ 각 문항을 읽고 ① ~ ⑤ 중 자신에게 해당하는 것을 고르시오(① 아니다, ② 약간 아니다, ③ 보통이다, ④ 약간 그렇다, ⑤ 그렇다). [1~275]

| 번호 | 문항 | 응답 |
|---|---|---|
| 01 | 타박을 받아도 위축되거나 기가 죽지 않는다. | ① ② ③ ④ ⑤ |
| 02 | 몸이 피곤할 때도 명랑하게 행동한다. | ① ② ③ ④ ⑤ |
| 03 | 익숙지 않은 집단이나 장소로 옮겨가는 것이 꺼려진다. | ① ② ③ ④ ⑤ |
| 04 | 타인의 지적을 순수하게 받아들일 수 있다. | ① ② ③ ④ ⑤ |
| 05 | 매일의 목표가 있는 생활을 하고 있다. | ① ② ③ ④ ⑤ |
| 06 | 실패했던 기억을 되새기면서 고민하는 편이다. | ① ② ③ ④ ⑤ |
| 07 | 언제나 생기가 있고 열정적이다. | ① ② ③ ④ ⑤ |
| 08 | 상품을 선택하는 취향이 오랫동안 바뀌지 않는다. | ① ② ③ ④ ⑤ |
| 09 | 자신을 과시하다가 으스댄다는 핀잔을 듣곤 한다. | ① ② ③ ④ ⑤ |
| 10 | 동료가 될 사람을 1명만 택한다면 자기유능감이 높은 사람을 뽑겠다. | ① ② ③ ④ ⑤ |
| 11 | 열등감으로 자주 고민한다. | ① ② ③ ④ ⑤ |
| 12 | 많은 사람들을 만나는 것을 좋아한다. | ① ② ③ ④ ⑤ |
| 13 | 새로운 것에 대한 호기심이 잘 생기지 않는다. | ① ② ③ ④ ⑤ |
| 14 | 사람들을 쉽게 믿고 그들을 이해하려 노력한다. | ① ② ③ ④ ⑤ |
| 15 | 무엇이든 꾸준히 하면 스스로 해낼 수 있다고 믿는다. | ① ② ③ ④ ⑤ |
| 16 | 남에게 무시당하면 화가 치밀어 주체할 수 없다. | ① ② ③ ④ ⑤ |
| 17 | 과묵하고 소극적이라는 평가를 받곤 한다. | ① ② ③ ④ ⑤ |
| 18 | 상상보다는 사실지향성에 무게를 두는 편이다. | ① ② ③ ④ ⑤ |
| 19 | 남의 의견을 호의적으로 받아들이고 협조적이다. | ① ② ③ ④ ⑤ |
| 20 | 별로 반성하지 않으며, 게으름을 부리곤 한다. | ① ② ③ ④ ⑤ |
| 21 | 물건을 살 때 꼭 필요한 것인지 따져보며 충동구매를 하지 않는다. | ① ② ③ ④ ⑤ |
| 22 | 일부 특정한 사람들하고만 교제를 하는 편이다. | ① ② ③ ④ ⑤ |
| 23 | 일반적이고 확실한 것이 아니라면 거절하는 편이다. | ① ② ③ ④ ⑤ |
| 24 | 남에게 자신의 진심을 표현하기를 주저하는 편이다. | ① ② ③ ④ ⑤ |
| 25 | 임무를 달성하기 위해 목표를 분명하게 세운다. | ① ② ③ ④ ⑤ |
| 26 | 사고 싶은 것이 있으면 따지지 않고 바로 사곤 한다. | ① ② ③ ④ ⑤ |

| 27 | 낯선 사람에게도 친근하게 먼저 말을 건네는 편이다. | ① ② ③ ④ ⑤ |
|---|---|---|
| 28 | 다양성을 존중해 새로운 의견을 수용하는 편이다. | ① ② ③ ④ ⑤ |
| 29 | 남의 말을 들을 때 진위를 의심하곤 한다. | ① ② ③ ④ ⑤ |
| 30 | 시험 전에도 노는 계획을 세우곤 한다. | ① ② ③ ④ ⑤ |
| 31 | 주변 상황에 따라 기분이 수시로 변하곤 한다. | ① ② ③ ④ ⑤ |
| 32 | 몸담고 있는 동호회나 모임이 여러 개이다. | ① ② ③ ④ ⑤ |
| 33 | 익숙한 것만을 선호하다가 변화에 적응하지 못할 때가 많다. | ① ② ③ ④ ⑤ |
| 34 | 나를 비판하는 사람의 진짜 의도를 의심해 공격적으로 응수한다. | ① ② ③ ④ ⑤ |
| 35 | 도중에 실패해도 소임을 다하기 위해 끝까지 추진한다. | ① ② ③ ④ ⑤ |
| 36 | 고민이 있어도 지나치게 걱정하지 않는다. | ① ② ③ ④ ⑤ |
| 37 | 많은 사람들 앞에서 말하는 것이 서툴다. | ① ② ③ ④ ⑤ |
| 38 | 지적 흥미에 관심이 많고, 새로운 지식에 포용적이다. | ① ② ③ ④ ⑤ |
| 39 | 사람들을 믿지 못해 불편할 때가 많다. | ① ② ③ ④ ⑤ |
| 40 | 자신의 책임을 잊고 경솔하게 행동하곤 한다. | ① ② ③ ④ ⑤ |
| 41 | 기분 나쁜 일은 금세 잊는 편이다. | ① ② ③ ④ ⑤ |
| 42 | 다과회, 친목회 등의 소모임에서 책임을 자주 맡는다. | ① ② ③ ④ ⑤ |
| 43 | 부모님의 권위를 존중해 그분들의 말씀에 거의 순종한다. | ① ② ③ ④ ⑤ |
| 44 | 나의 이익을 지키려면 반드시 타인보다 우위를 점해야 한다고 생각한다. | ① ② ③ ④ ⑤ |
| 45 | 언행이 가볍다고 자주 지적받는다. | ① ② ③ ④ ⑤ |
| 46 | 슬럼프에 빠지면 좀처럼 헤어나지 못한다. | ① ② ③ ④ ⑤ |
| 47 | 자신이 기력이 넘치며 사교적이라고 생각한다. | ① ② ③ ④ ⑤ |
| 48 | 익숙한 일·놀이에 진부함을 잘 느끼고, 새로운 놀이·활동에 흥미를 크게 느낀다. | ① ② ③ ④ ⑤ |
| 49 | 친구들을 신뢰해 그들의 말을 잘 듣는 편이다. | ① ② ③ ④ ⑤ |
| 50 | 인생의 목표와 방향이 뚜렷하며 부지런하다는 평가를 받곤 한다. | ① ② ③ ④ ⑤ |
| 51 | 감정을 잘 조절해 여간해서 흥분하지 않는 편이다. | ① ② ③ ④ ⑤ |
| 52 | 느긋하고 서두르지 않으며 여유로운 편이다. | ① ② ③ ④ ⑤ |
| 53 | 새로운 유행이 시작되면 다른 사람보다 먼저 시도해 보는 편이다. | ① ② ③ ④ ⑤ |
| 54 | 친구와 다투면 먼저 손을 내밀어 화해하지 못해 친구를 잃곤 한다. | ① ② ③ ④ ⑤ |
| 55 | 자신이 유능하다고 믿기 때문에 자신감이 넘친다. | ① ② ③ ④ ⑤ |
| 56 | 걱정거리가 머릿속에서 쉽사리 잊히지 않는 편이다. | ① ② ③ ④ ⑤ |
| 57 | 혼자 있을 때가 편안하다. | ① ② ③ ④ ⑤ |
| 58 | 비유적·상징적인 것보다는 사실적·현실적인 표현을 선호한다. | ① ② ③ ④ ⑤ |
| 59 | 모르는 사람은 믿을 수 없으므로 경계하는 편이다. | ① ② ③ ④ ⑤ |
| 60 | 책임감, 신중성 등 자신에 대한 주위의 평판이 좋다고 생각한다. | ① ② ③ ④ ⑤ |
| 61 | 슬픈 일만 머릿속에 오래 남는다. | ① ② ③ ④ ⑤ |
| 62 | 꾸물대는 것이 싫어 늘 서두르는 편이다. | ① ② ③ ④ ⑤ |

| 63 | 예술가가 된 나의 모습을 상상하곤 한다. | ① ② ③ ④ ⑤ |
|---|---|---|
| 64 | 칭찬도 나쁘게 받아들이는 편이다. | ① ② ③ ④ ⑤ |
| 65 | 경솔한 언행으로 분란을 일으킬 때가 종종 있다. | ① ② ③ ④ ⑤ |
| 66 | 삶이 버겁게 느껴져 침울해지곤 한다. | ① ② ③ ④ ⑤ |
| 67 | 윗사람, 아랫사람 가리지 않고 쉽게 친해져 어울린다. | ① ② ③ ④ ⑤ |
| 68 | 상상 속에서 이야기를 잘 만들어 내는 편이다. | ① ② ③ ④ ⑤ |
| 69 | 손해를 입지 않으려고 약삭빠르게 행동하는 편이다. | ① ② ③ ④ ⑤ |
| 70 | 기왕 일을 한다면 꼼꼼하게 하는 편이다. | ① ② ③ ④ ⑤ |
| 71 | 비난을 받으면 몹시 신경이 쓰이고 자신감을 잃는다. | ① ② ③ ④ ⑤ |
| 72 | 주위 사람들에게 인사하는 것이 귀찮다. | ① ② ③ ④ ⑤ |
| 73 | 창의력과 상상력이 풍부하다는 이야기를 자주 듣는다. | ① ② ③ ④ ⑤ |
| 74 | 자기중심적인 관점에서 남을 비판하곤 한다. | ① ② ③ ④ ⑤ |
| 75 | 지나치게 깔끔하고 싶은 강박증이 있다. | ① ② ③ ④ ⑤ |
| 76 | 세밀한 계획을 세워도 과도한 불안을 느낄 때가 많다. | ① ② ③ ④ ⑤ |
| 77 | 항상 바쁘게 살아가는 편이다. | ① ② ③ ④ ⑤ |
| 78 | 타인이 예상하지 못한 엉뚱한 행동, 생각을 할 때가 자주 있다. | ① ② ③ ④ ⑤ |
| 79 | 의견이 어긋날 때는 먼저 한발 양보하는 편이다. | ① ② ③ ④ ⑤ |
| 80 | 어떤 일을 시도하다가 잘 안되면 금방 포기한다. | ① ② ③ ④ ⑤ |
| 81 | 긴박한 상황에 맞닥뜨리면 자신감을 잃을 때가 많다. | ① ② ③ ④ ⑤ |
| 82 | 처음 만난 사람과 이야기하는 것이 피곤하다. | ① ② ③ ④ ⑤ |
| 83 | 이것저것 새로운 것에 관심이 많고 새로운 것을 배우고 싶다. | ① ② ③ ④ ⑤ |
| 84 | 싫은 사람과도 충분히 협력할 수 있다고 생각한다. | ① ② ③ ④ ⑤ |
| 85 | 꾸준하고 참을성이 있다는 말을 자주 듣는다. | ① ② ③ ④ ⑤ |
| 86 | 신호 대기 중에도 조바심이 난다. | ① ② ③ ④ ⑤ |
| 87 | 남들보다 우월한 지위에서 영향력을 행사하고 싶다. | ① ② ③ ④ ⑤ |
| 88 | '왜?'라는 질문을 자주 한다. | ① ② ③ ④ ⑤ |
| 89 | 좋아하지 않는 사람이라도 친절하고 공손하게 대한다. | ① ② ③ ④ ⑤ |
| 90 | 세부적인 내용을 일목요연하게 정리해 공부한다. | ① ② ③ ④ ⑤ |
| 91 | 상대가 통화 중이면 다급해져 연속해서 전화를 건다. | ① ② ③ ④ ⑤ |
| 92 | 쾌활하고 자신감이 강하며 남과의 교제에 적극적이다. | ① ② ③ ④ ⑤ |
| 93 | 궁금한 점이 있으면 꼬치꼬치 따져서 반드시 궁금증을 풀고 싶다. | ① ② ③ ④ ⑤ |
| 94 | 사람들은 누구나 곤경을 회피하려고 거짓말을 한다. | ① ② ③ ④ ⑤ |
| 95 | 물건을 분실하거나 어디에 두었는지 기억 못할 때가 많다. | ① ② ③ ④ ⑤ |
| 96 | 충동적인 행동을 하지 않는 편이다. | ① ② ③ ④ ⑤ |
| 97 | 상대방이 말을 걸어오기를 기다리는 편이다. | ① ② ③ ④ ⑤ |
| 98 | 새로운 생각들을 수용해 자신의 관점을 쉽게 수정하는 편이다. | ① ② ③ ④ ⑤ |

| | | |
|---|---|---|
| 99 | 기분을 솔직하게 드러내는 편이어서 남들이 나의 기분을 금방 알아채곤 한다. | ① ② ③ ④ ⑤ |
| 100 | 의지와 끈기가 강한 편이다. | ① ② ③ ④ ⑤ |
| 101 | 어떤 상황에서든 만족할 수 있다. | ① ② ③ ④ ⑤ |
| 102 | 모르는 사람에게 말을 걸기보다는 혼자 있는 게 좋다. | ① ② ③ ④ ⑤ |
| 103 | 어떤 일이든 새로운 방향에서 이해할 수 있다고 생각한다. | ① ② ③ ④ ⑤ |
| 104 | 부모님이나 친구들에게 진심을 잘 고백하는 편이다. | ① ② ③ ④ ⑤ |
| 105 | 참을성이 있지만 융통성이 부족하다는 말을 듣곤 한다. | ① ② ③ ④ ⑤ |
| 106 | 깜짝 놀라면 몹시 당황하는 편이다. | ① ② ③ ④ ⑤ |
| 107 | 아는 사람이 많아져 대인관계를 넓히는 것을 선호한다. | ① ② ③ ④ ⑤ |
| 108 | 자신의 감수성, 지적 흥미에 충실하며 내면세계에 관심이 많다. | ① ② ③ ④ ⑤ |
| 109 | 사람들은 이득이 된다면 옳지 않은 방법이라도 쓸 것이다. | ① ② ③ ④ ⑤ |
| 110 | 세밀하게 설정된 계획표를 성실하게 실천하려 노력하는 편이다. | ① ② ③ ④ ⑤ |
| 111 | 난처한 헛소문에 휘말려도 개의치 않는다. | ① ② ③ ④ ⑤ |
| 112 | 매사에 진지하려고 노력한다. | ① ② ③ ④ ⑤ |
| 113 | 급진적인 변화를 선호한다. | ① ② ③ ④ ⑤ |
| 114 | 주변 사람들의 감정과 욕구를 잘 이해하는 편이다. | ① ② ③ ④ ⑤ |
| 115 | 대체로 먼저 할 일을 해 놓고 나서 노는 편이다. | ① ② ③ ④ ⑤ |
| 116 | 긴급 사태에도 당황하지 않고 행동할 수 있다. | ① ② ③ ④ ⑤ |
| 117 | 일할 때 자신의 생각대로 하지 못할 때가 많다. | ① ② ③ ④ ⑤ |
| 118 | 새로운 변화를 싫어한다. | ① ② ③ ④ ⑤ |
| 119 | 다른 사람의 감정에 민감하다. | ① ② ③ ④ ⑤ |
| 120 | 시험을 보기 전에 먼저 꼼꼼하게 공부 계획표를 짠다. | ① ② ③ ④ ⑤ |
| 121 | 삶에는 고통을 주는 것들이 너무 많다고 생각한다. | ① ② ③ ④ ⑤ |
| 122 | 내성적인 성격 때문에 윗사람과의 대화가 꺼려진다. | ① ② ③ ④ ⑤ |
| 123 | 새로운 물건에서 신선한 아름다움을 느낄 때가 많다. | ① ② ③ ④ ⑤ |
| 124 | 사람들이 정직하게 행동하는 것은 타인의 비난이 두렵기 때문이다. | ① ② ③ ④ ⑤ |
| 125 | 계획에 따라 규칙적인 생활을 하는 편이다. | ① ② ③ ④ ⑤ |
| 126 | 걱정거리가 있으면 잠을 잘 수가 없다. | ① ② ③ ④ ⑤ |
| 127 | 자기주장만 지나치게 내세워 소란을 일으키곤 한다. | ① ② ③ ④ ⑤ |
| 128 | 예술 작품에서 큰 감동을 받곤 한다. | ① ② ③ ④ ⑤ |
| 129 | 싹싹하고 협조적이라는 평가를 받곤 한다. | ① ② ③ ④ ⑤ |
| 130 | 소지품을 잘 챙기지 않아 잃어버리곤 한다. | ① ② ③ ④ ⑤ |
| 131 | 즐거운 일보다는 괴로운 일이 더 많다. | ① ② ③ ④ ⑤ |
| 132 | 누가 나에게 말을 걸기 전에는 내가 먼저 말을 걸지 않는다. | ① ② ③ ④ ⑤ |
| 133 | 기본에 얽매이는 정공법보다는 창의적인 변칙을 선택하곤 한다. | ① ② ③ ④ ⑤ |
| 134 | 쉽게 양보를 하는 편이다. | ① ② ③ ④ ⑤ |

| | | |
|---|---|---|
| 135 | 신발이나 옷이 떨어져도 무관심해 단정하지 못할 때가 종종 있다. | ① ② ③ ④ ⑤ |
| 136 | 사소한 일에도 긴장해 위축되곤 한다. | ① ② ③ ④ ⑤ |
| 137 | 타인과 어울리는 것보다는 혼자 지내는 것이 즐겁다. | ① ② ③ ④ ⑤ |
| 138 | 직업을 선택할 때 창조력과 심미안이 필요한 것을 선호한다. | ① ② ③ ④ ⑤ |
| 139 | 자기 것을 이웃에게 잘 나누어주는 편이다. | ① ② ③ ④ ⑤ |
| 140 | 몇 번이고 생각하고 검토한다. | ① ② ③ ④ ⑤ |
| 141 | 어떤 일을 실패하면 두고두고 생각한다. | ① ② ③ ④ ⑤ |
| 142 | 친구와 웃고 떠드는 것을 별로 좋아하지 않는다. | ① ② ③ ④ ⑤ |
| 143 | 창조적인 일을 하고 싶다. | ① ② ③ ④ ⑤ |
| 144 | 자기 것을 덜 주장하고, 덜 고집하는 편이다. | ① ② ③ ④ ⑤ |
| 145 | 일단 결정된 것은 완수하기 위해 자신의 능력을 총동원한다. | ① ② ③ ④ ⑤ |
| 146 | 수줍음이 많아서 사람들 앞에서 너무 위축되곤 한다. | ① ② ③ ④ ⑤ |
| 147 | 비교적 말이 없고 무난한 것을 선호하는 편이다. | ① ② ③ ④ ⑤ |
| 148 | 새로운 것을 고안하는 일에서 큰 즐거움을 느낀다. | ① ② ③ ④ ⑤ |
| 149 | 나의 이익에 직접적인 영향을 주는 사안에 대해서는 고집을 꺾지 않는다. | ① ② ③ ④ ⑤ |
| 150 | 사회적 규범을 지키려 애쓰고 목표 의식이 뚜렷한 편이다. | ① ② ③ ④ ⑤ |
| 151 | 나를 기분 나쁘게 한 사람을 쉽게 잊지 못한다. | ① ② ③ ④ ⑤ |
| 152 | 내성적이어서 낯선 이와 만나는 것을 꺼리는 편이다. | ① ② ③ ④ ⑤ |
| 153 | 예술적 감식안이 있는 편이다. | ① ② ③ ④ ⑤ |
| 154 | 남의 명령이 듣기 싫고 자기 본위적인 편이다. | ① ② ③ ④ ⑤ |
| 155 | 규율을 따르느라 때로는 융통성이 부족해지곤 한다. | ① ② ③ ④ ⑤ |
| 156 | 나를 힘들게 하는 일들이 너무 많다고 여긴다. | ① ② ③ ④ ⑤ |
| 157 | 마음을 터놓고 지내는 친구들이 적은 편이다. | ① ② ③ ④ ⑤ |
| 158 | 창조력은 부족하지만 실용적인 사고에 능숙한 편이다. | ① ② ③ ④ ⑤ |
| 159 | 남이 일하는 방식이 못마땅해 공격적으로 참견하곤 한다. | ① ② ③ ④ ⑤ |
| 160 | 여러 번 생각한 끝에 결정을 내린다. | ① ② ③ ④ ⑤ |
| 161 | 주변 사람이 잘되는 것을 보면 상대적으로 내가 실패한 것 같다. | ① ② ③ ④ ⑤ |
| 162 | 대중의 주목을 받는 연예인이 되고 싶은 마음은 조금도 없다. | ① ② ③ ④ ⑤ |
| 163 | 예술제나 미술전 등에 관심이 많다. | ① ② ③ ④ ⑤ |
| 164 | 조화로운 신뢰 관계를 유지하기 위해 타인의 이름을 기억하려 노력하는 편이다. | ① ② ③ ④ ⑤ |
| 165 | 도서실 등에서 책을 정돈하고 관리하는 일을 싫어하지 않는다. | ① ② ③ ④ ⑤ |
| 166 | 남의 비난에도 스트레스를 잘 받지 않는다. | ① ② ③ ④ ⑤ |
| 167 | 여럿이 모여서 얘기하는 데 잘 끼어들지 못한다. | ① ② ③ ④ ⑤ |
| 168 | 공상이나 상상을 많이 하는 편이다. | ① ② ③ ④ ⑤ |
| 169 | 예절은 가식처럼 느껴지기 때문에 잘 신경 쓰지 않는 편이다. | ① ② ③ ④ ⑤ |
| 170 | 선입견으로 섣불리 단정하지 않기 위해 주의 깊게 살피는 편이다. | ① ② ③ ④ ⑤ |

| 171 | 불확실한 미래에 대한 염려는 불필요하다고 생각한다. | ① ② ③ ④ ⑤ |
| --- | --- | --- |
| 172 | 처음 보는 사람들과 쉽게 얘기하고 친해지는 편이다. | ① ② ③ ④ ⑤ |
| 173 | 참신한 물건을 개발하는 일이 적성에 맞는 것 같다. | ① ② ③ ④ ⑤ |
| 174 | 의기양양하며 공격적인 사람보다는 겸손하며 이해심이 많은 사람이 되고 싶다. | ① ② ③ ④ ⑤ |
| 175 | 주어진 일을 매듭짓기 위해 끝까지 매달리는 편이다. | ① ② ③ ④ ⑤ |
| 176 | 기분 나쁜 일은 오래 생각하지 않는다. | ① ② ③ ④ ⑤ |
| 177 | 모르는 사람들이 많이 있는 곳에서도 활발하게 행동하는 편이다. | ① ② ③ ④ ⑤ |
| 178 | 새로운 아이디어를 생각해내는 일이 좋다. | ① ② ③ ④ ⑤ |
| 179 | 대인관계에서 상황을 빨리 파악하는 편이다. | ① ② ③ ④ ⑤ |
| 180 | 전표 계산 또는 장부 기입 같은 일을 싫증내지 않고 할 수 있다. | ① ② ③ ④ ⑤ |
| 181 | 근심이 별로 없고, 정서적인 반응이 무딘 편이다. | ① ② ③ ④ ⑤ |
| 182 | 모임에서 말을 많이 하고 적극적으로 행동한다. | ① ② ③ ④ ⑤ |
| 183 | 사건 뒤에 숨은 본질을 생각해 보기를 좋아한다. | ① ② ③ ④ ⑤ |
| 184 | 나는 이해득실에 밝은 현실주의자라고 생각한다. | ① ② ③ ④ ⑤ |
| 185 | 자신의 장래를 위해 1년, 5년, 10년 등 장단기 목표를 세운다. | ① ② ③ ④ ⑤ |
| 186 | 자신이 처한 환경에서 불안, 분노, 우울, 절망 등을 잘 느끼지 않는다. | ① ② ③ ④ ⑤ |
| 187 | 여기저기에 친구나 아는 사람들이 많이 있다. | ① ② ③ ④ ⑤ |
| 188 | 색채 감각이나 미적 센스가 풍부한 편이다. | ① ② ③ ④ ⑤ |
| 189 | 남의 감정을 잘 이해하는 편이라서 남이 나에게 고민 상담을 요청할 때가 많다. | ① ② ③ ④ ⑤ |
| 190 | 신중하고 주의 깊다는 평가를 받곤 한다. | ① ② ③ ④ ⑤ |
| 191 | 대체로 걱정하거나 고민하지 않는다. | ① ② ③ ④ ⑤ |
| 192 | 활발하고 적극적이라는 말을 자주 듣는다. | ① ② ③ ④ ⑤ |
| 193 | 엉뚱한 일을 하기 좋아하고 발상도 개성적이다. | ① ② ③ ④ ⑤ |
| 194 | 남들과 껄끄러운 상황을 되도록 회피하려고 한다. | ① ② ③ ④ ⑤ |
| 195 | 일을 완료하기 전에는 쉬어도 마음이 편하지 않다. | ① ② ③ ④ ⑤ |
| 196 | 일반적으로 낙담할 일을 당해도 쉽게 상처받지 않는다. | ① ② ③ ④ ⑤ |
| 197 | 혼자 조용히 있기보다는 사람들과 어울리려고 한다. | ① ② ③ ④ ⑤ |
| 198 | 지적 흥미를 충족하기 위해 책과 신문을 많이 읽는다. | ① ② ③ ④ ⑤ |
| 199 | 타인과 더불어 살려면 반드시 법을 지켜야 한다. | ① ② ③ ④ ⑤ |
| 200 | 실패하든 성공하든 장래를 위해 그 원인을 반드시 분석한다. | ① ② ③ ④ ⑤ |
| 201 | 화가 날 법한 상황을 잘 참는 편이다. | ① ② ③ ④ ⑤ |
| 202 | 활동이 많으면서도 무난하고 점잖다는 말을 듣곤 한다. | ① ② ③ ④ ⑤ |
| 203 | 패션과 아름다움에 대한 감각이 둔한 편이다. | ① ② ③ ④ ⑤ |
| 204 | 타인을 잘 믿는 편이며, 남을 돕기를 주저하지 않는다. | ① ② ③ ④ ⑤ |
| 205 | 매사에 충분히 준비되어 있다는 자신감이 든다. | ① ② ③ ④ ⑤ |
| 206 | 비관적이고 무기력한 상황을 견디기 힘들다. | ① ② ③ ④ ⑤ |

| | | |
|---|---|---|
| 207 | 앞에 나서서 통솔하기보다는 다른 이의 지휘에 잘 따르는 편이다. | ① ② ③ ④ ⑤ |
| 208 | 자신의 감수성을 발휘하면 좋은 에세이를 쓸 수 있을 것 같다. | ① ② ③ ④ ⑤ |
| 209 | 상대방의 기분을 잘 이해한다. | ① ② ③ ④ ⑤ |
| 210 | 과업을 이루려면 준법정신이 반드시 필요하다. | ① ② ③ ④ ⑤ |
| 211 | 실수를 하면 하루 종일 기분이 좋지 않다. | ① ② ③ ④ ⑤ |
| 212 | 혼자서 일하기를 좋아한다. | ① ② ③ ④ ⑤ |
| 213 | 낯선 곳에서 생소한 풍취를 즐길 수 있는 여행이 좋다. | ① ② ③ ④ ⑤ |
| 214 | 공식적인 요청이 없더라도 회사의 행사에는 참여해야 한다. | ① ② ③ ④ ⑤ |
| 215 | 성공하기 위해서는 반드시 자신을 통제해야 한다고 생각한다. | ① ② ③ ④ ⑤ |
| 216 | 화가 나면 주변에 있는 물건을 집어던지곤 한다. | ① ② ③ ④ ⑤ |
| 217 | 조용하고 명상적인 분위기를 좋아한다. | ① ② ③ ④ ⑤ |
| 218 | 박람회 등에서 견학을 하며 지식을 넓히는 일을 좋아한다. | ① ② ③ ④ ⑤ |
| 219 | 집단의 협동을 위해서 월간 정보, 공지 사항을 꼼꼼하게 확인하는 편이다. | ① ② ③ ④ ⑤ |
| 220 | 시간을 시, 분 단위로 세밀하게 나눠 쓴다. | ① ② ③ ④ ⑤ |
| 221 | 욕구를 느끼면 기존의 것을 무시하고 충동적으로 행동하는 편이다. | ① ② ③ ④ ⑤ |
| 222 | 친구를 잘 바꾸지 않는다. | ① ② ③ ④ ⑤ |
| 223 | 상품을 고를 때 디자인과 색에 신경을 많이 쓴다. | ① ② ③ ④ ⑤ |
| 224 | 다른 사람과 싸워도 쉽게 화해할 수 있다. | ① ② ③ ④ ⑤ |
| 225 | 삶의 목표를 이루려면 정성스럽고 참된 행동이 가장 중요하다고 생각한다. | ① ② ③ ④ ⑤ |
| 226 | 예기치 못한 일이 발생해도 침착함을 유지한다. | ① ② ③ ④ ⑤ |
| 227 | 모든 일에 앞장서는 편이다. | ① ② ③ ④ ⑤ |
| 228 | 한때는 예술가를 꿈꾸며 습작에 매달린 적이 있다. | ① ② ③ ④ ⑤ |
| 229 | 부서의 협력을 위해 상사의 명령은 반드시 수행해야 한다고 생각한다. | ① ② ③ ④ ⑤ |
| 230 | 큰일을 이루고 싶은 야망을 위해 자신을 닦아세우는 편이다. | ① ② ③ ④ ⑤ |
| 231 | 자신에 대한 주위의 잘못된 소문에도 크게 화를 내지 않는다. | ① ② ③ ④ ⑤ |
| 232 | 남을 지배하는 사람이 되고 싶다. | ① ② ③ ④ ⑤ |
| 233 | 실내 장식품이나 액세서리 등에 관심이 많다. | ① ② ③ ④ ⑤ |
| 234 | 자신의 행동이 타인에게 무례하게 보이지는 않는지 살피는 편이다. | ① ② ③ ④ ⑤ |
| 235 | 걸리지만 않는다면 융통성을 위해 법을 조금은 어겨도 괜찮다. | ① ② ③ ④ ⑤ |
| 236 | 감정에 휘둘려 섣부른 판단을 하지 않으려고 애쓴다. | ① ② ③ ④ ⑤ |
| 237 | 외딴 곳보다는 사람들이 북적거리는 곳에 살고 싶다. | ① ② ③ ④ ⑤ |
| 238 | 지자체에서 개최하는 각종 예술제 소식에 관심이 많다. | ① ② ③ ④ ⑤ |
| 239 | 인간은 착한 본성을 가지고 태어났다고 생각한다. | ① ② ③ ④ ⑤ |
| 240 | 마감이 다가오기 전에 미리 업무를 마무리하는 편이다. | ① ② ③ ④ ⑤ |
| 241 | 누군가 내 험담을 하는 것은 아닌지 괜스레 불안할 때가 있다. | ① ② ③ ④ ⑤ |
| 242 | 혼자서 하는 일보다는 여러 사람을 두루 만나는 일이 더 마음에 든다. | ① ② ③ ④ ⑤ |

| 243 | 무슨 감정이든 쉽게 몰입하며 낯선 것에 흥미를 느끼는 편이다. | ① ② ③ ④ ⑤ |
|---|---|---|
| 244 | 대화를 할 때 남을 더 배려하는 편이다. | ① ② ③ ④ ⑤ |
| 245 | 어떻게 일해야 더 효율적일지 늘 고민한다. | ① ② ③ ④ ⑤ |
| 246 | 나쁜 일이 일어나도 쉽게 떨쳐낼 수 있다. | ① ② ③ ④ ⑤ |
| 247 | 바쁜 도시보다는 한적한 자연에 묻혀 느긋하게 살고 싶다. | ① ② ③ ④ ⑤ |
| 248 | 추운 지역에 사는 주민들에게 냉장고를 파는 방법처럼 상식의 틀을 깨는 사고방식을 선호한다. | ① ② ③ ④ ⑤ |
| 249 | 모임이 있을 때 주로 남들에게 맞춰주는 편이다. | ① ② ③ ④ ⑤ |
| 250 | 주위를 항상 청결하게 하려고 노력하는 편이다. | ① ② ③ ④ ⑤ |
| 251 | 화가 나도 적당히 조절하며 남에게 화풀이를 하지 않는다. | ① ② ③ ④ ⑤ |
| 252 | 휴일에 집에만 머물지 않고 외출해 나를 찾는 친구들과 어울리는 편이다. | ① ② ③ ④ ⑤ |
| 253 | 생활 주변에 있는 설치미술 작품을 보면서 깊은 감명을 받는다. | ① ② ③ ④ ⑤ |
| 254 | 남을 도울 때 큰 보람을 느낀다. | ① ② ③ ④ ⑤ |
| 255 | 일을 추진하기 전에 새로운 방법은 없는지 찾아보는 편이다. | ① ② ③ ④ ⑤ |
| 256 | 무기력을 자주 느끼며, 그럴 때마다 열등감 때문에 속을 썩인다. | ① ② ③ ④ ⑤ |
| 257 | 조직 내에서 주목을 받을 때는 난처함을 느낀다. | ① ② ③ ④ ⑤ |
| 258 | 기존의 종교적·정치적 가치는 언제든 재검토될 수 있다고 생각한다. | ① ② ③ ④ ⑤ |
| 259 | 타인이 나를 돕는 것에는 다른 뜻이 숨어 있다고 생각한다. | ① ② ③ ④ ⑤ |
| 260 | 조직의 실패를 비판할 때 자책감을 자주 느낀다. | ① ② ③ ④ ⑤ |
| 261 | 자질구레한 일로 갑자기 화를 잘 내는 편이다. | ① ② ③ ④ ⑤ |
| 262 | 잘하지는 못하지만 발표를 마다하지 않는다. | ① ② ③ ④ ⑤ |
| 263 | 현실적인 것, 실용적인 것, 익숙한 것을 선호한다. | ① ② ③ ④ ⑤ |
| 264 | 타인의 행복에 관심이 적고, 타인에게 상냥하지 않은 편이다. | ① ② ③ ④ ⑤ |
| 265 | 목표를 세웠으나 흐지부지되는 경우가 많은 편이다. | ① ② ③ ④ ⑤ |
| 266 | 일을 그르쳤을 때 그 원인을 알아내지 못하면 크게 불안하다. | ① ② ③ ④ ⑤ |
| 267 | 모르는 사람과 이야기하는 것은 용기가 필요하다. | ① ② ③ ④ ⑤ |
| 268 | 잘하지 못하더라도 자신의 창의성을 바탕으로 끝까지 해내려 한다. | ① ② ③ ④ ⑤ |
| 269 | 남의 생일이나 명절 때 선물을 사러 다니는 일이 귀찮게 느껴진다. | ① ② ③ ④ ⑤ |
| 270 | 다른 사람들이 하지 못하는 일을 하고 싶다. | ① ② ③ ④ ⑤ |
| 271 | 집에서 가만히 있으면 기분이 우울해진다. | ① ② ③ ④ ⑤ |
| 272 | 번잡한 인간관계를 잠시 접어두고 혼자서 여행을 떠나고 싶을 때가 자주 있다. | ① ② ③ ④ ⑤ |
| 273 | 지적 호기심이 별로 없고, 감정이 건조한 편이다. | ① ② ③ ④ ⑤ |
| 274 | 반대에 부딪혀도 자신의 의견을 끝까지 고집한다. | ① ② ③ ④ ⑤ |
| 275 | 일을 할 때는 노력한 만큼 명시적인 결과를 내는 것이 중요하다고 생각한다. | ① ② ③ ④ ⑤ |

### 유형 II

※ 각 문항을 읽고 3개의 문항 중 자신의 성향을 비추어볼 때 가장 먼 것(멀다)과 가까운 것(가깝다)을 하나씩 선택하시오. [1~90]

**01**

| 질문 | 멀다 | 가깝다 |
|---|---|---|
| A. 시련은 있어도 좌절은 없다고 믿는다. | ☐ | ☐ |
| B. 장래를 생각하면 불안을 느낄 때가 많다. | ☐ | ☐ |
| C. 충동적으로 행동하지 않으려고 욕구와 감정을 조절하는 편이다. | ☐ | ☐ |

**02**

| 질문 | 멀다 | 가깝다 |
|---|---|---|
| A. 여행을 할 때 인적이 뜸한 곳을 선호한다. | ☐ | ☐ |
| B. 자신의 생각과 감정을 잘 표현하지 못한다. | ☐ | ☐ |
| C. 완전한 안전은 헛된 믿음일 뿐이며 삶은 모험의 연속이라고 생각한다. | ☐ | ☐ |

**03**

| 질문 | 멀다 | 가깝다 |
|---|---|---|
| A. 정치적·종교적으로 보수적인 편이다. | ☐ | ☐ |
| B. 철학 등의 본질적인 문제에 무관심하다. | ☐ | ☐ |
| C. 지혜로운 사람이 되려면 늘 변해야 한다고 생각한다. | ☐ | ☐ |

**04**

| 질문 | 멀다 | 가깝다 |
|---|---|---|
| A. 대인관계에서 깊은 상처를 받은 적이 있다. | ☐ | ☐ |
| B. 타인과 협력할 때 자신의 역할에 충실한다. | ☐ | ☐ |
| C. 나는 소수의 정예 엘리트 집단에 어울린다고 생각한다. | ☐ | ☐ |

**05**

| 질문 | 멀다 | 가깝다 |
|---|---|---|
| A. 자신에게 느슨하며 사고가 유연한 편이다. | ☐ | ☐ |
| B. 계획이나 규칙을 잘 지키지 못하는 편이다. | ☐ | ☐ |
| C. 노력하는 사람이 재능을 타고난 사람을 이긴다고 생각한다. | ☐ | ☐ |

**06**

| 질문 | 멀다 | 가깝다 |
|---|---|---|
| A. 내 장래는 희망적이라고 생각한다. | ☐ | ☐ |
| B. 스트레스를 받을까봐 두려워지곤 한다. | ☐ | ☐ |
| C. 시간이 지나도 괴로움이 쉽사리 사그라들지 않는다. | ☐ | ☐ |

## 07

| 질문 | 멀다 | 가깝다 |
|---|---|---|
| A. 내향적이고 사교성이 낮은 편이다. | ☐ | ☐ |
| B. 자극은 다다익선(多多益善)이라고 생각한다. | ☐ | ☐ |
| C. 사람들을 좋아해서 스스럼없이 대화하는 편이다. | ☐ | ☐ |

## 08

| 질문 | 멀다 | 가깝다 |
|---|---|---|
| A. 낯선 환경에 놓이는 것이 불쾌하다. | ☐ | ☐ |
| B. 통일성보다는 다양성이 중요하다고 여긴다. | ☐ | ☐ |
| C. 깊이 이해하려고 애쓰는 것은 과제 완수의 기본이라고 생각한다. | ☐ | ☐ |

## 09

| 질문 | 멀다 | 가깝다 |
|---|---|---|
| A. 너무 솔직해 남에게 이용당할 때가 많다. | ☐ | ☐ |
| B. 남의 의견에 별로 구애받지 않는 편이다. | ☐ | ☐ |
| C. 자신의 손실을 남에게 절대 전가하려 하지 않는다. | ☐ | ☐ |

## 10

| 질문 | 멀다 | 가깝다 |
|---|---|---|
| A. 스스로가 한 일에 책임을 지려고 노력한다. | ☐ | ☐ |
| B. 계획적이기보다는 즉흥적으로 사는 편이다. | ☐ | ☐ |
| C. 장해물이나 목표가 없다면 만족감도 없다고 생각한다. | ☐ | ☐ |

## 11

| 질문 | 멀다 | 가깝다 |
|---|---|---|
| A. 불만보다는 감사를 느낄 때가 많다. | ☐ | ☐ |
| B. 견디다 보면 슬픔도 익숙해질 것이다. | ☐ | ☐ |
| C. '내 삶에는 왜 이렇게 시련이 많을까'하고 스트레스를 받곤 한다. | ☐ | ☐ |

## 12

| 질문 | 멀다 | 가깝다 |
|---|---|---|
| A. 나의 성격은 쾌활함과는 거리가 멀다. | ☐ | ☐ |
| B. 말수가 적으며 수줍어하는 성향이 있다. | ☐ | ☐ |
| C. 일부 어머니들의 치맛바람을 극성스럽다고 생각하지 않는다. | ☐ | ☐ |

| 13 | 질문 | 멀다 | 가깝다 |
|---|---|---|---|
| | A. 정치적으로 진보당보다 보수당을 지지한다. | ☐ | ☐ |
| | B. 분석적·지성적인 일에 관심이 없는 편이다. | ☐ | ☐ |
| | C. 인생의 스승은 부모처럼 고귀한 존재라고 생각한다. | ☐ | ☐ |

| 14 | 질문 | 멀다 | 가깝다 |
|---|---|---|---|
| | A. 기본적으로 타인을 믿지 못하는 편이다. | ☐ | ☐ |
| | B. 인간미가 부족하다는 비판을 받곤 한다. | ☐ | ☐ |
| | C. 남의 고통을 목격하면 그 고통이 내게 고스란히 전해지는 것 같다. | ☐ | ☐ |

| 15 | 질문 | 멀다 | 가깝다 |
|---|---|---|---|
| | A. 규범은 내 행동에 큰 영향을 주지 못한다. | ☐ | ☐ |
| | B. 학창 시절에는 시험 기간이 닥쳐서야 공부를 했다. | ☐ | ☐ |
| | C. 기회도 그것을 찾으려 노력하는 사람에게 주어진다고 생각한다. | ☐ | ☐ |

| 16 | 질문 | 멀다 | 가깝다 |
|---|---|---|---|
| | A. 안정감보다는 불안감을 느낄 때가 많다. | ☐ | ☐ |
| | B. 여름철 무더위는 나를 몹시 짜증나게 한다. | ☐ | ☐ |
| | C. 인생에는 괴로운 일보다 즐거운 일이 많다고 여긴다. | ☐ | ☐ |

| 17 | 질문 | 멀다 | 가깝다 |
|---|---|---|---|
| | A. 맵고 짠 자극적 음식을 즐기는 편이다. | ☐ | ☐ |
| | B. 한겨울의 맹추위에도 실외 활동을 즐긴다. | ☐ | ☐ |
| | C. 본질을 깨우치는 것에 집중하는 미니멀 라이프를 선호한다. | ☐ | ☐ |

| 18 | 질문 | 멀다 | 가깝다 |
|---|---|---|---|
| | A. 변화는 항상 나를 힘들게 한다. | ☐ | ☐ |
| | B. 사람은 죽을 때까지 학생이라고 생각한다. | ☐ | ☐ |
| | C. 오래된 생각을 버려야 혁신적인 아이디어를 얻을 수 있다고 생각한다. | ☐ | ☐ |

### 19

| 질문 | 멀다 | 가깝다 |
|---|---|---|
| A. 타산적이라는 비판을 받곤 한다. | ☐ | ☐ |
| B. 남들에게 복종하고 의존하고 싶어지곤 한다. | ☐ | ☐ |
| C. 성악설보다는 성선설이 더 타당하다고 생각한다. | ☐ | ☐ |

### 20

| 질문 | 멀다 | 가깝다 |
|---|---|---|
| A. 하던 일을 중간에 그만두는 것을 싫어한다. | ☐ | ☐ |
| B. 씀씀이를 단속하려고 영수증을 잘 관리한다. | ☐ | ☐ |
| C. 노력은 배신하지 않는다는 격언을 믿지 않는다. | ☐ | ☐ |

### 21

| 질문 | 멀다 | 가깝다 |
|---|---|---|
| A. 쉽게 흥분하지 않는 편이다. | ☐ | ☐ |
| B. 짜증날 때도 감정을 잘 조절할 수 있다. | ☐ | ☐ |
| C. 슬픔이 닥칠 때마다 새롭게 느껴져 견디기가 몹시 힘들다. | ☐ | ☐ |

### 22

| 질문 | 멀다 | 가깝다 |
|---|---|---|
| A. 다소 대인기피증이 있는 것 같다. | ☐ | ☐ |
| B. 느긋이 적게보다는, 급히 많이 먹으려 한다. | ☐ | ☐ |
| C. 팀원들이 장차 리더가 되도록 은밀히 돕는 팀장이 최고의 리더일 것이다. | ☐ | ☐ |

### 23

| 질문 | 멀다 | 가깝다 |
|---|---|---|
| A. 통찰력은 나의 주요한 특징 중 하나이다. | ☐ | ☐ |
| B. 권위나 전통적 가치에 도전하기를 꺼린다. | ☐ | ☐ |
| C. 혁신적인 생각은 전통을 익히는 데서 비롯된다고 생각한다. | ☐ | ☐ |

### 24

| 질문 | 멀다 | 가깝다 |
|---|---|---|
| A. 실제의 이익을 따지는 데 빠른 편이다. | ☐ | ☐ |
| B. 독선적 행동으로 남들의 비난을 받곤 한다. | ☐ | ☐ |
| C. 나의 인간관에 가장 큰 영향을 끼친 것은 정직이다. | ☐ | ☐ |

## 25

| 질문 | 멀다 | 가깝다 |
|---|---|---|
| A. 굳이 양심에 따라 살려고 애쓰지 않는다. | ☐ | ☐ |
| B. 계획성이나 정확성과는 거리가 먼 편이다. | ☐ | ☐ |
| C. 전적으로 믿을 수 있는 것은 계획뿐이라고 여겨 목표와 비전을 잃지 않는다. | ☐ | ☐ |

## 26

| 질문 | 멀다 | 가깝다 |
|---|---|---|
| A. 자신의 현재 처지에 대해 비교적 만족한다. | ☐ | ☐ |
| B. '왜 하필 나에게'라는 생각이 들 때가 많다. | ☐ | ☐ |
| C. 뜨거운 여름날의 불쾌지수에 매우 민감한 편이다. | ☐ | ☐ |

## 27

| 질문 | 멀다 | 가깝다 |
|---|---|---|
| A. 앞장서는 리더가 최고의 리더일 것이다. | ☐ | ☐ |
| B. 바쁜 삶 속에서 큰 열정을 느끼곤 한다. | ☐ | ☐ |
| C. 대인관계에서 긴장해 매우 조심스러울 때가 많다. | ☐ | ☐ |

## 28

| 질문 | 멀다 | 가깝다 |
|---|---|---|
| A. 새로운 지식을 습득하는 데 인색하지 않다. | ☐ | ☐ |
| B. 익숙지 않은 환경에서는 매우 의기소침하다. | ☐ | ☐ |
| C. 책이 아닌 것과 책 중에 하나만 살 수 있다면 책을 살 것이다. | ☐ | ☐ |

## 29

| 질문 | 멀다 | 가깝다 |
|---|---|---|
| A. 타인의 지지는 나에게 큰 힘이 된다. | ☐ | ☐ |
| B. 약삭빠르고 실리적이며 기민한 편이다. | ☐ | ☐ |
| C. 나는 집단이 지나치게 소수 정예화되는 것에 반대한다. | ☐ | ☐ |

## 30

| 질문 | 멀다 | 가깝다 |
|---|---|---|
| A. 원칙주의자는 반드시 성공할 것이다. | ☐ | ☐ |
| B. 완벽주의자를 보면 고리타분하다고 느낀다. | ☐ | ☐ |
| C. 재능은 타고나는 것이 아니라 노력의 결과라고 생각한다. | ☐ | ☐ |

### 31

| 질문 | 멀다 | 가깝다 |
|---|---|---|
| A. 화가 나도 타인에게 화풀이를 하지 않는다. | ☐ | ☐ |
| B. 감정을 통제하지 못해 충동적일 때가 많다. | ☐ | ☐ |
| C. 긍정적인 것보다는 부정적인 면이 눈에 먼저 들어오는 편이다. | ☐ | ☐ |

### 32

| 질문 | 멀다 | 가깝다 |
|---|---|---|
| A. 대인관계가 사무적·형식적일 때가 많다. | ☐ | ☐ |
| B. 용장(勇壯) 밑에 약졸 없다는 말에 동감한다. | ☐ | ☐ |
| C. 여행할 때 사람들이 많이 왕래하는 곳을 선호한다. | ☐ | ☐ |

### 33

| 질문 | 멀다 | 가깝다 |
|---|---|---|
| A. 새로운 변화에서 큰 흥미를 느끼곤 한다. | ☐ | ☐ |
| B. 새로운 관점을 제시하는 비평문을 선호한다. | ☐ | ☐ |
| C. 연장자의 견해는 어떠한 경우에도 존중해야 한다고 생각한다. | ☐ | ☐ |

### 34

| 질문 | 멀다 | 가깝다 |
|---|---|---|
| A. 이타심과 동정심은 나의 큰 장점이다. | ☐ | ☐ |
| B. 사람을 사귈 때도 손익을 따지는 편이다. | ☐ | ☐ |
| C. 타인을 비판하기 전에 그의 입장에서 생각해 보곤 한다. | ☐ | ☐ |

### 35

| 질문 | 멀다 | 가깝다 |
|---|---|---|
| A. 친구들이 나의 의견을 신뢰하는 편이다. | ☐ | ☐ |
| B. 계획에 따라 움직이는 것은 따분한 일이다. | ☐ | ☐ |
| C. 성공의 원동력은 거듭된 실패의 극복이라고 생각한다. | ☐ | ☐ |

### 36

| 질문 | 멀다 | 가깝다 |
|---|---|---|
| A. 나는 정서적으로 매우 안정적인 편이다. | ☐ | ☐ |
| B. 미래의 일을 생각하면 두려워지곤 한다. | ☐ | ☐ |
| C. 감정보다는 이성의 영향을 더 크게 받는 편이다. | ☐ | ☐ |

| 37 | 질문 | 멀다 | 가깝다 |
|---|---|---|---|
| | A. 비난을 받을까봐 주장을 잘 하지 못한다. | ☐ | ☐ |
| | B. 남들과 잘 어울리는 편이다. | ☐ | ☐ |
| | C. 뒤에서 묵묵히 팀원을 지원하는 리더가 최고의 리더라고 생각한다. | ☐ | ☐ |

| 38 | 질문 | 멀다 | 가깝다 |
|---|---|---|---|
| | A. 기지나 위트와는 거리가 먼 편이다. | ☐ | ☐ |
| | B. 관례에 따라 행동하는 때가 더 많다. | ☐ | ☐ |
| | C. 때로는 연소자의 생각에서도 배울 게 있다고 생각한다. | ☐ | ☐ |

| 39 | 질문 | 멀다 | 가깝다 |
|---|---|---|---|
| | A. 자기중심적이고 독립적인 편이다. | ☐ | ☐ |
| | B. 남들을 배려하고 관대하게 대하는 편이다. | ☐ | ☐ |
| | C. 권모술수에 능한 현실주의자가 성공할 가능성이 높다고 생각한다. | ☐ | ☐ |

| 40 | 질문 | 멀다 | 가깝다 |
|---|---|---|---|
| | A. 성공을 위해 자신을 통제하는 일이 없다. | ☐ | ☐ |
| | B. 규칙, 계획, 책임감과는 거리가 먼 편이다. | ☐ | ☐ |
| | C. 부족한 점을 부끄러워해야 고칠 수 있다고 생각한다. | ☐ | ☐ |

| 41 | 질문 | 멀다 | 가깝다 |
|---|---|---|---|
| | A. 짜증날 때는 감정을 잘 조절하지 못한다. | ☐ | ☐ |
| | B. 현재 자신의 형편에 대해 불만이 많다. | ☐ | ☐ |
| | C. 자신의 감정과 행동을 지극히 잘 통제하는 편이다. | ☐ | ☐ |

| 42 | 질문 | 멀다 | 가깝다 |
|---|---|---|---|
| | A. 상당히 말이 적고 내성적인 편이다. | ☐ | ☐ |
| | B. 대인관계에서 자신감이 있고 적극적이다. | ☐ | ☐ |
| | C. 더위나 추위는 나의 실외활동에 영향을 주지 않는다. | ☐ | ☐ |

### 43

| 질문 | 멀다 | 가깝다 |
|---|---|---|
| A. 불치하문(不恥下問)이라는 말에 동감한다. | ☐ | ☐ |
| B. 실용성과 현실성은 나의 가장 큰 장점이다. | ☐ | ☐ |
| C. 급변하는 사회에 적응하기 위해 신기술을 적극 수용한다. | ☐ | ☐ |

### 44

| 질문 | 멀다 | 가깝다 |
|---|---|---|
| A. 불안, 초조, 긴장 등을 느낄 때가 많다. | ☐ | ☐ |
| B. 자기 확신이 강하고 대체로 평온한 편이다. | ☐ | ☐ |
| C. 열등의식 때문에 스트레스를 받는 경우가 많다. | ☐ | ☐ |

### 45

| 질문 | 멀다 | 가깝다 |
|---|---|---|
| A. 타성에 젖지 않게 자신을 조율하곤 한다. | ☐ | ☐ |
| B. 나에게 도덕과 규범은 낡은 잣대일 뿐이다. | ☐ | ☐ |
| C. 문서를 작성할 때 맞춤법에 신경 쓰지 않는 편이다. | ☐ | ☐ |

### 46

| 질문 | 멀다 | 가깝다 |
|---|---|---|
| A. 자신의 삶에 대해 불만이 별로 없다. | ☐ | ☐ |
| B. 자기 통제와 담대함은 나의 큰 장점이다. | ☐ | ☐ |
| C. 쉽게 낙담해 무기력해지고 위축되는 것은 나의 단점이다. | ☐ | ☐ |

### 47

| 질문 | 멀다 | 가깝다 |
|---|---|---|
| A. 과묵하고 언행을 삼가는 편이다. | ☐ | ☐ |
| B. 감정 표현을 억제하고 세심한 편이다. | ☐ | ☐ |
| C. '지배, 정열, 대담'은 나를 표현하는 키워드이다. | ☐ | ☐ |

### 48

| 질문 | 멀다 | 가깝다 |
|---|---|---|
| A. 보편적인 것과 관습에 구애받는 편이다. | ☐ | ☐ |
| B. 예술이나 여행을 거의 즐기지 않는 편이다. | ☐ | ☐ |
| C. 구호는 감수성에 호소해야 효과적이라고 생각한다. | ☐ | ☐ |

### 49

| 질문 | 멀다 | 가깝다 |
|---|---|---|
| A. 타인에 대한 공감이 부족한 편이다. | ☐ | ☐ |
| B. 남들과 함께 결정하고 일하기를 꺼린다. | ☐ | ☐ |
| C. 조직에서 문제가 발생했을 때 내 잘못을 솔직히 인정한다. | ☐ | ☐ |

### 50

| 질문 | 멀다 | 가깝다 |
|---|---|---|
| A. 자율적인 행동 기준이 엄격하지 않다. | ☐ | ☐ |
| B. 성공을 위한 자기 통제력이 별로 없다. | ☐ | ☐ |
| C. 협상할 때는 많이 듣고 적게 말하는 신중함이 필요하다. | ☐ | ☐ |

### 51

| 질문 | 멀다 | 가깝다 |
|---|---|---|
| A. 정서적으로 다소 불안정한 편이다. | ☐ | ☐ |
| B. 나약하고 조급하다는 평가를 받곤 한다. | ☐ | ☐ |
| C. 소신이 있기 때문에 주변의 평가에 쉽게 휘둘리지 않는다. | ☐ | ☐ |

### 52

| 질문 | 멀다 | 가깝다 |
|---|---|---|
| A. 자기주장을 공격적으로 하곤 한다. | ☐ | ☐ |
| B. 타인을 대할 때 지배성이 강한 편이다. | ☐ | ☐ |
| C. 활동성과 모험 정신이 부족한 것은 나의 큰 단점이다. | ☐ | ☐ |

### 53

| 질문 | 멀다 | 가깝다 |
|---|---|---|
| A. 상상의 세계에 거의 관심이 없다. | ☐ | ☐ |
| B. 일반적·대중적이지 않을수록 더욱 선호한다. | ☐ | ☐ |
| C. 작품이 중요한 것처럼 비평가의 견해도 중요하다고 생각한다. | ☐ | ☐ |

### 54

| 질문 | 멀다 | 가깝다 |
|---|---|---|
| A. 인간관계에서 이익을 논하는 것이 싫다. | ☐ | ☐ |
| B. 남의 친절과 환대는 나를 크게 고무시킨다. | ☐ | ☐ |
| C. 남에게 솔직하게 말하면 불필요한 비판을 받을 수 있다고 생각한다. | ☐ | ☐ |

| 55 | 질문 | 멀다 | 가깝다 |
|---|---|---|---|
| | A. 남들은 나를 신뢰하는 편이다. | ☐ | ☐ |
| | B. 성공을 위해 자신을 옥죄는 일이 거의 없다. | ☐ | ☐ |
| | C. 시험이 아무리 어려워도 스스로 노력하면 반드시 합격할 것이다. | ☐ | ☐ |

| 56 | 질문 | 멀다 | 가깝다 |
|---|---|---|---|
| | A. 소심하고 불안한 면이 있다. | ☐ | ☐ |
| | B. 당황할 때는 몹시 화가 나기도 한다. | ☐ | ☐ |
| | C. 반드시 필요한 걱정조차도 하지 않는 경우가 많다. | ☐ | ☐ |

| 57 | 질문 | 멀다 | 가깝다 |
|---|---|---|---|
| | A. 대인관계에 서투른 편이다. | ☐ | ☐ |
| | B. 열정적이고 매우 쾌활한 편이다. | ☐ | ☐ |
| | C. 논리를 따져 나의 주장을 내세우는 것이 매우 번거롭다. | ☐ | ☐ |

| 58 | 질문 | 멀다 | 가깝다 |
|---|---|---|---|
| | A. 새로운 아이디어를 구상하는 데 서툴다. | ☐ | ☐ |
| | B. 매우 현실적 · 실제적 · 보수적인 편이다. | ☐ | ☐ |
| | C. 동양화의 '여백의 미'에서 자유를 크게 느끼곤 한다. | ☐ | ☐ |

| 59 | 질문 | 멀다 | 가깝다 |
|---|---|---|---|
| | A. 동료의 지지를 얻는 일에 무관심하다. | ☐ | ☐ |
| | B. 도움을 구하느니 차라리 혼자 처리하겠다. | ☐ | ☐ |
| | C. 어린이날 등 각종 기념일에 타인을 위한 선물을 꼭 준비한다. | ☐ | ☐ |

| 60 | 질문 | 멀다 | 가깝다 |
|---|---|---|---|
| | A. 단기간에 큰돈을 벌고 싶은 욕심이 많다. | ☐ | ☐ |
| | B. 책임이 과중한 일은 맡기가 매우 꺼려진다. | ☐ | ☐ |
| | C. 어려운 일도 충분히 해낼 수 있다고 자부한다. | ☐ | ☐ |

### 61

| 질문 | 멀다 | 가깝다 |
|---|---|---|
| A. 감정에 휘둘리지 않는다. | ☐ | ☐ |
| B. 남들보다 근심이나 걱정이 많은 편이다. | ☐ | ☐ |
| C. 불만을 참지 못해 푸념을 할 때가 많은 편이다. | ☐ | ☐ |

### 62

| 질문 | 멀다 | 가깝다 |
|---|---|---|
| A. 낙천적·사교적인 편이다. | ☐ | ☐ |
| B. 타인에게 자신의 권위를 내세우곤 한다. | ☐ | ☐ |
| C. 인간관계에서 거리감을 느끼는 경우가 잦은 편이다. | ☐ | ☐ |

### 63

| 질문 | 멀다 | 가깝다 |
|---|---|---|
| A. 상식적·보편적이지 않을수록 더욱 끌린다. | ☐ | ☐ |
| B. 지성과 감수성이 낮은 것은 나의 단점이다. | ☐ | ☐ |
| C. 작품은 감상자마다 다른 의미로 받아들일 수 있다고 생각한다. | ☐ | ☐ |

### 64

| 질문 | 멀다 | 가깝다 |
|---|---|---|
| A. 겸손과 정직은 나의 가장 큰 장점이다. | ☐ | ☐ |
| B. 남의 문제를 해결하는 일에 기꺼이 나선다. | ☐ | ☐ |
| C. 타인을 위한 나의 수고와 희생이 불필요하게 느껴질 때가 많다. | ☐ | ☐ |

### 65

| 질문 | 멀다 | 가깝다 |
|---|---|---|
| A. 스스로가 상당히 유능하다고 생각한다. | ☐ | ☐ |
| B. 일의 완수에 대한 강박증을 느끼지 않는다. | ☐ | ☐ |
| C. 목적 달성을 위해 매우 금욕적인 삶도 감내할 수 있다. | ☐ | ☐ |

### 66

| 질문 | 멀다 | 가깝다 |
|---|---|---|
| A. 걱정, 분노, 불안 등을 잘 느끼지 않는다. | ☐ | ☐ |
| B. 근심이 있어도 겉으로 잘 드러내지 않는다. | ☐ | ☐ |
| C. 차례를 기다릴 때는 초조함 때문에 속이 타는 것 같다. | ☐ | ☐ |

| 67 | 질문 | 멀다 | 가깝다 |
|---|---|---|---|
| | A. 대담하고 모험적일 때가 많다. | ☐ | ☐ |
| | B. 위험할 때는 결코 함부로 행동하지 않는다. | ☐ | ☐ |
| | C. 사람을 만나는 것이 꺼려져 남들과 어울리지 못한다. | ☐ | ☐ |

| 68 | 질문 | 멀다 | 가깝다 |
|---|---|---|---|
| | A. 창의성과 지성이 부족한 편이다. | ☐ | ☐ |
| | B. 새롭고 다양한 예술 활동에 관심이 없다. | ☐ | ☐ |
| | C. 개방적일수록 변화에 더 잘 적응한다고 생각한다. | ☐ | ☐ |

| 69 | 질문 | 멀다 | 가깝다 |
|---|---|---|---|
| | A. 우월감으로 지나치게 자랑할 때가 많다. | ☐ | ☐ |
| | B. 타인의 입장과 사정에 관심이 매우 많다. | ☐ | ☐ |
| | C. '머리 검은 짐승은 구제하지 말라'는 속담을 믿는다. | ☐ | ☐ |

| 70 | 질문 | 멀다 | 가깝다 |
|---|---|---|---|
| | A. 이익을 위해서라면 편법도 꺼리지 않는다. | ☐ | ☐ |
| | B. 규칙과 의무를 지키는 일은 매우 번거롭다. | ☐ | ☐ |
| | C. 일하는 시간, 노는 시간을 구분해 일에 방해가 되지 않게 한다. | ☐ | ☐ |

| 71 | 질문 | 멀다 | 가깝다 |
|---|---|---|---|
| | A. 며칠 동안 집에만 있어도 우울하지 않다. | ☐ | ☐ |
| | B. 죄책감으로 마음이 몹시 불편해지곤 한다. | ☐ | ☐ |
| | C. 자신이 무용지물이라고 생각해 좌절할 때가 많다. | ☐ | ☐ |

| 72 | 질문 | 멀다 | 가깝다 |
|---|---|---|---|
| | A. 우월감으로 독단적인 행동을 하곤 한다. | ☐ | ☐ |
| | B. 매사에 적극적이며 반응이 빠른 편이다. | ☐ | ☐ |
| | C. 남과 어울릴 때보다 혼자 있을 때 편안함을 크게 느낀다. | ☐ | ☐ |

| 73 | 질문 | 멀다 | 가깝다 |
|---|---|---|---|
| | A. 참신한 예술 작품에 공감하지 못한다. | ☐ | ☐ |
| | B. 통속적 작품도 예술로서 유의미할 것이다. | ☐ | ☐ |
| | C. 미묘할수록 상상할 여지가 많아 좋다고 생각한다. | ☐ | ☐ |

| 74 | 질문 | 멀다 | 가깝다 |
|---|---|---|---|
| | A. 봉사활동을 상당히 선호하는 편이다. | ☐ | ☐ |
| | B. 갈등 상황에서 조화를 지향해 수용적이다. | ☐ | ☐ |
| | C. 원하는 것이 있을 때만 타인이 나에게 친절하다고 생각한다. | ☐ | ☐ |

| 75 | 질문 | 멀다 | 가깝다 |
|---|---|---|---|
| | A. 계획을 세운 것은 반드시 지킨다. | ☐ | ☐ |
| | B. '될 대로 돼라'라고 생각할 때가 많다. | ☐ | ☐ |
| | C. 물건을 살 때 여러 사이트를 검색해 최저가를 꼼꼼히 확인한다. | ☐ | ☐ |

| 76 | 질문 | 멀다 | 가깝다 |
|---|---|---|---|
| | A. 불안과 스트레스에 매우 민감하다. | ☐ | ☐ |
| | B. 수동적이며 타인의 동정을 바라는 편이다. | ☐ | ☐ |
| | C. 스트레스를 받는 경우에도 결코 역정을 내지 않는다. | ☐ | ☐ |

| 77 | 질문 | 멀다 | 가깝다 |
|---|---|---|---|
| | A. 사람들과 사귀는 것을 피하는 편이다. | ☐ | ☐ |
| | B. 비난을 받을까봐 자기주장을 삼가는 편이다. | ☐ | ☐ |
| | C. 논리 따지기를 좋아하고 주장이 매우 강한 편이다. | ☐ | ☐ |

| 78 | 질문 | 멀다 | 가깝다 |
|---|---|---|---|
| | A. 참신한 시를 읽으면 기분이 상쾌해진다. | ☐ | ☐ |
| | B. 지적인 자극을 찾는 일에 매우 소극적이다. | ☐ | ☐ |
| | C. 유행을 타지 않을수록 명작이 되기 쉬울 것이다. | ☐ | ☐ |

### 79

| 질문 | 멀다 | 가깝다 |
|---|---|---|
| A. 타인보다는 자신의 만족이 더 중요하다. | ☐ | ☐ |
| B. 아랫사람에게는 존댓말을 거의 쓰지 않는다. | ☐ | ☐ |
| C. 대인관계에서 가장 중요한 것 두 가지는 신뢰와 정직일 것이다. | ☐ | ☐ |

### 80

| 질문 | 멀다 | 가깝다 |
|---|---|---|
| A. 자신의 유능함을 자부한다. | ☐ | ☐ |
| B. 자기를 성찰하는 일에 별로 관심이 없다. | ☐ | ☐ |
| C. 내가 한 일에 대한 책임을 회피하고 싶어지곤 한다. | ☐ | ☐ |

### 81

| 질문 | 멀다 | 가깝다 |
|---|---|---|
| A. 의지력이 약하고 걱정이 많은 편이다. | ☐ | ☐ |
| B. 자신에 대해 매우 비판적일 때가 많다. | ☐ | ☐ |
| C. 어떠한 경우에도 자신의 욕구를 합리적으로 통제할 수 있다. | ☐ | ☐ |

### 82

| 질문 | 멀다 | 가깝다 |
|---|---|---|
| A. 매우 활기차고 배짱이 있는 편이다. | ☐ | ☐ |
| B. 항상 상대방이 먼저 인사하기를 기다린다. | ☐ | ☐ |
| C. 위험한 상황에서도 매우 적극적으로 행동하곤 한다. | ☐ | ☐ |

### 83

| 질문 | 멀다 | 가깝다 |
|---|---|---|
| A. 호기심은 나를 이끄는 원동력이다. | ☐ | ☐ |
| B. 변화를 꿰뚫어 보는 통찰력이 있는 편이다. | ☐ | ☐ |
| C. 변화가 많은 것보다는 단순한 패턴을 선호한다. | ☐ | ☐ |

### 84

| 질문 | 멀다 | 가깝다 |
|---|---|---|
| A. 사랑과 평등은 내가 추구하는 가치이다. | ☐ | ☐ |
| B. 성희롱, 성차별 등의 이슈에 관심이 많다. | ☐ | ☐ |
| C. 남의 도움을 구하기보다는 혼자서 일을 처리하는 편이다. | ☐ | ☐ |

## 85

| 질문 | 멀다 | 가깝다 |
|---|---|---|
| A. 자기 개발과 관련한 글이나 책에 관심이 없다. | ☐ | ☐ |
| B. 오늘 할 일을 결코 다음으로 미루지 않는다. | ☐ | ☐ |
| C. 자신의 분야에서 최고 수준을 유지하기 위해 노력한다. | ☐ | ☐ |

## 86

| 질문 | 멀다 | 가깝다 |
|---|---|---|
| A. 위협에 민감하고 열등감을 자주 느낀다. | ☐ | ☐ |
| B. 환경이 바뀌어도 능률의 차이가 거의 없다. | ☐ | ☐ |
| C. 낙담, 슬픔 등의 감정에 별로 치우치지 않는 편이다. | ☐ | ☐ |

## 87

| 질문 | 멀다 | 가깝다 |
|---|---|---|
| A. 인간관계에 별로 관심이 없다. | ☐ | ☐ |
| B. 모험 정신과 활동성은 나의 큰 장점이다. | ☐ | ☐ |
| C. 윗사람에게 야단을 맞을 때 더 혼날까봐 변명을 하지 못한다. | ☐ | ☐ |

## 88

| 질문 | 멀다 | 가깝다 |
|---|---|---|
| A. 어떤 문제에 대해 가능한 한 다양하게 접근한다. | ☐ | ☐ |
| B. 지적인 탐구에 몰두하기를 즐기지 못한다. | ☐ | ☐ |
| C. 어떤 분야의 클래식이 된 데는 다 이유가 있다고 생각한다. | ☐ | ☐ |

## 89

| 질문 | 멀다 | 가깝다 |
|---|---|---|
| A. 정직하면 손해를 보기 쉽다고 생각한다. | ☐ | ☐ |
| B. SNS, 이메일 등 온라인 예절에 관심이 많다. | ☐ | ☐ |
| C. 타인에게 상처받기 전에 먼저 그에게 상처를 주곤 한다. | ☐ | ☐ |

## 90

| 질문 | 멀다 | 가깝다 |
|---|---|---|
| A. 과정보다는 결과가 중요하다고 생각한다. | ☐ | ☐ |
| B. 나의 능력에 대한 자부심은 나의 장점이다. | ☐ | ☐ |
| C. 성공의 비결은 유연한 융통성에 있다고 생각한다. | ☐ | ☐ |

# PART 4

# 면접

**CHAPTER 01** 면접 유형 및 실전 대책

**CHAPTER 02** CJ그룹 실제 면접

# CHAPTER 01 | 면접 유형 및 실전 대책

## 01 면접 주요사항

면접의 사전적 정의는 면접관이 지원자를 직접 만나보고 인품(人品)이나 언행(言行) 따위를 시험하는 일로, 흔히 필기시험 후에 최종적으로 심사하는 방법이다.

최근 주요 기업의 인사담당자들을 대상으로 채용 시 면접이 차지하는 비중을 설문조사했을 때, 50~80% 이상이라고 답한 사람이 전체 응답자의 80%를 넘었다. 이와 대조적으로 지원자들을 대상으로 취업 시험에서 면접을 준비하는 기간을 물었을 때, 대부분의 응답자가 2~3일 정도라고 대답했다.

지원자가 일정 수준의 스펙을 갖추기 위해 자격증 시험과 토익을 치르고 이력서와 자기소개서까지 쓰다 보면 면접까지 챙길 여유가 없는 것이 사실이다. 그리고 서류전형과 인적성검사를 통과해야만 면접을 볼 수 있기 때문에 자연스럽게 면접은 취업시험 과정에서 그 비중이 작아질 수밖에 없다. 하지만 아이러니하게도 실제 채용 과정에서 면접이 차지하는 비중은 절대적이라고 해도 과언이 아니다.

기업들은 채용 과정에서 토론 면접, 인성 면접, PT(프레젠테이션) 면접, 역량 면접 등의 다양한 면접을 실시한다. 1차 커트라인이라고 할 수 있는 서류전형을 통과한 지원자들의 스펙이나 능력은 서로 엇비슷하다고 판단되기 때문에 서류상 보이는 자격증이나 토익 성적보다는 지원자의 인성을 파악하기 위해 면접을 더욱 강화하는 것이다. 일부 기업은 의도적으로 압박 면접을 실시하기도 한다. 지원자가 당황할 수 있는 질문을 던져서 그것에 대한 지원자의 반응을 살펴보는 것이다.

면접은 다르게 생각한다면 '나는 누구인가?'에 대한 물음에 해답을 줄 수 있는 가장 현실적이고 미래지향적인 경험이 될 수 있다. 취업난 속에서 자격증을 취득하고 토익 성적을 올리기 위해 앞만 보고 달려온 지원자들은 자신에 대해서 고민하고 탐구할 수 있는 시간을 평소 쉽게 가질 수 없었을 것이다. 자신을 잘 알고 있어야 자신에 대해서 자신감 있게 말할 수 있다. 대체로 사람들은 자신에게 관대한 편이기 때문에 자신에 대해서 어떤 기대와 환상을 가지고 있는 경우가 많다. 하지만 면접은 제삼자에 의해 개인의 능력을 객관적으로 평가받는 시험이다. 어떤 지원자들은 다른 사람에게 자신을 표현하는 것을 어려워한다. 평소에 잘 사용하지 않는 용어를 내뱉으면서 거창하게 자신을 포장하는 지원자도 많다. 면접에서 가장 기본은 자기 자신을 면접관에게 알기 쉽게 표현하는 것이다.

이러한 표현을 바탕으로 자신이 앞으로 하고자 하는 것과 그에 대한 이유를 설명해야 한다. 최근에는 자신감을 향상시키거나 말하는 능력을 높이는 학원도 많기 때문에 얼마든지 자신의 단점을 극복할 수 있다.

## 1. 자기소개의 기술

자기소개를 시키는 이유는 면접자가 지원자의 자기소개서를 압축해서 듣고, 지원자의 첫인상을 평가할 시간을 가질 수 있기 때문이다. 면접을 위한 워밍업이라고 할 수 있으며, 첫인상을 결정하는 과정이므로 매우 중요한 순간이다.

### (1) 정해진 시간에 자기소개를 마쳐야 한다.

쉬워 보이지만 의외로 지원자들이 정해진 시간을 넘기거나 혹은 빨리 끝내서 면접관에게 지적을 받는 경우가 많다. 본인이 면접을 받는 마지막 지원자가 아닌 이상, 정해진 시간을 지키지 않는 것은 수많은 지원자를 상대하기에 바쁜 면접관과 대기 시간에 지친 다른 지원자들에게 불쾌감을 줄 수 있다.

또한 회사에서 시간관념은 절대적인 것이므로 반드시 자기소개 시간을 지켜야 한다. 말하기는 1분에 200자 원고지 2장 분량의 글을 읽는 만큼의 속도가 가장 적당하다. 이를 A4 용지에 10point 글자 크기로 작성하면 반 장 분량이 된다.

### (2) 간단하지만 신선한 문구로 자기소개를 시작하자.

요즈음 많은 지원자가 이 방법을 사용하고 있기 때문에 웬만한 소재의 문구가 아니면 면접관의 관심을 받을 수 없다. 이러한 문구는 시대적으로 유행하는 광고 카피를 패러디하는 경우와 격언 등을 인용하는 경우, 그리고 지원한 회사의 CI나 경영이념, 인재상 등을 사용하는 경우 등이 있다. 지원자는 이러한 여러 문구 중에 자신의 첫인상을 북돋아 줄 수 있는 것을 선택해서 말해야 한다. 자신의 이름을 문구 속에 적절하게 넣어서 말한다면 좀 더 효과적인 자기소개가 될 것이다.

### (3) 무엇을 먼저 말할 것인지 고민하자.

면접관이 많이 던지는 질문 중 하나가 지원동기이다. 그래서 성장기를 바로 건너뛰고, 지원한 회사에 들어오기 위해 대학에서 어떻게 준비했는지를 설명하는 자기소개가 대세이다.

### (4) 면접관의 호기심을 자극해 관심을 불러일으킬 수 있게 말하라.

면접관에게 질문을 많이 받는 지원자의 합격률이 반드시 높은 것은 아니지만, 질문을 전혀 안 받는 것보다는 좋은 평가를 기대할 수 있다.

지원한 분야와 관련된 수상 경력이나 프로젝트 등을 말하는 것도 좋다. 이는 지원자의 업무 능력과 직접 연결되는 것이므로 효과적인 자기 홍보가 될 수 있다. 일부 지원자들은 자신만의 특별한 경험을 이야기하는데, 이때는 그 경험이 보편적으로 사람들의 공감대를 얻을 수 있는 것인지 다시 생각해봐야 한다.

### (5) 마지막 고개를 넘기가 가장 힘들다.

첫 단추도 중요하지만, 마지막 단추도 중요하다. 하지만 왠지 격식을 따지는 인사말은 지나가는 인사말 같고, 다르게 하자니 예의에 어긋나는 것 같은 기분이 든다. 이때는 처음에 했던 자신만의 문구를 다시 한 번 말하는 것도 좋은 방법이다. 자연스러운 끝맺음이 될 수 있도록 적절한 연습이 필요하다.

## 2. 1분 자기소개 시 주의사항

### (1) 자기소개서와 자기소개가 똑같다면 감점일까?

아무리 자기소개서를 외워서 말한다 해도 자기소개가 자기소개서와 완전히 똑같을 수는 없다. 자기소개서의 분량이 더 많고 회사마다 요구하는 필수 항목들이 있기 때문에 굳이 고민할 필요는 없다. 오히려 자기소개서의 내용을 잘 정리한 자기소개가 더 좋은 결과를 만들 수 있다. 하지만 자기소개서와 상반된 내용을 말하는 것은 적절하지 않다. 지원자의 신뢰성이 떨어진다는 것은 곧 불합격을 의미하기 때문이다.

### (2) 말하는 자세를 바르게 익혀라.

지원자가 자기소개를 하는 동안 면접관은 지원자의 동작 하나하나를 관찰한다. 그렇기 때문에 바른 자세가 중요하다는 것은 우리가 익히 알고 있다. 하지만 문제는 무의식적으로 나오는 습관 때문에 자세가 흐트러져 나쁜 인상을 줄 수 있다는 것이다. 이러한 습관을 고칠 수 있는 가장 좋은 방법은 캠코더 등으로 자신의 모습을 담는 것이다. 거울을 사용할 경우에는 시선이 자꾸 자기 눈과 마주치기 때문에 집중하기 힘들다. 하지만 촬영된 동영상은 제삼자의 입장에서 자신을 볼 수 있기 때문에 많은 도움이 된다.

### (3) 정확한 발음과 억양으로 자신 있게 말하라.

지원자의 모양새가 아무리 뛰어나도, 목소리가 작고 발음이 부정확하면 큰 감점을 받는다. 이러한 모습은 지원자의 좋은 점에까지 악영향을 끼칠 수 있다. 직장을 흔히 사회생활의 시작이라고 말하는 시대적 정서에서 사람들과 의사소통을 하는 데 문제가 있다고 판단되는 지원자는 부적절한 인재로 평가될 수밖에 없다.

## 3. 대화법

전문가들이 말하는 대화법의 핵심은 '상대방을 배려하면서 이야기하라.'는 것이다. 대화는 나와 다른 사람의 소통이다. 내용에 대한 공감이나 이해가 없다면 대화는 더 진전되지 않는다.

『카네기 인간관계론』이라는 베스트셀러의 작가인 철학자 카네기가 말하는 최상의 대화법은 자신의 경험을 토대로 이야기하는 것이다. 즉, 살아오면서 직접 겪은 경험이 상대방의 관심을 끌 수 있는 가장 좋은 이야깃거리인 것이다. 특히, 어떤 일을 이루기 위해 노력하는 과정에서 겪은 실패나 희망에 대해 진솔하게 얘기한다면 상대방은 어느새 당신의 편에 서서 그 이야기에 동조할 것이다.

독일의 사업가이자, 동기부여 트레이너인 위르겐 힐러의 연설법 중 가장 유명한 것은 '시즐(Sizzle)'을 잡는 것이다. 시즐이란, 새우튀김이나 돈가스가 기름에서 지글지글 튀겨질 때 나는 소리이다. 즉, 자신의 말을 듣고 시즐처럼 반응하는 상대방의 감정에 적절하게 대응하라는 것이다.

말을 시작한 지 10~15초 안에 상대방의 시즐을 알아차려야 한다. 자신의 이야기에 대한 상대방의 첫 반응에 따라 말하기 전략도 달라져야 한다. 첫 이야기의 반응이 미지근하다면 가능한 한 그 이야기를 빨리 마무리하고 새로운 이야깃거리를 생각해내야 한다. 길지 않은 면접 시간 내에 몇 번 오지 않는 대답의 기회를 살리기 위해서 보다 전략적이고 냉철해야 하는 것이다.

### 4. 차림새

**(1) 구두**

면접에 어떤 옷을 입어야 할지를 며칠 동안 고민하면서 정작 구두는 면접 보는 날 현관을 나서면서 즉흥적으로 신고 가는 지원자들이 많다. 특히, 남자 지원자들이 이러한 실수를 많이 한다. 구두를 보면 그 사람의 됨됨이를 알 수 있다고 한다. 면접관 역시 이러한 것을 놓치지 않기 때문에 지원자는 자신의 구두에 더욱 신경을 써야 한다. 스타일의 마무리는 발끝에서 이루어지는 것이다. 아무리 멋진 옷을 입고 있어도 구두가 어울리지 않는다면 전체 스타일이 흐트러지기 때문이다.

정장용 구두는 디자인이 깔끔하고, 에나멜 가공처리를 하여 광택이 도는 페이턴트 가죽 소재 제품이 무난하다. 검정 계열 구두는 회색과 감색 정장에, 브라운 계열의 구두는 베이지나 갈색 정장에 어울린다. 참고로 구두는 오전에 사는 것보다 발이 충분히 부은 상태인 저녁에 사는 것이 좋다. 마지막으로 당연한 일이지만 반드시 면접을 보는 전날 구두 뒤축이 닳지는 않았는지 확인하고 구두에 광을 내 둔다.

**(2) 양말**

양말은 정장과 구두의 색상을 비교해서 골라야 한다. 특히 검정이나 감색의 진한 색상의 바지에 흰 양말을 신는 것은 시대에 뒤처지는 일이다. 일반적으로 양말의 색깔은 바지의 색깔과 같아야 한다. 또한 양말의 길이도 신경 써야 한다. 남성의 경우에 의자에 바르게 앉거나 다리를 꼬아서 앉을 때 다리털이 보여서는 안 된다. 반드시 긴 정장 양말을 신어야 한다.

**(3) 정장**

지원자는 평소에 정장을 입을 기회가 많지 않기 때문에 면접을 볼 때 본인 스스로도 옷을 어색하게 느끼는 경우가 많다. 옷을 불편하게 느끼기 때문에 자세마저 불안정한 지원자도 볼 수 있다. 그러므로 면접 전에 정장을 입고 생활해 보는 것도 나쁘지는 않다.

일반적으로 면접을 볼 때는 상대방에게 신뢰감을 줄 수 있는 남색 계열의 옷이나 어떤 계절이든 무난하고 깔끔해 보이는 회색 계열의 정장을 많이 입는다. 정장은 유행에 따라서 재킷의 디자인이나 버튼의 개수가 바뀌기 때문에 특히 남성 지원자의 경우, 너무 오래된 옷을 입어서 아버지 옷을 빌려 입고 나온 듯한 인상을 주어서는 안 된다.

**(4) 헤어스타일과 메이크업**

헤어스타일에 자신이 없다면 미용실에 다녀오는 것도 좋은 방법이다. 그리고 여성 지원자의 경우에는 자신에게 어울리는 메이크업을 하는 것도 괜찮다. 지나치게 화려한 메이크업이 아니라면 보다 준비된 지원자처럼 보일 수 있다.

## 5. 첫인상

취업을 위해 성형수술을 받는 사람들에 대한 이야기는 더 이상 뉴스거리가 되지 않는다. 그만큼 많은 사람이 좁은 취업문을 뚫기 위해 이미지 향상에 신경을 쓰고 있다. 이는 면접관에게 좋은 첫인상을 주기 위한 것으로, 지원서에 올리는 증명사진을 이미지 프로그램을 통해 수정하는 이른바 '사이버 성형'이 유행하는 것과 같은 맥락이다. 실제로 외모가 채용 과정에서 영향을 끼치는가에 대한 설문조사에서도 60% 이상의 인사담당자들이 그렇다고 답변했다.

하지만 외모와 첫인상을 절대적인 관계로 이해하는 것은 잘못된 판단이다. 외모가 첫인상에서 많은 부분을 차지하지만, 외모 외에 다른 결점이 발견된다면 그로 인해 장점들이 가려질 수도 있다. 이러한 현상은 아래에서 다시 논하겠다.

첫인상은 말 그대로 한 번밖에 기회가 주어지지 않으며 몇 초 안에 결정된다. 첫인상을 결정짓는 요소 중 시각적인 요소가 80% 이상을 차지한다. 첫눈에 들어오는 생김새나 복장, 표정 등에 의해서 결정되는 것이다. 면접을 시작할 때 자기소개를 시키는 것도 지원자별로 첫인상을 평가하기 위해서이다. 첫인상이 중요한 이유는 만약 첫인상이 부정적으로 인지될 경우, 지원자의 다른 좋은 면까지 거부당하기 때문이다. 이러한 현상을 심리학에서는 초두효과(Primacy Effect)라고 한다. 그래서 한 번 형성된 첫인상은 여간해서 바꾸기 힘들다. 이는 첫인상이 나중에 들어오는 정보까지 영향을 주기 때문이다. 첫인상의 정보가 나중에 들어오는 정보 처리의 지침이 되는 것을 심리학에서는 맥락효과(Context Effect)라고 한다. 따라서 평소에 첫인상을 좋게 만들기 위한 노력을 꾸준히 해야만 하는 것이다.

좋은 첫인상이 반드시 외모에만 집중되는 것은 아니다. 오히려 깔끔한 옷차림과 부드러운 표정 그리고 말과 행동 등에 의해 전반적인 이미지가 만들어진다. 누구나 이러한 것 중에 한두 가지 단점을 가지고 있다. 요즈음은 이미지 컨설팅을 통해서 자신의 단점들을 보완하는 지원자도 있다. 특히, 표정이 밝지 않은 지원자는 평소 웃는 연습을 의식적으로 하여 면접을 받는 동안 계속해서 여유 있는 표정을 짓는 것이 중요하다. 성공한 사람들은 인상이 좋다는 것을 명심하자.

## 02 면접의 유형 및 실전 대책

### 1. 면접의 유형

과거 천편일률적인 일대일 면접과 달리 면접에는 다양한 유형이 도입되어 현재는 "면접은 이렇게 보는 것이다."라고 말할 수 있는 정해진 유형이 없어졌다. 그러나 어느 정도 유형을 파악하여 사전에 대비가 가능하다. 면접의 기본인 단독 면접부터, 다대일 면접, 집단 면접의 유형과 그 대책에 대해 알아보자.

#### (1) 단독 면접

단독 면접이란 응시자와 면접관이 일대일로 마주하는 형식을 말한다. 면접위원 한 사람과 응시자 한 사람이 마주 앉아 자유로운 화제를 가지고 질의응답을 되풀이하는 방식이다. 이 방식은 면접의 가장 기본적인 방법으로 소요시간은 10~20분 정도가 일반적이다.

① 장점

필기시험 등으로 판단할 수 없는 성품이나 능력을 알아내는 데 가장 적합하다고 평가받아 온 면접방식으로 응시자 한 사람 한 사람에 대해 여러 면에서 비교적 폭넓게 파악할 수 있다. 응시자의 입장에서는 한 사람의 면접관만을 대하는 것이므로 상대방에게 집중할 수 있으며, 긴장감도 다른 면접방식에 비해서는 적은 편이다.

② 단점

면접관의 주관이 강하게 작용해 객관성을 저해할 소지가 있으며, 면접 평가표를 활용한다 하더라도 일면적인 평가에 그칠 가능성을 배제할 수 없다. 또한 시간이 많이 소요되는 것도 단점이다.

> **단독 면접 준비 Point**
>
> 단독 면접에 대비하기 위해서는 평소 1대1로 논리 정연하게 대화를 나눌 수 있는 능력을 기르는 것이 중요하다. 그리고 면접장에서는 면접관을 선배나 선생님 혹은 아버지를 대하는 기분으로 면접에 임하는 것이 부담도 훨씬 적고 실력을 발휘할 수 있는 방법이 될 것이다.

#### (2) 다대일 면접

다대일 면접은 일반적으로 가장 많이 사용되는 면접방법으로 보통 2~5명의 면접관이 1명의 응시자에게 질문하는 형태의 면접방법이다. 면접관이 여러 명이므로 다각도에서 질문을 하여 응시자에 대한 정보를 많이 알아낼 수 있다는 점 때문에 선호하는 면접방법이다.

하지만 응시자의 입장에서는 질문도 면접관에 따라 각양각색이고 동료 응시자가 없으므로 숨 돌릴 틈도 없게 느껴진다. 또한 관찰하는 눈도 많아서 조그만 실수라도 지나치는 법이 없기 때문에 정신적 압박과 긴장감이 높은 면접방법이다. 따라서 응시자는 긴장을 풀고 한 시험관이 묻더라도 면접관 전원을 향해 대답한다는 기분으로 또박또박 대답하는 자세가 필요하다.

① 장점

면접관이 집중적인 질문과 다양한 관찰을 통해 응시자가 과연 조직에 필요한 인물인가를 완벽히 검증할 수 있다.

② 단점

면접시간이 보통 10 ~ 30분 정도로 좀 긴 편이고 응시자에게 지나친 긴장감을 조성하는 면접방법이다.

> **다대일 면접 준비 Point**
>
> 질문을 들을 때 시선은 면접위원을 향하고 다른 데로 돌리지 말아야 하며, 대답할 때에도 고개를 숙이거나 입속에서 우물거리는 소극적인 태도는 피하도록 한다. 면접위원과 대등하다는 마음가짐으로 편안한 태도를 유지하면 대답도 자연스러운 상태에서 좀 더 충실히 할 수 있고, 이에 따라 면접위원이 받는 인상도 달라진다.

### (3) 집단 면접

집단 면접은 다수의 면접관이 여러 명의 응시자를 한꺼번에 평가하는 방식으로 짧은 시간에 능률적으로 면접을 진행할 수 있다. 각 응시자에 대한 질문내용, 질문횟수, 시간배분이 똑같지는 않으며, 모두에게 같은 질문이 주어지기도 하고, 각각 다른 질문을 받기도 한다.

또한 어떤 응시자가 한 대답에 대한 의견을 묻는 등 그때그때의 분위기나 면접관의 의향에 따라 변수가 많다. 집단 면접은 응시자의 입장에서는 개별 면접에 비해 긴장감은 다소 덜한 반면에 다른 응시자들과의 비교가 확실하게 나타나므로 응시자는 몸가짐이나 표현력·논리성 등이 결여되지 않도록 자신의 생각이나 의견을 솔직하게 발표하여 집단 속에 묻히거나 밀려나지 않도록 주의해야 한다.

① 장점

집단 면접의 장점은 면접관이 응시자 한 사람에 대한 관찰시간이 상대적으로 길고, 비교 평가가 가능하기 때문에 결과적으로 평가의 객관성과 신뢰성을 높일 수 있다는 점이며, 응시자는 동료들과 함께 면접을 받기 때문에 긴장감이 다소 덜하다는 것을 들 수 있다. 또한 동료가 답변하는 것을 들으며, 자신의 답변 방식이나 자세를 조정할 수 있다는 것도 큰 이점이다.

② 단점

응답하는 순서에 따라 응시자마다 유리하고 불리한 점이 있고, 면접위원의 입장에서는 각각의 개인적인 문제를 깊게 다루기가 곤란하다는 것이 단점이다.

> **집단 면접 준비 Point**
>
> 너무 자기 과시를 하지 않는 것이 좋다. 대답은 자신이 말하고 싶은 내용을 간단명료하게 말해야 한다. 내용이 없는 발언을 한다거나 대답을 질질 끄는 태도는 좋지 않다. 또 말하는 중에 내용이 주제에서 벗어나거나 자기중심적으로만 말하는 것도 피해야 한다. 집단 면접에 대비하기 위해서는 평소에 설득력을 지닌 자신의 논리력을 계발하는 데 힘써야 하며, 다른 사람 앞에서 자신의 의견을 조리 있게 개진할 수 있는 발표력을 갖추는 데에도 많은 노력을 기울여야 한다.
> • 실력에는 큰 차이가 없다는 것을 기억하라.
> • 동료 응시자들과 서로 협조하라.
> • 답변하지 않을 때의 자세가 중요하다.
> • 개성 표현은 좋지만 튀는 것은 위험하다.

### (4) 집단 토론식 면접

집단 토론식 면접은 집단 면접과 형태는 유사하지만 질의응답이 아니라 응시자들끼리의 토론이 중심이 되는 면접방법으로 최근 들어 급증세를 보이고 있다. 이는 공통의 주제에 대해 다양한 견해들이 개진되고 결론을 도출하는 과정, 즉 토론을 통해 응시자의 다양한 면에 대한 평가가 가능하다는 집단 토론식 면접의 장점이 널리 확산된 데 따른 것으로 보인다. 사실 집단 토론식 면접을 활용하면 주제와 관련된 지식 정도와 이해력, 판단력, 설득력, 협동성은 물론 리더십, 조직 적응력, 적극성과 대인관계 능력 등을 쉽게 파악할 수 있다.

토론식 면접에서는 자신의 의견을 명확히 제시하면서도 상대방의 의견을 경청하는 토론의 기본자세가 필수적이며, 지나친 경쟁심이나 자기 과시욕은 접어두는 것이 좋다. 또한 집단 토론의 목적이 결론을 도출해 나가는 과정에 있다는 것을 감안하여 무리하게 자신의 주장을 관철시키기보다 오히려 토론의 질을 높이는 데 기여하는 것이 좋은 인상을 줄 수 있다는 점을 알아야 한다. 취업 희망자들은 토론식 면접이 급속도로 확산되는 추세임을 감안해 특히 철저한 준비를 해야 한다. 평소에 신문의 사설이나 매스컴 등의 토론 프로그램을 주의 깊게 보면서 논리 전개방식을 비롯한 토론 과정을 익히도록 하고, 친구들과 함께 간단한 주제를 놓고 토론을 진행해 볼 필요가 있다. 또한 사회·시사문제에 대해 자기 나름대로의 관점을 정립해두는 것도 꼭 필요하다.

### (5) PT 면접

PT 면접, 즉 프레젠테이션 면접은 최근 들어 집단 토론 면접과 더불어 그 활용도가 점차 커지고 있다. PT 면접은 기업마다 특성이 다르고 인재상이 다른 만큼 인성 면접만으로는 알 수 없는 지원자의 문제해결 능력, 전문성, 창의성, 기본 실무능력, 논리성 등을 관찰하는 데 중점을 두는 면접으로, 지원자 간의 변별력이 높아 대부분의 기업에서 적용하고 있으며, 확산되는 추세이다.

면접 시간은 기업별로 차이가 있지만, 전문지식, 시사성 관련 주제를 제시한 다음, 보통 20~50분 정도 준비하여 5분가량 발표할 시간을 준다. 면접관과 지원자의 단순한 질의응답식이 아닌, 주제에 대해 일정 시간 동안 지원자의 발언과 발표하는 모습 등을 관찰하게 된다. 정확한 답이나 지식보다는 논리적 사고와 의사표현력이 더 중시되기 때문에 자신의 생각을 어떻게 설명하느냐가 매우 중요하다.

PT 면접에서 같은 주제라도 직무별로 평가요소가 달리 나타난다. 예를 들어, 영업직은 설득력과 의사소통 능력에 중점을 둘 수 있겠고, 관리직은 신뢰성과 창의성 등을 더 중요하게 평가한다.

> **PT 면접 준비 Point**
> - 면접관의 관심과 주의를 집중시키고, 발표 태도에 유의한다.
> - 모의 면접이나 거울 면접을 통해 미리 점검한다.
> - PT 내용은 세 가지 정도로 정리해서 말한다.
> - PT 내용에는 자신의 생각이 담겨 있어야 한다.
> - 중간에 자문자답 방식을 활용한다.
> - 평소 지원하는 업계의 동향이나 직무에 대한 전문지식을 쌓아둔다.
> - 부적절한 용어 사용이나 무리한 주장 등은 하지 않는다.

### (6) 합숙 면접

합숙 면접은 대체로 1박 2일이나 2박 3일 동안 해당 기업의 연수원이나 수련원 등에서 이루어지는 면접으로, 평가 항목으로는 PT 면접, 토론 면접, 인성 면접 등을 기본으로 새벽등산, 레크리에이션, 게임 등 다양한 형태로 진행된다. 경쟁자들과 함께 생활하고 협동해야 하는 만큼 스트레스도 많이 받는 경우가 허다하다.

모든 지원자를 하루 동안 평가하게 되므로 지원자 1명을 평가하는 데 걸리는 시간은 짧게는 5분에서 길게는 1시간 이상 정도인데, 이 시간으로는 지원자를 제대로 평가하기에는 한계가 있다. 합숙 면접은 24시간 이상을 지원자와 면접관이 함께 생활하면서 다양한 프로그램을 통해 지원자의 역량을 폭넓게 평가할 수 있기 때문에 기업에서는 합숙 면접을 선호한다. 대체로 은행, 증권 등 금융권에서 합숙 면접을 통해 지원자의 의도되고 꾸며진 모습 외에 창의력, 의사소통 능력, 협동심, 책임감, 리더십 등 다양한 모습을 평가하였지만, 최근에는 기업에서도 많이 실시되고 있다.

합숙 면접에서 좋은 점수를 얻기 위해서는 무엇보다 팀워크를 중시하는 모습을 보여야 한다. 합숙 면접은 일반 면접과는 달리 개인보다는 그룹별로 과제가 주어지고 해결해야 하므로 조원 또는 동료와 얼마나 잘 어울리느냐가 중요한 평가기준이 된다. 장시간에 걸쳐 평가하기 때문에 힘든 부분도 있지만, 지원자들이 지쳐 있거나 당황하고 있는 사이에도 면접관들은 지원자들의 조직 적응력, 적극성, 사회성, 친화력 등을 꼼꼼하게 체크하기 때문에 잠시도 긴장을 늦춰서는 안 된다.

## 2. 면접의 실전 대책

### (1) 면접 대비사항

① 지원 회사에 대한 사전지식을 충분히 준비한다.

필기시험에서 합격 또는 서류전형에서의 합격통지가 온 후 면접시험 날짜가 정해지는 것이 보통이다. 이때 수험자는 면접시험을 대비해 사전에 자기가 지원한 계열사 또는 부서에 대해 폭넓은 지식을 준비할 필요가 있다.

> **지원 회사에 대해 알아두어야 할 사항**
> - 회사의 연혁
> - 회장 또는 사장의 이름, 출신학교, 관심사
> - 회장 또는 사장이 요구하는 신입사원의 인재상
> - 회사의 사훈, 사시, 경영이념, 창업정신
> - 회사의 대표적 상품, 특색
> - 업종별 계열회사의 수
> - 해외지사의 수와 그 위치
> - 신 개발품에 대한 기획 여부
> - 자기가 생각하는 회사의 장단점
> - 회사의 잠재적 능력개발에 대한 제언

② 충분한 수면을 취한다.
충분한 수면으로 안정감을 유지하고 첫 출발의 상쾌한 마음가짐을 갖는다.
③ 얼굴을 생기 있게 한다.
첫인상은 면접에 있어서 가장 결정적인 당락요인이다. 면접관에게 좋은 인상을 줄 수 있도록 화장하는 것도 필요하다. 면접관들이 가장 좋아하는 인상은 얼굴에 생기가 있고 눈동자가 살아 있는 사람, 즉 기가 살아 있는 사람이다.
④ 아침에 인터넷 뉴스를 읽고 간다.
그날의 뉴스가 질문 대상에 오를 수가 있다. 특히 경제면, 정치면, 문화면 등을 유의해서 볼 필요가 있다.

### 출발 전 확인할 사항

이력서, 자기소개서, 지갑, 신분증(주민등록증), 손수건, 휴지, 볼펜, 메모지 등을 준비하자.

### (2) 면접 시 옷차림

면접에서 옷차림은 간결하고 단정한 느낌을 주는 것이 가장 중요하다. 색상과 디자인 면에서 지나치게 화려한 색상이나, 노출이 심한 디자인은 자칫 면접관의 눈살을 찌푸리게 할 수 있다. 단정한 차림을 유지하면서 자신만의 독특한 멋을 연출하는 것, 지원하는 회사의 분위기를 파악했다는 센스를 보여주는 것 또한 코디네이션의 포인트이다.

### 복장 점검

- 구두는 잘 닦여 있는가?
- 옷은 깨끗이 다려져 있으며 스커트 길이는 적당한가?
- 손톱은 길지 않고 깨끗한가?
- 머리는 흐트러짐 없이 단정한가?

### (3) 면접 요령

① 첫인상을 중요시한다.
상대에게 인상을 좋게 주지 않으면 어떠한 얘기를 해도 이쪽의 기분이 충분히 전달되지 않을 수 있다. 예를 들어, '저 친구는 표정이 없고 무엇을 생각하고 있는지 전혀 알 길이 없다.'처럼 생각되면 최악의 상태이다. 우선 청결한 복장, 바른 자세로 침착하게 들어가야 한다. 건강하고 신선한 이미지를 주어야 하기 때문이다.
② 좋은 표정을 짓는다.
얘기를 할 때의 표정은 중요한 사항의 하나다. 거울 앞에서 웃는 연습을 해본다. 웃는 얼굴은 상대를 편안하게 하고, 특히 면접 등 긴박한 분위기에서는 천금의 값이 있다 할 것이다. 그렇다고 하여 항상 웃고만 있어서는 안 된다. 자기의 할 얘기를 진정으로 전하고 싶을 때는 진지한 얼굴로 상대의 눈을 바라보며 얘기한다. 면접을 볼 때 눈을 감고 있으면 마이너스 이미지를 주게 된다.

③ 결론부터 이야기한다.

자기의 의사나 생각을 상대에게 정확하게 전달하기 위해서 먼저 무엇을 말하고자 하는가를 명확히 결정해 두어야 한다. 대답을 할 경우에는 결론을 먼저 이야기하고 나서 그에 따른 설명과 이유를 덧붙이면 논지(論旨)가 명확해지고 이야기가 깔끔하게 정리된다.

한 가지 사실을 이야기하거나 설명하는 데는 3분이면 충분하다. 복잡한 이야기라도 어느 정도의 길이로 요약해서 이야기하면 상대도 이해하기 쉽고 자기도 정리할 수 있다. 긴 이야기는 오히려 상대를 불쾌하게 할 수가 있다.

④ 질문의 요지를 파악한다.

면접 때의 이야기는 간결성만으로는 부족하다. 상대의 질문이나 이야기에 대해 적절하고 필요한 대답을 하지 않으면 대화는 끊어지고 자기의 생각도 제대로 표현하지 못하여 면접자로 하여금 수험생의 인품이나 사고방식 등을 명확히 파악할 수 없게 한다. 무엇을 묻고 있는지, 무슨 이야기를 하고 있는지 그 요점을 정확히 알아내야 한다.

### 면접에서 고득점을 받을 수 있는 성공요령

1. 자기 자신을 겸허하게 판단하라.
2. 지원한 회사에 대해 100% 이해하라.
3. 실전과 같은 연습으로 감각을 익히라.
4. 단답형 답변보다는 구체적으로 이야기를 풀어나가라.
5. 거짓말을 하지 말아라.
6. 면접하는 동안 대화의 흐름을 유지하라.
7. 친밀감과 신뢰를 구축하라.
8. 상대방의 말을 성실하게 들으라.
9. 근로조건에 대한 이야기를 풀어나갈 준비를 하라.
10. 끝까지 긴장을 풀지 말아라.

# CHAPTER 02 | CJ그룹 실제 면접

## 01 CJ그룹 면접 유형

### 1. 1차 면접

CJ그룹의 1차 면접은 크게 심층 면접과 직무 면접으로 진행된다. CJ제일제당, CJ오쇼핑, CJ올리브네트웍스 등의 경우 자기소개서와 역량 관련 질문이 주를 이루는 다대다 직무 면접, 토론을 통해 보고서를 작성하고 발표하는 PT 면접으로 구성되어 있다. CJ CGV, CJ프레시웨이와 같은 서비스 업종과 영업직무의 경우 직무 면접과 PT 면접은 물론 실제 업무에서 일어날 수 있는 상황에 대한 Role – play 면접을 보게 된다. 또한, 사전과제가 주어지는 직무나 계열사도 있다.

#### (1) 직무 면접

① 다대다 면접

3명이 한 조를 이뤄 3명의 면접관과 함께 면접을 보게 되는데, 주로 자기소개서와 직무 관련, 산업에 대한 이해도에 관한 질문이 주어진다. 자기소개서의 내용을 바탕으로 지원자가 가지고 있는 역량이 과거의 경험을 통해 어떻게 발휘되었으며, 이를 미래 역량으로 예측하고 평가하는 방식으로 진행된다. 또한 CJ푸드빌과 CJ제일제당 영업 직무는 1차 면접 전 주어진 사전과제를 직무 면접 때 요약·발표하며 이후 면접관의 피드백 질문이 이어지게 된다.

직무 면접의 경우 지원자의 단체 활동, 창의적인 경험, 힘든 상황의 극복 경험과 같은 주제에 대해 질문을 하여 지원자의 가치관, 행동을 구체적으로 알아보기 위한 면접 방식으로, 지원자의 다양한 경험에 대해 요약하여 말하고, 이 경험이 직무에 어떻게 연결되어 기여를 할 수 있는지 논리적이면서 솔직하게 설명하는 것이 중요하다. 단순히 경험만을 전달한다면 충분히 어필할 수 없으므로, 경험을 통해 얻은 자신의 역량을 위주로 답변하는 것이 면접관에게 좋은 인상을 남길 수 있다. 질문은 꼬리에 꼬리를 물고 계속되므로 다음 질문을 충분히 예상한 후 답변하는 것 또한 중요하다.

② Role-play 면접

다음으로는 실제 업무 현장에서 일어날 수 있는 몇 가지의 사건들을 제시해주고 해결해나가는 상황극을 진행하게 된다. 면접장에 배치된 컴퓨터, 휴대폰과 같은 기기 사용이 가능한 경우도 있으니, 각 상황에 맞게 효과음을 넣는 등 좀 더 창의적인 상황극을 할 수 있다. 개인별로 면접관을 설득해야 하는 상황일수도 있고, 한 조가 되어 면접관을 설득해야 하는 경우가 있을 수도 있다.

상황극 면접에서 가장 중요한 것은 자신의 의견을 논리적으로 나타낼 수 있는 능력이다. 지원자들에게 미리 상황과 규정 및 이와 관련된 자료를 나눠주고 10분간 숙지할 수 있는 시간을 준다. 이와 관련하여 지원들의 설득에 면접관들은 일부러 회사규정에 맞지 않는 무리한 요구를 할 수도 있고, 지원자의 제안에 논리적으로 반박하기도 한다. 이때 당황하지 않고 자신이, 혹은 조별로 상의한 대로 회사의 규정에 어긋나지 않게 해결점을 찾는 것이 중요하다.

### (2) 심층 면접 '보고합시다'

PT 면접이고 팀 프로젝트 형식으로 진행되며 CJ인으로서의 자질, 팀워크, 인성 등 응시자들의 종합역량을 평가한다. 한 방에 6명의 응시자가 팀을 이뤄 제시한 과제(해당사업과 관련된 내용으로 문제 해결력을 측정할 수 있는 과제)를 해결하는 형식으로 진행되며, 2명의 면접관이 동석해서 해결 과정과 팀원들의 성향, 문제해결 방식 등을 지켜본다.

심층 면접은 대략 2시간 정도가 소요되며, CJ그룹의 기획업무와 유사하게 진행한다. 먼저 CJ그룹의 각 계열사와 관련된 주제와 이와 관련된 자료를 기획한 후 과제를 제시한다. 그 후에 5~10분간 자신의 생각을 A4 용지에 정리한다. 그 후 각자 돌아가면서 정리한 다음 자유롭게 토의하며 한 가지 주제로 정리하여 발표준비를 한다. 이때, 두 명의 면접관은 과정들을 지켜보며 지원자들에게 발표내용에 관해 '본인이라면 이 기획에 얼마나 투자하겠는가?', '기대효과가 무엇인가?' 등과 같은 질문을 한다. 그 후에 기획에 관해 피드백을 주면 그 내용을 반영하고 다시 회의하기 전에 돌발 상황을 제시한다. 그럼 지원자들은 이에 맞춰 기획서를 수정하고 팀원들과 토의하여 결론을 다시 발표하는 형식으로 진행된다. 실제 업무 진행과 비슷한 방식을 차용한 면접이기 때문에 자신의 생각을 무조건적으로 앞세우거나 튀려고 노력하기보다 함께 협력하여 좋은 아이디어를 도출해내는 것이 중요하다.

## 2. 2차 면접(임원 면접)

CJ그룹의 2차 면접은 보통 임원 면접으로 진행된다. CJ대한통운의 경우 피어 면접이 추가된다.

### (1) 피어 면접

피어 면접은 토론 및 토의 면접으로 하나의 주제를 가지고 서로 다른 직무의 4명의 지원자들이 의견을 종합하여 발표하는 형식의 면접이다. 1차 면접의 심층 면접과 유사하다. 면접관으로는 주니어급 (2~5년차)직원들이 참가하여 지원자들의 토론 및 토의를 지켜본다. 지원자들의 의견이 통일될 경우, 면접관이 반대 측 의견을 제시하면 그에 맞는 대응을 같이 준비한다. 토론 후 면접관이 한명씩 지목하며 '오늘 토론은 어땠는지?', '아쉬운 부분은 무엇이었는지?', '누가 제일 잘한 것 같은지?' 등과 같은 질문을 한다.

### (2) 임원 면접

임원 면접은 해당 직무의 임원 3명, 지원자 3명이 조를 이뤄 계열사 별로 30분에서 1시간 정도 진행한다. 2012년 이전의 경우에는 2차 임원 면접에서 PT 면접을 진행했고, 2012년부터는 1차 심층면접에서 PT 면접을 진행하게 되면서 2차 임원 면접은 자기소개 위주의 인성 면접과 직무 관련 면접으로 진행되었다. 보통 질문에 맞춘 1분 자기소개를 사전과제로 제시한다. 자기소개와 직무 관련 면접은 1차 역량면접에서도 진행되었던 면접이지만 2차 임원 면접에서 진행되는 면접의 경우 좀 더 심층적인 CJ그룹 관련 질문과 인성 관련 질문이 주어진다.

2차 임원 면접에서는 면접관들과 좀 더 활발한 피드백을 할 수 있도록 답변을 해 나가는 것이 중요하다. 앞선 1차 역량면접과 마찬가지로 질문이 꼬리에 꼬리를 물고 진행되기 때문에 1차 역량면접에서 보여주지 못했던 자신의 모습을 좀 더 적극적이고 솔직하게 어필함으로써 자신이 CJ그룹에 맞는 인재 상임을 충분히 보여줄 수 있어야 한다.

CJ그룹 관계자는 "임원들의 질문에 긴장하거나 당황하지 말고 본인이 하고 싶은 일과, 미래 비전 등을 명확히 설명하며 본인의 역량을 최대한 발휘하는 것이 중요하다."라고 말했다.

## 02 면접 기출 질문

### (1) CJ제일제당

- (사전과제) 당신이 CJ제일제당의 Food Sales 직무를 수행 중인 신입사원이라고 가정하고 식품 유통 매장 중 한 곳을 방문하여 영원사원이 할 수 있는 역할이 무엇인지 고민하시오.
- (심층 면접) 한뿌리와 관련하여 2030 프로모션을 기획하시오.
- (심층 면접) 회사에 복지 제도를 만들려고 한다. 어떤 복지 제도를 만들어 보면 좋겠는가?
- (심층 면접) 방문한 유통업체에서 CJ제일제당 제품의 매출이 낮을 때 어떤 방법으로 활성화할 것인가?
- 데이터 분석에 있어서 가장 중요하다고 생각하는 점이 무엇인가?
- 진취적 리더와 맞춤형 서포터 중 본인은 어떤 성향인가?
- 제일제당에서 스마트팩토리를 어떻게 쓰는지 아는가?
- 30초 동안 자기소개를 해 보시오.
- CJ제일제당을 선택한 이유는 무엇인가?
- CJ제일제당이 어떤 회사인지 아는가?
- CJ제일제당에서 몇 년 동안 근무를 할 것인지 구체적인 숫자와 이유를 말해 보시오.
- 품질이란 무엇이라고 생각하는가?
- 일을 하면서 가장 중요하다고 생각하는 것은 무엇인가?
- 남성 소비의 대두로 인한 경제 변화를 어떻게 활용할 수 있는가?
- 이유 없이 동료직원이 자신을 싫어하고 대화조차 하지 않으려고 한다면 어떻게 할 것인가?
- 안전재고에 대해 설명해 보시오. 그리고 재고를 왜 없애야 하는지 설명해 보시오.
- 스트레스가 있을 때 해소방법이 있는가?
- 마케팅이 무엇이라 생각하는가?
- 지금 부르면 달려올 수 있는 친구가 몇 명 정도인가?
- 수요 예측과 수요 계획의 차이에 대해 설명해 보시오.
- 언제부터 식품 산업에 관심이 있었는가?
- 갈등이 발생했을 때 해결하는 방법은 무엇인가?
- 지원한 직무에서 중요한 자질은 무엇이라고 생각하는가?
- CJ의 가장 큰 경쟁사는 어디인가?
- CJ제일제당의 공장은 어디에 위치하는가?
- CJ제일제당의 창립기념일은?
- CJ제일제당의 제품 중 애용하는 것은? 그 제품의 가격과 가격에 비해서 품질이 어떠한가?
- 거주하는 지역의 맛집을 추천한다면?
- 해외 매출을 늘리기 위해 제품 한 가지를 선택하고 이유를 설명해 보시오.
- 제품이 잘 안 팔릴 때 어떻게 할 것인가?
- 상사가 불합리한 일을 지시한다면 어떻게 할 것인가?
- 아쉽다고 생각했던 CJ의 서비스나 제품은?
- 공장 견학 경험이 있는가?
- 자신을 한 단어로 표현해 보시오.
- 가장 싫어하는 유형의 사람은 누구인가?
- 지원동기 및 직무 선택 이유는 무엇인가?

- 지원한 직무에서 무슨 일을 하는지 아는가?
- 유통채널은 어디어디 가봤는가?(면접과제와 관련하여)
- 국내 및 해외 경쟁사에는 어떤 기업이 있는가?
- 해외 경쟁사의 주요 품목은 무엇인가?
- 엔지니어링 직무에 대해 아는 점과 어떤 일을 하고 싶은지 설명해 보시오.
- CJ 홈페이지에는 많이 들어가 보았는가? CJ의 인재상이 무엇인지 알고 있는가?
- 다른 회사에서 인턴을 했는데 왜 우리 회사에 지원했는가?
- CJ 상품으로 캠핑용 상품 패키지를 만들어 면접관들에게 판매해 보시오.
- 합격 후 생활과 불합격 후 생활이 어떠할 것 같은가?
- 전공 지식을 많이 잊어버렸을 텐데 어떤 노력을 했는가?
- 평소 CJ 직원에 대한 생각을 말해 보시오.
- 당신이 제안한 아이디어로 인해 일을 성공적으로 이끈 경험과 그 아이디어를 제공한 이유에 대해 말해 보시오.
- 목표를 설정해서 실행한 경험에 대해 말해 보시오.
- 자신의 강점 및 약점에 대해 말해 보시오.
- 자기소개서에 적힌 프로젝트에 대해 자세히 말해 보시오.
- 본인을 채용해야 하는 이유는 무엇인가?
- 오늘 우리 회사의 주가가 얼마나 되는지 알고 있는가?
- 역량이 다른 직무하고 더 잘 맞는 것 같은데 다른 부서로 발령 나면 어떻게 할 것인가?
- 당신이 회사 CEO라면 향후 어떻게 성장시킬 것인가?

(2) CJ온스타일

- 본인이 생각하는 CJ오쇼핑만의 차별성은?
- 왜 일반 패션기업이 아닌 홈쇼핑 업계에 지원했는가?
- 생산관리와 품질관리의 차이는?
- 당일배송을 어떻게 효율적으로 실행할 것인가?
- 타인이 보는 본인의 이미지는 어떠한가?
- 영업 아르바이트를 한 적이 있는데, 어려움은 없었는가?
- CJ오쇼핑에 대해 알고 있는 것을 말해 보시오.
- 갈등을 중재한 경험에 대해 말해 보시오.
- 팀원으로 활동한 경험들에 대해 말해 보시오.
- 리더 역할을 하면서 거두었던 성과가 있다면 말해 보시오.
- 창의적인 아이디어를 통해 실행 가능했던 산출물은 무엇이 있는지 말해 보시오.
- 대박 아이디어가 있다면 말해 보시오.
- 본인 성격의 장·단점은 무엇인가?
- 왜 굳이 이 직무여야 하는가?
- 직무 관련해서 읽은 도서 중 가장 최근에 읽은 것은?
- 홈쇼핑 업무 때 발생할 수 있는 상황을 가정하고, 본인이라면 어떻게 대처할 것인가?

### (3) CJ프레시웨이

- 일반 프랜차이즈와 단체급식이 다른 점은 무엇이라고 생각하는가?
- 요즘 외식업계의 트렌드는 무엇이라고 생각하는가?
- 가능한 제2외국어로 본인을 소개해 보시오.
- 본인이 생각하는 영업이란?
- 경쟁사와 자사를 비교·설명해 보시오.
- 창조적인 일을 한 경험에 대해 말해 보시오.
- 리더십을 발휘한 경험에 대해 말해 보시오.
- 계획을 세워 일을 한 경험에 대해 말해 보시오.
- 난관을 극복한 경험에 대해 말해 보시오.
- 가장 크게 성취감을 느낀 경험에 대해 말해 보시오.
- 에버랜드보다 더 좋은 단체급식을 하기 위한 방안에는 무엇이 있는가?
- 다른 기업에도 지원했는가?
- 본인이 지원한 업무가 아닌 다른 업무로 배정받을 경우 어떻게 하겠는가?
- 학교를 다니면서 성취감이 컸던 경험이 있다면 말해 보시오.
- 입사 후 어떠한 자기계발을 할 것인가?
- CJ계열사에서 일한 경험(아르바이트 등)이 있다면 어떠한 일을 했는가?
- 싫어하는 음식은 무엇인가?
- 궁극적으로 이루고자 하는 목표는 무엇인가?

### (4) CJ올리브네트웍스 올리브영 부문

- (임원 면접) CJ올리브영은 본인에게 어떤 회사인가?
- (임원 면접) 지금까지 해온 경력으로는 전략이 더 맞는다고 생각하는데 왜 경영관리를 지원했는가?
- (임원 면접) 투자 쪽은 관심 없는가?
- (임원 면접) 아시아시장(동남아/중국) 진출에 대한 생각은 어떠한가?
- (임원 면접) CJ올리브영이 지속적으로 잘 될 것이라고 생각하는가?
- (임원 면접) 팀원 간의 불화를 겪어본 적이 있는지, 있다면 어떻게 해결했는지 말해 보시오.
- (임원 면접) 만약 주재원으로 해외에 몇 년 근무해야하는 상황이 온다면 어떻게 할 것인가?
- (심층 면접) CJ올리브영에서 서브스크립션 서비스를 진행하려고 한다. 기획해 보시오.
- (심층 면접) CJ올리브영 매장 안에 뷰티, 헤어 등 여러 카테고리가 있는데 어떻게 배치할 것인가?
- (심층 면접) CJ올리브영에서 판매되는 카테고리 중 하나를 선택해 매장을 기획하시오.
- CJ올리브영에서 새로운 사업을 추진해야 할 때 타깃을 어떻게 잡아야 하는가?
- 평소 본인을 다른 사람이 어떻게 보는 것 같은가?
- MD로서 단기적·장기적으로 이루고 싶은 것은 무엇인가?
- CJ올리브영과 경쟁사를 비교해 보시오.
- CJ올리브영에서 일하면서 앞으로의 비전을 말해 보시오.

- 마감까지 얼마 안 남았으나 매출이 모자라다면 어떻게 할 것인가?
- 마케팅 분야도 광범위한데 어떤 것을 하고 싶은가?
- CJ올리브영 최근 방문 시기는 언제인가?
- 주로 쓰는 화장품 종류는 무엇인가?
- 외국인을 겨냥할 만한 전략이 있는가?
- 남성 고객을 잡을 수 있는 마케팅 전략으로 무엇이 있는가?
- 잘 안 팔리는 물건에 대한 매출을 상승시키는 방안은 어떤 것이 있겠는가?
- 인도와 중국에 CJ가 진출해야 한다고 했는데, 구체적인 이유가 무엇인가?
- 세일즈 경험이 있는가?
- 야근에 대해 어떻게 생각하는가?
- 업무를 수행하는 데 필요한 역량은 무엇인가?
- IoT를 CJ올리브네트웍스에 도입한다면?
- 상사가 본인보다 나이가 어리다면 어떻게 할 것인가?
- 자신의 강점은 무엇인가?
- CJ올리브네트웍스에서 본인이 이루고 싶은 것이 무엇인가?
- CJ올리브네트웍스를 지원한 이유에 대해 말해 보시오.
- 어떻게 우리 회사의 경쟁력에 기여할 것인가?
- CJ올리브네트웍스 홈페이지에 올라와 있는 기억나는 뉴스를 말해 보시오.
- 고객관점으로 '만든다'라는 것이 무슨 의미인가?

### (5) CJ CGV

- CJ CGV와 롯데시네마와의 차별점은 무엇인가?
- 영화관 각 사이트에 대한 본인의 생각을 말해 보시오.
- 부르면 달려올 수 있는 친구는 몇 명인가?
- 자신이 왜 이 직무에 적합한지 3가지를 말해 보시오.
- 상사가 불합리한 일을 요구했을 때 어떻게 할 것인가?
- 친구들이 본인을 뭐라고 말하는가?
- CJ CGV가 글로벌 전략을 추구하는 이유는?
- 최근 CJ CGV가 진출한 국가와 그곳으로 진출한 이유는 무엇인가?
- CJ CGV의 가격차등제에 대해 어떻게 생각하는가?
- 리더십을 발휘한 경험에 대해 말해 보시오.
- 지방으로 발령이 난다면?
- CJ CGV 외에 어떤 영화관에 방문해 보았는가?
- 영화 이외에 좋아하는 콘텐츠는 무엇인가?
- 생애 최악의 영화는 무엇인가?
- 본인이 겪었던 최고의 서비스는?
- 현재 매점 팝콘의 가격에 대한 본인의 생각을 말해 보시오.
- 클레임 처리 시 가장 중점적으로 해결해야 할 것은?
- 준비한 자기소개 말고 지금 본인이 왜 와있는지 본인의 포부와 욕심을 말해 보시오.
- 전공이 건축인데 서비스직에 지원하게 된 계기를 말해 보시오.

- 매니저 업무에 대해 설명해 보시오.
- 존경하는 매니저가 있으면 말해 보시오.
- 인상적인 경험을 한 적이 있다면 말해 보시오.
- 영화관 티켓 가격을 어떻게 생각하는가?
- 취업 준비가 어렵지 않은가?
- 현장에서 가장 필요한 것이 무엇인 것 같은가?
- 전국 사이트 수는?
- 입사 후 포부에 대해 말해 보시오.
- CJ CGV에서 불편함을 느꼈던 적이 있는가?
- CJ CGV 진출 국가와 진출 예정 국가는 어디인가?

### (6) CJ푸드빌

- (사전과제) 신상품의 특징을 알려주고 영업점 한 곳을 지정한 후 컨설팅 제안서 만들기
- (심층 면접) CJ푸드빌의 브랜드 중 하나를 정해서 매출을 올릴 수 있는 아이디어를 제시하시오.
- (심층 면접) CJ푸드빌의 운영 방향에 대해 토론하시오.
- (심층 면접) 매장 내에서 마찰이 생겼는데 어떻게 해결할 것인가?
- (Role-play 면접) 사전과제로 받은 내용을 바탕으로 면접관에게 판매해 보시오.
- 새로운 브랜드를 제시해 보시오.
- 자신이 왜 CJ푸드빌에 적합한지 설득해 보시오.
- 현재 본인이 아르바이트하고 있는 지점의 담당 SC가 된다면?
- 비비고 브랜드 제품을 이용해 보았는가?
- 해외에서 유명한 푸드 브랜드가 무엇이고 해외에서 CJ푸드빌이 성공할 것 같은가?
- 신제품이 필요한 이유는 무엇인가?
- 뚜레쥬르의 해외매장 개수는 몇 개인가?
- 본인을 색깔로 표현하자면 무슨 색인가?
- 본인은 친한 친구들 사이에서 어떤 역할을 맡고 있는가?
- 마케터로서 본인의 강점과 역량은 무엇이라고 생각하는가?
- 최근에 읽은 책은 무엇인가?
- CJ푸드빌에 입사한다면 본인의 비전이 무엇인가?
- 사업 추진금으로 거금이 있다면 그 돈을 어떻게 활용하고 싶은가?
- 손익계산서에서 가장 중요한 항목이 무엇인가?
- 브랜드 중에 바꾸고 싶은 디자인은 무엇인가?
- 담당해보고 싶은 브랜드는 무엇인가?
- 직접 방문해 본 CJ푸드빌의 매장은 어디인가?
- 한식 식재료가 무엇을 뜻하는가?
- 외국인에게 한식을 어떻게 알릴 것인가?
- 투썸플레이스의 경쟁사는?
- 일주일에 외식을 하는 빈도는?
- CJ푸드빌 브랜드 외에 방문했던 음식점에 대해 이야기해 보시오.
- 외식업 마케팅과 제조업 마케팅의 차이는?

- 해외 진출을 위한 새로운 브랜드를 만들어 보시오.
- 당신의 별명은?
- 당신의 단점은?
- 지원한 직무를 자신만의 표현법으로 설명해 보시오.
- 좋아하는 셰프가 있는가?
- 지원한 직무와 관련된 일을 하면서 무엇을 배웠는가?

### (7) CJ ENM

- (심층 면접) CJ ENM 콘텐츠로 해외(국가 중 택1) 진출에 관하여 계획을 짜보시오.
- (심층 면접) 페스티벌을 기획한다면 어떤 페스티벌을 기획할 것인가?
- (심층 면접) 마이너리티 문화를 대중화 할 수 있는 프로그램을 기획하시오.
- 한국 음원차트와 빌보드의 차이는 무엇이라고 생각하는가?
- 앞으로 어떤 음악 트렌드에 탑승해야 성공할 수 있을 것이라 생각하는가?
- 자신의 인생에서 영화화하고 싶은 부분이 있다면 무엇인지 중국어와 영어로 설명해 보시오.
- 한국에서는 실패했는데 중국에서는 성공할 것 같은 영화는 무엇이 있는가?
- 최근에 즐겨 보는 프로그램이 있는가? 그 이유는 무엇인가?
- 이 업무를 꼭 해야 하는 이유가 있는가?
- 예능 프로그램의 최근 동향이 어떤지 설명하고 그에 따른 자신의 생각을 설명해 보시오.
- 좋아하는 애니메이션은 무엇인가? 본인이 만들고 싶은 애니메이션은? 현재 애니메이션 산업계에 대해 평가해 보시오.
- 입사한다면 어떤 일을 하고 싶은가? 현재 이 산업의 문제점이 무엇인가?
- CJ ENM 방송 프로그램 중 가장 잘 됐다고 생각하는 프로그램이 있는가?
- 다른 계열사보다 업무강도가 높은데 괜찮은가?
- 동종 업계 중 으뜸인 국내 기업 3곳을 말해 보시오.
- 동아리 활동에서 무엇을 했는가? 왜 그 동아리를 선택하였는가?
- 내가 이 일에 잘 맞는 이유를 세 가지만 말해 보시오.
- 다른 지원자에 비해 어떤 강점이 있는가?
- 가장 열정적으로 살았던 경험이 있는가?
- 본인의 핵심역량은 무엇인가?
- CJ ENM의 기업 이미지는?
- 왜 MCN사업부에 지원했는가?
- 해외에 판매하면 좋을 방송 콘텐츠는?
- 존경하는 감독님은?
- 한국 영화시장의 규모를 추정해 보시오.
- 왜 이 직무를 하고 싶은가?
- 10년 후 계획과 경력 목표에 대해 말해 보시오.
- 인턴 생활 중 힘들었던 상사가 있었는가?
- 직무와 연관된 경험을 말해 보시오.
- 본인의 단점은 무엇인가?
- 향후 회사를 어떻게 전망하는지에 대해 말해 보시오.

- 10년 후 회사와 산업이 어떻게 변했을 것 같은가?
- 1분 동안 자기 PR을 해 보시오.
- 아직 개척하지 않은 시장을 선정하고 진출 가능성을 분석해 보시오.
- MAMA에 투자하는 금액은 얼마라고 생각하는가?
- 기획하고 싶은 프로그램과 구상하게 된 계기에 대해 말해 보시오.
- 좋아하는 아티스트와 그 이유는?
- (먼저 개성 있는 복장을 입고 면접에 오라는 안내가 있었음) 자기소개 및 개성 있는 복장에 대한 자기 PT를 해 보시오.
- 모두의 마블이 1,500만 다운로드를 돌파하였는데 3,000만 다운로드가 되기 위한 방안에 대해 말해 보시오.
- (상자를 준 후) 상자 안에 무엇이 들어 있을지 메모장에 1분간 정리한 후 스토리텔링을 하시오.
- 유저의 입장에서 1~3개월 내에 현금결제한 게임과 그 게임의 장·단점에 대해 설명하시오.
- 자신의 핸드폰에 설치한 게임의 종류에 대해 말하고, 가장 즐겨하는 게임에 대해 그 이유와 특징을 말해 보시오.

### (8) CJ대한통운

- 회사 관련 혹은 산업 관련 인상 깊은 기사를 말해 보시오.
- 회사의 사업보고서를 보고 느낀 점은 무엇인가?
- 본인에 대한 주변 사람들의 평가는 어떠한가?
- (직무 관련) 회사 내 여러 팀 중 어느 팀에 가고 싶은지와 그 이유를 말해 보시오.
- CJ대한통운의 부두가 없는 곳은?
- CJ대한통운의 서비스를 더욱더 향상시키는 방법이 있다면 말해 보시오.
- 현재까지 CJ대한통운이 4차 산업과 관련하여 개발 및 적용 중인 기술에 대하여 말해 보시오.
- 최근 CJ대한통운과 관련이 있는 이슈에 대하여 아는 것이 있다면 말해 보시오.
- CL직군에서 꼭 필요한 능력은 무엇이라고 생각하는가?
- 본인의 인생에서 가장 창의적으로 해냈던 일은 무엇인가?
- 회사 또는 상사가 부당한 일을 시켰을 때 어떻게 할 것인가?
- 어떤 부류의 사람을 좋아하는가?
- 왜 CJ대한통운에 입사하려고 하는가?
- 전공과 전혀 관련 없는데 괜찮은가?
- 당사의 경쟁사는 어디인가? 그에 따른 개선 방안은 무엇인가? 왜 그곳에 지원하지 않았는가?
- 본인이 생각하는 이슈 중 최근 가장 중요하다고 생각하는 것은 무엇인가?
- 맡고 싶은 업무는 무엇인가?
- 아마존이 국내에 진출했지만 이렇다 할 성과는 못 내고 있는 것으로 안다. 왜 그렇다고 생각하는가?
- 2PL과 3PL의 차이는 무엇인가?
- 인코텀스의 개요와 특히 FOB와 CIF 조건의 차이점에 대해 설명해 보시오.
- 현재 직구와 역직구가 늘어나는 추세에서 CJ대한통운이 어떤 사업을 기획할 수 있겠는가?
- 대한통운의 20년 후의 모습은 어떠할 것 같은가?
- 직무와 관련하여 본인의 강점은 무엇이라고 생각하는가?
- 대한통운의 사업 중에 자신 있는 것을 하나만 말해 보시오.
- 우리 회사에 지원한 동기에 대해 말해 보시오.

- 10년 후 본인의 모습은 어떨 것 같은가?
- 해외진출에 있어 앞으로 대한통운이 나아가야 할 방안에 대해 말해 보시오.
- 본인이 하고 싶은 직무 또는 물류 직무와 관련하여 어떤 경험을 하였는가?
- 인코텀스가 무엇인지 아는가? 안다면 설명해 보시오.
- 물류란 무엇인지 사전적 의미가 아닌, 실무와 관련된 이야기를 해 보시오.
- CJ대한통운이 가지고 있는 약점은 무엇이라고 생각하는가?
- 물류산업의 종류는 다양한데 그중 CJ대한통운의 가장 자신 있는 물류산업은 어느 분야인가?
- 물류산업 최고가 되면 무엇을 하고 싶은가?
- 물류업계의 현 위치와 대우, 개선방안에 대해 이야기해 보시오.
- 한국의 물류가 세계적으로 강국이 되려면 어떻게 해야 한다고 생각하는가?
- 실버택배, 미즈택배 등 배송 환경을 변화할 수 있는 방안을 말해 보시오.
- CJ대한통운의 이미지 개선 방안으로 무엇이 있겠는가?
- 신사업에 대한 아이디어를 제시하시오.
- 물류산업에 지원한 이유는?
- 단가를 낮추라는 회사와 높이려는 거래처 사이에서 해결 방안은?
- CJ대한통운의 장점은?
- E-커머스와 SCM의 관계에 대해 어떻게 생각하는가?
- 랙을 설치할 때 기준에 대해서 말해 보시오.
- 자신을 판매해 보시오.
- 문화란 무엇인가?
- 풀필먼트에 대해 설명해 보시오.
- e커머스 확대가 당사업종에 미칠 영향을 말해 보시오.

### (9) CJ헬로비전

- 우리 회사에 지원한 동기는 무엇인가?
- (회사 상황을 제시한 후) 동료와의 갈등이 생겼을 때 갈등을 해결하기 위한 본인만의 방안에 대해 설명해 보시오.
- 본인은 어떤 사람을 싫어하는가?
- 마지막으로 하고 싶은 말은?
- tving을 이용해 본 적이 있는가?
- 앞으로 IT업계에서 발전하게 될 분야는 무엇이 될 것 같은가?
- 자신있게 구사할 수 있는 외국어는 무엇인가?
- tving을 이용해 본적이 있는가?
- tving의 장·단점은?
- 앞으로 IT업계에서 발전하게 될 분야가 무엇인 것 같은가?

### (10) CJ올리브네트웍스 IT사업 부문

- 여러 가지 긴급한 업무가 동시에 발생했을 때 어떻게 처리할 것인가?
- 다른 SI업체가 아닌 우리 회사에 지원한 이유가 무엇인가?
- 반대로 면접관에게 질문하고 싶은 것은 무엇이 있는가?

### (11) CJ파워캐스트

- (심층 면접) CJ파워캐스트가 가지고 있는 매체를 토대로 상품을 기획해 보시오.
- CJ파워캐스트에 기여할 수 있는 점이 무엇인가?
- 왜 CJ파워캐스트에 입사하고 싶은가?
- 본인의 글로벌 역량은 무엇인가?
- 워라밸에 관해 어떻게 생각하는가?
- 당신은 말을 듣는 사람입니까? 하는 사람입니까?
- 1등이 먼저인가? 최고가 먼저인가?(이견이 있는 사람이 있다면 왜인가?)

### (12) CJ메조미디어

- AI와 비교했을 때, 자신이 더 뛰어난 점은 무엇인가?
- 본인이 하고 싶지 않은 업무를 맡았을 때, 어떻게 극복할 것인가?
- 업무를 진행하며 가장 어려웠던 점은?
- 업무를 진행하며 가장 성공했던 경험은?
- 왜 CJ메조미디어에 지원했는가?
- 좋아하는 영화가 있는가?
- 광고주에게 세일즈하기 위해 어떻게 해야 하는가?
- 마지막 할 말과 함께 자신을 5글자로 표현한다면?

MEMO

# 앞선 정보 제공! 도서 업데이트

## 언제, 왜 업데이트될까?

도서의 학습 효율을 높이기 위해 자료를 추가로 제공할 때!
공기업·대기업 필기시험에 변동사항 발생 시 정보 공유를 위해!
공기업·대기업 채용 및 시험 관련 중요 이슈가 생겼을 때!

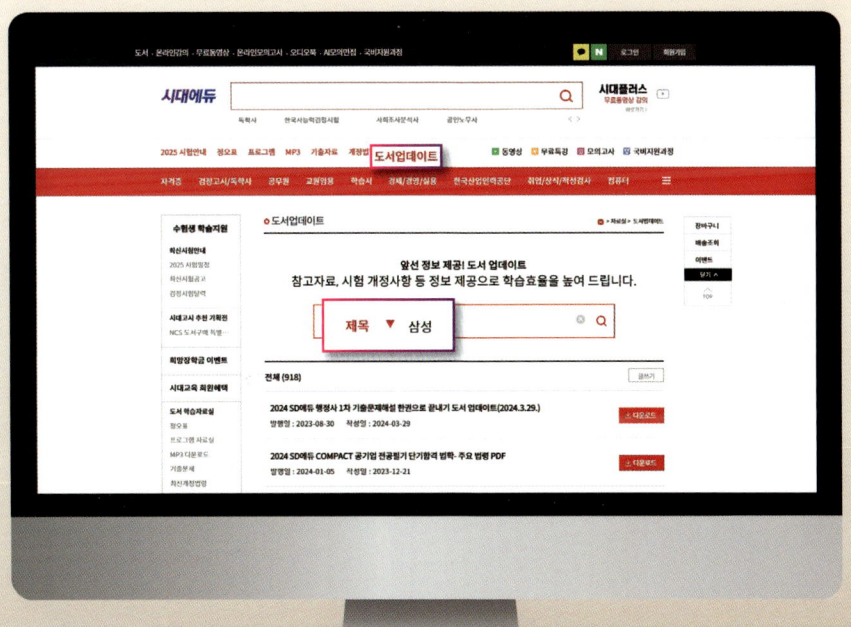

**01** 시대에듀 도서 www.sdedu.co.kr/book 홈페이지 접속

**02** 상단 카테고리 「도서업데이트」 클릭

**03** 해당 기업명으로 검색

참고자료, 시험 개정사항 등 정보 제공으로 학습효율을 높여 드립니다.

# 시대에듀
# 대기업 인적성검사 시리즈

신뢰와 책임의 마음으로 수험생 여러분에게 다가갑니다.

## 대기업 인적성 "기본서" 시리즈

대기업 취업 기초부터 합격까지! 취업의 문을 여는
## Master Key!

※도서의 이미지 및 구성은 변동될 수 있습니다.

2026
전면개정판

SD

판매량 1위
YES24 CJ그룹 부문

CAT
CJ그룹
온라인 인적성검사

통합기본서

편저 | SDC(Sidae Data Center)

정답 및 해설

유형분석 및 모의고사로
최종합격까지
한 권으로
마무리!

SDC
SDC는 시대에듀 데이터 센터의 약자로
약 30만 개의 NCS·적성 문제 데이터를
바탕으로 최신 출제경향을 반영하여
문제를 출제합니다.

시대에듀

# PART 1

# 대표기출유형

**CHAPTER 01** 언어이해
**CHAPTER 02** 언어추리
**CHAPTER 03** 자료해석
**CHAPTER 04** 창의수리

**끝까지 책임진다! 시대에듀!**
QR코드를 통해 도서 출간 이후 발견된 오류나 개정법령, 변경된 시험 정보, 최신기출문제, 도서 업데이트 자료 등이 있는지 확인해 보세요! 시대에듀 합격 스마트 앱을 통해서도 알려 드리고 있으니 구글 플레이나 앱 스토어에서 다운받아 사용하세요. 또한, 파본 도서인 경우에는 구입하신 곳에서 교환해 드립니다.

# CHAPTER 01 | 언어이해

## 대표기출유형 01　기출응용문제

### 01　　　　　　　　　　　　　　　　　　　　　　　　　　　　　　　　　　　　　정답 ②

[오답분석]
① 풀에 들어 있는 여러 가지 물질이 김칫소에 있는 미생물을 쉽게 자랄 수 있도록 해주는 영양분의 역할을 한다.
③ 김치 국물의 맛이 시큼해지는 것은 유산균이 당을 분해해 시큼한 맛이 나는 젖산을 생산하기 때문이다.
④ 미생물들이 만들어 내는 여러 종류의 향미 성분이 더해지면서 특색 있는 김치 맛이 만들어진다.
⑤ 호기성 세균의 수는 김치가 익어갈수록 점점 줄어들어 나중에는 효모의 수와 비슷해진다. 하지만 혐기성 세균의 수는 김치가 익어갈수록 증가하며 결국 많이 익어서 시큼한 맛이 나는 김치에 있는 미생물 중 대부분을 차지한다.

### 02　　　　　　　　　　　　　　　　　　　　　　　　　　　　　　　　　　　　　정답 ②

제시문에 따르면 청구범위를 넓게 설정할 경우 선행기술에 저촉되어 특허가 거절될 가능성이 높아지므로 특허등록의 가능성이 줄어들게 되지만, 청구범위를 좁게 설정할 경우에는 특허등록 가능성이 높아지게 된다.

[오답분석]
① 청구범위가 좁을 경우 보호범위가 좁아져 제3자가 특허범위를 회피할 가능성이 높아지게 된다.
③ 특허출원서에는 출원인이나 발명자 정보 등을 기재한다. 발명의 명칭, 발명의 효과, 청구범위 등은 특허명세서에 작성한다.
④ 변리사를 통해 특허출원 명세서를 기재할 수 있다.
⑤ 특허출원은 주로 경쟁자로부터 자신의 제품을 지키기 위해 이루어지나, 기술적 우위를 표시하기 위해 이루어지기도 한다.

### 03　　　　　　　　　　　　　　　　　　　　　　　　　　　　　　　　　　　　　정답 ③

제시문의 두 번째 문단을 통해 로렌츠 곡선의 가로축은 누적 인구 비율을, 세로축은 소득 누적 점유율임을 알 수 있다.

### 04　　　　　　　　　　　　　　　　　　　　　　　　　　　　　　　　　　　　　정답 ②

제시문에 따르면 국내 바이오헬스의 전체 기술력은 바이오헬스 분야에서 최고 기술을 보유하고 있는 미국 대비 78% 수준으로 약 3.8년의 기술격차를 보인다. 이는 기술격차를 줄이는 데 필요한 시간을 나타내는 것이므로 미국이 우리나라보다 3.8년 앞서 투자를 시작했다는 의미로 볼 수 없다. 따라서 미국이 우리나라보다 3년 이상 앞서 투자했다는 내용은 적절하지 않다.

## 대표기출유형 02 기출응용문제

### 01
정답 ①

제시문에 따르면 미를 도덕이나 목적론과 연관시킨 톨스토이나 마르크스와 달리 칸트는 미에 대한 자율적 견해를 지녔다. 즉, 미적 가치를 도덕 등 다른 가치들과 관계없는 독자적인 것으로 본 것이다. 따라서 문학작품을 감상할 때 다른 외부적 요소들은 고려하지 않고 작품 자체에만 주목하여 감상해야 한다는 절대주의적 관점이 이러한 칸트의 견해와 유사함을 추론할 수 있다.

### 02
정답 ⑤

직장에서의 프라이버시 침해 위협에 대해 우려하는 것이 제시문의 논지이므로 ⑤는 제시문에 대한 반응으로 적절하지 않다.

### 03
정답 ④

제시문은 「한글 맞춤법」 총칙 제1항의 내용을 소개하면서 이를 통해 '한글 맞춤법'의 원리를 개괄적으로 설명하고 있다. 즉, 「한글 맞춤법」 총칙 제1항이 어떤 의미를 가지고 있는지를 예를 통해 분석하여 소개한 뒤, 표준어를 어떻게 적어야 하는지에 대해 설명하고 있는 것이다.

### 04
정답 ④

제시문에 따르면 국가 청렴도가 낮은 문제를 해결하기 위해서 청렴을 강조한 전통 윤리를 강조할 필요가 있다. 이에 개인을 넘어서 공동체, 나아가 국가의 공사(公事)를 우선하는 봉공 정신, 청빈한 생활 태도를 유지하면서 국가의 일에 충심을 다하려는 청백리 정신을 실천하는 자세가 필요하다.


## 대표기출유형 03 기출응용문제

### 01
정답 ④

제시문은 사이코패스의 정의와 그 특성을 말하고 있다.

### 02
정답 ③

[오답분석]

①·②·④ '진실 보도를 위해 구속과 억압의 논리로부터 자유로워야 한다.'는 주장을 드러내기 위해 현재의 상황을 서술한 내용이다.
⑤ 제시문에 따르면 적절하지 않은 내용이다.

### 03
정답 ③

제시문은 산업 사회의 여러 가지 특징에 대해 설명함으로써 산업 사회가 가지고 있는 문제점들을 강조하고 있다.

## 대표기출유형 04  기출응용문제

### 01   정답 ②

빈칸의 내용 때문에 불꽃의 색을 분리시키는 분석법을 창안해 냈으므로, 불꽃의 색이 겹쳐 분간이 어려운 것이 문제였음을 추측할 수 있다.

### 02   정답 ②

제시문에 따르면 스스로 결정하는 일에 참여할 때 교육적 효과가 가장 두드러진다. 따라서 빈칸에는 도덕적 결정의 상황에 실제로 참여해 보는 직접적 경험이 중요하다는 내용이 들어가야 한다.

### 03   정답 ⑤

제시문에서 '전통'의 의미를 '상당히 이질적인 것이 교차하여 겪고 튼 끝에 이루어진 것', '어느 것이나 우리화시켜 받아들인 것'으로 규정하면서, 빈칸 뒤의 이어진 문장에서는 '전통의 혼미란 곧 주체 의식의 혼미란 뜻에 지나지 않는다.'라는 주장을 펴고 있다. 따라서 빈칸에는 여러 상황 속에서 일관되어 전통이 이루어진다는 내용이 들어가야 한다.

## 대표기출유형 05  기출응용문제

### 01   정답 ⑤

제시문은 A병원 내과 교수팀이 난치성 결핵균에 대한 치료성적이 세계 최고 수준으로 인정받았으며, 이로 인해 많은 결핵 환자들에게 큰 희망을 주었다는 내용의 글이다. 따라서 (다) 난치성 결핵균에 대한 치료성적이 우리나라가 세계 최고 수준임 – (나) A병원 내과 교수팀이 난치성 결핵의 치료 성공률을 세계 최고 수준으로 높임 – (라) 현재 치료 성공률이 80%에 이름 – (가) 이는 난치성 결핵환자들에게 큰 희망이 될 것임 순서로 연결되어야 한다.

### 02   정답 ④

제시문은 '초연결사회'에 대하여 설명하고 있다. 따라서 (나) 최근 대두되고 있는 초연결사회를 언급 – (가) 초연결사회에 대한 설명 – (라) 초연결 네트워크를 통해 긴밀히 연결되는 초연결사회 – (다) 이러한 초연결사회가 가져올 변화에 대한 전망 순으로 나열하는 것이 적절하다.

### 03   정답 ②

제시문은 세종대왕이 한글을 창제하고 반포하는 과정을 설명하고 있다. 따라서 (가) 세종대왕이 글을 읽고 쓰지 못하는 백성들을 안타깝게 여김 – (라) 훈민정음을 만들었지만 신하들의 반대에 부딪힘 – (다) 훈민정음을 세상에 알림 – (나) 훈민정음의 해설서인 『훈민정음해례본』과 『용비어천가』를 펴냄 순으로 나열하는 것이 적절하다.

## 대표기출유형 06 　 기출응용문제

### 01　　　　　　　　　　　　　　　　　　　　　　　　　　　　　　　　　　　　　　정답　⑤

보기는 관심사가 하나뿐인 사람을 1차원 그래프로 표시할 수 있다는 내용이다. 이는 제시문의 1차원적 인간에 대한 구체적인 예시에 해당하므로 (마)에 들어가는 것이 가장 적절하다.

### 02　　　　　　　　　　　　　　　　　　　　　　　　　　　　　　　　　　　　　　정답　③

보기 문장은 '~ 때문이다.'로 끝나며 앞 내용의 근거를 의미하는 것을 알 수 있다. 따라서 '세균 오염으로 인해 치명적인 결과를 초래할 수 있다.'는 내용이 수식할 문장은 '유기농 식품이 더 위험할 수 있다.'이며 (다)의 위치가 적절하다.

### 03　　　　　　　　　　　　　　　　　　　　　　　　　　　　　　　　　　　　　　정답　①

제시문 첫 번째 문단의 마지막 문장에서 곰인형이 말하는 사람에게 주의를 기울여준다고 했으므로 그다음 내용은 그 이유를 설명하는 보기가 와야 한다.

### 04　　　　　　　　　　　　　　　　　　　　　　　　　　　　　　　　　　　　　　정답　③

ㄱ. '민간화, 경영화'의 두 가지 방법으로써 지역 주민의 요구를 수용하려는 이유는 첫 번째 문단의 내용처럼 전문적인 행정 담당자 중심의 정책 결정으로 인해 정책이 지역 주민의 의사와 무관하거나 배치되는 문제를 개선하기 위한 것이다. 또한 (나) 바로 뒤에 있는 문장의 '이 둘'은 '민간화, 경영화'를 가리킨다. 따라서 ㄱ의 위치는 (나)가 가장 적절하다.

ㄴ. 마지막 문단 첫 문장의 '이러한 한계'는 ㄴ에서 말하는 '행정 담당자들이 기존의 관행에 따라 업무를 처리하는 경향'을 가리키므로 ㄴ은 마지막 문단의 바로 앞에 있어야 한다. 마지막 문단은 앞선 문단에서 지적한 문제의 개선 방안을 제시하고 있는 것이다. 따라서 ㄴ의 위치는 (라)가 가장 적절하다.

### 05　　　　　　　　　　　　　　　　　　　　　　　　　　　　　　　　　　　　　　정답　②

(가) : '공동체적 연대를 위해 집단적 노력이 존재한다.'라는 진술로 볼 때 ㄱ이 적절하다.

(나) : '아파트의 위치나 평형, 단지의 크기 등에 따라 공동체 형성의 정도가 서로 다르다.'라는 진술로 볼 때 같은 의미의 내용이 들어간 사례로 ㄷ이 적절하다.

(다) : '부자 동네와 가난한 동네가 뚜렷이 구분되지 않는 주거환경'과 '규범'이라는 구절을 볼 때 ㄴ이 적절하다.

# CHAPTER 02 언어추리

## 대표기출유형 01 　기출응용문제

### 01　　　　　　　　　　　　　　　　　　　　　　　　　　　　　　　　　　정답 ④
'겨울이 온다. → 곰은 잔다. → 까치가 날아온다.'이므로 '겨울이 온다. → 까치가 날아온다.'임을 알 수 있다.

### 02　　　　　　　　　　　　　　　　　　　　　　　　　　　　　　　　　　정답 ③
'땅이 산성이다.'를 A, '빨간 꽃이 핀다.'를 B, '하얀 꽃이 핀다.'를 C라고 하면 '~C → A → B'가 성립한다. 따라서 빈칸에는 '~C → B' 또는 '~B → C'가 적절하다.

### 03　　　　　　　　　　　　　　　　　　　　　　　　　　　　　　　　　　정답 ④
'철수네 아파트<교회', '교회<은행'이므로 '철수네 아파트<교회<은행'임을 알 수 있다. 따라서 은행은 철수네 아파트보다 높다.

## 대표기출유형 02 　기출응용문제

### 01　　　　　　　　　　　　　　　　　　　　　　　　　　　　　　　　　　정답 ⑤
영서, 수희>연수, 수희>주림이고 수희가 두 번째로 크므로 영서>수희인데, 주림이가 가장 작지 않으므로 영서>수희>주림>연수 순으로 키가 크다. 따라서 연수가 가장 작다.

### 02　　　　　　　　　　　　　　　　　　　　　　　　　　　　　　　　　　정답 ①
영희가 전체 평균 1등을 했으므로 총점이 가장 높다.

**오답분석**
②·③·④·⑤ 등수는 알 수 있지만 각 점수는 알 수 없기 때문에 점수 간 비교는 불가능하다.

### 03　　　　　　　　　　　　　　　　　　　　　　　　　　　　　　　　　　정답 ⑤
세 가지 조건을 종합해 보면 A상자에는 테니스공과 축구공이, B상자에는 럭비공이, C상자에는 야구공이 들어가게 됨을 알 수 있다. 따라서 B상자에는 럭비공과 배구공, 또는 럭비공과 농구공이 들어갈 수 있으며, C상자에는 야구공과 배구공, 또는 야구공과 농구공이 들어갈 수 있다. 그러므로 럭비공은 배구공과 같은 상자에 들어갈 수도 있고 아닐 수도 있다.

**오답분석**
① 농구공을 C상자에 넣으면 배구공이 들어갈 수 있는 상자는 B밖에 남지 않게 된다.

② 세 가지 조건을 종합해 보면 테니스공과 축구공이 들어갈 수 있는 상자는 A밖에 남지 않음을 알 수 있다.
③ A상자는 이미 꽉 찼고 남은 상자는 B와 C인데, 이 두 상자에도 각각 공이 하나씩 들어가 있으므로 배구공과 농구공은 각각 두 상자에 나누어져 들어가야 한다. 따라서 두 공은 같은 상자에 들어갈 수 없다.
④ B상자에 배구공을 넣으면 농구공을 넣을 수 있는 상자는 C밖에 남지 않게 된다. 따라서 농구공과 야구공은 함께 C상자에 들어가게 된다.

## 04

정답 ①

영수와 재호의 시력을 비교할 수 없으므로 시력이 높은 순서대로 나열하면 '정수 - 영호 - 영수 - 재호 - 경호' 또는 '정수 - 영호 - 재호 - 영수 - 경호'가 된다. 따라서 어느 경우라도 정수의 시력이 가장 높은 것을 알 수 있다.

# 대표기출유형 03  기출응용문제

## 01

정답 ③

B와 A의 관계에 대한 설명이 없어 알 수 없다.

[오답분석]
① C는 A의 오빠이므로 A의 아들과는 친척관계이다.
② 월계 빌라의 모든 주민은 A와 친척이므로 D도 A의 친척이다.
④ C가 A의 오빠라는 말에서 알 수 있듯이 A는 여자이다.
⑤ C는 A의 오빠이므로, A의 아들에게는 이모가 아니라 외삼촌이 된다.

## 02

정답 ⑤

먼저 진희와 희정의 말이 서로 모순되므로 2명 중 1명이 거짓말을 하고 있음을 알 수 있다. 이때, 진희의 말이 진실이어야 아름의 말도 진실이 되어 거짓말하는 사람이 1명이 되므로 결국 희정이가 거짓말을 하고 있음을 알 수 있다. 따라서 영화관에 아름 - 진희 - 민지 - 희정 - 세영 순서로 도착하였고, 가장 마지막으로 영화관에 도착한 사람은 세영이다.

## 03

정답 ①

ⅰ) A상자의 첫 번째 안내문이 참, 두 번째 안내문이 거짓인 경우
  B, D상자의 첫 번째 안내문, C상자의 두 번째 안내문이 참이다. 따라서 ①·②가 참, ③·④·⑤가 거짓이다.
ⅱ) A상자의 첫 번째 안내문이 거짓, 두 번째 안내문이 참인 경우
  B, C상자의 첫 번째 안내문, D상자의 두 번째 안내문이 참이다. 따라서 ①·③·⑤가 참, ②가 거짓, ④는 참인지 거짓인지 알 수 없다.
따라서 항상 참인 것은 ①이다.

## 04

정답 ④

A와 E의 진술이 상반되므로 2명 중 1명이 거짓을 말하고 있음을 알 수 있다.
• E의 진술이 거짓인 경우 : 지각한 사람이 D와 E 2명이 되므로 성립하지 않는다.
• A의 진술이 거짓인 경우 : B, C, D, E의 진술이 모두 참이 되며, 지각한 사람은 D이다.
따라서 거짓을 말하는 사람은 A이며, 지각한 사람은 D이다.

## 대표기출유형 04  기출응용문제

### 01
정답 ③

제시문의 핵심 논지는 4차 산업혁명의 신기술로 인해 금융의 종말이 올 것임을 예상하는 것이다. 따라서 앞으로도 기술 발전은 금융업의 본질을 바꾸지 못할 것임을 나타내는 ③이 비판 내용으로 가장 적절하다.

### 02
정답 ④

제시문에서는 토끼와 거북이의 경주에서 거북이는 토끼의 실수를 이용하여 승리하였기 때문에 거북이의 승리가 정의롭지 않다고 주장한다. 따라서 이러한 주장에 대한 반박으로는 공정한 절차에 따라 도출된 결과라면 그 결과는 공정하다는 내용의 ④가 가장 적절하다.

오답분석
③ 토끼와 거북이는 모두 동일한 조건에서 경주를 진행하였다.
⑤ 거북이가 자신에게 유리한 방법으로 경쟁하였다고 볼 수 없다.

### 03
정답 ⑤

제시문에서는 비타민D의 결핍으로 인해 발생하는 건강 문제를 근거로 신체를 태양빛에 노출하여 건강을 유지해야 한다고 주장하고 있다. 따라서 태양빛에 노출되지 않고도 충분한 비타민D 생성이 가능하다는 근거가 있다면 제시문에 대한 반박이 되므로 ⑤가 가장 적절하다.

오답분석
① 제시문에서는 비타민D 보충제에 대해 언급하고 있지 않으므로 비타민D 보충제가 태양빛 노출을 대체할 수 있을지 판단하기 어렵다.
② 태양빛에 노출될 경우 피부암 등의 질환이 발생하는 것은 사실이나, 이것이 비타민D의 결핍을 해결하는 또 다른 방법을 제시하거나 제시문에서 주장하는 내용을 반박하고 있지는 않다.
③ 비타민D는 칼슘과 인의 흡수 외에도 흉선에서 면역세포를 생산하는 작용에 관여하고 있다. 따라서 칼슘과 인의 주기적인 섭취만으로는 문제를 해결할 수 없으며, 제시문에 대한 반박이 되지 못한다.
④ 제시문에서는 자외선 차단제를 사용했을 때 중파장 자외선이 어떻게 작용하는지 언급하고 있지 않다. 또한 자외선 차단제를 사용한다는 사실이 태양빛에 노출되어야 한다는 제시문의 주장을 반박한다고는 보기 어렵다.

### 04
정답 ④

제시문에서는 산업혁명을 거치면서 일자리가 오히려 증가했으므로 로봇 사용으로 일자리가 줄어들 가능성은 낮다고 말한다. 그러나 보기에서는 로봇 사용으로 인한 일자리 대체 규모가 기하급수적으로 커져 인간의 일자리는 줄어들 것이라고 말한다. 로봇 사용으로 인한 일자리의 증감에 대해 정반대로 예측하는 것이다. 따라서 보기의 내용을 근거로 제시문을 반박하려면 제시문의 예측에 문제가 있음을 지적해야 하므로 ④가 가장 적절하다.

# CHAPTER 03 | 자료해석

### 대표기출유형 01  기출응용문제

**01**  정답 ⑤

- 지연 중 A/C정비가 차지하는 비율 : $\frac{117}{2,986} \times 100 ≒ 4$(∵ 소수 첫째 자리에서 반올림)
- 결항 중 기상이 차지하는 비율 : $\frac{17}{70} \times 100 ≒ 24$(∵ 소수 첫째 자리에서 반올림)

따라서 $\frac{4}{24} = \frac{1}{6}$ 이므로, 항공기 지연 중 A/C 정비가 차지하는 비율은 결항 중 기상이 차지하는 비율의 $\frac{1}{6}$ 이다.

**오답분석**

① $17 \times 5 = 85 < 118$ 이므로 옳지 않다. $118 \div 17 ≒ 7$ 이다(∵ 소수 첫째 자리에서 반올림).
② 기타를 제외하고 지연이 발생한 원인 중 가장 높은 비중을 차지하고 있는 것은 A/C 접속이며, 결항이 발생한 원인 중 가장 높은 비중을 차지하고 있는 것은 기상이다.
③ 9월 동안 운항된 전체 비행기 수를 알 수 없으므로 구할 수 없다.
④ 기상 원인으로 지연 및 결항된 비행기는 모두 135편이다. 하지만 이 비행기가 모두 같은 날 지연 및 결항이 되었을 수도 있고, 모두 다른 날 지연 및 결항되었을 수도 있으므로 제시된 자료만으로는 날씨를 예측할 수 없다.

**02**  정답 ⑤

ㄷ. 2020년 대비 2024년 청소년 비만율의 증가율은 $\frac{26.1 - 18}{18} \times 100 = 45\%$ 이다.
ㄹ. 2024년과 2022년의 비만율 차이를 구하면 다음과 같다.
  - 유아 : $10.2 - 5.8 = 4.4\%p$
  - 어린이 : $19.7 - 14.5 = 5.2\%p$
  - 청소년 : $26.1 - 21.5 = 4.6\%p$

  따라서 2024년과 2022년의 비만율 차이가 가장 큰 미성년자는 어린이임을 알 수 있다.

**오답분석**

ㄱ. 유아의 비만율은 전년 대비 감소하고 있고, 어린이와 청소년의 비만율은 전년 대비 증가하고 있다.
ㄴ. 2021년 이후의 어린이 비만율은 유아보다 크고 청소년보다 작지만, 2020년 어린이 비만율은 9.8%로, 유아 비만율인 11%와 청소년 비만율인 18%보다 작다.

## 03
정답 ⑤

A, B본부 전체 인원 800명 중 찬성하는 비율로 차이를 알아보는 것이므로 인원 차이만 비교해도 된다.
따라서 전체 여성과 남성의 찬성 인원 차이는 300−252=48명이며, 본부별 차이는 336−216=120명으로 성별이 아닌 본부별 차이가 더 크다.

[오답분석]

① 두 본부 남성이 휴게실 확충에 찬성하는 비율은 $\frac{156+96}{400} \times 100 = 63\%$이므로, 60% 이상이다.

② A본부 여성의 찬성 비율은 $\frac{180}{200} \times 100 = 90\%$이고, B본부는 $\frac{120}{200} \times 100 = 60\%$이므로 A본부 여성의 찬성 비율이 1.5배 높음을 알 수 있다.

③ A본부가 B본부보다 찬성이 많지만, 어디에 휴게실이 확충될지는 자료만으로는 알 수 없다.

④ B본부 전체 인원 중 여성의 찬성률은 $\frac{120}{400} \times 100 = 30\%$로, 남성의 찬성률 $\frac{96}{400} \times 100 = 24\%$의 1.25배이다.

## 04
정답 ①

일반 내용의 스팸 문자는 2023년 하반기 0.12통에서 2024년 상반기에 0.05통으로 감소하였다.

[오답분석]

② 제시된 자료에 따르면 2024년부터 성인 스팸 문자 수신이 시작되었다.
③ 해당 기간 동안 대출 관련 스팸 문자가 가장 큰 폭(0.05)으로 증가하였다.
④ 2023년 하반기에는 일반 스팸 문자가, 2024년 상반기에는 대출 스팸 문자가 가장 높은 비중을 차지했다.
⑤ 전년 동분기 대비 2024년 하반기의 1인당 스팸 문자의 내용별 수신 수의 증가율은 $\frac{0.17-0.15}{0.15} \times 100 ≒ 13.33\%$이므로 옳다.

## 대표기출유형 02  기출응용문제

## 01
정답 ③

주어진 자료를 바탕으로 매장 수를 정리하면 다음과 같다. 증감표의 부호를 반대로 하여 2024년 매장 수에 대입하면 쉽게 계산이 가능하다.

| 구분 | 2021년 매장 수 | 2022년 매장 수 | 2023년 매장 수 | 2024년 매장 수 |
| --- | --- | --- | --- | --- |
| 서울 | 15 | 17 | 19 | 17 |
| 경기 | 13 | 15 | 16 | 14 |
| 인천 | 14 | 13 | 15 | 10 |
| 부산 | 13 | 11 | 7 | 10 |

2021년 매장 수가 두 번째로 많은 지역은 인천이며, 매장 수는 14개이다.

## 02
정답 ③

투자비중을 고려하여 각각의 투자금액과 투자수익을 구하면 다음과 같다.
- 상품별 투자금액
  - A(주식) : 2천만 원×0.4=800만 원
  - B(채권) : 2천만 원×0.3=600만 원
  - C(예금) : 2천만 원×0.3=600만 원

- 6개월 동안의 투자수익
  - A(주식) : $800 \times \left\{1+\left(0.1 \times \dfrac{6}{12}\right)\right\}=840$만 원
  - B(채권) : $600 \times \left\{1+\left(0.04 \times \dfrac{6}{12}\right)\right\}=612$만 원
  - C(예금) : $600 \times \left\{1+\left(0.02 \times \dfrac{6}{12}\right)\right\}=606$만 원
  ∴ $840+612+606=2,058$만 원

따라서 6개월이 지난 후 C과장이 받을 수 있는 금액은 2,058만 원이다.

## 03    정답 ②

(1인당 하루 인건비)=(1인당 수당)+(산재보험료)+(고용보험료)
=50,000+50,000×0.504%+50,000×1.3%
=50,000+252+650=50,902원

(하루에 고용할 수 있는 인원수)=[(본예산)+(예비비)]÷(하루 1인당 인건비)
=600,000÷50,902≒11.8

따라서 C백화점에서 하루 동안 고용할 수 있는 최대 인원은 11명이다.

## 04    정답 ②

가장 많이 득표한 상품은 전복(32표)이고 C사의 직원 수는 5+6+22+82+12+8=135명이다.
따라서 추석선물 비용은 70,000×135=9,450,000원이다.

## 대표기출유형 03    기출응용문제

### 01    정답 ②

연도별 누적 막대그래프로, 각 지역의 적설량이 바르게 나타나 있다.

[오답분석]
① 적설량의 단위는 'm'가 아니라 'cm'이다.
③ 수원과 강릉의 2021년, 2022년 적설량 수치가 서로 바뀌었다.
④ 그래프의 가로축을 지역으로 수정해야 한다.
⑤ 서울과 수원의 그래프 수치가 서로 바뀌었다.

### 02    정답 ②

[오답분석]
① 무직원의 장소에 대한 만족도 점수가 없다.
③ B장소의 평균 점수가 3.9점이지만 4.0점 이상으로 나타났다.
④ 병직원의 A~E장소에 대한 만족도 평균이 없고, 한 직원의 A~E장소 만족도 평균은 자료의 목적과는 거리가 멀다.
⑤ A~E장소에 대한 만족도 평균에서 표와의 수치를 비교해 보면 3.6점인 A장소가 없고, 수치가 어느 장소의 평균을 나타내는지 알 수 없다.

# CHAPTER 04 창의수리

## 대표기출유형 01 기출응용문제

### 01
정답 ①

제시된 방정식을 정리하면 다음과 같다.
$3x+4\left(\dfrac{1}{2}x-6\right)-5\left(7-\dfrac{12}{15}x\right)=13$
→ $3x+2x-24-35+4x=13$
→ $9x-59=13$
→ $9x=72$
∴ $x=8$

### 02
정답 ③

제시된 방정식을 정리하면 다음과 같다.
$16x^2 \times \dfrac{5}{2x} - 3(x+12) = 2(x-1)+36$
→ $40x-3x-36=2x-2+36$
→ $37x-36=2x+34$
→ $35x=70$
∴ $x=2$

### 03
정답 ⑤

제시된 연립방정식의 첫 번째 식을 정리하면 다음과 같다.
$3(6x-7y)+9y=x-3$
→ $18x-21y+9y=x-3$
∴ $17x-12y=-3$ … ①
미지수 $y$의 계수가 $-12$이므로 두 번째 식을 $-12y$로 정리하면 다음과 같다.
$5x=3y+15$
→ $-3y=15-5x$
∴ $-12y=60-20x$ … ②
②식을 ①식에 대입하면 다음과 같다.
$17x+60-20x=-3$
→ $-3x=-63$
∴ $x=21$
$x$값을 $5x=3y+15$에 대입하면 다음과 같다.
$5 \times 21 = 3y+15$
→ $3y=90$
∴ $y=30$
따라서 $x+y=21+30=51$이다.

## 대표기출유형 02 | 기출응용문제

### 01
정답 ③

전체 지폐 개수를 $x$장이라고 하자. 천 원짜리 지폐의 개수는 $0.15x$장이 된다.
영업이 끝나고 정산을 통해 계산한 결과 만 원 짜리 지폐 5장, 오천 원짜리 지폐 4장이 더 들어왔고, 천 원짜리 지폐가 차지하는 비율이 전체의 $\frac{3}{29}$이 되었으므로 다음 식이 성립한다.

$$\frac{0.15x}{x+4+5} = \frac{3}{29}$$
→ $4.35x = 3x + 27$
→ $1.35x = 27$
∴ $x = 20$

따라서 처음 천 원짜리 지폐의 개수는 $20 \times 0.15 = 3$장이다.

### 02
정답 ③

작년 남성 지원자 수를 $x$명, 여성 지원자 수를 $y$명이라고 하자.
작년 전체 지원자 수는 1,000명이므로 $x+y=1,000$ ⋯ ㉠
작년에 비하여 남성과 여성의 지원율이 각각 2%, 3% 증가하여 총 24명이 증가하였으므로 다음과 같다.
$\frac{2}{100}x + \frac{3}{100}y = 24 \rightarrow 2x+3y=2,400$ ⋯ ㉡
㉠과 ㉡을 연립하면 $x=600$, $y=400$이다.
따라서 올해 남성 지원자 수는 $600 \times (1+0.02) = 612$명이다.

### 03
정답 ③

재작년 학생 수를 $x$명이라고 하면, 작년 학생 수는 $1.1x$명이다.
55명은 작년 학생 수의 10%이므로 다음 식이 성립한다.
$0.1 \times 1.1x = 55$
∴ $x = 500$
따라서 재작년 C고등학교의 학생 수는 500명이다.

## 대표기출유형 03 | 기출응용문제

### 01
정답 ③

A열차가 다리를 완전히 통과할 때까지의 이동거리는 (A열차의 길이)+(다리의 길이)이다.
A열차의 길이를 $x$m라고 하면 다음 식이 성립한다.
$x + 440 = 20 \times 30$
→ $x = 600 - 440$
∴ $x = 160$
따라서 A열차의 길이는 160m이다.

## 02

정답 ②

나래가 자전거를 탈 때의 속력을 $x$km/h, 진혁이가 걷는 속력을 $y$km/h라고 하자.
$1.5(x-y)=6 \cdots \text{㉠}$
$x+y=6 \cdots \text{㉡}$
㉠과 ㉡을 연립하면 $x=5$, $y=1$이다.
따라서 나래의 속력은 5km/h이다.

## 03

정답 ⑤

- 올라갈 때 걸린 시간 : $12 \div 3 = 4$시간
- 내려올 때 걸린 시간 : $12 \div (3 \times 2) = 2$시간

따라서 정상까지 갔다가 돌아오는 데 걸린 시간은 6시간이다.

## 대표기출유형 04    기출응용문제

## 01

정답 ③

농도 5%의 소금물 200g에 들어있는 소금의 양은 $200 \times \dfrac{5}{100} = 10$g이다.

처음 300g의 소금물에 들어있는 소금의 양을 $x$g이라고 하면 다음 식이 성립한다.

$\dfrac{x+10}{300+200} \times 100 = 9$

→ $x+10=45$

∴ $x=35$

따라서 처음 300g의 소금물에 들어있는 소금의 양은 35g이다.

## 02

정답 ②

증발시키기 전과 후의 소금의 양은 같으므로 증발시키는 물의 양을 $x$g이라고 하면 다음 식이 성립한다.

$300 \times \dfrac{10}{100} = (300-x) \times \dfrac{15}{100}$

→ $3,000 = 4,500 - 15x$

→ $15x = 1,500$

∴ $x=100$

따라서 농도 10%의 소금물 300g을 농도 15%로 만들기 위해서는 100g의 물을 증발시켜야 한다.

## 03

정답 ①

농도 9% 소금물의 양을 $x$g이라고 하면, 농도 6% 소금물의 양은 $(300-x)$g이므로 다음 식이 성립한다.

$(300-x) \times \dfrac{6}{100} + x \times \dfrac{9}{100} = 300 \times \dfrac{7}{100}$

→ $1,800 - 6x + 9x = 2,100$

→ $3x = 300$

∴ $x=100$

따라서 필요한 농도 9%의 소금물의 양은 100g이다.

## 대표기출유형 05 기출응용문제

### 01
정답 ⑤

300원짜리 볼펜을 $x$자루, 500원짜리 볼펜을 $y$자루 샀다고 하면 다음 식이 성립한다.
$x+y=10 \cdots $ ㉠
$300x+500y=3,600 \cdots $ ㉡
$500 \times $㉠$-$㉡으로 연립하면 $x=7$, $y=3$이다.
따라서 300원짜리 볼펜은 7자루 샀다.

### 02
정답 ①

작년에 생산된 사과의 개수를 $x$개라고 하면, 배의 개수는 $(500-x)$개이다.
$\frac{1}{2}x+2\times(500-x)=700$
$\rightarrow \frac{3}{2}x=300$
$\therefore x=200$

따라서 올해 생산한 사과의 개수는 $\frac{1}{2}\times 200=100$개이다.

### 03
정답 ②

327보다 작으면서 가장 큰 $2^n$g의 추는 $2^8=256$g이다.
그다음에 남는 무게는 71g인데 이 역시 앞의 과정과 마찬가지로 하면 필요한 추는 $2^6=64$g, 그다음에 남는 무게인 7g에는 $2^2$g, $2^1$g, 1g의 추가 필요하다.
따라서 최소로 필요한 추의 개수는 5개이다.

## 대표기출유형 06 기출응용문제

### 01
정답 ④

- 아이스크림 1개당 정가 : $a\left(1+\frac{20}{100}\right)=1.2a$원
- 아이스크림 1개당 할인 판매가 : $(1.2a-500)$원
- 아이스크림 1개당 이익 : $(1.2a-500)-a=700$
  $\rightarrow 0.2a=1,200$
  $\therefore a=6,000$

따라서 아이스크림 1개당 원가는 6,000원이다.

## 02

정답 ①

상품의 원가를 $x$원이라 하면 처음 판매가는 $1.23x$원이다.
여기서 1,300원을 할인하여 판매했을 때 얻은 이익은 원가의 10%이므로, 다음 식이 성립한다.
$(1.23x-1,300)-x=0.1x$
→ $0.13x=1,300$
∴ $x=10,000$
따라서 상품의 원가는 10,000원이다.

## 03

정답 ③

어른의 수를 $x$명, 청소년의 수를 $(30-x)$명이라고 하자.
$11,000 \times x + 0.6 \times 11,000 \times (30-x) = 264,000$
→ $44x=660$
∴ $x=15$
따라서 영화를 본 어른의 수는 15명이다.

## 대표기출유형 07  기출응용문제

## 01

정답 ①

- 7권의 소설책 중 3권을 선택하는 경우의 수 : $_7C_3 = \frac{7 \times 6 \times 5}{3 \times 2 \times 1} = 35$가지
- 5권의 시집 중 2권을 선택하는 경우의 수 : $_5C_2 = \frac{5 \times 4}{2 \times 1} = 10$가지

따라서 소설책 3권과 시집 2권을 선택하는 경우의 수는 $35 \times 10 = 350$가지이다.

## 02

정답 ③

경우의 수를 식으로 나타내면 다음과 같다.
$_9C_3 \times _6C_3 \times _3C_3 = 84 \times 20 \times 1 = 1,680$
따라서 9명의 신입사원을 3개 조로 나누는 경우의 수는 1,680가지이다.

## 03

정답 ⑤

A상자에서 공을 꺼내는 경우의 수는 2가지이고, B상자에서 공을 꺼내는 경우의 수는 3가지이다.
따라서 가능한 모든 경우의 수는 $2 \times 3 = 6$가지이다.

## 대표기출유형 08  기출응용문제

### 01
정답 ⑤

전체 5명에서 2명을 뽑는 방법은 $_5C_2=\dfrac{5\times 4}{2\times 1}=10$가지이고, 여자 3명 중에서 2명이 뽑힐 경우는 $_3C_2=\dfrac{3\times 2}{2\times 1}=3$가지이다.

따라서 대표로 모두 여자가 뽑힐 확률은 $\dfrac{3}{10}\times 100=30\%$이다.

### 02
정답 ②

• 내일 비가 오고 모레 비가 안 올 확률 : $\dfrac{1}{5}\times\dfrac{2}{3}=\dfrac{2}{15}$

• 내일 비가 안 오고 모레 비가 안 올 확률 : $\dfrac{4}{5}\times\dfrac{7}{8}=\dfrac{7}{10}$

$\therefore \dfrac{2}{15}+\dfrac{7}{10}=\dfrac{5}{6}$

따라서 모레 비가 안 올 확률은 $\dfrac{5}{6}$이다.

### 03
정답 ①

두 개의 주사위를 굴려서 나올 수 있는 모든 경우의 수는 $6\times 6=36$가지이고, 눈의 합이 2 이하가 되는 경우는 주사위의 눈이 (1, 1)이 나오는 경우이다.

따라서 눈의 합이 2 이하가 나오는 확률은 $\dfrac{1}{36}$이다.


## 대표기출유형 09  기출응용문제

### 01
정답 ③

$\times 6$과 $\div 3$이 반복되는 수열이다.
따라서 ( )$=9\times 6=54$이다.

### 02
정답 ④

홀수 항은 3씩 곱하는 수열이고, 짝수 항은 $\dfrac{1}{2}$씩 더하는 수열이다.
따라서 ( )$=9\times 3=27$이다.

## 03

정답 ③

나열된 수를 각각 $A$, $B$, $C$라고 하면
$\underline{A\ B\ C} \to A+B+C=53$
따라서 ( )=53-(20+7)=26이다.

## 04

정답 ②

세 번째 항부터 $(n-2)$항+$(n-1)$항=$n$항, $n \geq 3$의 규칙을 가지고 있다.
따라서 $A=-1$, $B=7$이므로 $A \times B = -7$이다.

# PART 2

# 최종점검 모의고사

- **제1회** 최종점검 모의고사
- **제2회** 최종점검 모의고사
- **제3회** 최종점검 모의고사

제 **1** 회 **최종점검 모의고사**

## 01  언어이해

| 01 | 02 | 03 | 04 | 05 | 06 | 07 | 08 | 09 | 10 | 11 | 12 | 13 | 14 | 15 | 16 | 17 | 18 | 19 | 20 |
|---|---|---|---|---|---|---|---|---|---|---|---|---|---|---|---|---|---|---|---|
| ⑤ | ① | ⑤ | ④ | ① | ① | ④ | ④ | ③ | ⑤ | ② | ③ | ④ | ⑤ | ③ | ③ | ② | ① | ⑤ | ③ |

### 01
정답 ⑤

제시문 두 번째 문단의 첫 번째 문장에서 언급되고 있다.

**오답분석**
① 거대 기계는 그 자체로 비인간화와 억압의 구조를 강화하기 쉽다고 하였다.
② 간디는 인간적 규모를 넘어선 거대 기계의 인간 소외 현상에 주목했지만, 기계 자체를 반대한 적은 없다.
③ 근대 산업 문명은 사람들을 병들게 하고 내면적인 평화와 명상의 생활을 불가능하게 만든다.
④ 간디는 경제 성장이 참다운 인간의 행복에 기여한다고 생각하지 않았다.

### 02
정답 ①

제시문에 따르면 대나무는 '약용'을 비롯해 다양한 생활용품으로 사용되었다.

**오답분석**
② 대나무의 원산지에 대해서는 제시문에 드러나 있지 않다.
③ 우리 조상들은 대나무의 꼿꼿한 기상을 사랑했으며, 청초한 자태와 은은한 향기는 사군자 중 난초에 대한 설명이다.
④ 대나무는 전 세계 500여 종이 있으며 한국, 중국, 일본 등 아시아 전 지역에 고루 분포하고 있지만, 특히 우리나라에 많이 분포하고 있는지의 여부는 확인할 수 없다.
⑤ 죽의 장막은 조선이 아닌 중국의 별명이다.

### 03
정답 ⑤

제시문에 따르면 1900년 하와이 원주민의 수는 4만 명이었으며, 현재 하와이어 모국어를 구사할 수 있는 원주민의 수는 1,000명 정도이다. 그러나 하와이 원주민의 수가 1,000명인 것은 아니므로 ⑤는 적절하지 않다.

### 04
정답 ④

풋귤은 젖산을 분해하는 구연산 함량이 1.5~2%로 완숙과보다 3배 정도 높다.

**오답분석**
① 마지막 문단을 통해 풋귤이 감귤의 미숙과로 솎아내 버려졌음을 알 수 있다.
② 풋귤 추출물의 피부 보습 효과 실험을 통해 확인할 수 있다.
③ 동물 대식세포를 이용한 풋귤 추출물의 염증 억제 실험을 통해 확인할 수 있다.
⑤ 마지막 문단에서 '풋귤의 이용이 대량 유통으로 이어지면 감귤 재배 농가의 부가 소득 창출에도 기여할 수 있을 것'이라고 하였다.

## 05  정답 ①

제시문의 마지막 문단에 따르면 레드 와인의 탄닌 성분이 위벽에 부담을 줄 수 있으므로 스파클링 와인이나 화이트 와인을 먼저 마신 후 레드 와인을 마시는 것이 좋다. 따라서 레드 와인의 효능으로 위벽 보호는 적절하지 않다.

**오답분석**
② 마지막 문단에 따르면 레드 와인은 위액의 분비를 촉진하여 식욕을 촉진시킨다.
③ 세 번째 문단에 따르면 레드 와인에 함유된 항산화 성분이 노화 방지에 도움을 준다.
④ 네 번째 문단에 따르면 레드 와인에 함유된 레버라트롤 성분을 통해 기억력이 향상될 수 있다.
⑤ 다섯 번째 문단에 따르면 레드 와인에 함유된 퀘르세틴과 갈산이 체내의 면역력을 높인다.

## 06  정답 ①

제시문에 따르면 보행 동선의 분기점에 설치하는 것은 점형블록이며, 선형블록은 보행 동선의 분기점에 설치된 점형블록과 연계하여 목적 방향으로 설치한다.

**오답분석**
⑤ 점형블록을 설치할 경우 세로 폭은 보도의 폭을 고려하여 30~90cm 범위 안에서 설치해야 한다. 이때, 점형블록의 세로 길이는 30cm이므로 최대 3개까지 설치할 수 있다.

## 07  정답 ④

제시문은 딸기에 들어있는 비타민C와 항산화 물질, 식물성 섬유질, 철분 등을 언급하며 딸기의 다양한 효능을 설명하고 있다.

## 08  정답 ④

제시문은 서양에서 아리스토텔레스가 강요한 중용과 동양의 중용을 번갈아 설명하며 그 차이점에 대해 설명하고 있다. 따라서 제목으로 ④가 가장 적절하다.

**오답분석**
① 아리스토텔레스의 중용은 글의 주제인 서양과 우리의 중용에 대한 차이점을 말하기 위해 언급한 것일 뿐이다.
② 우리는 의학에 있어서도 중용관에 입각했다는 것을 말하기 위해 부연 설명한 것이다.
③ 중용을 바라보는 서양과 우리의 차이점을 말하고 있다.
⑤ 서양과 대비해서 우리의 중용관이 균형에 신경 쓰고 있다는 내용을 담고는 있지만, 전체적으로 보았을 때 서양과 우리의 중용관의 차이에 대해 쓰인 글이다.

## 09  정답 ③

제시문에서는 대기업과 중소기업 간 상생경영의 중요성을 강조하고 있다. 기존에는 대기업이 시혜적 차원에서 중소기업에 베푸는 느낌이 강했지만, 현재는 협력사의 경쟁력 향상이 곧 기업의 성장으로 이어질 것으로 보고, 상생경영의 중요성을 높이고 있다. 대기업이 지원해준 업체의 기술력 향상으로 더 큰 이득을 보상받는 등 상생협력이 대기업과 중소기업 모두에 효과적임을 알 수 있다. 따라서 '시혜적 차원에서의 대기업 지원의 중요성'은 글의 주제로 적절하지 않다.

## 10  정답 ⑤

제시문에서 청소년보호위원회는 부정했지만 동성애를 청소년에게 유해한 것으로 지정했다는 것을 알 수 있다.

## 11  정답 ②

개념에 대해 충분히 이해하면서도 개념의 사례를 제대로 구별하지 못할 수 있다. 따라서 비둘기와 참새를 구별하지 못했다고 해서 비둘기의 개념을 이해하지 못하고 있다고 평가할 수는 없다.

**오답분석**

① · ③ 개념을 이해하는 능력이 개념의 사례를 식별하는 능력을 함축하는 것 또한 아니므로 개념을 이해했다고 해서 개념의 사례를 완벽하게 식별할 수 있는 것은 아니다.
④ 개념을 충분히 이해하면서도 개념의 사례를 제대로 구별하지 못할 수 있으므로 개념의 사례를 구별하지 못했다고 해서 개념을 충분히 이해하지 못하고 있다고 판단할 수 없다.
⑤ 개념의 사례를 식별하는 능력이 개념을 이해하는 능력을 함축하는 것은 아니므로 정사각형을 구별했다고 해서 정사각형의 개념을 이해하고 있다고 볼 수 없다.

## 12  정답 ③

ⓒ은 ⊙, ⓒ에서 동물도 우리가 사용하는 말과 못지않은 의사소통 수단을 가지고 있다는 의견에 대해 동물이 사용하는 소리는 생물학적 조건에 대한 반응 또는 본능적인 감정의 표현에 지나지 않는다는 내용을 이야기하며 ⊙, ⓒ을 부정하고 새로운 논점을 제시하였다.

## 13  정답 ④

화학 변화는 어떤 물질이 원래의 성질과는 전혀 다른 물질로 변화하는 현상으로, ④의 예가 가장 적절하다.

## 14  정답 ⑤

도요타 자동차는 소비자의 관점이 아닌 생산자의 관점에서 문제를 해결하려다 소비자들의 신뢰를 잃게 됐다. 따라서 기업은 생산자가 아닌 소비자의 관점에서 문제를 해결하기 위해 노력해야 한다.

## 15  정답 ③

각 경우에 따른 한국과 다른 회원국의 이익을 표로 나타내면 다음과 같다.

| 구분 | 다른 회원국이 협조하는 경우 | | 다른 회원국이 비협조하는 경우 | |
| --- | --- | --- | --- | --- |
| | 한국 | 회원국 | 한국 | 회원국 |
| A안 | 30억 원 | 230억 원 | 0원 | 150억 원 |
| B안 | 20억 원 | 200억 원 | 10억 원 손실 | 180억 원 |

다른 회원국의 비협조를 가정할 경우 한국은 손실보다는 현상유지를 할 수 있는 A안을 선택해야 하는데, ③은 B안을 선택하는 것이 유리하다고 했으므로 적절하지 않다.

**오답분석**

① A안이 선택되면, 협조하는 경우 총 이득이 260억이며 협조하지 않는 경우의 150억보다 이득을 더 많이 창출하므로 모든 회원국이 협조하는 것이 유리하다.
② 한국의 입장에서는 다른 회원국들이 협조할 것으로 판단되면 10억을 더 이득 볼 수 있는 A안을 선택해야 한다.
④ 다른 회원국이 협조하지 않을 경우 한국이 A안을 선택한다면 한국이 얻을 수 있는 경제적 이익은 없다.
⑤ 회원국의 협조를 가정할 경우 A안은 총 260억, B안은 총 220억의 이득을 내므로 ASEM은 A안을 선택할 것이다.

## 16  정답 ③

교환되는 내용이 양과 질의 측면에서 정확히 대등하지 않기 때문에 비대칭적 상호주의의 예시이다.

## 17   정답 ②

(나) 문단은 '다원주의적 문화 정체성'에 관해 긍정적으로 평가하며 반드시 필요한 것이라고 하였으므로 영어 공용화 국가를 긍정적 측면에서 설명하는 (다) 문단의 뒤에 오는 것이 자연스럽다. 그리고 (마) 문단은 영어 공용화 국가의 예시에 해당하므로 (나) 문단의 뒤에 이어져야 하며, (가) 문단의 '이'는 싱가포르인들의 다양한 민족어 수용정책을 뜻하므로 (마) 문단 다음에 배치해야 한다. 또한 (라) 문단은 영어 공용화 국가와 대비되는 단일 민족 단일 모국어 국가의 예로 한국을 들며 또 다른 화제를 제시하고 있으므로 가장 마지막에 배치되어야 한다. 따라서 (다) – (나) – (마) – (가) – (라) 순으로 나열되어야 한다.

## 18   정답 ①

제시문은 최대수요입지론에 의해 업체가 입지를 선택하는 방법을 설명하는 글로, 최초로 입지를 선택하는 업체와 그다음으로 입지를 선택하는 업체가 입지를 선정하는 기준과 변인이 생기는 경우 두 업체의 입지를 선정하는 기준을 설명하는 글이다. 따라서 (나) 최대수요입지론에서 입지를 선정할 때 고려하는 요인 – (가) 최초로 입지를 선정하는 업체의 입지 선정법 – (다) 다음으로 입지를 선정하는 업체의 입지 선정법 – (라) 다른 변인이 생기는 경우 두 경쟁자의 입지 선정법 순으로 나열되어야 한다.

## 19   정답 ⑤

먼저 '빅뱅 이전에는 아무것도 없었다.'는 '영겁의 시간 동안 우주는 단지 진공이었을 것이다.'를 의미한다는 (라) 문단이 오는 것이 적절하며, 다음으로 '이런 식으로 사고하려면', 즉 우주가 단지 진공이었다면 왜 우주가 탄생하게 되었는지를 설명할 수 없다는 (다) 문단이 오는 것이 적절하다. 그 뒤를 이어 우주 탄생 원인을 설명할 수 없는 이유를 이야기하는 (나) 문단과 이와 달리 아예 다른 방식으로 해석하는 (가) 문단이 차례로 오는 것이 적절하다. 따라서 (라) – (다) – (나) – (가) 순으로 나열되어야 한다.

## 20   정답 ③

제시문은 앞부분에서 언어가 사고능력을 결정한다는 언어결정론자들의 주장을 소개하고, 이어지는 문단에서 이에 대하여 반박하면서 우리의 생각과 판단이 언어가 아닌 경험에 의해 결정된다고 결론짓고 있다. 따라서 빈칸에 들어갈 문장은 언어결정론자들이 내놓은 근거를 반박하면서도 사고능력이 경험에 의해 결정된다는 주장에 위배되지 않는 내용이어야 한다. 따라서 풍부한 표현을 가진 언어를 사용함에도 인지능력이 뛰어나지 못한 경우가 있다는 내용이 들어가는 것이 적절하다.

## 02 언어추리

| 01 | 02 | 03 | 04 | 05 | 06 | 07 | 08 | 09 | 10 | 11 | 12 | 13 | 14 | 15 | 16 | 17 | 18 | 19 | 20 |
|----|----|----|----|----|----|----|----|----|----|----|----|----|----|----|----|----|----|----|----|
| ⑤ | ① | ① | ① | ③ | ① | ③ | ⑤ | ② | ⑤ | ① | ② | ④ | ③ | ② | ③ | ④ | ③ | ④ | ⑤ |

### 01   정답 ⑤

'홍보실'을 A, '워크숍에 간다.'를 B, '출장을 간다.'를 C라고 하면 첫 번째 명제와 세 번째 명제는 각각 A → B, ~C → B이다. 따라서 세 번째 명제가 참이 되려면 ~C → A 또는 ~A → C가 필요하므로 빈칸에 들어갈 명제는 '홍보실이 아니면 출장을 간다.'가 적절하다.

### 02   정답 ①

'노란 재킷을 입는다.'를 A, '빨간 운동화를 신는다.'를 B, '파란 모자를 쓴다.'를 C라고 하면 첫 번째 명제는 A → B이다. A → C라는 세 번째 명제를 얻기 위해서는 B → C 또는 ~C → ~B라는 명제가 필요하다. 따라서 '하은이는 파란 모자를 쓰지 않으면 빨간 운동화를 신지 않는다.'가 적절하다.

### 03   정답 ①

'겨울에 눈이 온다.'를 A, '여름에 비가 온다.'를 B, '가을에 서리가 내린다.'를 C라고 하면 첫 번째 명제는 A → B이다. ~B → C라는 세 번째 명제가 성립하기 위해서는 ~A → C 또는 ~C → A가 필요하다. 따라서 '겨울에 눈이 오지 않으면 가을에 서리가 내린다.'가 적절하다.

### 04   정답 ①

'착한 사람 → 거짓말을 하지 않음 → 모두가 좋아함.'이다. 따라서 착한 사람은 모두가 좋아한다.

### 05   정답 ③

첫 번째 명제에 따라 커피를 좋아하는 사람은 홍차를 좋아하고, 두 번째 명제의 대우에 따라 홍차를 좋아하는 사람은 우유를 좋아하지 않으며, 세 번째 명제에 따라 우유를 좋아하지 않는 사람은 콜라를 좋아한다는 결론이 도출된다. 따라서 '커피를 좋아하는 사람은 콜라를 좋아한다.'는 참이다.

### 06   정답 ①

A고등학교 학생은 봉사활동을 해야 졸업한다. 따라서 A고등학교 졸업생 중에는 봉사활동을 하지 않은 학생이 없다.

### 07   정답 ③

덕진과 휘영이 형제이고, 덕진과 휘영의 자식인 진철과 수환은 사촌지간이다. 따라서 덕진은 수환의 삼촌이다.

### 08   정답 ⑤

참인 명제는 그 대우 명제도 참이므로 두 번째 명제의 대우인 '배를 좋아하지 않으면 귤을 좋아하지 않는다.' 역시 참이다. 이를 첫 번째, 세 번째 명제를 통해 정리하면 '사과를 좋아함 → 배를 좋아하지 않음 → 귤을 좋아하지 않음 → 오이를 좋아함'이 성립한다. 따라서 '사과를 좋아하면 오이를 좋아한다.'는 참이다.

## 09    정답 ②

동주는 관수보다, 관수는 보람보다, 보람은 창호보다 크다. 따라서 동주 – 관수 – 보람 – 창호 순으로 크다. 그러나 인성과 동주, 관수와의 관계는 알 수 없다.

## 10    정답 ⑤

- A : 우혁이와 영호는 개인일 뿐이므로, 이를 일반화시킬 수 없다.
- B : 우혁이가 영호보다 영어성적이 더 높다고 해서 언어적인 능력이 뛰어나다고 말할 수는 없다.

따라서 A, B 모두 옳은지 틀린지 판단할 수 없다.

## 11    정답 ①

- A : 뇌세포가 일정 비율 이상 활동하지 않으면 잠이 잘 오고, 잠이 잘 오면 얕게 자지 않아 다음 날 쾌적하게 된다.
- B : 세 번째 명제의 대우인 '뇌세포가 일정 비율 이상 활동하지 않으면 잠이 잘 온다.'를 첫 번째 명제와 두 번째 명제를 결합시키는 용도로 사용해도, '뇌세포가 일정 비율 이상 활동하지 않으면 잠이 잘 와서 얕게 자지 않아 다음 날 쾌적하게 된다.'만이 도출되고, '집중력이 떨어진다.'라는 명제는 이와 관련이 없다.

따라서 A만 옳다.

## 12    정답 ②

B가 부정행위를 했을 경우 두 번째와 세 번째 조건에 따라 C와 A도 함께 부정행위를 하게 되므로 첫 번째 조건에 부합하지 않는다. 그러므로 B는 부정행위를 하지 않았으며, 두 번째 조건에 따라 C도 부정행위를 하지 않았다.
D가 부정행위를 했을 경우 다섯 번째 조건의 대우인 'D가 부정행위를 했다면, E도 부정행위를 했다.'와 세 번째 조건에 따라 E와 A가 함께 부정행위를 하게 되므로 첫 번째 조건에 부합하지 않는다. 그러므로 D 역시 부정행위를 하지 않았다.
따라서 B, C, D를 제외한 A, E가 시험 도중 부정행위를 했음을 알 수 있다.

## 13    정답 ④

주어진 조건을 표로 나타내면 다음과 같다.

i)
| 5층 | D |
|---|---|
| 4층 | B |
| 3층 | A |
| 2층 | C |
| 1층 | E |

ii)
| 5층 | E |
|---|---|
| 4층 | C |
| 3층 | A |
| 2층 | B |
| 1층 | D |

따라서 A부서는 항상 3층에 위치한다.

[오답분석]
① B부서는 2층 또는 4층에 있다.
② · ③ D부서는 1층 또는 5층에 있다.
⑤ C부서는 2층 또는 4층에 있다.

## 14    정답 ③

'A가 외근을 나감'을 $a$, 'B가 외근을 나감'을 $b$, 'C가 외근을 나감'을 $c$, 'D가 외근을 나감'을 $d$, 'E가 외근을 나감'을 $e$라고 할 때, 네 번째 명제와 다섯 번째 명제의 대우인 $b \to c$, $c \to d$에 따라 $a \to b \to c \to d \to e$가 성립한다. 따라서 'A가 외근을 나가면 E도 외근을 나간다.'는 항상 참이 된다.

## 15

정답 ②

주어진 조건에 따라 회사의 옥상 정원 구조를 추론해보면 다음과 같다.

| 1줄 | 은행나무, 벚나무 |
|---|---|
| 2줄 | 플라타너스, 단풍나무 |
| 3줄 | 소나무, 감나무 |
| 4줄 | 밤나무, 느티나무 |

따라서 벚나무는 은행나무와 함께 첫 번째 줄에 심어져 있다.

## 16

정답 ③

제시문에서는 미흡한 위생 관리나 건강관리 등의 개인적 요인으로 인해 질병이 발병한다고 주장한다. 따라서 이러한 주장에 대한 반박으로는 성별, 계층, 직업 등의 사회적 요인에 따라 질병의 종류나 심각성이 다르게 나타날 수 있다는 내용의 ③이 가장 적절하다.

## 17

정답 ④

제시문에서는 편리성, 경제성, 객관성 등을 이유로 인공지능 면접을 지지하고 있다. 따라서 객관성보다 면접관의 생각이나 견해가 회사 상황에 맞는 인재를 선발하는 데 적합하다는 논지로 반박하는 것이 적절하다.

[오답분석]
①·②·⑤ 제시된 글의 주장에 반박하는 것이 아니라 글의 주장을 강화하는 근거에 해당한다.
③ 인공지능 면접에 필요한 기술과 인간적 공감의 관계는 제시된 글에서 주장한 내용이 아니므로 반박의 근거로 적절하지 않다.

## 18

정답 ③

기획개발팀 팀원 1명이 15경기에서 모두 이긴 경우, 105점을 받는다.
여기에서 이긴 경기 대신 비긴 경기 혹은 진 경기가 있는 경우, 최고점인 105점에서 비긴 경기 한 경기당 $7-3=4$점씩 감소하며, 진 경기가 있는 경우 진 경기 한 경기당 $7-(-4)=11$점씩 감소한다.
그러므로 가능한 점수는 $105-\{4\times(\text{비긴 경기 수})+11\times(\text{진 경기 수})\}$뿐이다.
이에 따라 팀원들의 경기 성적을 구체적으로 나타내면 다음과 같다.

| 구분 | 이긴 경기 | 비긴 경기 | 진 경기 |
|---|---|---|---|
| A팀장(93점) | 12 | 3 | 0 |
| B대리(90점) | 13 | 1 | 1 |
| D연구원(79점) | 12 | 1 | 2 |

따라서 발표한 점수가 위 수식으로 도출 불가능한 사람은 C대리뿐이므로, 거짓을 말한 사람은 C대리이다.

## 19

정답 ④

단 1명이 거짓말을 하고 있으므로 C와 D 중 1명은 반드시 거짓을 말하고 있다. 즉, C의 말이 거짓일 경우 D의 말은 참이 되며, D의 말이 참일 경우 C의 말은 거짓이 된다.
ⅰ) D의 말이 거짓일 경우
 C와 B의 말이 참이므로 A와 D가 모두 1등이 되어 모순이다.
ⅱ) C의 말이 거짓일 경우
 A는 1등 당첨자가 되지 않으며, 나머지 진술에 따라 D가 1등 당첨자가 된다.
따라서 C가 거짓을 말하고 있으며, 1등 당첨자는 D이다.

## 20

**정답** ⑤

병과 무의 진술에 따르면 무가 열쇠를 잃어버렸으므로 병과 무는 동시에 거짓을 말하거나 진실을 말한다.

ⅰ) 병과 무가 거짓말을 했을 경우
　병과 무의 진술에 따라 무는 열쇠를 잃어버리지 않았으며, 진실인 을의 진술에 따라 열쇠를 잃어버린 사람은 정이 된다. 그러나 이때 진실인 정의 진술에 따르면 열쇠를 잃어버린 사람은 갑과 을 중 1명이어야 한다. 결국 을과 정의 진술이 모순되므로 성립하지 않는다.

ⅱ) 병과 무가 진실을 말했을 경우
　병과 무의 진술에 따라 무가 열쇠를 잃어버렸으므로 을과 정의 진술은 거짓이 된다.

따라서 을과 정이 거짓말을 하고 있으며, 열쇠를 잃어버린 사람은 무이다.

## 03　자료해석

| 01 | 02 | 03 | 04 | 05 | 06 | 07 | 08 | 09 | 10 | 11 | 12 | 13 | 14 | 15 | 16 | 17 | 18 | 19 | 20 |
|---|---|---|---|---|---|---|---|---|---|---|---|---|---|---|---|---|---|---|---|
| ③ | ① | ② | ② | ⑤ | ① | ③ | ① | ④ | ④ | ⑤ | ④ | ⑤ | ③ | ① | ① | ② | ② | ④ | ⑤ |

## 01

**정답** ③

여러 통화로 표시된 판매단가를 USD 기준으로 바꾸면 다음과 같다.

| 구분 | A기업 | B기업 | C기업 | D기업 | E기업 |
|---|---|---|---|---|---|
| 판매단가($a$) | 8USD | 50CNY | 270TWD | 30AED | 550INR |
| 교환비율($b$) | 1 | 6 | 35 | 3 | 70 |
| ($a$)÷($b$) | 8 | 8.33… | 7.71… | 10 | 7.85… |

따라서 C기업의 판매단가가 가장 경쟁력이 높다.

## 02

**정답** ①

- 주말 입장료 : $11,000+15,000+20,000\times2+20,000\times\frac{1}{2}=76,000$원
- 주중 입장료 : $10,000+13,000+18,000\times2+18,000\times\frac{1}{2}=68,000$원

따라서 요금 차이는 $76,000-68,000=8,000$원이다.

## 03

**정답** ②

- 평균 통화시간이 6~9분인 여자의 수 : $400\times\frac{18}{100}=72$명
- 평균 통화시간이 12분 이상인 남자의 수 : $600\times\frac{10}{100}=60$명

따라서 $\frac{72}{60}=1.2$배이다.

## 04

정답 ②

ㄱ. 응답자 2,000명 중 남성을 $x$명, 여성을 $y$명이라고 하면, 주유 할인을 선택한 응답자는 $2,000 \times 0.2 = 400$명이므로 $0.18x + 0.22y = 400$으로 나타낼 수 있다.

$x + y = 2,000 \cdots \text{㉠}$

$0.18x + 0.22y = 400 \cdots \text{㉡}$

㉠과 ㉡을 연립하여 풀면 $x = 1,000$, $y = 1,000$으로 남성과 여성의 비율이 동일함을 알 수 있다.

ㄹ. 가장 많은 남성 응답자(24%)가 영화관 할인을 선택하였으며, 여성 역시 가장 많은 응답자(23%)가 영화관 할인을 선택하였다.

오답분석

ㄴ. 남성의 경우 응답자의 18%인 180명이 편의점 할인을 선택하였고, 여성의 경우 7%인 70명이 편의점 할인을 선택하였다. 따라서 편의점 할인 서비스는 여성보다 남성 응답자가 더 선호하는 것을 알 수 있다.

ㄷ. 남성 응답자 수는 1,000명이므로 온라인 쇼핑 할인을 선택한 남성은 $1,000 \times 0.1 = 100$명이다.

## 05

정답 ⑤

2016~2024년까지 전년 대비 사기와 폭행의 범죄 건수 증감추이는 다음과 같이 서로 반대이다.

| 구분 | 2016년 | 2017년 | 2018년 | 2019년 | 2020년 | 2021년 | 2022년 | 2023년 | 2024년 |
|---|---|---|---|---|---|---|---|---|---|
| 사기 | 감소 | 감소 | 감소 | 감소 | 감소 | 감소 | 증가 | 증가 | 감소 |
| 폭행 | 증가 | 증가 | 증가 | 증가 | 증가 | 증가 | 감소 | 감소 | 증가 |

오답분석

① 2016~2024년 범죄별 발생건수의 1~5위는 '절도 - 사기 - 폭행 - 살인 - 방화' 순이나 2015년의 경우 '절도 - 사기 - 폭행 - 방화 - 살인' 순으로 다르다.

② 2015년 전체 범죄 발생건수는 $282 + 366 + 139 + 5 + 3 = 795$천 건이고, 2024년에는 $239 + 359 + 156 + 3 + 14 = 771$천 건이다.

2015년 대비 2024년 전체 범죄 발생건수 감소율 = $\frac{771 - 795}{795} \times 100 ≒ -3\%$로 5% 미만이다.

③ 2015~2024년 동안 발생한 방화의 총 발생건수는 $5 + 4 + 2 + 1 + 2 + 5 + 2 + 4 + 5 + 3 = 33$천 건으로 3만 건 이상이다.

④ 2017년 전체 범죄 발생건수는 $270 + 371 + 148 + 2 + 12 = 803$천 건이며, 이 중 절도의 범죄 건수가 차지하는 비율은 $\frac{371}{803} \times 100 ≒ 46.2\%$로 50% 미만이다.

## 06

정답 ①

'매우 불만족'으로 평가한 고객 수는 전체 150명 중 15명이므로 10%의 비율을 차지한다.

따라서 응답한 전체 고객 중 $\frac{1}{10}$이 '매우 불만족'으로 평가했다는 것을 알 수 있다.

오답분석

② '불만족' 이하 구간은 '불만족' 16%와 '매우 불만족' 10%의 합인 26%이다.

③ 응답자의 합계를 확인하면 150명이므로 옳은 설명이다.

④ '보통'이라고 평가한 응답자의 수를 역산하여 구하면 48명이고, 비율은 32%이므로 약 $\frac{1}{3}$이라고 볼 수 있다.

⑤ '매우 만족'이라고 평가한 응답자의 비율이 20%이므로, $150 \times 0.2 = 30$명이다.

## 07

**정답** ③

70점을 가평균으로 하고 각 점수와의 편차를 이용하여 실제 평균을 구하면 다음과 같다.

| 점수 | 편차 | 인원 | 점수 | 편차 | 인원 |
|---|---|---|---|---|---|
| 55 | 55−70=−15 | 9 | 80 | 80−70=10 | 5 |
| 60 | 60−70=−10 | 7 | 85 | 85−70=15 | 4 |
| 65 | 65−70=−5 | 0 | 90 | 90−70=20 | 6 |
| 70 | 70−70=0 | 6 | 95 | 95−70=25 | 3 |
| 75 | 75−70=5 | 8 | 100 | 100−70=30 | 2 |

$$\frac{(-15\times 9)+(-10\times 7)+(-5\times 0)+(0\times 6)+(5\times 8)+(10\times 5)+(15\times 4)+(20\times 6)+(25\times 3)+(30\times 2)}{50}+70$$

$$=\frac{-135-70+40+50+60+120+75+60}{50}+70$$

$$=\frac{200}{50}+70=74점이다.$$

## 08

**정답** ①

영화의 매출액은 매년 전체 매출액의 약 50%를 차지함을 알 수 있다.

영화 매출액이 전체 매출액의 30% 이상임을 확인하려면 $\frac{(영화\ 매출액)}{(전체\ 매출액)}\times 100$을 계산해봐야 한다. 하지만 모두 직접적으로 계산하면 시간이 많이 소요되므로 영화 매출액이 전체의 30%라고 생각하고 전체 매출액을 대략적으로 계산해본다. 2017년의 영화 매출액은 371억 원이므로 대략 300억 원이라 하면 전체 매출액은 $300\times\frac{100}{30}=3,000$억 원 이상이어야 한다.

**오답분석**

② 2018~2019년 전년 대비 매출액의 증감 추이는 게임의 경우 '감소 − 증가'이고, 음원은 '증가 − 증가'이다.
③ 2022년과 2024년 음원 매출액은 SNS 매출액의 2배 미만이다.
④ 2019년에 SNS의 매출액은 전년에 비해 감소하였다.
⑤ 영화와 음원의 경우 2022년 매출액이 2021년 매출액의 2배 미만이지만, SNS의 경우 2022년 매출액이 전년 매출액의 5배 이상이다.

## 09

**정답** ④

A, B, E구의 1인당 소비량을 각각 $a$, $b$, $e$라고 하자. 제시된 조건을 식으로 나타내면 다음과 같다.
- 첫 번째 조건 : $a+b=30$ ⋯ ㉠
- 두 번째 조건 : $a+12=2e$ ⋯ ㉡
- 세 번째 조건 : $e=b+6$ ⋯ ㉢

㉢을 ㉡에 대입하여 식을 정리하면, $a+12=2(b+6)$ → $a-2b=0$ ⋯ ㉣
㉠−㉣을 하면 $3b=30$이므로 $b=10$, $a=20$, $e=16$이다.
도출된 1인당 소비량을 토대로 A~E구의 변동계수를 구하면 다음과 같다.

- A구 : $\frac{5}{20}\times 100=25\%$
- B구 : $\frac{4}{10}\times 100=40\%$
- C구 : $\frac{6}{30}\times 100=20\%$
- D구 : $\frac{4}{12}\times 100≒33.3\%$
- E구 : $\frac{8}{16}\times 100=50\%$

따라서 변동계수가 3번째로 큰 구는 D구이다.

## 10

정답 ④

아이스크림의 개수를 최소화해야 하므로 아이스크림 소비자 판매가를 최대로 하여 이윤 또한 최대가 되도록 해야 한다. 공장 판매가의 5배가 최대 판매가이므로 모든 아이스크림을 5배 높은 가격으로 팔아야 한다. 또한, 가격이 높은 아이스크림부터 팔아야 최소 개수로 최대 이익을 볼 수 있다.

- A
  - 가격 : 500원, 개당 이윤 : 500−100=400원
  - 총이윤 : 400원×250개=10만 원
- B
  - 가격 : 750원, 개당 이윤 : 750−150=600원
  - 총이윤 : 600원×300개=18만 원
- C
  - 가격 : 1,000원, 개당 이윤 : 1,000−200=800원
  - 총이윤 : 800원×400개=32만 원

따라서 아이스크림 A는 500원, B는 750원, C는 1,000원 이상으로 책정해야 C슈퍼는 60만 원 이상의 순이익을 얻을 수 있다.

## 11

정답 ⑤

2023년 서울특별시의 1인 가구 수는 전국의 1인 가구 수의 $\frac{133}{532} \times 100 = 25\%$로, 20% 이상이다.

[오답분석]
① 1인 가구 수는 전국적으로 2021년 513만 가구, 2022년 528만 가구, 2023년 532만 가구로 해마다 증가하고 있다.
② 부산광역시 1인 가구 수는 2021년에 대전광역시 1인 가구 수의 $\frac{32}{16} = 2$배, 2023년에 대전광역시 1인 가구 수의 $\frac{38}{19} = 2$배이다.
③ 2023년 서울특별시 전체 가구 수 중에서 1인 가구 수가 차지하는 비중은 $\frac{133}{380} \times 100 = 35\%$로, 30% 이상이다.
④ 연도별로 대전광역시와 울산광역시의 1인 가구 수의 합을 구하면 다음과 같다.
  - 2021년 : 16+10=26만 가구
  - 2022년 : 18+10=28만 가구
  - 2023년 : 19+11=30만 가구
  따라서 인천광역시의 1인 가구 수보다 항상 많다.

## 12

정답 ④

회화(영어·중국어) 중 한 과목을 수강하고 지르박을 수강하면 2과목 수강이 가능하고, 지르박을 수강하지 않고 차차차와 자이브를 수강하면 최대 3과목 수강이 가능하다.

[오답분석]
① 자이브의 강좌시간이 3시간 30분으로 가장 길다.
② 차차차의 강좌시간은 12:30 ~ 14:30이고 자이브의 강좌시간은 14:30 ~ 18:00이므로 둘 다 수강할 수 있다.
⑤ 중국어 회화의 한 달 수강료는 60,000÷3=20,000원이고, 차차차의 한 달 수강료는 150,000÷3=50,000원이므로 한 달 수강료는 70,000원이다.

## 13

정답 ⑤

이온음료는 7월에서 8월로 넘어가면서 판매량이 줄어드는 모습을 보이고 있다.

오답분석
① 맥주의 판매량은 매월 커피 판매량의 2배 이상임을 알 수 있다.
② 3~5월 판매현황과 6~8월 판매현황을 비교해볼 때 모든 캔 음료는 봄보다 여름에 더 잘 팔린다.
③ 3~5월 판매현황을 보면, 이온음료는 탄산음료보다 더 잘 팔리는 것을 알 수 있다.
④ 맥주가 매월 다른 캔 음료보다 많은 판매량을 보이고 있음을 볼 때 가장 큰 판매 비중을 보임을 알 수 있다.

## 14  정답 ③

전체 기업 47개 중에서 존속성 기술을 개발하는 기업은 3+8+5+7=23개, 와해성 기술을 개발하는 기업은 7+9+5+3=24개로 존속성 기술을 개발하는 기업의 비율이 와해성 기술을 개발하는 기업의 비율보다 낮다.

오답분석
① 와해성 기술을 개발하는 기업 중 벤처기업은 7+5=12개, 대기업은 9+3=12개로 동일하므로 와해성 기술을 개발하는 기업 중에는 벤처기업의 비율과 대기업의 비율이 동일하다.
② 기술 추동 전략을 취하는 기업 중 존속성 기술을 개발하는 기업은 5+7=12개, 와해성 기술을 개발하는 기업은 5+3=8개로 기술 추동 전략을 취하는 기업 중에는 존속성 기술을 개발하는 기업의 비율이 와해성 기술을 개발하는 기업의 비율보다 높다.
④ 벤처기업 중 기술 추동 전략을 취하는 기업은 5+5=10개, 시장 견인 전략을 취하는 기업은 3+7=10개로 동일하므로 기술 추동 전략을 취하는 기업의 비율은 시장 견인 전략을 취하는 기업의 비율과 동일하다.
⑤ 대기업 중 시장 견인 전략을 취하는 기업은 8+9=17개, 기술 추동 전략을 취하는 기업은 7+3=10개로 시장 견인 전략을 취하는 기업의 비율이 기술 추동 전략을 취하는 기업의 비율보다 높다.

## 15  정답 ①

A사와 B사의 전체 직원 수를 알 수 없으므로, 비율만으로는 판단할 수 없다.

오답분석
② B, C, D사 각각 남직원보다 여직원의 비율이 높으므로 B, C, D사 모두에서 남직원 수보다 여직원 수가 많다. 즉, B, C, D사의 직원 수를 다 합했을 때도 남직원 수는 여직원 수보다 적다.
③ 여직원 대비 남직원 비율은 여직원 비율이 높을수록, 남직원 비율이 낮을수록 값이 작아진다. 따라서 여직원 비율이 가장 높으면서, 남직원 비율이 가장 낮은 D사가 비율이 최저이고, 남직원 비율이 여직원 비율보다 높은 A사의 비율이 가장 높다.
④ A, B, C사의 각각 전체 직원 수를 $a$명이라 하면, 여직원의 수는 각각 $0.46a$명, $0.52a$명, $0.58a$명이다. 따라서 $0.46a+0.58a=2\times0.52a$이므로 옳은 설명이다.
⑤ A사의 전체 직원 수를 $a$명, B사의 전체 직원 수를 $b$명이라 하면, A사의 남직원 수는 $0.54a$, B사의 남직원 수는 $0.48b$이다.
$\dfrac{0.54a+0.48b}{a+b}\times100=52 \rightarrow 54a+48b=52(a+b) \rightarrow a=2b$

## 16  정답 ①

화재피해액은 매년 증가하지만, 화재발생건수는 감소도 하고 증가도 하기 때문에 옳지 않다.

오답분석
② 화재피해액은 매년 증가한다.
③ 화재발생건수는 2023년이 4.9만 건으로 가장 높다.
④ 화재피해액은 2022년까지는 2.8천억 원이었지만, 2023년에 4.3천억 원으로 4천억 원을 넘어섰다.
⑤ 화재발생건수는 2023년이 가장 높지만, 화재피해액은 2024년이 가장 높다.

## 17

정답 ②

- 김대리 : 표의 전 산업생산지수의 기준인 2024년 1월에 비해 2024년 7월에 부가가치가 감소한 산업분야는 2024년 7월 생산지수가 100 미만이어야 한다. 이러한 산업은 공공행정뿐이므로 옳은 설명이다.
- 한사원 : 공공행정 생산지수는 2024년 9월에 비해 2024년 11월에 $\frac{103.9-100.0}{100.0} \times 100 = 3.9\%$ 상승하였으므로 옳은 설명이다.

[오답분석]

- 이주임 : 2024년 7월부터 2024년 12월까지의 전 산업생산지수는 공통적으로 2024년 1월을 기준으로 한다. 따라서 2024년 7월 대비 2024년 12월에 부가가치가 증가한 산업은 생산지수가 2024년 7월보다 2024년 12월에 크다. 이러한 산업은 광공업, 건설업, 서비스업, 공공행정이므로 옳지 않은 설명이다.
- 최주임 : 서비스업 생산지수는 2024년 8월에 비해 2024년 10월에 $\frac{107.1-105}{105} \times 100 ≒ 2\%$ 상승하였으므로 옳지 않은 설명이다.

## 18

정답 ②

2023년에 서울과 경남의 등락률이 상승했고, 2022년에 제주의 등락률이 상승했다.

[오답분석]

① 2021년부터 부산의 등락률은 2.4%p → 1.5%p → 1.3%p → 0.8%p로 하락하고 있다.
③ 2021년에 경남은 제주의 1.2%p에 이어 1.9%p로 등락률이 두 번째로 낮다.
④ 2023년에 등락률이 가장 높은 곳은 1.6%p인 서울이다.
⑤ 2024년에 충북은 등락률이 -0.1%p로 가장 낮다.

## 19

정답 ④

2023년 10월부터 2024년 3월까지 미세먼지 농도가 가장 높은 달이 3월인 지역은 '수원, 안양, 성남, 광명, 과천'으로 다섯 곳이다.

[오답분석]

① 2023년 10 ~ 12월까지 미세먼지 농도의 합이 $150 \mu g/m^3$ 이상인 지역은 막대그래프에서 $140 \mu g/m^3$ 이 넘는 지역만 확인한다. 따라서 시흥과 파주 지역의 각 미세먼지 농도의 합을 구하면 시흥 한 곳만이 $150 \mu g/m^3$ 이상이다.
  - 시흥 : $46+53+52=151 \mu g/m^3$
  - 파주 : $45+53+50=148 \mu g/m^3$
② 미세먼지 현황이 좋아졌다는 것은 미세먼지 농도가 낮아졌다는 것이며, 반대로 농도가 높아지면 현황이 나빠졌다는 뜻이다. 2024년 1월 대비 2월의 미세먼지 농도는 모든 지역에서 낮아졌고, 3월은 모든 지역에서 농도가 다시 높아졌다.
③ 2024년 1월 미세먼지 농도의 전월(2023년 12월) 대비 증감률이 0%인 지역은 안양이다. 안양의 2024년 2월 미세먼지 농도는 $46 \mu g/m^3$로 $45 \mu g/m^3$ 이상이다.
⑤ 2023년 10월의 미세먼지 농도가 $35 \mu g/m^3$ 미만인 지역은 '수원, 성남, 과천, 의왕, 하남'이며, 다섯 곳의 2024년 2월 미세먼지 농도 평균은 $\frac{42+43+43+43+43}{5} ≒ 43 \mu g/m^3$ 이다.

## 20

정답 ⑤

30 ~ 99인 사업체 근로시간은 2018년에 187.2시간, 2022년에 183.3시간이다.

## 04  창의수리

| 01 | 02 | 03 | 04 | 05 | 06 | 07 | 08 | 09 | 10 | 11 | 12 | 13 | 14 | 15 | 16 | 17 | 18 | 19 | 20 |
|---|---|---|---|---|---|---|---|---|---|---|---|---|---|---|---|---|---|---|---|
| ⑤ | ④ | ② | ① | ③ | ② | ⑤ | ① | ④ | ⑤ | ② | ④ | ① | ④ | ⑤ | ③ | ② | ③ | ③ | ④ |

### 01
정답 ⑤

앞의 항에 $+7$, $+14$, $+21$, $+28$, …인 수열이다.
따라서 (  )$=65+35=100$이다.

### 02
정답 ④

앞의 항에 $-3\times4^0$, $-3\times4^1$, $-3\times4^2$, $-3\times4^3$, …인 수열이다.
따라서 (  )$=-6-3\times4^1=-18$이다.

### 03
정답 ②

분자는 8씩 더하고 분모는 1씩 더하는 수열이다.
따라서 (  )$=\dfrac{40+8}{11+1}=\dfrac{48}{12}$이다.

### 04
정답 ①

앞의 항에 $\times\dfrac{1}{4}$와 $\times2-4$를 번갈아 적용하는 수열이다.
따라서 (  )$=3.75\times2-4=3.5$이다.

### 05
정답 ③

나열된 수를 각각 $A$, $B$, $C$라고 하면
$\underline{A\ B\ C} \to A-B-1=C$
따라서 (  )$=-2+7-1=4$이다.

### 06
정답 ②

$(x+y)^2=x^2+2xy+y^2$ 을 이용하면 다음과 같이 계산할 수 있다.
$24=14+2xy \to 2xy=10$
$\therefore xy=5$

### 07
정답 ⑤

제시된 방정식을 정리하면 다음과 같다.
$3x(2x-24)+2x=2(x-105)$
$\to 6x^2-72x+2x=2x-210$
$\to 6x^2-72x=-210$
$\to x^2-12x=-35$
$\therefore x^2-12x+35=0$

해당 식을 인수분해하면 다음과 같다.
$(x-7)(x-5)=0$
따라서 미지수 $x$의 해는 7 또는 5이므로 7+5=12이다.

## 08
정답 ①

올라갈 때 걸은 거리를 $x$km라고 하면, 내려올 때의 거리는 $(x+5)$km이므로 다음과 같은 식이 성립한다.
$\frac{x}{3}+\frac{x+5}{4}=3 \rightarrow 4x+3(x+5)=36 \rightarrow x=3$
따라서 올라갈 때 걸은 거리는 3km이다.

## 09
정답 ④

B의 속력을 $x$m/min라 하자. 서로 반대 방향으로 걸으므로, 한 번 만날 때 두 사람은 연못을 1바퀴 걸은 것이다.
1시간 동안 5번을 만났다면, 두 사람의 이동거리는 600×5=3,000m이다.
$3,000=60(15+x) \rightarrow 60x=2,100 \rightarrow x=35$
따라서 B의 속력은 35m/min이다.

## 10
정답 ⑤

C씨의 카드로 12,000원 이상 결제할 확률은 C씨의 카드로만 모두 계산할 확률과 더치페이로 12,000원을 계산할 확률의 합이다.
따라서 $\frac{1}{6} \times \frac{8}{10} + \frac{2}{10} = \frac{1}{3}$ 이다.

## 11
정답 ②

부어야 하는 물의 양을 $x$g이라 하면 다음 식이 성립한다.
$\frac{\frac{12}{100} \times 600}{600+x} \times 100 \leq 4$
$7,200 \leq 2,400 + 4x \rightarrow 1,200\text{g} \leq x$
따라서 최소 1,200g의 물을 부어야 한다.

## 12
정답 ④

• 소금물 A를 소금물 B로 100g 덜어낸 후 각 소금물에 녹아있는 소금의 양
  - A : $\frac{6}{100} \times 200 = 12$g
  - B : $\frac{8}{100} \times 300 + \frac{6}{100} \times 100 = 30$g
• 소금물 B를 소금물 A로 80g 덜어낸 후 각 소금물에 녹아있는 소금의 양
  - A : $12 + \frac{30}{400} \times 80 = 18$g
  - B : $\frac{30}{400} \times 320 = 24$g

따라서 소금물 A의 농도는 $\frac{18}{280} \times 100 ≒ 6.4$%이다.

## 13
정답 ①

현재 어머니의 나이를 $x$, 딸의 나이를 $y$세라 가정하면 다음 두 식이 성립한다.
$x+y=55 \cdots \text{㉠}$
$x+16=2(y+16)+3 \cdots \text{㉡}$
두 방정식을 연립하면 $3y=36 \rightarrow y=12$이다.
따라서 딸의 나이는 12세이다.

## 14
정답 ④

10원짜리와 100원짜리는 0개, 1개, 2개의 3가지 방법으로, 50원짜리와 500원짜리는 0개, 1개의 2가지 방법으로 지불할 수 있다. 또 각각의 경우는 금액이 중복되지 않으므로 지불할 수 있는 금액의 경우의 수는 $3 \times 2 \times 3 \times 2=36$가지이다.
이때, 0원을 지불하는 것은 제외해야 하므로 $36-1=35$가지이다.
따라서 A씨는 총 35가지의 방법으로 금액을 지불할 수 있다.

## 15
정답 ⑤

전체 남직원과 전체 여직원의 수를 각각 $x$명, $y$명이라 가정하면 다음 두 방정식이 성립한다.
$x+y=36 \cdots \text{㉠}$
$\frac{1}{6}x+\frac{1}{3}y=36 \times \frac{2}{9}$
$\rightarrow \frac{1}{6}x+\frac{1}{3}y=8$
$\rightarrow x+2y=48 \cdots \text{㉡}$
두 방정식을 연립하면 $x=24$, $y=12$이므로 남직원은 24명, 여직원은 12명이다.

## 16
정답 ③

자두를 $x$개 산다고 하면 귤은 $(12-x)$개 살 수 있으므로 다음 식이 성립한다.
$1,000x+800(12-x)+2,500 \leq 13,000$
$\therefore x \leq 4.5$
따라서 자두를 최대 4개까지 살 수 있다.

## 17
정답 ②

혼자 일을 할 경우 A과장이 4일, B대리가 6일이 걸린다.
전체 일의 양을 1이라고 할 때, A과장이 하루에 할 수 있는 일의 양은 $\frac{1}{4}$, B대리는 $\frac{1}{6}$이다. A과장이 2일 일을 한 후, B대리가 혼자 마무리하는 날을 $x$일로 가정하면 다음 식이 성립한다.
$2 \times \frac{1}{4} + x \times \frac{1}{6} = 1 \rightarrow \frac{1}{2} + \frac{x}{6} = 1 \rightarrow 3+x=6$
$\therefore x=3$
따라서 B대리가 일을 마무리하는 데 걸린 시간은 3일이다.

## 18
정답 ③

대리석 10kg 가격은 달러로 $35,000 \div 100 = 350$달러이며, 원화로 바꾸면 $350 \times 1,160 = 406,000$원이다.
따라서 대리석 1톤의 수입대금은 원화로 $406,000 \times 1,000 \div 10 = 4,060$만 원이다.

## 19

정답 ③

$$\frac{1,000 \times 5.5 + 200 \times 7}{1,000 + 200} = \frac{6,900}{1,200} = 5.75$$

따라서 평균 만족도는 5.75점이다.

## 20

정답 ④

작년 A제품의 판매량을 $x$개, B제품의 판매량을 $y$개라고 하자.
작년 두 제품의 총판매량은 800개이므로
$x+y=800 \cdots$ ㉠
올해 총판매량은 작년 대비 60%가 증가했으므로
$1.5x+(3x-70)=1,280 \rightarrow 4.5x=1,350 \cdots$ ㉡
㉠과 ㉡을 연립하면 $x=300$, $y=500$이다.
즉, 올해 B제품의 판매량은 $3 \times 300 - 70 = 830$이다.

따라서 작년 대비 올해 B제품 판매량의 증가율은 $\frac{830-500}{500} \times 100 = 66\%$이다.

## 제 2 회 최종점검 모의고사

### 01 언어이해

| 01 | 02 | 03 | 04 | 05 | 06 | 07 | 08 | 09 | 10 | 11 | 12 | 13 | 14 | 15 | 16 | 17 | 18 | 19 | 20 |
|---|---|---|---|---|---|---|---|---|---|---|---|---|---|---|---|---|---|---|---|
| ② | ⑤ | ② | ③ | ③ | ③ | ④ | ④ | ⑤ | ⑤ | ④ | ④ | ⑤ | ③ | ① | ② | ⑤ | ② | ③ | ① |

#### 01
정답 ②

첫 번째 문단에서는 높아지는 의료보장제도의 필요성에 대해 언급하고 있으며, 두 번째 문단과 세 번째 문단에서는 의료보장제도의 개념에 대하여 이야기하고 있다. 마지막 문단에서는 이러한 의료보장제도의 유형으로 의료보험 방식과 국가보건서비스 방식에 대해 설명하고 있다. 따라서 이 글의 주제로 가장 적절한 것은 각 문단의 중심 내용을 포괄할 수 있는 ②이다.

#### 02
정답 ⑤

제시문은 근대건축물이 방치되고 있는 상황과 함께 기존 관리 체계의 한계점을 지적하며, 이를 위한 해결책으로 공공의 역할을 강조하고 있다.

#### 03
정답 ②

제시문은 사회의 변화 속도를 따라가지 못하는 언어의 변화 속도에 대해 문제를 제기하며 구체적 예시와 함께 이를 시정할 것을 촉구하고 있다. 따라서 (나) 사회의 변화 속도를 따라가지 못하고 있는 언어의 실정 – (라) 성별을 구분하는 문법적 요소가 없는 우리말 – (가) 성별을 구분하여 사용하는 단어들의 예시 – (다) 언어의 남녀 차별에 대한 시정노력 촉구의 순서로 연결되어야 한다.

#### 04
정답 ③

제시문은 역사드라마에 대한 설명하고 있다. (가) 역사드라마가 현대를 살아가는 시청자에 의해 능동적으로 해석됨을 주장 – (라) 역사드라마가 가지고 있는 역사적 속성을 설명 – (나) 현재를 지향하는 역사드라마에 대한 이야기 – (다) 역사드라마를 통한 현대와 과거 등장인물의 소통을 설명 순으로 나열하는 것이 적절하다.

#### 05
정답 ③

제시문은 환율과 관련된 경제 현상을 설명하고 있다. (가) 환율은 기초 경제 여건을 반영하여 수렴됨 – (라) '그러나' 환율이 예상과 다르게 움직이는 경우가 있음 – (나) 이러한 경우를 오버슈팅으로 정의 – (다) 오버슈팅이 발생하는 원인 순으로 나열하는 것이 적절하다.

## 06   정답 ③

제시문은 IC카드의 개발 및 원리에 대한 내용이다. 제시된 단락의 경우 자석 접촉 시 데이터가 손상되는 마그네틱 카드의 단점과 이를 보완한 것이 IC카드라고 설명하였다. 따라서 (나) 데이터 손상의 방지 및 여러 기능의 추가가 가능한 IC 카드 – (가) EEPROM이나 플래시메모리를 내장한 IC카드 – (다) 메모리 외에 프로세서 기능이 추가된 IC카드 순으로 나열하는 것이 적절하다.

## 07   정답 ④

제시문은 과학을 통해 자연재해를 극복하고자 하는 인간의 노력을 옹호하고 있다. 인간의 자연 치유력을 감소시키더라도 인간의 능력(의학)으로 질병을 극복할 수 있다고 한 것도 같은 맥락이다.

## 08   정답 ④

제시문은 국제사회에서의 개인의 위상과 국력의 관계를 통하여 국력의 중요성을 말하고 있다.

## 09   정답 ⑤

제시문은 전통의 본질을 설명하면서 연암의 문학, 신라의 향가, 고려의 가요, 조선시대의 사설시조, 백자, 풍속화를 예로 들고 있다.

## 10   정답 ⑤

할랄식품 시장의 확대로 많은 유통업계들이 할랄식품을 위한 생산라인을 설치 중이다.

[오답분석]
①·② 할랄식품은 엄격하게 생산·유통되기 때문에 일반 소비자들에게도 평이 좋다.
③ 세계 할랄 인증 기준은 200종에 달하고 수출하는 국가마다 별도의 인증을 받아야 한다.
④ 표준화되지 않은 할랄 인증 기준은 무슬림 국가들의 '수입장벽'이 될 수 있다.

## 11   정답 ④

인간이 지구상에서 이용할 수 있는 생활공간은 제한되어 있기 때문에, 인간이 이용할 수 있는 생활공간의 한계를 깨뜨리지 않는 범위 안에서만 인간의 생활공간을 확장시켜야 한다고 언급되어 있다.

## 12   정답 ④

방언이 유지되려는 힘이 크다는 것은 지역마다 자기 방언의 특성을 지키려는 노력이 강하다는 것을 의미하므로 방언이 유지되려는 힘이 커지면 방언의 통일성은 약화될 것이다.

## 13   정답 ⑤

제시문에서는 치명적인 이빨이나 발톱을 가진 동물들은 살상 능력이 크기 때문에 자신의 종에 대한 공격을 제어할 억제 메커니즘이 필요했고, 그것이 진화의 과정에 반영되었다고 했으므로 적절한 내용이다.

[오답분석]
①·③ 인간은 신체적으로 미약한 힘을 지녔기 때문에 자신의 힘만으로 자기 종을 죽인다는 것이 어려웠을 뿐 공격성은 학습이나 지능과 관계가 없다.
② 인간은 진화가 아닌 기술의 발달로 살상 능력을 지니게 되었다.
④ 인간의 공격적인 본능은 긍정적인 측면과 부정적인 측면을 모두 포함해서 오늘날 인류를 있게 한 중요한 요소이다.

## 14
정답 ③

미장센은 편집을 통해 연출하는 기법이 아닌, 한 화면 속에 담기는 이미지의 모든 구성 요소를 통해 주제가 나타나도록 하는 감독의 작업이다. 감독이 사계절의 모습을 담기 위해 봄, 여름, 가을, 겨울을 각각 촬영한 후 결합하여 하나의 장면으로 편집하는 연출 방법은 몽타주 기법이다.

## 15
정답 ①

제시문에서는 글로벌 시대에 남의 것을 모방하는 것이 아닌 창의적인 개발이 중요하다고 말하고 있다.

## 16
정답 ②

빈칸에는 아버지의 사랑에 대한 내용이 들어가야 한다. 제시문에 따르면 아버지의 사랑은 조건이 있고 어린애를 가르치고 지도하는 기능이 있는 반면에, 어머니의 사랑은 무조건적이며 어린애의 생명을 안전하게 하는 기능을 한다.
따라서 '너는 내 아이로 태어났기 때문에'는 '무조건적인 사랑'이므로 어머니의 사랑에 해당한다.

## 17
정답 ⑤

보기에서는 4비트 컴퓨터가 처리하는 1워드를 초과한 '10010'을 제시하며, 이를 '오버플로'라 설명한다. 이때 (마)의 바로 앞 문장에서는 0111에 1011을 더했을 때 나타나는 '10010'을 언급하고 있으며, (마)의 바로 뒤 문장에서는 부호화 절댓값에는 이 '오버플로'를 처리하는 규칙이 없다는 점을 설명하고 있다. 따라서 보기의 문장은 (마)에 들어가는 것이 적절하다.

## 18
정답 ②

제시문은 텔레비전의 언어가 개인의 언어 습관에 미치는 악영향을 경계하면서, 올바른 언어 습관을 익히기 위해 문학 작품의 독서를 강조하고 있다.

## 19
정답 ③

제시문은 사람에게 오직 한 가지 변할 수 있는 것이 있는데 그것은 마음과 뜻이라고 하며, 사람들이 뜻을 가지고 앞으로 나아가려 하지 않고 가만히 기다리기만 한다고 비판하고 있다. 따라서 ③이 글쓴이가 가장 중요하게 생각하는 것이다.

## 20
정답 ①

제시된 논증의 결론은 '커피(카페인) 섭취 → 수면장애'이다. 그렇기 때문에 김사원의 의견대로 수면장애로 내원한 사람들 중에 커피를 마시지 않는 사람이 있다는 사실은 제시된 논증의 결론과 상반된 사례이기 때문에 이 논증의 결론은 약화된다.

[오답분석]
- 이대리 : 무(無)카페인과 관련된 근거는 논증에 아무런 영향을 미치지 않는다.
- 안사원 : 발작 현상이 공포감과 무관하다는 사실은 카페인으로 인해 발작이 나타날 수 있다는 논증의 결론에 아무런 영향을 미치지 않는다.

## 02  언어추리

| 01 | 02 | 03 | 04 | 05 | 06 | 07 | 08 | 09 | 10 | 11 | 12 | 13 | 14 | 15 | 16 | 17 | 18 | 19 | 20 |
|---|---|---|---|---|---|---|---|---|---|---|---|---|---|---|---|---|---|---|---|
| ⑤ | ③ | ② | ③ | ⑤ | ① | ② | ⑤ | ① | ② | ③ | ④ | ③ | ④ | ⑤ | ⑤ | ⑤ | ④ | ⑤ | ⑤ |

### 01
정답 ⑤

영희는 가방을 좋아하고, 가방을 좋아하면 바나나를 좋아한다. 즉, 영희는 바나나를 좋아한다. 두 번째 명제의 대우 명제는 '바나나를 좋아하면 비행기를 좋아하지 않는다.'이다. 따라서 '영희는 비행기를 좋아하지 않는다.'를 유추할 수 있다.

**오답분석**
① 세 번째 명제의 대우는 '바나나를 좋아하지 않는 사람은 가방을 좋아하지 않는다.'이다.
② 두 번째 명제의 이이다. 따라서 참일 수도 거짓일 수도 있다.
③·④ 두 번째 명제와 세 번째 명제의 대우를 결합하면 '비행기를 좋아하는 사람은 가방을 좋아하지 않는다.'를 유추할 수 있다.

### 02
정답 ③

전자제품을 A/S 기간이 짧은 순서대로 나열하면 '컴퓨터 – 세탁기 – 냉장고 – 에어컨'이므로 컴퓨터의 A/S 기간이 가장 짧은 것을 알 수 있다.

### 03
정답 ②

'스테이크를 먹는다.'를 A, '지갑이 없다.'를 B, '쿠폰을 받는다.'를 C라 하면, 첫 번째 명제와 두 번째 명제는 각각 A → B, ~B → C이다. 이때, 첫 번째 명제의 대우는 ~B → ~A이므로 마지막 명제가 참이 되려면 ~A → C가 필요하다. 따라서 빈칸에 들어갈 명제는 '스테이크를 먹지 않은 사람은 쿠폰을 받는다.'이다.

### 04
정답 ③

'아이스크림을 좋아함'을 $p$, '피자를 좋아함'을 $q$, '갈비탕을 좋아함'을 $r$, '짜장면을 좋아함'을 $s$라 하면, 각 명제는 순서대로 $p \rightarrow \sim q$, $\sim r \rightarrow q$, $p \rightarrow s$이다. 두 번째 명제의 대우와 첫 번째 명제에 따라 $p \rightarrow \sim q \rightarrow r$이고, 네 번째 명제가 $p \rightarrow s$가 되기 위해서는 $r \rightarrow s$라는 명제가 추가로 필요하다. 따라서 빈칸에 들어갈 명제는 '갈비탕을 좋아하면 짜장면을 좋아한다.'이다.

### 05
정답 ⑤

'책을 좋아함'을 $p$, '영화를 좋아함'을 $q$, '여행을 좋아함'을 $r$, '산책을 좋아함'을 $s$, '게임을 좋아함'을 $t$라고 하면, 각 명제는 순서대로 $p \rightarrow q$, $\sim r \rightarrow \sim p$, $s \rightarrow \sim t$, $q \rightarrow s$이다. 명제를 정리하면 $p \rightarrow q \rightarrow s \rightarrow \sim t$가 성립한다. 여행과 게임의 관계를 알 수 없으므로 ⑤는 적절하지 않다.

### 06
정답 ①

• A가 거짓말을 한다면 A가 깨뜨린 것이 된다.
• B가 거짓말을 한다면 1명은 C가 깼다고 말하고, 2명은 깨지 않았다고 말한 것이 된다.
• C가 거짓말을 한다면 1명은 C가 깼다고 말하고, 2명은 깨지 않았다고 말한 것이 된다.
• D가 거짓말을 한다면 1명은 C가 깼다고 말하고, 1명은 깨지 않았다고 말한 것이 된다.
따라서 A가 거짓말을 하였고, A가 화분을 깨뜨렸다.

## 07

**정답 ②**

먼저 A사원의 말이 거짓이라면 A사원과 D사원 두 명이 3층에서 근무하게 되고, 반대로 D사원의 말이 거짓이라면 3층에는 아무도 근무하지 않게 되므로 조건에 어긋난다. 따라서 A사원과 D사원은 진실을 말하고 있음을 알 수 있다. 또한 C사원의 말이 거짓이라면 아무도 홍보팀에 속하지 않으므로 C사원도 진실을 말하고 있음을 알 수 있다. 따라서 거짓말을 하고 있는 사람은 B사원이며, 이때 B사원은 총무팀 소속으로 6층에서 근무하고 있다.

## 08

**정답 ⑤**

ⅰ) A의 말이 거짓인 경우

| 구분 | A(원료 분류) | B(제품 성형) | C(제품 색칠) | D(포장) |
|---|---|---|---|---|
| 실수 | O |  | X | O |

실수는 한 곳에서만 발생했으므로 A의 말은 진실이다.

ⅱ) B의 말이 거짓인 경우

| 구분 | A(원료 분류) | B(제품 성형) | C(제품 색칠) | D(포장) |
|---|---|---|---|---|
| 실수 | X/O |  | X | X |

A와 D 2명의 말이 모두 진실일 때 모순이 발생하므로 B의 말은 진실이다.

ⅲ) C의 말이 거짓인 경우

| 구분 | A(원료 분류) | B(제품 성형) | C(제품 색칠) | D(포장) |
|---|---|---|---|---|
| 실수 | X/O |  | O | O |

A와 D 2명의 말이 모두 진실일 때 모순이 발생하며 실수는 한 곳에서만 발생했으므로 C의 말은 진실이다.

ⅳ) D의 말이 거짓인 경우

| 구분 | A(원료 분류) | B(제품 성형) | C(제품 색칠) | D(포장) |
|---|---|---|---|---|
| 실수 | X |  | X | O |

D가 거짓을 말했을 때 조건이 성립한다.

따라서 거짓을 말한 사람은 D직원이며, 실수가 발생한 단계는 포장 단계이다.

## 09

**정답 ①**

B와 D는 동일하게 A보다 낮은 표를 얻고 C보다는 높은 표를 얻었으나, B와 D를 서로 비교할 수 없으므로 득표수가 높은 순서대로 나열하면 'A-B-D-C-E' 또는 'A-D-B-C-E'가 된다.
따라서 어느 경우라도 A의 득표수가 가장 높으므로 A가 학급 대표로 선출된다.

## 10

**정답 ②**

조건에 따라 A, B, C, D의 사무실 위치를 정리하면 다음과 같다.

| 구분 | 2층 | 3층 | 4층 | 5층 |
|---|---|---|---|---|
| 경우 1 | 부장 | B과장 | 대리 | A부장 |
| 경우 2 | B과장 | 대리 | 부장 | A부장 |
| 경우 3 | B과장 | 부장 | 대리 | A부장 |

따라서 B가 과장이므로 대리가 아닌 A는 부장의 직위를 가진다.

[오답분석]
① A부장 외의 또 다른 부장은 2층, 3층 또는 4층에 근무한다.
③ 대리는 3층 또는 4층에 근무한다.
④ B는 2층 또는 3층에 근무한다.
⑤ C의 직위는 알 수 없다.

## 11  정답 ③

먼저 세 번째~여섯 번째 조건을 기호화하면 다음과 같다.
• A or B → D, A and B → D
• C → ~E and ~F
• D → G
• G → E

세 번째 조건의 대우 ~D → ~A and ~B에 따라 D사원이 출장을 가지 않으면 A사원과 B사원 모두 출장을 가지 않는 것을 알 수 있다. 결국 D사원이 출장을 가지 않으면 C사원과 대리인 E, F, G대리가 모두 출장을 가야 한다. 그러나 이는 대리 중 적어도 한 사람은 출장을 가지 않는다는 두 번째 조건과 모순되므로 성립하지 않는다. 따라서 D사원은 반드시 출장을 가야 한다. D사원이 출장을 가면 다섯 번째, 여섯 번째 조건을 통해 D → G → E가 성립하므로 G대리와 E대리도 출장을 가는 것을 알 수 있다. 이때, 네 번째 조건의 대우에 따라 E대리와 F대리 중 적어도 한 사람이 출장을 가면 C사원은 출장을 갈 수 없으며, 두 번째 조건에 따라 E, F, G대리는 모두 함께 출장을 갈 수 없다. 결국 D사원, G대리, E대리와 함께 출장을 갈 수 있는 사람은 A사원 또는 B사원이다. 따라서 항상 참이 되는 것은 'C사원은 출장을 가지 않는다.'이다.

## 12  정답 ④

8조각으로 나누어져 있는 피자 3판을 6명이 같은 양만큼 나누어 먹으려면 한 사람당 8×3÷6=4조각씩 먹어야 한다. A, B, E는 같은 양을 먹었으므로 A, B, E가 1조각, 2조각, 3조각, 4조각을 먹었을 때로 나누어볼 수 있다.
• A, B, E가 1조각을 먹었을 때
  A, B, E를 제외한 나머지는 모두 먹은 양이 달랐으므로 D, F, C는 각각 4, 3, 2조각을 먹었을 것이다. 하지만 6조각이 남았다고 했으므로 24-6=18조각을 먹었어야 하는데 총 1+1+1+4+3+2=12조각이므로 옳지 않다.
• A, B, E가 2조각을 먹었을 때
  2+2+2+4+3+1=14조각이므로 옳지 않다.
• A, B, E가 3조각을 먹었을 때
  3+3+3+4+2+1=16조각이므로 옳지 않다.
• A, B, E가 4조각을 먹었을 때
  4+4+4+3+2+1=18조각이므로 A, B, E는 4조각씩 먹었음을 알 수 있다.
F는 D보다 적게 먹었으며, C보다는 많이 먹었다고 하였으므로 C가 1조각, F가 2조각, D가 3조각을 먹었다.
따라서 2조각을 더 먹어야 하는 사람은 현재 2조각을 먹은 F이다.

## 13  정답 ③

왼쪽부터 순서대로 나열하면 '소설 - 잡지 - 외국 서적 - 어린이 도서' 순서이다.
따라서 A, B 모두 옳다.

## 14  정답 ④

• A : 살이 찌면 몸이 비대해진다(대우는 성립한다).
• B : 과식을 하면 살이 찌고, 살이 찌면 몸이 비대해지므로 움직이기가 힘들다(대우는 성립한다).
따라서 A, B 모두 틀리다.

## 15  정답 ⑤

• A : 울릉도에서는 홍어보다 오징어가 더 많이 잡히나, 오징어가 제일 많이 잡히는지는 알 수 없다.
• B : 울릉도와 홍도 중 어디에서 오징어가 더 많이 잡히는지 제시된 조건만으로는 알 수 없다.
따라서 A, B 모두 옳은지 틀린지 판단할 수 없다.

## 16  정답 ⑤

첫 번째 진술의 대우 명제는 '영희 또는 서희가 서울 사람이 아니면 철수의 말이 거짓이다.'이다. 따라서 서희가 서울 사람이 아니라면, 철수의 말은 거짓이다. 또한 두 번째 진술에 의해, 창수와 기수는 서울 사람이다.

## 17  정답 ⑤

고전주의 범죄학에서는 인간의 모든 행위는 자유의지에 입각한 합리적 판단에 따라 이루어지므로 범죄에 비례해 형벌을 부과할 경우 범죄가 억제될 수 있다고 주장한다. 따라서 이러한 주장에 대한 반박으로는 사회적 요인의 영향 등을 고려할 때 범죄는 개인의 자유의지로 통제할 수 없다는 내용의 ⑤가 가장 적절하다.

오답분석

②・③・④ 고전주의 범죄학의 입장에 해당한다.

## 18  정답 ④

제시문에서는 비현금 결제의 편리성, 경제성, 사회의 공공 이익에 기여 등을 이유로 들어 비현금 결제를 지지하고 있다. 따라서 비현금 결제 방식이 경제적이지 않다는 논지로 반박하는 것이 가장 적절하다.

## 19  정답 ⑤

고전적 귀납주의에 따르면 여러 가설 사이에서 관련된 경험적 증거 전체를 고려하여 경험적 증거가 많은 가설을 선택할 수 있다. 즉, 가설에 부합하는 경험적 증거가 많을수록 가설의 신뢰도가 더 높아진다고 본 것이다. 따라서 이러한 주장에 대한 반박으로는 경험적 증거로 인해 높아지는 가설의 신뢰도를 정량적으로 판단할 수 없다는 것이 가장 적절하다.

## 20  정답 ⑤

제시문의 화제는 '과학적 용어'이다. 필자는 '모래언덕'의 높이, '바람'의 세기, '저온'의 온도를 사례로 들어 과학자들은 모호한 것은 싫어하지만 '대화를 통해 그 상황에 적절한 합의를 도출'하는 것으로 문제화하지 않는다고 한다. 따라서 이 글은 '과학적 용어가 엄밀하고 보편적인 정의에 의해서만 객관성이 보장된다.'는 주장에 대한 비판적 논거이다.

## 03 자료해석

| 01 | 02 | 03 | 04 | 05 | 06 | 07 | 08 | 09 | 10 | 11 | 12 | 13 | 14 | 15 | 16 | 17 | 18 | 19 | 20 |
|----|----|----|----|----|----|----|----|----|----|----|----|----|----|----|----|----|----|----|----|
| ② | ④ | ④ | ② | ⑤ | ② | ④ | ④ | ③ | ③ | ⑤ | ⑤ | ② | ④ | ③ | ④ | ④ | ④ | ② | ② |

### 01

정답 ②

- 산지에서 구매한 가격을 $a$라 하면 협동조합이 도매상에 판매한 가격은 $\left(1+\frac{20}{100}\right) \times a = 1.2a$이다.
- 도매상의 판매가를 $x$라 하면 $\frac{80}{100}x = 1.2a \rightarrow x = 1.5a$이므로 소매상의 판매가는 $\left(1+\frac{20}{100}\right) \times 1.5a = 1.8a$이다.

따라서 협동조합의 최초 구매가격 대비 80% 상승했다.

### 02

정답 ④

- A : 300×0.01=3억 원
- B : 2,000×20,000=4천만 원
- C : 500×80,000=4천만 원

따라서 전체 지급액은 3억 원+4천만 원+4천만 원=3억 8천만 원이다.

### 03

정답 ④

(공주거리)=(속도)×(공주시간), 72km/h=$\frac{72,000}{3,600}$m/s=20m/s

시속 72km로 달리는 자동차의 공주거리는 20m/s×1s=20m이다.
따라서 자동차의 정지거리는 (공주거리)+(제동거리)이므로 20+36=56m이다.

### 04

정답 ②

$\frac{(대학졸업자\ 취업률)}{(전체\ 대학졸업자)} \times 100 =$ (대학졸업자 취업률)×(대학졸업자의 경제활동인구 비중)×$\frac{1}{100}$

따라서 OECD 평균은 $40 \times 50 \times \frac{1}{100} = 20\%$이고, 이보다 높은 국가는 B, C, E, F, G, H이다.

### 05

정답 ⑤

미국의 점수 총합은 4.2+1.9+5.0+4.3=15.4점으로 프랑스의 총점 5.0+2.8+3.4+3.7=14.9점보다 높다.

[오답분석]
① 기술력 분야에서는 프랑스가 제일 높다.
② 시장지배력 분야의 점수는 일본이 1.7점으로 3.4점인 프랑스보다 낮다.
③ 브랜드파워 분야에서 각국 점수 중 최댓값과 최솟값의 차이는 4.3-1.1=3.2점이다.
④ 성장성 분야에서 점수가 가장 높은 국가는 한국이고, 시장지배력 분야에서 점수가 가장 높은 국가는 미국이다.

## 06    정답 ②

비사업용 특수차를 보면, 4년 이하인 경우부터 순서대로 소수점 첫째 자리가 '6, 2'가 반복되고, 자연수 부분을 보면, 연수가 4년 이하인 경우부터 순서대로 +6, −4가 번갈아 적용되는 수열이다.
따라서 빈칸에 들어갈 수의 자연수 부분은 17−4=13이고, 소수점 첫째 자릿수는 6이다.

## 07    정답 ④

5년 동안 전체 사고 발생 수는 262,814+270,646+284,286+273,097+266,051=1,356,894건이고, 자전거사고 발생 수는 6,212+4,571+7,498+8,529+5,330=32,140건이다. 따라서 전체 사고 발생 수 중 자전거사고 발생 수의 비율은 $\frac{32,140}{1,356,894}$ ×100≒2.37%로 3% 미만이다.

**오답분석**

① 연도별 화재사고 발생 수의 5배와 도로교통사고 발생 수를 비교하면 다음과 같다.

| 구분 | 화재사고 건수 5배 | 도로교통사고 건수 |
| --- | --- | --- |
| 2020년 | 40,932건×5=204,660건 | 215,354건 |
| 2021년 | 42,135건×5=210,675건 | 223,552건 |
| 2022년 | 44,435건×5=222,175건 | 232,035건 |
| 2023년 | 43,413건×5=217,065건 | 220,917건 |
| 2024년 | 44,178건×5=220,890건 | 216,335건 |

따라서 2024년에는 화재사고 건수의 5배가 도로교통사고 발생 수보다 많으므로 옳지 않은 설명이다.
② 환경오염사고 발생 수는 2022년부터 2024년까지 전년보다 감소하므로 증가와 감소가 반복됨은 옳지 않다.
③ 환경오염사고 발생 수는 2023년부터 가스사고 발생 수보다 적다.
⑤ 가스사고 발생 수는 2024년에 다시 감소했다.

## 08    정답 ④

- (가)=723−(76+551)=96
- (나)=824−(145+579)=100
- (다)=887−(137+131)=619
- (라)=114+146+688=948

∴ (가)+(나)+(다)+(라)=96+100+619+948=1,763

## 09    정답 ③

2015년 대비 2023년 장르별 공연 건수의 증가율은 다음과 같다.

- 양악 : $\frac{460-250}{250}$ ×100=84%
- 국악 : $\frac{238-68}{68}$ ×100=250%
- 무용 : $\frac{138-60}{60}$ ×100=130%
- 연극 : $\frac{180-60}{60}$ ×100=200%

따라서 2015년 대비 2023년 공연 건수의 증가율이 가장 높은 장르는 국악이다.

**오답분석**

① 2019년과 2022년에는 연극 공연 건수가 국악 공연 건수보다 많았다.
② 2018년까지는 양악 공연 건수가 국악, 무용, 연극 공연 건수의 합보다 많았지만, 2019년 이후에는 양악 공연 건수가 국악, 무용, 연극 공연 건수의 합보다 적었다. 또한, 2021년에는 무용 공연 건수 자료가 집계되지 않아 양악의 공연 건수가 다른 공연 건수의 합보다 많은지 적은지 판단할 수 없으므로 옳지 않은 설명이다.
④ 2021년의 무용 공연 건수가 제시되어 있지 않으므로 연극 공연 건수가 무용 공연 건수보다 많아진 것이 2022년부터인지 판단할 수 없으므로 옳지 않은 설명이다.
⑤ 2022년에 비해 2023년에 공연 건수가 가장 많이 증가한 장르는 국악이다.

## 10
정답 ③

10대 품목 수출액을 총수출액 대비 비중으로 나누고 100을 곱하여 총수출액을 구하면 다음과 같다.
- 2020년 : $\frac{336}{56} \times 100 = 600$십억 달러
- 2021년 : $\frac{330}{60} \times 100 = 550$십억 달러
- 2022년 : $\frac{290}{58} \times 100 = 500$십억 달러
- 2023년 : $\frac{252}{56} \times 100 = 450$십억 달러
- 2024년 : $\frac{330}{60} \times 100 = 550$십억 달러

따라서 총수출액이 두 번째로 적은 연도는 2022년이다.

## 11
정답 ⑤

렌즈별로 1년 동안 교체(=구매) 횟수를 구하면 다음과 같다.
- A : 12÷1=12번을 구매해야 한다.
- B : 서비스가 1+1로 한 번에 4개월치의 렌즈를 구매할 수 있으므로 12÷4=3번을 구매해야 한다.
- C : 3월, 7월, 11월은 1+2의 서비스로 1월, 2월, 3월(~4, 5월), 6월, 7월(~8, 9월), 10월, 11월(~12월) 총 7번을 구매해야 한다.
- D : 착용기한이 1주이므로 1년에 총 52번을 구매해야 한다.
- E : 서비스가 1+2로 한 번에 6개월치의 렌즈를 구매할 수 있으므로 12÷6=2번을 구매해야 한다.

렌즈를 구입하는 데 1년에 드는 비용은 다음과 같다.
- A : 30,000×12=360,000원
- B : 45,000×3=135,000원
- C : 20,000×7=140,000원
- D : 5,000×52=260,000원
- E : 65,000×2=130,000원

따라서 E렌즈가 가장 적은 비용으로 사용할 수 있다.

## 12
정답 ⑤

독일과 일본의 국방예산 차액은 447−411=36억 원이고, 영국과 일본의 국방예산 차액은 487−447=40억 원이다.

따라서 독일과 일본의 국방예산 차액은 영국과 일본의 국방예산 차액의 $\frac{36}{40} \times 100 = 90\%$이다.

[오답분석]

① 인도보다 국방예산이 적은 국가는 영국, 일본, 독일, 한국, 프랑스이다.

② 8개 국가 국방예산 총액은 692+635+487+447+411+369+559+500=4,100억 원이며, 한국이 차지하는 비중은 $\frac{369}{4,100} \times 100 = 9\%$이다.

③ 사우디아라비아 국방예산은 프랑스 국방예산 대비 $\frac{635-500}{500} \times 100 = 27\%$ 많다.

④ 국방예산이 가장 많은 국가는 러시아(692억 원)이며, 가장 적은 국가는 한국(369억 원)으로 두 국가의 예산 차액은 692−369=323억 원이다.

## 13

정답 ②

유효슈팅 대비 골의 비율은 울산이 $\frac{18}{60}\times100=30\%$, 상주가 $\frac{12}{30}\times100=40\%$로 상주가 울산보다 높다.

**오답분석**

① 슈팅 개수의 상위 3개 구단은 '전북, 울산, 대구'이나 유효슈팅 개수의 상위 3개 구단은 '전북, 울산, 포항'이다.
③ 슈팅 대비 골의 비율은 전북이 $\frac{27}{108}\times100=25\%$, 성남이 $\frac{12}{60}\times100=20\%$로 그 차이는 $25-20=5\%$p이므로 10%p 이하이다.
④ 골의 개수가 적은 하위 두 팀은 9개인 포항과 10개인 서울로 골 개수의 합은 $9+10=19$개이다. 이는 전체 골 개수인 $18+27+12+9+12+10+12=100$개의 $\frac{19}{100}\times100=19\%$이므로 15% 이상이다.
⑤ 경기당 평균 슈팅 개수가 가장 많은 구단은 18개로 전북이고, 가장 적은 구단은 7개로 서울이므로 그 차이는 $18-7=11$개이다. 또한 경기당 평균 유효슈팅 개수가 가장 많은 구단은 12개로 전북이고, 가장 적은 구단은 3개로 서울이므로 그 차이는 $12-3=9$개이다.

## 14

정답 ④

2020 ~ 2024년까지 전체 이혼건수 증감추이는 계속적으로 증가했으며, 이와 같은 추이를 보이는 지역은 경기 지역 한 곳이다.

**오답분석**

① 2022 ~ 2024년까지의 인천 이혼건수는 $35+32+39=106$천 건, 서울 이혼건수는 $34+33+38=105$천 건으로 인천이 높다.
② 2020 ~ 2024년까지 전체 이혼건수가 가장 적은 해는 2020년이고, 2024년에는 이혼건수가 가장 많은 해이다.
③ 수도권(서울, 인천, 경기)의 이혼건수가 가장 많은 해는 2024년이다.

(단위 : 천 건)

| 구분 | 2020년 | 2021년 | 2022년 | 2023년 | 2024년 |
|---|---|---|---|---|---|
| 서울 | 28 | 29 | 34 | 33 | 38 |
| 인천 | 22 | 24 | 35 | 32 | 39 |
| 경기 | 19 | 21 | 22 | 28 | 33 |
| 수도권 | 69 | 74 | 91 | 93 | 110 |

⑤ 전체 이혼건수 대비 수도권의 이혼건수 비중은 2020년에 $\frac{69}{132}\times100≒52.3\%$, 2024년에는 $\frac{110}{178}\times100≒61.8\%$를 차지한다.

## 15

정답 ③

전년 대비 2023년의 축구 동호회 인원 증가율은 $\frac{120-100}{100}\times100=20\%$이다.
따라서 2024년 축구 동호회 인원은 $120\times1.2=144$명일 것이다.

## 16

정답 ④

2021년 전체 동호회의 평균 인원은 $\frac{420}{7}=60$명이다. 따라서 2021년 족구 동호회 인원이 65명이므로 전체 동호회의 평균 인원보다 많다.

**오답분석**

① 2021년 배구와 족구 동호회의 순위가 다른 연도들과 다르다.
② 2020 ~ 2023년 동호회 인원 전체에서 등산이 차지하는 비중은 다음과 같다.
 • 2020년 : $\frac{18}{360}\times100=5\%$

제2회 최종점검 모의고사 • 47

- 2021년 : $\frac{42}{420} \times 100 = 10\%$
- 2022년 : $\frac{44}{550} \times 100 = 8\%$
- 2023년 : $\frac{77}{700} \times 100 = 11\%$

따라서 동호회 인원 전체에서 등산이 차지하는 비중은 2021년과 2023년에는 전년 대비 증가하였으나 2022년에는 전년 대비 감소하였다.

③ 2020 ~ 2023년 동호회 인원 전체에서 배구가 차지하는 비중은 다음과 같다.
- 2020년 : $\frac{72}{360} \times 100 = 20\%$
- 2021년 : $\frac{63}{420} \times 100 = 15\%$
- 2022년 : $\frac{88}{550} \times 100 = 16\%$
- 2023년 : $\frac{105}{700} \times 100 = 15\%$

따라서 동호회 인원 전체에서 배구가 차지하는 비중은 2021년과 2023년에는 전년 대비 감소하였으나 2022년에는 전년 대비 증가하였다.

⑤ 2020 ~ 2023년 등산과 여행 동호회 인원의 합을 축구 동호회 인원과 비교하면 다음과 같다.
- 2020년 : 18+10=28<77
- 2021년 : 42+21=63<92
- 2022년 : 44+40=84<100
- 2023년 : 77+65=142>120

따라서 2023년 등산과 여행 동호회 인원의 합은 같은 해의 축구 동호회 인원보다 많으므로 옳지 않은 설명이다.

# 17

**정답** ④

E과제에 대한 전문가 3의 점수는 70×5−(100+40+70+80)=60점이고, A ~ E과제의 평균점수와 최종점수를 구하면 다음과 같다.

| 구분 | 평균점수 | 최종점수 |
| --- | --- | --- |
| A | $\frac{100+70+60+50+80}{5}=72$점 | $\frac{70+60+80}{3}=70$점 |
| B | $\frac{80+60+40+60+60}{5}=60$점 | $\frac{60+60+60}{3}=60$점 |
| C | $\frac{60+50+100+90+60}{5}=72$점 | $\frac{60+90+60}{3}=70$점 |
| D | $\frac{80+100+90+70+40}{5}=76$점 | $\frac{80+90+70}{3}=80$점 |
| E | 70점 | $\frac{60+70+80}{3}=70$점 |

따라서 평균점수와 최종점수가 같은 과제는 B, E이다.

# 18

**정답** ④

2020년부터 2024년 동안 전년도에 비해 감귤 생산량의 감소량이 가장 많은 연도는 2020년도로 전년 대비 0.4천 톤만큼 감소하였다.
따라서 2020년의 수확 면적은 48.1만 ha이다.

## 19

정답 ②

ㄴ. 전년 대비 2023년 대형 자동차 판매량의 감소율은 $\frac{150-200}{200} \times 100 = -25\%$로 판매량은 전년 대비 30% 미만으로 감소하였다.

ㄷ. 2022~2024년 동안 SUV 자동차의 총판매량은 300+400+200=900천 대이고, 대형 자동차의 총판매량은 200+150+100=450천 대이다. 따라서 2022~2024년 동안 SUV 자동차의 총판매량은 대형 자동차 총판매량의 $\frac{900}{450}=2$배이다.

오답분석

ㄱ. 2022~2024년 동안 판매량이 지속적으로 감소하는 차종은 '대형' 1종류이다.

ㄹ. 2023년 대비 2024년에 판매량이 증가한 차종은 '준중형'과 '중형'이다. 두 차종의 증가율을 비교하면 준중형은 $\frac{180-150}{150} \times 100 = 20\%$, 중형은 $\frac{250-200}{200} \times 100 = 25\%$로 중형 자동차가 더 높은 증가율을 나타낸다.

## 20

정답 ②

조사기간 동안 모든 최저임금 수치가 자료보다 낮다.

## 04 창의수리

| 01 | 02 | 03 | 04 | 05 | 06 | 07 | 08 | 09 | 10 | 11 | 12 | 13 | 14 | 15 | 16 | 17 | 18 | 19 | 20 |
|---|---|---|---|---|---|---|---|---|---|---|---|---|---|---|---|---|---|---|---|
| ④ | ③ | ③ | ⑤ | ④ | ① | ④ | ④ | ④ | ③ | ⑤ | ① | ② | ② | ② | ① | ④ | ④ | ④ | ③ |

## 01

정답 ④

홀수 항은 1을 뺀 후 ×2, 짝수 항은 ÷3인 수열이다.
따라서 (　)=(238-1)×2=474이다.

## 02

정답 ③

(앞의 항)+(뒤의 항)=(다음 항)인 수열이다.
따라서 (　)=76+123=199이다.

## 03

정답 ③

각 항을 네 개씩 묶고 $A$, $B$, $C$, $D$라고 하면
$\underline{A\ B\ C\ D} \rightarrow A+2B-C=D$
따라서 (　)=113+2×(-42)-53=-24이다.

## 04

정답 ⑤

(앞의 항)$\times \frac{2}{3}$인 수열이다.
따라서 (　)=$\frac{13}{18} \times \frac{2}{3} = \frac{13}{27}$이다.

## 05 정답 ④

나열된 수를 각각 $A$, $B$, $C$라고 하면
$\underline{A\ B\ C} \to A^B = C$
따라서 ( ) $= 5^3 = 125$이다.

## 06 정답 ①

이차방정식 $x^2 + 2ax + a - 4 = 0$의 한 근이 1이므로 $x = 1$을 대입하면
$1 + 2a + a - 4 = 0 \to 3a - 3 = 0$
$\therefore a = 1$
$a = 1$을 주어진 방정식에 대입하면
$x^2 + 2x - 3 = 0 \to (x+3)(x-1) = 0$
$\therefore x = -3$ 또는 $x = 1$
따라서 다른 한 근은 $-3$이다.

## 07 정답 ④

십의 자리 수를 $x$, 일의 자리 수를 $y$라고 하자.
$10x + y = (x+y) \times 8 \to 2x - 7y = 0 \cdots \text{㉠}$
$10x + y = x + 10y + 45 \to x - y = 5 \cdots \text{㉡}$
㉠, ㉡을 연립하면 다음과 같다.
$x = 7$, $y = 2$
따라서 두 자리 자연수는 72가 된다.

## 08 정답 ④

석훈이는 평균 6m/s로 소영이는 4m/s의 속도로 달리기 때문에 1초에 10m씩 가까워진다. 점점 가까워지다가 만나게 되고 그 과정을 한 번 더 반복하게 되는데, 두 번째 만날 때까지 둘이 달린 거리는 트랙의 길이의 2배와 같다.
따라서 1분 15초 동안 달린 거리는 10m/s×75=750m이며 트랙의 길이는 그 절반인 375m이다.

## 09 정답 ④

서울과 부산의 거리 490km에서 곡선구간 거리를 제외한 직선구간 거리는 490−90=400km이며, 걸린 시간은 $\frac{400}{200} = 2$시간이다.

직선구간의 이동시간과 대전역, 울산역, 광명역에서의 정차시간을 제외하면, $3 - \left(2 + \frac{5 \times 3}{60}\right) = \frac{45}{60}$ 시간이 남는다.

따라서 남는 시간은 곡선구간에서 이동한 시간이므로 곡선구간에서의 속력은 $90 \div \frac{45}{60} = 120$km/h이다.

## 10 정답 ③

농도 10% 소금물의 양을 $x$g, 농도 4% 소금물의 양을 $y$g라 하자.
$\frac{10}{100} \times x + \frac{4}{100} \times y = \frac{8}{100} \times (x+y) \cdots \text{㉠}$
$\frac{8}{100}(x+y-100) + 20 = \frac{12}{100}(x+y-100+20) \cdots \text{㉡}$
두 식을 간단히 정리하면
$x = 2y \cdots \text{㉠}'$

$x+y=540$ ··· ⓒ'

ⓒ'에 ㉠'을 대입하면 $2y+y=540$이므로 $y=180$이고 $x=360$이다.
따라서 농도 10% 소금물의 양은 360g이다.

## 11  정답 ⑤

더 넣은 소금의 양을 $x$g라 하면 다음과 같은 관계가 성립한다.

$$\frac{7}{100} \times 200 + \frac{10}{100} \times 300 + x = \frac{20}{100} \times (200+300+x)$$

$$14+30+x = 100 + \frac{20}{100}x$$

$$\frac{80}{100}x = 56 \rightarrow x = 70$$

따라서 더 넣은 소금의 양은 70g이다.

## 12  정답 ①

맨 앞의 할아버지와 맨 뒤의 할머니를 제외한 5명이 일렬로 서는 경우의 수를 구하면 된다.
∴ $5!=120$
따라서 할아버지가 맨 앞, 할머니가 맨 뒤에 위치할 때, 이 가족이 일렬로 서는 경우의 수는 120가지이다.

## 13  정답 ②

• 국내 여행을 선호하는 남학생 수 : $30-16=14$명
• 국내 여행을 선호하는 여학생 수 : $20-14=6$명

따라서 국내 여행을 선호하는 학생 수는 $14+6=20$명이므로 구하는 확률은 $\frac{14}{20}=\frac{7}{10}$이다.

## 14  정답 ②

볼펜은 1개가 부족하고, 지우개와 샤프는 각각 2개가 남아 볼펜 30자루, 지우개 36개, 샤프 24자루를 학생들에게 똑같이 나눠주는 경우와 같다.
따라서 30, 36, 24의 최대공약수는 6이며, 학생 수는 6명이 된다.

## 15  정답 ②

135g인 유리병 한 병을 만드는 데 필요한 산화규소의 질량은 $135 \times 0.8 = 108$g이다. 따라서 산화규소 5kg(=5,000g)으로 만들 수 있는 유리병의 최대 개수는 $\frac{5,000}{108} ≒ 46.3$, 즉 46개이다.

## 16  정답 ①

A회사는 10분에 5개의 인형을 만드므로 1시간에 30개의 인형을 만든다. 따라서 40시간에 인형은 1,200개, 인형 뽑는 기계는 40대가 만들어진다. 따라서 기계 하나당 적어도 40개의 인형이 들어가야 하므로 최대 30대의 인형이 가득 차 있는 인형 뽑는 기계를 만들 수 있다.

## 17

정답 ④

A1의 가로를 $a$, 세로를 $b$라고 하면 A1의 세로길이 $b$는 A2의 가로길이가 되고, A1의 가로길이의 $\frac{1}{2}$은 A2의 세로길이가 된다. 이런 방식으로 A1~A5까지 각각의 가로와 세로길이를 구하면 다음과 같다.

| 구분 | 가로길이 | 세로길이 |
| --- | --- | --- |
| A1 | $a$ | $b$ |
| A2 | $b$ | $\frac{a}{2}$ |
| A3 | $\frac{a}{2}$ | $\frac{b}{2}$ |
| A4 | $\frac{b}{2}$ | $\frac{a}{4}$ |
| A5 | $\frac{a}{4}$ | $\frac{b}{4}$ |

가로와 세로가 같은 비율로 작아지므로 A4와 A5의 길이 축소율을 $a$와 $b$에 관한 식으로 나타내면 다음과 같다.

(가로길이 축소율)=(세로길이 축소율) → $\frac{a}{4} \div \frac{b}{2} = \frac{b}{4} \div \frac{a}{4}$ → $\frac{a^2}{16} = \frac{b^2}{8}$ → $a = \sqrt{2}b$ … ㉠

따라서 ㉠을 A4에서 A5의 가로 길이 축소율에 대입하면 $\frac{a}{4} \div \frac{b}{2} = \frac{a}{2b} = \frac{\sqrt{2}b}{2b} = \frac{1.4}{2} = 0.7$이므로 처음 길이의 70%이다.

## 18

정답 ④

여학생의 평균점수를 $a$점이라 가정하면, 남학생 평균 점수는 $(3a+2)$점이다.
전체 평균점수에 대한 관계식을 구하면 $200 \times 0.51 \times (3a+2) + 200 \times 0.49 \times a = 200 \times 59.6$이다.
이 방정식에서 각 항에 공통인 200을 약분하면 다음과 같다.
$0.51 \times (3a+2) + 0.49 \times a = 59.6$ → $1.53a + 1.02 + 0.49a = 59.6$ → $2.02a = 58.58$ → $a = 29$
따라서 여학생의 평균점수는 29점이며, 남학생의 평균점수는 89점이다.

## 19

정답 ④

기간을 $x$일이라고 하자.
$2000 + 500x + 5000 + 400x \geq 7000 + 100x + 9000 + 200x$
→ $70 + 9x \geq 160 + 3x$ → $6x \geq 90$ → $x \geq 15$
따라서 B와 C가 모은 총금액이 A와 D가 모은 총금액 이상이 되는 것은 15일 후이다.

## 20

정답 ③

작년 부품 값의 총합을 $x$원이라 하면 A부품의 가격은 $0.15x$원이다. 올해 모든 부품 값이 10,000원씩 상승하였으므로 올해 부품 값의 총합은 $(x+100,000)$원이고 A부품의 가격은 $0.145(x+100,000)$원으로 $(0.15x+10,000)$원과 같다.
$0.15x + 10,000 = 0.145(x + 100,000)$
$0.005x = 4,500$
∴ $x = 900,000$
따라서 올해 부품 값의 총합은 $900,000 + 100,000 = 1,000,000$원이다.

## 제 3 회 최종점검 모의고사

### 01 언어이해

| 01 | 02 | 03 | 04 | 05 | 06 | 07 | 08 | 09 | 10 | 11 | 12 | 13 | 14 | 15 | 16 | 17 | 18 | 19 | 20 |
|---|---|---|---|---|---|---|---|---|---|---|---|---|---|---|---|---|---|---|---|
| ④ | ③ | ③ | ② | ⑤ | ① | ② | ③ | ③ | ⑤ | ③ | ② | ④ | ② | ③ | ① | ④ | ④ | ④ | ③ |

**01** 　　　　　　　　　　　　　　　　　　　　　　　　　　　　　　　　　정답 ④

제시문에 따르면 업사이클링은 재활용이 가능한 제품을 디자인과 활용성을 더해 새로운 제품으로 만들어 사용하는 것을 말한다. 이는 기존 재활용 방식과는 달리 넓은 범위에 적용할 수 있으며, 최근 인더스트리얼 인테리어 방식이 유행하는 만큼 사람들의 인식이 좋아져 인기를 끌고 있는 방식이다.

**02** 　　　　　　　　　　　　　　　　　　　　　　　　　　　　　　　　　정답 ③

제시문의 마지막 문단에서 '선비들은 어려서부터 머리가 희어질 때까지 오직 글쓰기나 서예 등만 익혔을 뿐이므로 갑자기 지방 관리가 되면 당황하여 어찌할 바를 모른다.'고 하였으므로 형벌에 대한 사대부들의 무지를 비판하고 있음을 알 수 있다.

**03** 　　　　　　　　　　　　　　　　　　　　　　　　　　　　　　　　　정답 ③

제시문은 국내 최초로 재활승마 전용마장이 무상 운영됨에 따라 재활승마를 통해 동물을 매개로 한 치료 프로그램이 실시되고, 여러 시설이 마련되어 장애아동과 가족들의 이용이 편리해졌지만 선진국에 비해 활발하게 운영되고 있지 않아 많은 보급이 필요하다는 내용이다. 따라서 (다) 재활승마 전용마장이 무상으로 운영 – (가) 재활승마는 동물을 매개로 한 치료 프로그램으로 치료 성과를 도모 – (라) 재활승마 전용마장 내 여러 시설은 장애아동과 가족들이 이용하기 편리 – (나) 하지만 다른 선진국에서는 재활승마의 운영이 활발하므로 국내에서도 많은 보급이 필요 순으로 나열하는 것이 적절하다.

**04** 　　　　　　　　　　　　　　　　　　　　　　　　　　　　　　　　　정답 ②

제시문은 A회사가 국내 최대 규모의 은퇴연구소를 개소했고, 은퇴 이후 안정된 노후준비를 돕고 다양한 정보를 제공하는 소통의 채널로 이용하며 은퇴 이후의 생활에 관심이 부족한 우리의 인식 개선을 위해 노력할 것이라는 내용의 글이다. 따라서 (다) A회사가 국내 최대 규모의 은퇴연구소를 개소 – (가) 은퇴연구소는 체계화된 팀을 구성 – (나) 일반인들의 안정된 노후 준비를 돕고, 다양한 정보를 제공할 것 – (라) 선진국에 비해 뒤떨어지는 우리의 인식을 개선하기 위한 노력 순서로 나열하는 것이 적절하다.

**05** 　　　　　　　　　　　　　　　　　　　　　　　　　　　　　　　　　정답 ⑤

글쓴이는 첫 번째 문단에서 1948년에 제정된 대한민국 헌법에 드러난 공화제적 원리는 1948년에 이르러 갑자기 등장한 것이 아니라 이미 19세기 후반부터 표명되고 있었다고 말하면서 구체적인 예를 들어 설명하고 있다. 1885년 『한성주보』에서 공화제적 원리가 언급되었고, 1898년 만민공동회에서는 그 내용이 명확하게 드러났다고 하였다. 또한 독립협회의 「헌의 6조」에서 공화주의 원리를 찾아볼 수 있다고 하였다. 따라서 제시문의 핵심 내용은 ⑤이다.

## 06
정답 ①

일반 시민들이 SNS를 통해 문제를 제기하면서 전통적 언론에서 뒤늦게 그 문제에 대해 보도하는 현상이 생기게 되었다.

[오답분석]
ㄱ·ㄷ. 현대의 전통적 언론도 의제설정기능을 수행할 수는 있지만, 과거 언론에 비해 의제설정기능의 역할이 약화되었다.
ㄹ. SNS로 인해 역의제설정 현상이 강해지고 있다.


## 07
정답 ②

아리스토텔레스는 물체의 정지 상태가 물체의 운동 상태와는 아무런 상관이 없으며, 물체에 변화가 있어야만 운동한다고 이해했다.

[오답분석]
ㄱ. 이론적인 선입견을 배제한다면 일상적인 경험에 의거해 아리스토텔레스의 논리가 더 그럴듯하게 보일 수는 있다고 했지만, 뉴턴 역학이 올바르지 않다고 언급하지는 않았다.
ㄴ. 제시문의 두 번째 줄에서 '아리스토텔레스에 의하면 물체가 똑같은 운동 상태를 유지하기 위해서는 외부에서 끝없이 힘이 제공되어야만 한다.'고 하고 있다. 그러므로 아리스토텔레스의 주장과 반대되는 내용이다.
ㄷ. 제시문만으로는 당시에 뉴턴이나 갈릴레오가 아리스토텔레스의 논리를 옳다고 판단했는지는 알 수 없다.


## 08
정답 ③

제시문의 첫 번째 문단에서는 하천의 과도한 영양분이 플랑크톤을 증식시켜 물고기의 생존을 위협한다고 이야기하며, 두 번째 문단에서는 이러한 녹조 현상이 우리가 먹는 물의 안전까지도 위협한다고 이야기한다. 마지막 세 번째 문단에서는 생활 속 작은 실천을 통해 생태계와 인간의 안전을 위협하는 녹조를 방지해야 한다고 이야기하므로 제목으로 ③이 가장 적절하다.


## 09
정답 ③

제시문에서는 공동주택의 주거문화에서 중요성이 커지고 있는 이웃과의 관계에 대해 이야기하며, 올바른 공동주택 주거문화에 대해 함께 고민하고 이야기해야 한다고 이야기하므로 글의 제목으로 가장 적절한 것은 ③이다.

[오답분석]
① 공동주택 주거문화의 문제점보다는 특성에 관해 이야기하고 있으므로 적절하지 않다.
② 공동주택의 현황보다는 공동주택의 고층화·고밀화에 따른 주거문화에 관하여 이야기하고 있으므로 적절하지 않다.
④ 멀어지는 이웃과의 관계보다는 이웃과의 관계에 대한 중요성이 커지고 있음을 이야기하고 있으므로 적절하지 않다.
⑤ 공동주택에 대한 정부의 대책은 언급되지 않았으므로 적절하지 않다.


## 10
정답 ⑤

매트 스폰하이머와 줄리아 리소프의 연구는 오스트랄로피테쿠스가 육식을 하였음을 증명하였으므로, 육식 여부로 오스트랄로피테쿠스와 사람을 구분하던 과거의 방법이 잘못되었음을 증명한 것이라 볼 수 있다.

[오답분석]
① 두 번째 문단 마지막 문장에서 오스트랄로피테쿠스의 식단에서 풀을 먹는 동물이 큰 부분을 차지했다는 결론을 내렸다고 했을 뿐, 풀을 전혀 먹지 않았는지는 알 수 없다.
② 단일 식품을 섭취하는 것이 위험하다고 했을 뿐, 단일 식품을 섭취하는 동물은 없다고 보기는 어렵다.
③ 마지막 문단에서 동물 뼈에 이로 씹은 흔적 위에 도구로 자른 흔적이 겹쳐있고 무기를 가진 인간의 흔적이라고 한 것으로 보아 무기로 사냥을 했음을 알 수 있다.
④ 오스트랄로피테쿠스의 진화과정과 육식의 관계를 알 수 있을 만한 부분은 없다.

## 11

정답 ③

퐁피두 미술관은 모든 창조적 활동을 위한 공간이라는 제시문의 설명에 비추어 봤을 때, 퐁피두가 전통적인 예술작품을 선호할 것이라는 내용은 유추할 수 없다.

[오답분석]
① 퐁피두 미술관은 기존의 전시만을 위해 설립된 공간이 아닌, 복합적인 기능과 역할을 인식하고 변화를 시도하는 공간으로 설립된 점에서 전시 목적만을 위해 설립된 기존의 미술관의 모습과 다를 것임을 추론할 수 있다.
② 퐁피두 미술관은 미술뿐만 아니라, 조형, 음악, 영화, 서적 다양한 목적을 위한 공간이므로 퐁피두를 찾는 사람들의 목적은 다양할 것임을 추론할 수 있다.
④ 퐁피두 미술관의 특징이 모든 창조적 활동의 중심이 되는 공간이라는 점에서 퐁피두는 파격적인 예술작품들을 충분히 수용할 수 있을 것이라고 유추할 수 있다.
⑤ 퐁피두 미술관은 현대 미술관의 기능과 역할을 40년 전에 미리 예견하고 설립되었기 때문에, ⑤의 내용을 유추할 수 있다.

## 12

정답 ②

휘발유세 상승으로 인해 발생하는 장점들을 열거함으로써 휘발유세 인상을 정당화하고 있다.

## 13

정답 ④

빈칸 앞에서는 예술작품에 담겨있는 작가의 의도를 강조하며, 독자가 예술작품을 해석하고 이해하는 활동은 예술적 가치 즉, 작가의 의도가 담긴 작품에서 파생된 2차적인 활동일 뿐이라고 이야기하고 있다. 따라서 독자의 작품 해석에 있어 작가의 의도와 작품을 왜곡하지 않아야 한다는 ④가 빈칸에 들어갈 내용으로 가장 적절하다.

[오답분석]
①·② 예술은 독자의 해석으로 완성되는 것이 아니며, 작품을 해석해 줄 독자가 없어도 예술은 그 자체로 가치가 있다.
③ 작품에 포함된 작가의 권위를 인정해야 한다는 것일 뿐, 작가의 권위와 작품 해석의 다양성은 서로 관련이 없다.
⑤ 작품 해석에 있어 작품 제작 당시 시대·문화적 배경보다 작가의 의도 파악이 중요하다.

## 14

정답 ②

제시문에 따르면 수박을 고를 때 소리로 확인하는 것이 어렵다면 배꼽을 확인하였을 때 작은 것이 잘 익은 수박일 가능성이 높다.

## 15

정답 ③

제시문에서는 법조문과 관련된 '반대해석'과 '확장해석'의 개념을 일상의 사례를 들어 설명하고 있다.

## 16

정답 ①

글쓴이는 우리의 전통음악인 정악에 대해 설명하면서 정악을 우리의 음악으로 받아들이지 않는 혹자의 의견을 예상하고 있으며, 이에 대해 종묘제례악과 풍류음악을 근거로 들어 정악은 우리의 전통음악임을 주장하고 있다.

## 17 정답 ④

제시된 문장의 '묘사(描寫)'는 '어떤 대상이나 현상 따위를 있는 그대로 언어로 서술하거나 그림으로 그려서 나타내는 것'이다. 그러므로 보기의 앞에는 어떤 모습이나 장면이 나와야 하므로 (다) 다음의 '분주하고 정신없는 장면'이 와야 한다. 또한 보기에서 묘사는 '본 사람이 무엇을 중요하게 판단하고, 무엇에 흥미를 가졌느냐에 따라 크게 다르다.'고 했으므로 보기 뒤에는 (다) 다음의 장면 중 '어느 부분에 주목하고, 또 어떻게 그것을 해석했는지에 따라 즐겁기도 하고 무섭기도 하다.'의 구체적 내용인 (라) 다음 부분이 이어져야 한다.

## 18 정답 ④

보기의 문장은 홍차가 귀한 취급을 받았던 이유에 대하여 구체적으로 설명하고 있다. 따라서 제시문의 '홍차의 가격이 치솟아 무역적자가 심화되자, 영국 정부는 자국 내에서 직접 차를 키울 수는 없을까 고민하지만 별다른 방법을 찾지 못했고, 홍차의 고급화는 점점 가속화됐다.'의 뒤, 즉 (라)에 위치하는 것이 적절하다.

## 19 정답 ④

밑줄 친 '일부 과학자'들은 목재를 친환경 연료로 바라보지 않고 있으며, 발전 효율이 낮다는 근거를 들어 주장을 뒷받침하고 있다. 따라서 태양광과 풍력의 발전 효율을 높이는 것을 효과적이라고 보는 ④가 적절하다.

## 20 정답 ③

제시문의 논지는 인간과 자연의 진정한 조화이다. 따라서 자연과 공존하는 삶을 주장하고 있는 ③이 제시문의 논지와 가깝다.

# 02 언어추리

| 01 | 02 | 03 | 04 | 05 | 06 | 07 | 08 | 09 | 10 | 11 | 12 | 13 | 14 | 15 | 16 | 17 | 18 | 19 | 20 |
|----|----|----|----|----|----|----|----|----|----|----|----|----|----|----|----|----|----|----|----|
| ⑤ | ③ | ② | ⑤ | ④ | ③ | ① | ① | ⑤ | ① | ② | ⑤ | ② | ⑤ | ② | ② | ③ | ③ | ③ | ③ |

## 01 정답 ⑤

'근대화'를 $p$, '전통사회 생활양식의 변화'를 $q$, '전통사회의 고유성 유지'를 $r$, '문화적 전통 확립'을 $s$라고 하면 $p \rightarrow q$, $q \rightarrow \sim r$, $r \rightarrow s$이며, 두 번째 명제의 대우인 $r \rightarrow \sim q$가 성립한다. 따라서 '전통사회의 고유성을 유지한다면 생활양식의 변화 없이 문화적 전통을 확립할 수 있다.'는 참이다.

## 02 정답 ③

명제가 참이면 그 명제의 대우도 항상 참이다. ③은 첫 번째 명제의 대우이므로 바르게 유추한 문장이다.

## 03 정답 ②

어떤 꽃은 향기롭고, 향기로운 꽃은 주위에 나비가 많고, 나비가 많은 꽃은 아카시아이다. 따라서 '어떤 꽃은 아카시아이다.'는 참이다.

## 04

정답 ⑤

'세미나에 참여한 사람'을 A, '봉사활동 지원자'를 B, '신입사원'을 C라고 하면, 첫 번째 명제에 따라 A는 B에 포함되며, 두 번째 명제에 따라 C는 A와 겹치지 않지만 B와는 겹칠 가능성이 있다. 이를 벤 다이어그램으로 표현하면 다음과 같다.
• 첫 번째 명제

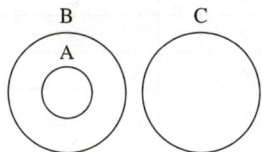

• 두 번째 명제

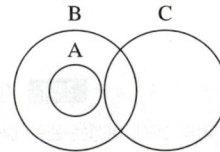

따라서 빈칸에는 '신입사원은 봉사활동에 지원하였을 수도, 하지 않았을 수도 있다.'가 적절하다.

## 05

정답 ④

'회사원'을 A, '야근을 한다.'를 B, '늦잠을 잔다.'를 C라 하면, 첫 번째 명제와 마지막 명제는 각각 A → B, ~C → ~A이다. 이때, 첫 번째 명제의 대우는 ~B → ~A이므로 마지막 명제가 참이 되려면 ~C → ~B 또는 B → C가 필요하다. 따라서 빈칸에 들어갈 명제는 '야근을 하는 사람은 늦잠을 잔다.'가 적절하다.

## 06

정답 ③

어떤 여직원들은 일본어를 배우지 않는다고 하였으므로 여직원들은 영어, 중국어, 일본어 중 하나를 배울 수 있다. 하지만 이 회사의 모든 여직원이 중국어나 일본어 중 하나를 배울 수도 있으므로 ③은 적절한 추론이 아니다.

## 07

정답 ①

• A : 포만감이 든다면 소화된 것이므로 밥을 먹으면 위가 찬다(대우는 성립한다).
• B : 밥을 먹으면 포만감이 든다는 것의 역은 항상 성립한다고 할 수 없다.
따라서 A만 옳다.

## 08

정답 ①

정보를 모두 기호로 표기하면 다음과 같다.
• B → ~E
• ~B and ~E → D
• A → B or D
• C → ~D
• C → A

C가 워크숍에 참석하는 경우 D는 참석하지 않으며, A는 참석한다. A가 워크숍에 참석하면 B 또는 D 중 한 명이 함께 참석하므로 B가 A와 함께 참석한다. 또한 B가 워크숍에 참석하면 E는 참석하지 않으므로 결국 워크숍에 참석하는 직원은 A, B, C이다.

## 09

정답 ⑤

주어진 조건을 바탕으로 먹은 음식을 정리하면 다음과 같다.

| 구분 | 쫄면 | 라면 | 우동 | 김밥 | 어묵 |
| --- | --- | --- | --- | --- | --- |
| 민하 | × | × | × | × | ○ |
| 상식 | × | ○ | × | × | × |
| 은희 | × | × | ○ | × | × |
| 은주 | × | × | × | ○ | × |
| 지훈 | ○ | × | × | × | × |

따라서 메뉴와 먹은 사람이 바르게 연결된 것은 ⑤이다.

## 10

정답 ①

오른쪽 끝자리에는 30대 남성이, 왼쪽에서 두 번째 자리에는 40대 남성이 앉으므로 네 번째 조건에 따라 30대 여성은 왼쪽에서 네 번째 자리에 앉아야 한다. 그렇다면 40대 여성이 왼쪽에서 첫 번째 자리에 앉아야 하므로 남은 자리에 20대 남녀가 앉을 수 있다.

i) 경우 1

| 40대 여성 | 40대 남성 | 20대 여성 | 30대 여성 | 20대 남성 | 30대 남성 |
| --- | --- | --- | --- | --- | --- |

ii) 경우 2

| 40대 여성 | 40대 남성 | 20대 남성 | 30대 여성 | 20대 여성 | 30대 남성 |
| --- | --- | --- | --- | --- | --- |

따라서 항상 옳은 것은 ①이다.

## 11

정답 ②

주어진 조건에 따라 머리가 긴 순서대로 나열하면 '슬기 - 민경 - 경애 - 정서 - 수영'이 된다. 이때, 경애가 단발머리인지는 주어진 조건만으로는 알 수 없다. 따라서 슬기의 머리가 가장 긴 것을 알 수 있다.

## 12

정답 ⑤

C사원과 D사원의 항공 마일리지를 비교할 수 없으므로 순서대로 나열하면 'A - D - C - B'와 'A - C - D - B' 모두 가능하다.

## 13

정답 ②

E사원의 진술에 따라 C사원과 E사원의 진술은 동시에 참이 되거나 거짓이 된다.
- C사원과 E사원이 모두 거짓말을 한 경우
  참인 B사원의 진술에 따라 D사원이 금요일에 열리는 세미나에 참석한다. 그러나 이때 C와 E 중 한 명이 참석한다는 D사원의 진술과 모순되므로 성립하지 않는다.
- C사원과 E사원이 모두 진실을 말했을 경우
  C사원과 E사원의 진술에 따라 C, D, E사원은 세미나에 참석할 수 없다. 따라서 D사원이 세미나에 참석한다는 B사원의 진술은 거짓이 되며, C와 E사원 중 1명이 참석한다는 D사원의 진술도 거짓이 된다. 또한 A사원은 세미나에 참석하지 않으므로 결국 금요일 세미나에 참석하는 사람은 B사원이 된다.

따라서 B사원과 D사원이 거짓말을 하고 있으며, 이번 주 금요일 세미나에 참석하는 사람은 B사원이다.

## 14

**정답** ⑤

대화 내용을 살펴보면 영석의 말에 선영이가 동의했으므로 영석과 선영은 진실 혹은 거짓을 함께 말한다. 이때 지훈은 선영이 거짓말만 한다고 하였으므로 반대가 된다. 그리고 동현의 말에 정은이 부정했기 때문에 둘 다 진실일 수 없다. 하지만 정은이가 둘 다 좋아한다는 경우의 수가 있으므로 둘 모두 거짓일 수 있다. 또한 마지막 선영의 말로 선영이 진실일 경우에는 동현과 정은은 모두 거짓만을 말하게 된다. 이를 미루어 경우의 수를 표로 나타내 보면 다음과 같다.

| 구분 | 경우 1 | 경우 2 | 경우 3 |
| --- | --- | --- | --- |
| 동현 | 거짓 | 거짓 | 진실 |
| 정은 | 거짓 | 진실 | 거짓 |
| 선영 | 진실 | 거짓 | 거짓 |
| 지훈 | 거짓 | 진실 | 진실 |
| 영석 | 진실 | 거짓 | 거짓 |

문제에서는 지훈이 거짓을 말할 때, 진실만을 말하는 사람을 찾고 있으므로 선영, 영석이 된다.

## 15

**정답** ②

A는 B와 C를 범인으로 지목하고, D는 C를 범인으로 지목하고 있다. A의 진술은 진실인데 D는 거짓일 수 없으므로 A와 D의 진술이 모두 진실인 경우와, A의 진술이 거짓이고 D의 진술은 참인 경우, 그리고 A와 D의 진술이 모두 거짓인 경우로 나누어 볼 수 있다.
- A와 D의 진술이 모두 진실인 경우 : B와 C가 범인이므로 B와 C가 거짓을 말해야 하며, A, D, E는 반드시 진실을 말해야 한다. 그런데 E가 거짓을 말하고 있으므로 2명만 거짓을 말해야 한다는 조건에 위배된다.
- A의 진술은 거짓, D의 진술은 진실인 경우 : B는 범인이 아니고 C만 범인이므로 B는 진실을 말하고, B가 범인이 아니라고 한 E도 진실을 말한다. 따라서 A와 C가 범인이다.
- A와 D의 진술이 모두 거짓일 경우 : 범인은 A와 D이고, B, C, E는 모두 진실이 된다.

따라서 A와 C 또는 A와 D가 동시에 범인이 될 수 있다.

## 16

**정답** ②

A~E의 진술에 따르면 B와 D의 진술은 반드시 동시에 진실 또는 거짓이 되어야 하며, B와 E의 진술은 동시에 진실이나 거짓이 될 수 없다.
- B와 D의 진술이 거짓인 경우
  참이어야 하는 A와 C의 진술이 서로 모순되므로 성립하지 않는다. 따라서 B와 D는 모두 진실이다.
- B와 D의 진술이 참인 경우
  A, C, E 중에서 1명의 진술은 참, 2명의 진술은 거짓인데, 만약 E가 진실이면 C도 진실이 되어 거짓을 말하는 사람이 1명이 되므로 성립하지 않는다. 따라서 C와 E는 거짓을 말하고, A는 진실을 말한다.

A~E의 진술에 따라 정리하면 다음과 같다.

| 항목 | 필기구 | 의자 | 복사용지 | 사무용 전자제품 |
| --- | --- | --- | --- | --- |
| 신청 사원 | A, D | C |  | D |

의자를 신청한 사원의 수는 3명이므로 필기구와 사무용 전자제품 2항목을 신청한 D와 의자를 신청하지 않은 B를 제외한 A, E가 의자를 신청했음을 알 수 있다. 또한, 복사용지를 신청했다는 E의 진술이 거짓이므로 E가 신청한 나머지 항목은 사무용 전자제품이 된다. 이와 함께 남은 항목의 개수에 따라 신청 사원을 배치하면 다음과 같다.

| 항목 | 필기구 | 의자 | 복사용지 | 사무용 전자제품 |
| --- | --- | --- | --- | --- |
| 신청 사원 | A, D | A, C, E | B, C | B, D, E |

따라서 신청 사원과 신청 물품이 바르게 연결된 것은 ②이다.

## 17 정답 ③

'소비자 책임 부담 원칙'은 소비자를 이성적인 존재로 상정하며, 소비자의 선택이 자유로움을 전제로 한다. 따라서 실제로는 소비자가 자유로운 선택을 하기 어렵다는 주장을 통해 반박할 수 있다.

**오답분석**
① 소비자는 상품의 성능, 가격, 판매 조건 등의 정보를 광고에서 얻을 수 있기 때문에 도움이 되지 않는 것은 아니다.
②·④·⑤ 제시문의 주장과 일치한다.

## 18 정답 ③

언론매체에 대한 사전 검열은 항상 표현의 자유와 개인의 알 권리 침해 가능성을 배제할 수 없다는 논지로 반박을 전개해야 한다.

## 19 정답 ③

제시문에서는 아이들이 어른보다 어려운 문제 해독력이나 추상력을 필요로 하지 않는 텔레비전을 통해서 더 많은 것을 배우므로 어린이나 젊은이들에게서 어른에 대한 두려움이나 존경을 찾기 어렵다고 주장한다. 이러한 주장에 대한 반박으로는 아이들은 텔레비전보다 학교의 선생님이나 친구들과 더 많은 시간을 보내고, 텔레비전이 아이들에게 부정적 영향만 끼치는 것은 아니며, 아이들의 그러한 행동에 영향을 미치는 다른 요인이 있다는 것이 적절하다. 따라서 텔레비전이 인간의 필요성을 충족시킨다는 ③은 주장에 대한 반박으로 적절하지 않다.

## 20 정답 ③

기술이 내적인 발전 경로를 가지고 있다는 통념을 비판하기 위해 다양한 사례 연구를 논거로 인용하고 있다. 따라서 인용하고 있는 연구 결과를 반박할 수 있는 자료가 있다면 글쓴이의 주장은 설득력을 잃게 된다.

## 03 자료해석

| 01 | 02 | 03 | 04 | 05 | 06 | 07 | 08 | 09 | 10 | 11 | 12 | 13 | 14 | 15 | 16 | 17 | 18 | 19 | 20 |
|---|---|---|---|---|---|---|---|---|---|---|---|---|---|---|---|---|---|---|---|
| ③ | ② | ⑤ | ③ | ① | ① | ④ | ③ | ③ | ② | ⑤ | ③ | ② | ③ | ④ | ② | ① | ③ | ④ | ① |

## 01 정답 ③

2024년 말 기준으로 가맹점 수는 52개점이다. 2024년도에 11개점이 개업을 하고 5개점이 폐업을 하였으므로 2023년 말 가맹점 수는 $52-(11-5)=46$개점이다. 이러한 방식으로 계산하면 다음과 같다.

| 2023년 말 | 2022년 말 | 2021년 말 | 2020년 말 | 2019년 말 |
|---|---|---|---|---|
| $52-(11-5)$ $=46$개점 | $46-(1-6)$ $=51$개점 | $51-(0-7)$ $=58$개점 | $58-(5-0)$ $=53$개점 | $53-(1-2)$ $=54$개점 |

따라서 C씨가 가장 많은 가맹점을 보유하고 있었던 시기는 58개점인 2021년 말이다.

## 02

정답 ②

$$\frac{2+8+(가)}{2+8+(가)+44+17+10+1} \times 100 = 40\%$$

→ $\frac{10+(가)}{82+(가)} \times 100 = 40$

→ $60 \times (가) = 2,280$

∴ (가) = 38

## 03

정답 ⑤

여성 표본이 매년 500명일 때, 2023년에 '매우 노력함'을 선택한 인원은 500×0.16=80명이고, 2024년에는 500×0.2=100명으로 2023년 대비 20명이 증가하였다.

[오답분석]
① 남성과 여성 모두 정확한 표본 인원이 나와 있지 않으므로 알 수 없다.
② '매우 노력함'을 선택한 비율은 2023년 대비 2024년에 50대와 60대 이상에서 감소하였다.
③ 2024년에 '노력 안 함'을 선택한 비율이 가장 낮은 연령대는 40대이다.
④ 2024년에 60대 이상에서 '조금 노력함'을 선택한 비율은 전년 대비 $\frac{30.0-29.7}{30.0} \times 100 = 1\%$만큼 감소하였다.

## 04

정답 ③

- 2020년 대비 2021년 사고 척수의 증가율 : $\frac{2,400-1,500}{1,500} \times 100 = 60\%$
- 2020년 대비 2021년 사고 건수의 증가율 : $\frac{2,100-1,400}{1,400} \times 100 = 50\%$

## 05

정답 ①

연도별 사고 건수당 인명피해의 인원수를 구하면 다음과 같다.

- 2020년 : $\frac{700}{1,400} = 0.5$명/건
- 2021년 : $\frac{420}{2,100} = 0.2$명/건
- 2022년 : $\frac{460}{2,300} = 0.2$명/건
- 2023년 : $\frac{750}{2,500} = 0.3$명/건
- 2024년 : $\frac{260}{2,600} = 0.1$명/건

따라서 사고 건수당 인명피해의 인원수가 가장 많은 연도는 2020년이다.

## 06

정답 ①

영국의 2023년 1분기 고용률은 2022년보다 하락했고, 2023년 2분기에는 1분기의 고용률이 유지되었다.

[오답분석]
② • 2023년 2분기 OECD 전체 고용률 : 65.0%
　• 2024년 2분기 OECD 전체 고용률 : 66.3%

따라서 2024년 2분기 OECD 전체 고용률의 전년 동분기 대비 증가율은 $\frac{66.3-65.0}{65.0} \times 100 = 2\%$이다.

③・⑤ 제시된 자료를 통해 확인할 수 있다.
④ 2024년 1분기 고용률이 가장 높은 국가는 독일(74%)이고, 가장 낮은 국가는 프랑스(64%)이다.
　따라서 두 국가의 고용률의 차이는 74-64=10%p이다.

## 07
정답 ④

정상가로 A, B, C과자를 2봉지씩 구매할 수 있는 금액은 $(1,500+1,200+2,000)\times2=4,700\times2=9,400$원이다. 이 금액으로 A, B, C과자를 할인된 가격으로 2봉지씩 구매하고 남은 금액은 $9,400-\{(1,500+1,200)\times0.8+2,000\times0.6\}\times2=9,400-3,360\times2=9,400-6,720=2,680$원이다. 따라서 남은 금액으로 A과자를 $\frac{2,680}{1,500\times0.8}≒2.23$, 2봉지 더 구매할 수 있다.

## 08
정답 ③

- 전년 대비 2024년 데스크탑 PC의 판매량 증감률 : $\frac{4,700-5,000}{5,000}\times100=\frac{-300}{5,000}\times100=-6\%$
- 전년 대비 2024년 노트북의 판매량 증감률 : $\frac{2,400-2,000}{2,000}\times100=\frac{400}{2,000}\times100=20\%$

## 09
정답 ③

남자가 소설을 대여한 횟수는 60회이고, 여자가 소설을 대여한 횟수는 80회이므로 $\frac{60}{80}\times100=75\%$이다.

**오답분석**

① 소설 전체 대여 횟수는 140회, 비소설 전체 대여 횟수는 80회이므로 옳다.
② 40세 미만의 전체 대여 횟수는 120회, 40세 이상의 전체 대여 횟수는 100회이므로 옳다.
④ 40세 미만의 전체 대여 횟수는 120회이고, 그중 비소설 대여는 30회이므로 $\frac{30}{120}\times100=25\%$이다.
⑤ 40세 이상의 전체 대여 횟수는 100회이고, 그중 소설 대여는 50회이므로 $\frac{50}{100}\times100=50\%$이다.

## 10
정답 ②

학생들의 음악 수행평가 평균을 구하기 위해 반 전체 학생 수와 점수의 총합을 먼저 알아야 한다. 전체 학생 수는 $5+9+12+9+5=40$명이며, 40명이 받은 점수 총합은 $40\times5+50\times9+60\times12+70\times9+80\times5=2,400$점이다. 따라서 평균은 $\frac{2,400}{40}=60$점이다.

## 11
정답 ⑤

전산업생산지수 원지수와 전년동월비 추이에서 2023년 3월에는 전산업생산지수가 100 이상이다.

**오답분석**

① 전산업생산지수 원지수와 전년비 추이에서 전산업생산지수는 지속적으로 증가하고 있다.
② 전산업생산지수 원지수와 전년비 추이에서 전년비가 가장 큰 값은 2016년이다.
③ 전산업생산지수 원지수와 전년동월비 추이에서 2023년 9월에는 2022년 9월보다 약 5% 산업생산능력이 감소하였다.
④ 전산업생산지수 원지수와 전년동월비 추이에서 2023년 2월 전산업생산지수값이 100 이하이므로 옳은 내용이다.

## 12
정답 ③

2017년 대비 2021년 수급자 수의 증가율은 $\frac{1,646-1,469}{1,469}\times100≒12.0\%$이다.

## 13

정답 ②

연도별 수급률 대비 수급자 수의 값은 다음과 같다.

① 2016년 : $\frac{1,550}{3.1} ≒ 500$

② 2018년 : $\frac{1,394}{2.7} ≒ 516.3$

③ 2020년 : $\frac{1,329}{2.6} ≒ 511.2$

④ 2021년 : $\frac{1,646}{3.2} ≒ 514.4$

⑤ 2022년 : $\frac{1,630}{3.2} ≒ 509.4$

따라서 연도별 수급률 대비 수급자 수의 값이 가장 큰 연도는 2018년이다.

## 14

정답 ③

X고등학교가 Y고등학교에 비해 진학률이 낮은 대학은 C대학과 D대학이다.

**오답분석**
① X고등학교와 Y고등학교의 진학률 1위 대학은 C대학으로 동일하다.
② X고등학교와 Y고등학교의 진학률 5위 대학은 각각 D대학과 B대학으로 다르다.
④ X고등학교와 Y고등학교의 E대학교 진학률 차이는 26-20=6%p이다.
⑤ Y고등학교 대학 진학률 중 가장 높은 대학의 진학률은 41%, 가장 낮은 대학의 진학률은 9%로 그 차이는 32%p이다.

## 15

정답 ④

독일은 10.4%에서 11.0%로 증가했으므로 증가율은 $\frac{11.0-10.4}{10.4} \times 100 ≒ 5.77\%$이며, 대한민국은 9.3%에서 9.8%로 증가했으므로 증가율은 $\frac{9.8-9.3}{9.3} \times 100 ≒ 5.38\%$이다.

**오답분석**
① 8.0%에서 7.7%로 감소했으므로 감소율은 $\frac{8.0-7.7}{8.0} \times 100 = 3.75\%$이다.
②·③·⑤ 자료를 통해 확인할 수 있다.

## 16

정답 ②

2024년 미국 청년층 실업률은 2019년과 비교하여 6.8%p 증가하였다.

**오답분석**
① 5.1%p 감소
③ 6.1%p 증가
④ 변화 없음
⑤ 0.4%p 감소

## 17

정답 ①

| 구분 | 공회전 발생률(%) | 공회전 시 연료소모량(cc) | 탄소포인트의 총합(P) |
|---|---|---|---|
| A운전자 | $\frac{20}{200}\times100=10$ | $20\times20=400$ | $100+0=100$ |
| B운전자 | $\frac{15}{30}\times100=50$ | $15\times20=300$ | $50+25=75$ |
| C운전자 | $\frac{10}{50}\times100=20$ | $10\times20=200$ | $80+50=130$ |
| D운전자 | $\frac{5}{25}\times100=20$ | $5\times20=100$ | $80+75=155$ |
| E운전자 | $\frac{25}{50}\times100=50$ | $25\times20=500$ | $50+0=50$ |

∴ D>C>A>B>E

## 18

정답 ③

- (충원 수)=(내부임용 수)+(외부임용 수)이므로, 166=(가)+72이다.
  ∴ (가)=94

- (외부임용률)=$\frac{(외부임용\ 수)}{(충원\ 수)}\times100$이므로, $\frac{67}{149}\times100=$(나)이다.
  ∴ (나)≒45.0

## 19

정답 ④

- 지환 : 2020년부터 2023년까지 방송수신료 매출액은 전년 대비 '증가 – 감소 – 감소 – 증가'의 추이를, 프로그램 판매 매출액은 전년 대비 '감소 – 증가 – 증가 – 감소'의 추이를 보이고 있다. 따라서 방송수신료 매출액의 증감추이와 반대되는 추이를 보이는 항목이 존재한다.
- 동현 : 각 항목의 매출액 순위는 '광고 – 방송수신료 – 기타 사업 – 협찬 – 기타 방송사업 – 프로그램 판매' 순서이며, 2019년부터 2023년까지 이 순위는 계속 유지된다.
- 세미 : 2019년 대비 2023년에 매출액이 상승하지 않은 항목은 방송수신료, 광고로 총 2개이다.

[오답분석]
- 소영 : 각 항목별로 최대 매출액과 최소 매출액의 차를 구해보면 다음과 같다.
  - 방송수신료 : 57-53=4십억 원
  - 광고 : 232-210=22십억 원
  - 협찬 : 33-30=3십억 원
  - 프로그램 판매 : 13-10=3십억 원
  - 기타 방송사업 : 22-18=4십억 원
  - 기타 사업 : 42-40=2십억 원
  
  기타 사업의 매출액 변동폭은 2십억 원이므로, 모든 항목의 매출액이 3십억 원 이상의 변동폭을 보인 것은 아니다.

## 20

정답 ①

[오답분석]
② 2022년 최고 비율이 자료보다 낮다.
③ 2019년과 2020년의 최고 비율 수치가 자료보다 낮다.
④ 2019년과 2020년의 평균 스크린 대 바디 비율이 자료보다 낮다.
⑤ 2017년 최고 비율이 자료보다 낮고, 2019년 최고 비율은 높다.

## 04 창의수리

| 01 | 02 | 03 | 04 | 05 | 06 | 07 | 08 | 09 | 10 | 11 | 12 | 13 | 14 | 15 | 16 | 17 | 18 | 19 | 20 |
|---|---|---|---|---|---|---|---|---|---|---|---|---|---|---|---|---|---|---|---|
| ② | ④ | ④ | ④ | ④ | ② | ① | ① | ② | ④ | ⑤ | ④ | ① | ① | ④ | ① | ③ | ② | ④ | ① |

### 01   정답 ②

첫 번째 항부터 $\times \frac{3}{2}$, $\times \frac{4}{3}$를 번갈아 적용하는 수열이다.

따라서 (    )=$528 \times \frac{4}{3}$=704이다.

### 02   정답 ④

각 항을 네 개씩 묶고 $A$, $B$, $C$, $D$라고 하면
$\underline{A\ B\ C\ D} \rightarrow A+B+C+D=0$
따라서 $6-7+5+($    $)=0$이므로 (    )=$-4$이다.

### 03   정답 ④

분자와 분모의 합이 240으로 일정한 수열이다.

따라서 (    )=$183+57=240$인 $\frac{183}{57}$이다.

### 04   정답 ④

$+0.2$, $+0.25$, $+0.3$, $+0.35$, $\cdots$을 더하는 수열이다.
따라서 (    )=$1.8+0.4=2.2$이다.

### 05   정답 ④

나열된 수를 각각 $A$, $B$, $C$라고 하면
$\underline{A\ B\ C} \rightarrow 3A+2B=C$
따라서 (    )=$(3 \times 2)+(2 \times 10)=26$이다.

### 06   정답 ②

$x^2+\frac{1}{x^2}=\left(x+\frac{1}{x}\right)^2-2=3^2-2=7$

## 07

정답 ①

제시된 방정식을 정리하면 다음과 같다.

$4x\left(\dfrac{1}{2}x-2\right)+4x=16$

$\rightarrow 2x^2-8x+4x=16$

$\rightarrow x^2-2x=8$

$\therefore x^2-2x-8=0$

해당 식을 인수분해하면 다음과 같다.

$(x-4)(x+2)=0$

따라서 미지수 $x$의 해는 4 또는 −2이므로 $4\times(-2)=-8$이다.

## 08

정답 ①

기차의 길이를 $x$m, 기차의 속력을 $y$m/s라 하자.

$\dfrac{x+400}{y}=10 \rightarrow x+400=10y \rightarrow 10y-x=400 \cdots \bigcirc$

$\dfrac{x+800}{y}=18 \rightarrow x+800=18y \rightarrow 18y-x=800 \cdots \bigcirc$

㉠, ㉡을 연립하면 $x=100$, $y=50$이 나온다.

따라서 기차의 길이는 100m이고, 기차의 속력은 50m/s이다.

## 09

정답 ②

철수와 영희가 처음 만날 때까지 걸린 시간을 $x$분이라고 하자.

$x$분 동안 철수와 영희의 이동거리는 각각 $70x$m, $30x$m이므로 다음 식이 성립한다.

$70x+30x=1,000$

$\therefore x=10$

따라서 두 사람이 처음 만날 때까지 걸린 시간은 10분이다.

## 10

정답 ④

한 번의 가위바위보에서 1명이 이길 확률은 $\dfrac{1}{3}$, 그렇지 않을 확률은 $\dfrac{2}{3}$이므로, 다음과 같은 식으로 나타낼 수 있다.

• 첫 게임에 승자가 정해질 확률 : $\dfrac{1}{3}$

• 첫 게임에 승자가 정해지지 않고, 두 번째 게임에 정해질 확률 : $\dfrac{2}{3}\times\dfrac{1}{3}=\dfrac{2}{9}$

• 첫 번째와 두 번째 게임에 승자가 정해지지 않고, 세 번째 게임에 정해질 확률 : $\dfrac{2}{3}\times\dfrac{2}{3}\times\dfrac{1}{3}=\dfrac{4}{27}$

따라서 세 번 안에 1명의 승자가 정해질 확률은 $\dfrac{1}{3}+\dfrac{2}{9}+\dfrac{4}{27}=\dfrac{19}{27}$이다.

## 11  정답 ⑤

- 남학생 5명 중 2명을 선택하는 경우의 수 : $_5C_2$
- 여학생 3명 중 2명을 선택하는 경우의 수 : $_3C_2$
- 이 4명을 한 줄로 세우는 경우의 수 : $4!$

$_5C_2 \times _3C_2 \times 4! = 10 \times 3 \times 24 = 72$

따라서 남학생 중 2명, 여학생 중 2명을 뽑아 한 줄로 세우는 경우의 수는 720가지이다.

## 12  정답 ④

(소금의 양)=(농도)×(소금물의 양)

$y = \dfrac{x}{100} \times 400 + \dfrac{12}{100} \times 200$

$\therefore \ y = 4x + 24$

## 13  정답 ①

퍼낸 소금물의 양을 $x$g이라고 하면 다음 식이 성립한다.

$\dfrac{6}{100} \times 700 - \dfrac{6}{100}x + \dfrac{13}{100}x = \dfrac{9}{100} \times 700$

→ $4{,}200 - 6x + 13x = 6{,}300$
→ $7x = 2{,}100$
$\therefore \ x = 300$

따라서 퍼낸 소금물의 양은 300g이다.

## 14  정답 ①

$\dfrac{2{,}000 \times 8 + 500 \times 6}{2{,}000 + 500} = \dfrac{19{,}000}{2{,}500} = 7.6$점

따라서 A, B형 설문조사 전체 평균 만족도는 7.6점이다.

## 15  정답 ④

$\dfrac{2}{3} \times \dfrac{3}{5} \times 100 = \dfrac{2}{5} \times 100 = 40\%$

따라서 셋째 날 해야 할 일의 양은 전체의 40%이다.

## 16  정답 ①

2,800원, 2,500원짜리 커피를 각각 $x$, $12-x$라고 하자.

$2{,}500(12-x) + 2{,}800x \leq 31{,}000$
→ $30{,}000 + 300x \leq 31{,}000$
→ $300x \leq 1{,}000$
$\therefore \ x \leq \dfrac{10}{3}$

따라서 2,800원짜리 커피는 최대 3개까지 살 수 있다.

## 17

글쓰기반에 등록하는 사건을 A, 캘리그라피반에 등록하는 사건을 B라고 하자.

$P(A \cup B) = P(A) + P(B) - P(A \cap B) = \frac{2}{3} + \frac{7}{10} - \frac{13}{20} = \frac{40 + 42 - 39}{60} = \frac{43}{60}$

따라서 모두 등록하지 않은 회원은 전체의 $1 - \frac{43}{60} = \frac{17}{60}$ 이다.

정답 ③

## 18

500원짜리 우유를 $x$개, 700원짜리 우유를 $y$개 샀다고 하면
- $500x + 700y = 8,600 \cdots$ ㉠
- $700x + 500y = 8,200 \cdots$ ㉡

㉠, ㉡을 연립하면
- $5x + 7y = 86 \cdots$ ㉠'
- $7x + 5y = 82 \cdots$ ㉡'

$7 \times$ ㉠' $- 5 \times$ ㉡' $= 24y = 192$
따라서 $x = 6$, $y = 8$이므로 500원짜리 우유를 6개 샀다.

정답 ②

## 19

전체 합격자 수가 280명이므로 남학생 합격자는 $280 \times \frac{5}{7} = 200$명, 여학생은 $280 - 200 = 80$명이다. 불합격한 남학생과 여학생의 수를 각각 $4a$명, $3a$명이라 가정하고, 전체 학생 수에 대한 남녀 비율식을 세우면 다음과 같다.

$(200 + 4a) : (80 + 3a) = 3 : 2$
→ $(200 + 4a) \times 2 = (80 + 3a) \times 3$
→ $400 + 8a = 240 + 9a$
∴ $a = 160$

따라서 여학생 지원자는 $80 + 3 \times 160 = 560$명임을 알 수 있다.

정답 ④

## 20

볼펜 1타의 가격을 $x$원, A4용지 1박스의 가격을 $y$원이라고 하자.
$3x + 5y = 90,300 \cdots$ ㉠
$5x + 7y = 133,700 \cdots$ ㉡
㉠과 ㉡을 연립하면, $x = 9,100$, $y = 12,600$이다.
A4용지 1박스에는 500매가 6묶음 들어있으므로 500매 한 개의 가격은 $12,600 \div 6 = 2,100$원이다.
따라서 볼펜 1타와 A4용지 500매 가격의 합은 $9,100 + 2,100 = 11,200$원이다.

정답 ①

MEMO

**2026 최신판 시대에듀 All-New CJ그룹 CAT
온라인 인적성검사 통합기본서**

| | |
|---|---|
| 개정10판1쇄 발행 | 2025년 12월 15일 (인쇄 2025년 11월 11일) |
| 초 판 발 행 | 2021년 04월 05일 (인쇄 2021년 03월 25일) |
| 발 행 인 | 박영일 |
| 책 임 편 집 | 이해욱 |
| 편 저 | SDC(Sidae Data Center) |
| 편 집 진 행 | 안희선・조승흠 |
| 표지디자인 | 하연주 |
| 편집디자인 | 양혜련・장성복 |
| 발 행 처 | (주)시대고시기획 |
| 출 판 등 록 | 제10-1521호 |
| 주 소 | 서울시 마포구 큰우물로 75 [도화동 538 성지 B/D] 9F |
| 전 화 | 1600-3600 |
| 팩 스 | 02-701-8823 |
| 홈 페 이 지 | www.sdedu.co.kr |
| | |
| I S B N | 979-11-434-0436-7 (13320) |
| 정 가 | 24,000원 |

※ 이 책은 저작권법의 보호를 받는 저작물이므로 동영상 제작 및 무단전재와 배포를 금합니다.
※ 잘못된 책은 구입하신 서점에서 바꾸어 드립니다.

# CAT

## CJ그룹
### 온라인 인적성검사

**통합기본서**

## 최신 출제경향 전면 반영

## 대기업 인적성 "기출이 답이다" 시리즈

   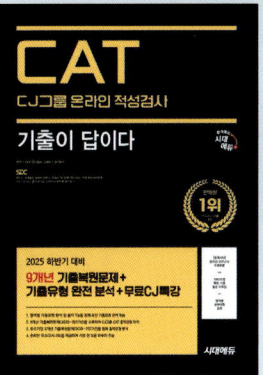

역대 기출문제와 주요기업 기출문제를 한 권에! 합격을 위한

### Only Way!

## 대기업 인적성 "사이다 모의고사" 시리즈

실제 시험과 동일하게 마무리! 합격으로 가는

### Last Spurt!